Ullstein Materialien

Ullstein Materialien
Ullstein Buch Nr. 35243
im Verlag Ullstein GmbH,
Frankfurt/M – Berlin
Amerikanischer Originaltitel:
Philosophical Foundations of Physics
Übersetzt von Walter Hoering

Umschlagentwurf:
Kurt Weidemann
Alle Rechte vorbehalten
Mit freundlicher Genehmigung der
Nymphenburger Verlagshandlung GmbH,
München
© Basic Books, Inc., New York, 1966
© Nymphenburger Verlagshandlung
GmbH, München, 1969
Printed in Germany 1986
Druck und Verarbeitung:
Ebner Ulm
ISBN 3 548 35243 X

Juli 1986

CIP-Kurztitelaufnahme
der Deutschen Bibliothek

Carnap, Rudolf:
Einführung in die Philosophie der
Naturwissenschaft / Rudolf Carnap.
Hrsg. von Martin Gardner.
[Übers. von Walter Hoering]. –
Frankfurt/M; Berlin: Ullstein, 1986.
   (Ullstein-Buch; Nr. 35243:
   Ullstein-Materialien)
   Einheitssacht.: Philosophical
   foundations of physics <dt.>
   ISBN 3-548-35243-X
NE: GT

Rudolf Carnap

Einführung in die Philosophie der Naturwissenschaft

Mit 33 Abbildungen

Herausgegeben von Martin Gardner

Ullstein Materialien

Inhalt

TEIL V:
THEORETISCHE GESETZE UND THEORETISCHE BEGRIFFE

TEIL VI:
JENSEITS DES DETERMINISMUS

Vorwort

Dieses Buch entwickelte sich aus einem Seminar, das ich oft mit verschiedenem Inhalt und in verschiedener Form gehalten habe. Der Titel war »Philosophische Grundlagen der Physik« oder »Begriffe, Theorien und Methoden der physikalischen Wissenschaften«. Obwohl sich der Inhalt immer wieder änderte, blieb der allgemeine philosophische Standpunkt konstant: betont wurde die logische Analyse von Begriffen, Aussagen und naturwissenschaftlichen Theorien im Gegensatz zur metaphysischen Spekulation.

Der Vorschlag, die Substanz meiner (ziemlich informellen) Seminarvorträge in Buchform zu bringen, geht auf Martin Gardner zurück, der 1946 mein Seminar an der Universität von Chikago besucht hatte. Er fragte 1958 nach, ob eine Niederschrift von dem Seminar bestünde oder gemacht werden könnte; er würde sie gerne für die Veröffentlichung vorbereiten. Nun besaß ich nie Niederschriften meiner Vorlesungen oder Seminarvorträge und war auch nicht bereit, mir für eine Ausarbeitung die Zeit zu nehmen. Zufällig war aber der Kurs wieder für das nächste Semester, Herbst 1958, angekündigt, und zwar an der Universität von Kalifornien in Los Angeles. So schlug man mir vor, meine Vorträge und die Diskussionen auf Band aufzunehmen. Ich war diesem Plan gegenüber zunächst ziemlich skeptisch, da ich mir der ungeheuren Entfernung zwischen dem gesprochenen Wort und einer publikationsreifen Formulierung bewußt bin. Aber meine Freunde drängten mich dazu, weil nicht viele meiner Ansichten über Probleme der Philosophie der Naturwissenschaften publiziert worden waren. Der entscheidende Anstoß kam von meiner Frau, die sich bereit erklärte, den Kurs das ganze Semester hindurch auf Band aufzunehmen und dann zu schreiben. Das geschah auch, und sie leistete mir wertvolle Hilfe in späteren Phasen des Überarbeitungsprozesses. Dieses Buch verdankt ihr viel; aber sie erlebte seine Veröffentlichung nicht mehr.

Eine korrigierte Fassung der Niederschrift wurde an Martin Gardner gesandt, der nun mit seiner schwierigen Aufgabe begann, die er mit großer Geschicklichkeit und Klugheit bis zu Ende führte. Er glättete nicht nur den Stil, sondern fand Mittel und Wege, den Stoff lesbarer zu gestalten, indem er einige Themen neu anordnete, Beispiele verbesserte und neue Beispiele hinzufügte. Die Kapitel gingen mehrere Male hin und her. Hie und da brachte ich größere Änderungen und Ergänzungen an oder schlug Veränderungen vor. Obwohl es sich um ein Seminar für Fortgeschrittene (graduate students) der Philosophie handelte, die mit der formalen Logik vertraut waren und einige Kenntnisse in Mathematik und Physik hatten, entschieden wir uns, das Buch einem weiteren Leserkreis zugänglich zu machen. Die Zahl der logischen, mathematischen und physikalischen Formeln wurde beträchtlich reduziert, und die restlichen wurden erklärt, wo es erforderlich schien.

In diesem Buch wird kein Versuch gemacht, eine systematische Behandlung aller wichtigen Probleme in den philosophischen Grundlagen der Physik zu geben. In meinem Seminar – und daher auch in dem Buch – habe ich vorgezogen, mich auf eine kleine Zahl grundlegender Probleme zu beschränken (die aus den Titeln der sechs Teile des Buches abzulesen sind) und eher diese gründlicher zu diskutieren, als eine oberflächliche Diskussion vieler anderer Gegenstände hinzuzufügen. Die meisten der in diesem Buch behandelten Punkte (mit der Ausnahme von Teil III über Geometrie und Kapitel 30 über Quantenmechanik) sind für alle Zweige der Naturwissenschaften relevant, einschließlich der biologischen Wissenschaften, der Psychologie und der Sozialwissenschaften. Ich glaube daher, daß dieses Buch auch als allgemeine Einführung in die Philosophie der Naturwissenschaft dienen kann.

Zunächst möchte ich meinem treuen und tüchtigen Mitarbeiter Martin Gardner danken. Ich bin ihm für seine ausgezeichnete Arbeit dankbar, wie auch für seine unerschöpfliche Geduld, die er bewies, wenn ich lange Verzögerungen bei der Rücksendung einiger Kapitel verursachte oder um noch mehr Änderungen bat.

Meinen Freunden Herbert Feigl und Carl G. Hempel möchte ich für viele anregende Ideen danken, die ich im Laufe der Jahre in persönlichen Gesprächen mit ihnen empfing, und ganz besonders für ihre nützlichen Bemerkungen zu Teilen des Manuskripts. Ich danke Abner Shimony für seine großzügige und sachkundige Hilfe bei quantenmechanischen Fragen. Außerdem bin ich vielen Freunden und Kollegen für Anregungen dankbar, ebenfalls meinen Schülern, welche die eine oder andere Version dieses Seminars besuchten und deren Fragen und Bemerkungen Anlaß zu manchen Diskussionen in diesem Buch gaben.

Ich danke der Yale University Press für die Erlaubnis zu längeren Zitaten aus Kurt Riezlers Buch »Physics and Reality« (1940).

Februar 1966

Rudolf Carnap
University of California
Los Angeles

Teil I

GESETZE, ERKLÄRUNG UND WAHRSCHEINLICHKEIT

1 Der Wert der Naturgesetze: Erklärung und Vorhersage

Unsere alltäglichen Beobachtungen wie auch die systematischeren Beobachtungen der Wissenschaftler führen uns zu gewissen Wiederholungen und Regelmäßigkeiten in der Welt. Dem Tag folgt stets die Nacht; die Jahreszeiten wiederholen sich in der gleichen Ordnung; Feuer fühlt sich immer heiß an; Gegenstände, die wir loslassen, fallen abwärts; usw. Die Naturgesetze sind nichts anderes als Aussagen, welche diese Regelmäßigkeiten so genau wie möglich ausdrücken.

Wenn man beobachtet, daß eine gewisse Regelmäßigkeit ausnahmslos zu allen Zeiten und an allen Orten gilt, dann kann man sie in der Form eines »Universalgesetzes« ausdrücken. Ein Beispiel aus unserem Alltagsleben: »Alles Eis ist kalt«. Diese Aussage besagt, daß jedes Eisstück – an einem beliebigen Ort des Universums zu irgendeinem Zeitpunkt, sei er gegenwärtig, vergangen oder zukünftig – kalt ist (war, oder sein wird). Nicht alle Naturgesetze haben die Form von Universalgesetzen. Anstatt zu behaupten, daß eine Regelmäßigkeit in *allen* Fällen auftritt, besagen einige Gesetze nur, daß sie in einem gewissen Prozentsatz der Fälle auftritt. Wenn dieser Prozentsatz angegeben wird oder sonst eine quantitative Aussage über die Beziehung eines Ereignisses zu einem anderen gemacht wird, dann spricht man von einem »statistischen Gesetz«. Zum Beispiel: »Reife Äpfel sind gewöhnlich rot«, oder: »Annähernd die Hälfte der jährlich geborenen Kinder sind Knaben«. Beide Arten von Gesetzen – universelle und statistische – werden in der Wissenschaft gebraucht. Die Universalgesetze sind logisch einfacher und deshalb werden wir sie zuerst behandeln. Wenn wir im ersten Teil unserer Betrachtungen von »Gesetzen« sprechen, werden wir meist Universalgesetze meinen.

Universalgesetze haben eine logische Form, die man in der formalen Logik »universalen Bedingungssatz« nennt. (In diesem Buch werden wir gelegentlich logische Symbole benützen, aber nur in sehr elementarer Weise.) Betrachten wir z.B. ein möglichst einfaches Gesetz. Es besagt: Für alle x gilt, wenn x P ist, dann ist x auch Q. Symbolisch schreibt man das folgendermaßen:

$$\wedge x\ (Px \to Qx).$$

Den Ausdruck $\wedge x$ am Anfang der Formel nennt man »Allquantor«. Er sagt uns, daß die darauf folgende Aussage sich auf *alle* Fälle von x bezieht, und nicht nur auf einen gewissen Prozentsatz der Fälle. Px besagt, daß x P ist und Qx besagt, daß x Q ist. Das Zeichen »$\to$« ist eine Aussagenverknüpfung. Sie verbindet den Ausdruck zu ihrer Linken mit dem Ausdruck zu ihrer Rechten. Im Deutschen entspricht sie etwa dem »wenn ... so ...«.

Wenn x für einen materiellen Körper steht, dann besagt das Gesetz, daß für einen beliebigen materiellen Körper x gilt: wenn x die Eigenschaft P hat, dann hat er auch die Eigenschaft Q. So könnten wir in der Physik sagen: »Für jeden Körper x gilt: wenn der Körper erhitzt wird, dann wird er sich ausdehnen.« Das ist das Gesetz der Wärmeausdehnung in seiner einfachsten nichtquantitativen Form. In der Physik versucht man natürlich, quantitative Gesetze zu bekommen und sie so zu formulieren, daß man Ausnahmen ausschließt; aber wenn man einmal über solche Verfeinerungen hinwegsieht, dann stellt der universale Bedingungssatz die logische Grundform aller Universalgesetze dar. In manchen Fällen können wir sagen, daß nicht nur immer, wenn Px gilt, auch Qx gilt, sondern daß auch die Umkehrung wahr ist: immer wenn Qx gilt, gilt auch Px. Die Logiker nennen dies eine Äquivalenz und schreiben sie mit einem Doppelpfeil, als Zeichen dafür, daß der Bedingungssatz in beiden Richtungen gilt. Das widerspricht natürlich nicht der Tatsache, daß alle Universalgesetze die Form von universalen Bedingungssätzen haben, denn man kann ja eine Äquivalenz als Konjunktion von zwei Bedingungssätzen auffassen.

Nicht alle Aussagen von Wissenschaftlern haben diese logische Form. Ein Wissenschaftler mag sagen: »Gestern entdeckte Professor Schmidt in Brasilien eine neue Art von Schmetterlingen.« Hier wird kein Gesetz behauptet. Man spricht über einen bestimmten Ort und einen bestimmten Zeitpunkt; es wird gesagt, daß etwas Bestimmtes an *dem* Ort und zu *der* Zeit geschah. Weil Aussagen wie diese einzelne oder singuläre Tatsachen behandeln, nennt man sie »singuläre« Aussagen. Und natürlich beruht unser ganzes Wissen auf singulären Aussagen – den einzelnen Beobachtungen einzelner Individuen. Eine der großen verwirrenden Fragen in der Philosophie der Naturwissenschaften ist die, wie wir von solchen singulären Aussagen zu Universalgesetzen gelangen.

Wenn Wissenschaftler nicht die präzise Sprache der formalen Logik, sondern die Umgangssprache benützen, müssen wir große Sorgfalt walten lassen, um nicht singuläre mit universellen Aussagen zu verwechseln. Wenn ein Zoologe in einem Lehrbuch schreibt: »Der Elefant ist ein ausgezeichneter Schwimmer«, dann meint er nicht, daß ein gewisser Elefant, den er vor einem Jahr im Zoo beobachtet hat, ein ausgezeichneter Schwimmer ist. Er benützt, wenn er »der Elefant« sagt, das »der« im aristotelischen Sinn; er bezieht sich auf die ganze Klasse der Elefanten.

Alle europäischen Sprachen haben es vom Griechischen (und vielleicht auch von anderen Sprachen) übernommen, daß man sich singulär ausdrückt, wenn man in Wirklichkeit eine Klasse meint. Die Griechen sagten »der Mensch ist ein vernünftiges Lebewesen«. Sie meinten natürlich alle Menschen und nicht einen bestimmten Menschen. Genauso meinen wir alle Elefanten, wenn wir in dem obigen Zusammenhang »der Elefant« sagen. In dem Satz »die Tuberkulose wird durch die folgenden Symptome charakterisiert . . .« sprechen wir natürlich nicht über einen bestimmten Fall von Tuberkulose, sondern über alle Fälle.

Es ist ein unglücklicher Umstand, daß in unserer Sprache diese Zweideutigkeit auftritt, denn sie ist eine Quelle vieler Mißverständnisse. Wissenschaftler nennen oft Allaussagen – oder das, was diese Allaussagen ausdrücken – Tatsachen. Sie vergessen, daß man das Wort Tatsache ursprünglich (und wir werden es nur in diesem Sinn verwenden) nur für bestimmte einzelne Ereignisse verwandte. Es kann sein, daß der Naturwissenschaftler, den man etwas über das Gesetz der Wärmeausdehnung fragt, antwortet: »Ja gewiß, die Wärmeausdehnung, das ist eine der bekannten Grundtatsachen der Physik«. Ebenso kann er von der Tatsache sprechen, daß elektrischer Strom Wärme erzeugt, von der Tatsache, daß Magnetismus durch elektrischen Strom erzeugt wird usw. Man hält diese Dinge manchmal für die bekannten Tatsachen der Physik. Um Mißverständnisse zu vermeiden, werden wir es vorziehen, derartige Aussagen nicht Tatsachen zu nennen. Tatsachen sind einzelne Ereignisse. »Heute morgen schickte ich im Labor einen elektrischen Strom durch eine Spule mit einem Eisenkern und fand, daß das Eisen magnetisch wurde.« Das ist eine Tatsache, vorausgesetzt natürlich, daß ich mich nicht irgendwie getäuscht habe. Aber wenn ich nüchtern war, wenn es in dem Raum nicht zu neblig war, und wenn niemand heimlich etwas mit meiner Apparatur angestellt hat, um mir einen Streich zu spielen, dann kann ich es als eine tatsächliche Beobachtung formulieren, daß heute früh jene Folge von Ereignissen auftrat.

Wir werden das Wort Tatsache immer in seinem singulären Sinn gebrauchen, um es klar zu unterscheiden von universellen Aussagen. Solche Allaussagen werden Gesetze genannt, auch wenn sie so elementar sind wie das Gesetz der Wärmeausdehnung oder noch einfacher wie die Aussage »Alle Raben sind schwarz«. Ich weiß nicht, ob diese Aussage wahr ist, aber ihre Wahrheit vorausgesetzt, werden wir so eine Aussage ein zoologisches Gesetz nennen. Die Zoologen mögen von solchen Tatsachen wie »Der Rabe ist schwarz« sprechen oder »Der Oktopus hat acht Arme«, aber in unserer präziseren Terminologie werden derartige Aussagen Gesetze genannt werden.

Später werden wir zwei Arten von Gesetzen unterscheiden – empirische und theoretische. Einfache Gesetze, wie die eben erwähnten, werden manchmal »empirische Verallgemeinerungen« oder »empirische Gesetze« genannt. Sie sind einfach, denn sie sprechen über Eigenschaften, wie »Die Schwalbe ist schwarz« oder die magnetischen Eigenschaften eines Eisenstückes, die man direkt beobachten kann. Das Gesetz der Wärmeausdehnung zum Beispiel ist eine Verallgemeinerung, die sich auf viele direkte Beobachtungen an Gegenständen stützt, die sich alle ausdehnten, als man sie erhitzte. Im Gegensatz dazu benötigt man für theoretische, nicht direkt beobachtbare Begriffe (wie zum Beispiel »Elementarteilchen« und »elektromagnetische Felder«) theoretische Gesetze. Wir werden das später behandeln. Ich erwähne es hier bloß, weil der Eindruck entstehen kann, daß die hier gegebenen Beispiele von anderer Art sind als die Gesetze, die man in der theoretischen Physik behandelt.

Nochmals: Die Wissenschaft beginnt mit direkten Beobachtungen einzelner Tatsachen. Nichts anderes ist beobachtbar. Sicherlich ist eine Regelmäßigkeit nicht direkt beobachtbar. Nur wenn man viele Beobachtungen miteinander vergleicht, kann man Regelmäßigkeiten entdecken. Diese Regelmäßigkeiten werden durch Aussagen ausgedrückt, die man »Gesetze« nennt.

Was nützen derartige Gesetze? Welchen Zwecken dienen sie in der Wissenschaft und im täglichen Leben? Ihr Nutzen ist ein doppelter: Man kann mit ihnen schon bekannte Tatsachen *erklären* und man kann mit ihrer Hilfe noch unbekannte Tatsachen *vorhersagen*.

Zuerst wollen wir sehen, in welcher Weise die Naturgesetze zur Erklärung benutzt werden. Keine Erklärung – d.h. nichts, das wirklich den Titel »Erklärung« verdient – kann gegeben werden, ohne daß man sich auf mindestens ein Naturgesetz bezieht. (In einfachen Fällen braucht man nur ein Gesetz, aber in komplizierteren Fällen kann eine große Menge von Gesetzen beteiligt sein.) Es ist wichtig, diesen Punkt zu betonen, weil Philosophen oft behauptet haben, sie könnten Tatsachen der Geschichte, der Naturgeschichte oder des menschlichen Lebens auf irgendeine andere Weise erklären. Sie versuchen dies normalerweise, indem sie eine Kraft oder irgendeine Art von Agens für das zu erklärende Ereignis verantwortlich machen.

Im täglichen Leben ist das natürlich eine durchaus bekannte und vertraute Art der Erklärung. Jemand fragt: »Wie kommt es, daß meine Uhr, die ich hier am Tisch liegen ließ, als ich das Zimmer verließ, nicht mehr da ist?« Sie antworten: »Ich sah, wie Huber in das Zimmer kam und sie nahm.« Das ist Ihre Erklärung dafür, daß die Uhr verschwand. Vielleicht wird es aber nicht als eine ausreichende Erklärung angesehen. Warum hat Huber die Uhr genommen? Wollte er sie stehlen oder nur borgen? Vielleicht nahm er sie unter dem falschen Eindruck, daß sie ihm gehöre. Die erste Frage »Was geschah mit der Uhr?« wurde durch eine Tatsachenbehauptung beantwortet: »Huber nahm sie«. Die zweite Frage »Warum nahm Huber die Uhr?« kann mit einer zweiten Tatsache beantwortet werden: »Er wollte sie für einen Augenblick ausborgen«. Es scheint daher, daß wir gar keine Gesetze brauchen. Wir suchen die Erklärung einer Tatsache und erhalten eine zweite Tatsache. Wir fragen nach der Erklärung der zweiten Tatsache und erhalten eine dritte. Wenn man nach weiteren Erklärungen verlangt, kann dies noch weitere Tatsachen ans Licht bringen. Warum ist es dann notwendig, ein Gesetz zu benützen, um eine adäquate Erklärung einer Tatsache zu geben?

Die Antwort ist, daß Erklärungen mit Hilfe von Tatsachen in Wirklichkeit versteckte Erklärungen mit Hilfe von Gesetzen sind. Wenn wir sie genauer untersuchen, finden wir, daß sie abgekürzte unvollständige Aussagen sind, die stillschweigend gewisse Gesetze voraussetzen, und zwar Gesetze, die uns so vertraut sind, daß es unnötig ist, sie auszusprechen. In dem Uhrenbeispiel würde man die erste Antwort, »Huber nahm sie«, nicht als eine befriedigende Erklärung ansehen, wenn man nicht das folgende Universalgesetz annehmen würde: Immer, wenn jemand eine Uhr von einem Tisch wegnimmt, dann liegt die Uhr nicht mehr auf dem Tisch. Die zweite Antwort, »Huber borgte sie sich aus«, ist eine Erklärung, weil wir stillschweigend das folgende allgemeine Gesetz voraussetzen: Wenn jemand sich eine Uhr ausborgt, um sie woanders zu gebrauchen, dann nimmt er sie und trägt sie fort.

Betrachten wir noch ein Beispiel. Wir fragen den kleinen Toni, warum er weint. Und er antwortet auch mit einer Tatsache: »Der Jakob hat mich auf die Nase gehauen«. Warum betrachten wir dies als eine hinreichende Erklärung? Weil wir wissen, daß ein Schlag auf die Nase schmerzt und daß Kinder, denen etwas wehtut, weinen. Das sind allgemeine psychologische Gesetze. Sie sind so gut bekannt, daß sogar Toni sie voraussetzt, wenn er uns sagt, warum er weint. Wenn wir zum Beispiel mit einem Marsmenschenkind zu tun hätten und sehr wenig über die Psychologie der Leute vom Mars wüßten, dann würde man die einfache Erwähnung einer Tatsache wohl nicht als eine adäquate Erklärung des Benehmens des Kindes betrachten. Nur wenn man Tatsachen mit anderen Tatsachen mit Hilfe von wenigstens einem Gesetz verbinden kann, das explizit angegeben oder stillschweigend verstanden wird, kann man Erklärungen geben.

Das allgemeine Schema für Erklärungen kann nun folgendermaßen geschrieben werden:

1. $\wedge x \ (Px \to Qx)$
2. Pa
3. Qa

Die erste Aussage ist ein Universalgesetz, das für jeden Gegenstand x gilt. Die zweite Aussage besagt, daß ein bestimmter Gegenstand a die Eigenschaft P hat. Aus diesen beiden Aussagen können wir logisch die dritte Aussage ableiten: der Gegenstand a hat die Eigenschaft Q.

In der Wissenschaft wie im täglichen Leben wird das Universalgesetz nicht immer explizit erwähnt. Wenn man einen Physiker fragt: »Warum ist der Eisenstab, der gerade vorher noch genau in die Apparatur hineinpaßte, nun etwas zu lang?« dann wird er vielleicht antworten: »Als Sie das Zimmer verlassen hatten, erhitzte ich den

Stab.« Er nimmt natürlich an, daß Sie das Gesetz der Wärmeausdehnung kennen; sonst hätte er hinzufügen müssen: »Immer, wenn man einen Körper erhitzt, dehnt er sich aus.« Das allgemeine Gesetz ist für seine Erklärung wesentlich. Wenn Sie aber das Gesetz kennen und der Physiker weiß, daß Sie es kennen, dann wird er es wahrscheinlich nicht für nötig halten, das Gesetz ausdrücklich zu erwähnen. Aus diesem Grunde scheinen Erklärungen, besonders jene des Alltagslebens, in denen man ganz einfache selbstverständliche Gesetze voraussetzt, oft nicht in das von mir angegebene Schema zu passen.

Manchmal sind die einzigen Gesetze, die man zur Erklärung anwenden kann, statistische und keine Universalgesetze. In diesen Fällen müssen wir mit einer statistischen Erklärung zufrieden sein. Zum Beispiel können wir wissen, daß ein gewisser Pilz leicht giftig ist und bei 90% der Leute, die ihn essen, gewisse Krankheitssymptome hervorruft. Wenn ein Arzt diese Symptome an einem Patienten findet und der Patient ihm sagt, daß er gestern diese Art von Pilz gegessen hat, dann wird der Arzt das als eine Erklärung der Symptome ansehen, auch wenn das benützte Gesetz nur ein statistisches ist. Und es handelt sich auch tatsächlich um eine Erklärung.

Wenn ein statistisches Gesetz auch nur eine sehr schwache Erklärung liefert, so ist es doch eine Erklärung. Zum Beispiel kann ein statistisches Gesetz der Medizin aussagen, daß 5% der Leute, die eine gewisse Speise essen, ein gewisses Symptom zeigen werden. Wenn ein Arzt dies als Erklärung einem Patienten gegenüber angibt, der dieses Symptom hat, dann kann es sein, daß der Patient nicht befriedigt ist. »Warum«, fragt er, »bin ich einer von den 5%«? In manchen Fällen wird der Arzt weitere Erklärungen geben können. Er kann den Patienten auf Allergien hin untersuchen und finden, daß er gegen jene bestimmte Nahrung allergisch ist. »Wenn ich das gewußt hätte«, sagt er dem Patienten, »hätte ich Sie vor dieser Speise gewarnt. Wir wissen, daß 97% der Menschen, die Ihre Allergie haben und jene Speise essen, auch Ihre Symptome zeigen.« Das mag den Patienten als eine bessere Erklärung befriedigen. Ob stark oder schwach, es handelt sich um echte Erklärungen. In Ermangelung von Universalgesetzen sind statistische Erklärungen oft die einzigen Erklärungen, die man zur Verfügung hat.

In dem gerade angeführten Beispiel sind statistische Gesetze das beste, was man hat. Denn unser medizinisches Wissen reicht für ein Universalgesetz nicht aus. Statistische Gesetze in der Volkswirtschaft und in anderen Sozialwissenschaften sind die Folge eines ähnlichen Nicht-Wissens. Unsere beschränkte Kenntnis der psychologischen Gesetze, der zugrundeliegenden physiologischen Gesetze und ihres Zusammenhangs mit den physikalischen Gesetzen ist dafür verantwortlich, daß wir die Gesetze der Sozialwissenschaften statistisch formulieren müssen. In der Quantentheorie hingegen treffen wir auf statistische Gesetze, die vielleicht nicht das Ergebnis eines Nicht-Wissens sind; sie drücken vielleicht die Grundstruktur der Welt aus. Viele Physiker glauben, daß alle physikalischen Gesetze letzten Endes auf statistischen Fundamentalgesetzen beruhen. Wenn das so ist, werden wir uns mit Erklärungen aus statistischen Gesetzen zufrieden geben müssen.

Wie steht es mit den elementaren logischen Gesetzen, die bei allen Erklärungen beteiligt sind? Kommt es vor, daß sie die Universalgesetze sind, auf welchen die wissenschaftliche Erklärung beruht? Nein. Der Grund dafür ist, daß sie Gesetze einer ganz anderen Art sind. Es ist wahr, daß die Gesetze der Logik und der reinen Mathematik (nicht der physikalischen Geometrie, die etwas anders ist) universal sind, aber sie vermitteln uns kein Wissen über die Welt. Sie drücken nur Beziehungen aus, die zwischen gewissen Begriffen bestehen, und zwar nicht weil die Welt diese oder jene Struktur hätte, sondern nur, weil diese Begriffe in gewisser Weise definiert sind.

Hier sind zwei Beispiele einfacher logischer Gesetze:

1. wenn p und q, dann p.
2. wenn p, dann p oder q.

Diese Aussagen kann man nicht anzweifeln, denn ihre Wahrheit beruht auf den Bedeutungen der Ausdrücke, die in ihnen vorkommen. Das erste Gesetz sagt nur: wenn wir annehmen, daß p und q wahr sind, dann müssen wir auch annehmen, daß die Aussage p wahr ist. Dieses Gesetz folgt aus der Art und Weise, in der man »und« und »wenn ... so« benützt. Das zweite Gesetz behauptet, wenn wir die Wahrheit von p annehmen, müssen wir auch annehmen, daß p oder q wahr ist. Wortsprachlich ausgedrückt wird das Gesetz zweideutig, denn das deutsche »oder« kann in der ausschließenden Bedeutung (entweder, oder) und in der einschließenden Bedeutung (die auch den Fall umfaßt, daß beide wahr sind) gebraucht werden. Um das Gesetz zu präzisieren, schreiben wir es symbolisch:

$$p \rightarrow (p \vee q)$$

Das Zeichen »∨« wird als das »oder« im einschließenden Sinne verstanden. Seine Bedeutung kann man noch genauer angeben, indem man die Wahrheitstafel anschreibt. In ihr führen wir alle möglichen Kombinationen von Wahrheitswerten (Wahrheit, Falschheit) der beiden Ausdrücke, die das Symbol verbindet, ein, und geben dann an, welche Kombinationen den ganzen Ausdruck wahr machen und welche nicht.

Die vier möglichen Kombinationen von Wahrheitswerten sind:

p q
1. wahr   wahr
2. wahr   falsch
3. falsch   wahr
4. falsch   falsch

Das Symbol » v « wird durch die Regel definiert, daß »$p \lor q$« wahr ist in den ersten drei Fällen und falsch im vierten Fall. Das Symbol »→«, das in etwa dem deutschen »wenn ... dann ...« entspricht, kann man dadurch präzise definieren, daß man sagt, es wird wahr im ersten, dritten und vierten Fall und falsch im zweiten. Sobald wir die Definition jedes Ausdruckes in einem logischen Gesetz verstehen, sehen wir klar, daß das Gesetz wahr sein muß, und zwar in einer Weise, die ganz unabhängig von der Beschaffenheit der Welt ist. Es ist eine notwendige Wahrheit, eine Wahrheit, die, wie es die Philosophen manchmal ausdrücken, in allen Welten gilt.

Dies gilt nicht nur für die Gesetze der Logik, sondern auch für die Gesetze der Mathematik. Wenn man in präziser Weise die Bedeutung von »1«, »3«, »4«, »+« und »=« festgelegt hat, dann folgt die Wahrheit des Gesetzes »$1 + 3 = 4$« direkt aus diesen Bedeutungen. Das gilt auch für die abstrakten Gebiete der reinen Mathematik. Eine Struktur wird z. B. eine »Gruppe« genannt, wenn sie gewisse Axiome erfüllt, die den Begriff der Gruppe definieren. Der dreidimensionale euklidische Raum kann algebraisch definiert werden als Menge geordneter Tripel von reellen Zahlen, die gewisse Grundbedingungen erfüllen. Aber all dies hat nichts zu tun mit der Beschaffenheit der Außenwelt. Es gibt keine mögliche Welt, in der die Gesetze der Gruppentheorie und der abstrakten Geometrie des euklidischen dreidimensionalen Raumes nicht gelten würden, denn diese Gesetze hängen nur ab von den Bedeutungen der Ausdrücke, die darin vorkommen, und nicht von der Struktur der Welt, in der wir uns zufällig befinden.

Die tatsächliche Welt ist eine Welt, die sich dauernd ändert. Sogar die fundamentalsten Gesetze der Physik können sich, nach allem, was wir wissen, geringfügig von Jahrhundert zu Jahrhundert ändern. Etwas, was wir für eine physikalische Konstante halten, kann sich in Wirklichkeit langsam zyklisch, aber im Endeffekt sehr stark ändern in einer Weise, die wir eben noch nicht beobachtet haben. Derartige Änderungen, so drastisch sie auch sein mögen, können niemals an der Wahrheit irgendeines logischen oder arithmetischen Gesetzes rütteln.

Es klingt sehr dramatisch, vielleicht auch tröstlich, wenn wir sagen, daß wir hier endlich Gewißheit gefunden haben. Und es ist wahr, daß wir zur Gewißheit gelangt sind, aber wir haben einen sehr hohen Preis dafür bezahlt. Der Preis besteht darin, daß die Aussagen der Logik und Mathematik uns gar nichts über die Welt mitteilen. Wir können sicher sein, daß drei plus eins gleich vier ist; aber weil dies in jeder möglichen Welt gilt, kann es uns nichts über die Welt sagen, in der wir leben.

Was heißt »mögliche Welt«? Einfach eine Welt, die man ohne Widerspruch beschreiben kann. Das schließt Märchenwelten ein und

18

Traumwelten der phantastischsten Art, nur vorausgesetzt, daß sie logisch konsistent beschrieben sind. Zum Beispiel könnten Sie sagen: »Ich denke an eine Welt, in der es genau 1000 Ereignisse gibt, nicht mehr, nicht weniger. Das erste ist die Erscheinung eines roten Dreiecks. Das zweite ist das Erscheinen eines grünen Quadrates. Da aber das erste Ereignis blau war und nicht rot ...«. An diesem Punkt unterbreche ich. »Aber Sie haben doch gerade vorhin gesagt, daß das erste Ereignis rot ist. Nun sagen Sie, daß es blau ist. Ich verstehe Sie nicht.« Vielleicht habe ich auf Tonband aufgenommen, was Sie sagten. Ich spiele das Band nocheinmal ab, um Sie zu überzeugen, daß Sie sich selbst widersprochen haben. Wenn Sie auf Ihrer Beschreibung dieser Welt bestehen würden, einschließlich der beiden widersprüchlichen Behauptungen, dann müßte ich darauf bestehen, daß Sie nicht irgendetwas beschreiben, was man eine mögliche Welt nennen kann.

Andererseits kann man eine mögliche Welt folgendermaßen beschreiben: »Hier kommt ein Mann. Er schrumpft, wird kleiner und kleiner. Plötzlich verwandelt er sich in einen Vogel. Dann werden aus dem einen Vogel tausend Vögel. Dann fliegen diese Vögel zum Himmel und die Wolken unterhalten sich miteinander darüber, was geschehen ist.« All dies ist eine mögliche Welt. Phantastisch, ja; widerspruchsvoll, nein.

Man könnte sagen, daß mögliche Welten denkbare Welten sind, aber ich möchte den Ausdruck »denkbar« vermeiden, denn er wird manchmal in dem engeren Sinn gebraucht: »Das, was sich ein menschliches Wesen vorstellen kann.« Viele mögliche Welten könnten beschrieben werden, ohne daß man sie sich vorstellen kann. Man könnte zum Beispiel von einem Kontinuum sprechen, in dem alle Punkte mit rationalen Koordinaten rot sind und alle Punkte mit irrationalen Koordinaten blau. Wenn wir zugestehen, daß man Punkten Farben zuordnen kann, dann ist das eine widerspruchsfreie Welt. Sie ist denkbar im weiteren Sinne; d.h. man kann sie widerspruchsfrei annehmen. Sie ist aber nicht denkbar im psychologischen Sinn. Niemand kann sich auch nur ein farbloses Kontinuum von Punkten vorstellen. Wir können uns höchstens ein sehr grobes Modell eines Kontinuums vorstellen – ein Modell, das aus sehr dicht gepackten Punkten besteht. Mögliche Welten sind Welten, die denkbar im weiteren Sinne sind. Sie sind Welten, die ohne logischen Widerspruch beschrieben werden können.

Die Gesetze der Logik und der reinen Mathematik können – das liegt in ihrer Natur – nicht als Grundlage einer wissenschaftlichen Erklärung benützt werden, weil sie uns keine Information über die wirkliche Welt geben, die diese von anderen möglichen Welten unterscheiden würde. Wenn wir nach der Erklärung einer Tatsache fragen, einer bestimmten Beobachtung in der wirklichen Welt, dann müssen wir *empirische* Gesetze benützen. Diese besitzen nicht die Sicherheit logischer und mathematischer Gesetze, aber sie sagen uns tatsächlich etwas über die Struktur der Welt.

Im 19. Jahrhundert vertraten einige deutsche Physiker, z. B. Gustav Kirchhoff und Ernst Mach, die Meinung, daß die Naturwissenschaft nicht »Warum?« fragen sollte, sondern »Wie?«. Damit meinten sie, daß die Wissenschaft nicht nach einem unbekannten metaphysischen Agens Ausschau halten, sondern die Ereignisse mit Hilfe von Gesetzen beschreiben sollte. Dieses Verbot der Frage »Warum?« muß man in seinem historischen Zusammenhang verstehen. Der Hintergrund war die deutsche Philosophie jener Zeit, welche durch den Idealismus in der Tradition von Fichte, Schelling und Hegel beherrscht wurde. Diese Philosophen glaubten, daß eine Beschreibung des Verhaltens der Welt nicht genug ist. Sie suchten nach einem tieferen Verständnis, zu dem man – so glaubten sie – nur gelangen könnte, indem man die metaphysischen Gründe hinter den Phänomenen, die der wissenschaftlichen Methode nicht zugänglich sind, auffand. Die Physiker reagierten darauf so: »Laßt uns mit euren Warum-Fragen in Ruhe. Es gibt keine Antworten außer denen, die man mit Hilfe von empirischen Gesetzen geben kann.« Man war gegen Warum-Fragen, weil sie gewöhnlich metaphysische Fragen waren.

Heutzutage hat sich die philosophische Szene geändert. In Deutschland gibt es Philosophen, die noch in der idealistischen Tradition arbeiten, aber in England und in den Vereinigten Staaten ist sie praktisch verschwunden. Aus diesem Grunde beunruhigen uns Warum-Fragen nicht mehr. Wir müssen nicht sagen: »Frag nicht warum!« Wenn nun jemand »Warum?« fragt, nehmen wir an, daß er es in einem wissenschaftlichen, nicht-metaphysischen Sinn meint. Er bittet uns einfach, etwas zu erklären, indem wir es im Rahmen empirischer Gesetze betrachten.

Als ich jung und Mitglied des Wiener Kreises war, schrieb ich einige meiner frühen Publikationen als Reaktion auf das philosophische Klima des deutschen Idealismus. Als Folge davon gibt es in diesen Veröffentlichungen und denen anderer Mitglieder des Wiener Kreises viele Verbote, die dem gerade erwähnten ähnlich sind. Diese Verbote muß man im Zusammenhang mit der historischen Situation, in der wir uns befanden, verstehen. Heute sprechen wir – besonders in den Vereinigten Staaten – selten derartige Verbote aus. Die Gegner, die wir hier haben, sind von ganz anderer Art; und die Art der Gegner hat einen großen Einfluß darauf, wie man seine eigenen Ansichten ausdrückt.

Wenn wir daran festhalten, daß für die Erklärung einer gegebenen Tatsache der Gebrauch eines wissenschaftlichen Gesetzes wesentlich ist, so wollen wir insbesondere ausschließen, daß man erst ein metaphysisches Agens finden müßte, bevor man eine Tatsache adäquat erklären kann. Im vorwissenschaftlichen Zeitalter gab man natürlich solche Erklärungen. Damals dachte man, daß die Welt von Geistern und Dämonen bewohnt sei, die man zwar nicht direkt beobachten könne, die aber so *handeln*, daß der Regen fällt, der Fluß fließt und der Blitz einschlägt.

In allem, was man geschehen sah, war etwas – oder besser *jemand* – den man für den Vorgang verantwortlich machte. Das ist psychologisch verständlich. Wenn jemand etwas tut, was ich nicht mag, dann ist es für mich eine ganz natürliche Reaktion, ihn dafür verantwortlich zu machen, über ihn zornig zu werden und auf ihn zurückzuschlagen. Wenn eine Wolke ihr Wasser über mich ausgießt, dann kann ich nicht auf die Wolke zurückschlagen, aber ich kann ein Ventil für meinen Ärger finden, wenn ich die Wolke oder einen unsichtbaren Dämon hinter der Wolke für den Regen verantwortlich mache. Ich kann den Dämon verfluchen und gegen ihn meine Fäuste schütteln. Mein Ärger ist erleichtert. Ich fühle mich besser. Man kann verstehen, wie die Mitglieder vorwissenschaftlicher Gesellschaftsgruppen eine psychologische Erleichterung darin fanden, daß sie handelnde Wesen hinter den Phänomenen der Natur vermuteten.

Wir wissen, daß Kulturen im Laufe der Zeit ihre Mythologien abgelegt haben, aber manchmal setzen die Wissenschaftler an die Stelle der Geister Wesenheiten, die in Wirklichkeit nicht sehr von diesen verschieden sind. Der deutsche Philosoph Hans Driesch, der 1941 starb, schrieb viele Bücher über die Philosophie der Naturwissenschaften. Er war ursprünglich ein prominenter Biologe, bekannt für seine Arbeit über gewisse Reaktionen von Organismen, insbesondere über die Regeneration bei Seeigeln. Er schnitt von den Seeigeln Körperteile ab und beobachtete, in welchen Wachstumsstadien und unter welchen Bedingungen diese Teile wieder nachwuchsen. Seine wissenschaftliche Arbeit war ausgezeichnet und wichtig. Aber Driesch war auch an philosophischen Fragen interessiert, besonders solchen, die mit den Grundlagen der Biologie zu tun hatten, und so wurde er schließlich Professor der Philosophie. Auch in der Philosophie leistete er ausgezeichnete Arbeit, aber es gab einen Aspekt seiner Philosophie, von dem ich und meine Freunde im Wiener Kreis nicht so viel hielten. Es war seine Methode, die biologischen Vorgänge der Regeneration und Reproduktion zu *erklären*.

Zu der Zeit, als Driesch seine biologischen Untersuchungen machte, dachte man, daß es viele charakteristische Eigenschaften von Lebewesen gäbe, die man nirgends anders finden könne. (Heute hingegen hat man den Eindruck, daß der Übergang von der organischen zur anorganischen Welt ein kontinuierlicher ist.) Er wollte diese einzigartigen Eigenschaften der Organismen erklären, und so postulierte er eine Wesenheit, genannt »Entelechie«. Dieser Ausdruck war von Aristoteles eingeführt worden; und bei ihm hatte er eine eigene Bedeutung, die wir hier nicht zu diskutieren brauchen. Was Driesch sagte, kann man so zusammenfassen: »Die Entelechie ist eine gewisse spezifische Kraft, welche die Ursache dafür ist, daß die Lebewesen sich so verhalten, wie sie es eben tun. Aber man darf sich die Entelechie nicht als *physikalische* Kraft vorstellen, wie etwa die Schwerkraft oder den Magnetismus, sie ist etwas ganz anderes.«

Die Entelechien der Organismen, so behauptete Driesch, sind verschieden, je nach der Entwicklungsstufe des Organismus. In einem primitiven einzelligen Organismus ist die Entelechie ziemlich einfach. Wenn wir die Stufen der Entwicklung aufwärts verfolgen, durch Pflanzen, die niedereren Tiere, die höheren Tiere und schließlich zum Menschen, so wird die Entelechie von Stufe zu Stufe immer komplexer. Das zeigt sich an dem hohen Integrationsgrad der Phänomene in den höheren Formen des Lebens. Was wir den »Geist« in einem menschlichen Körper nennen, ist in Wirklichkeit nicht mehr als ein Teil der Entelechie der Person. Zur Entelechie gehört viel mehr als der Geist oder zumindest viel mehr als der bewußte Geist, denn sie ist verantwortlich für alles, was die Zellen des Körpers tun. Wenn ich mich in meinen Finger schneide, dann bilden die Zellen des Fingers neues Gewebe und bringen Substanzen an den Schnitt, welche die eindringenden Bakterien töten sollen. Diese Ereignisse werden nicht in bewußter Weise durch den Geist herbeigeführt. Sie finden auch am Finger eines einen Monat alten Kindes statt, das noch nie etwas von den Gesetzen der Physiologie gehört hat. Für all dies, so behauptete Driesch, ist die Entelechie des Organismus verantwortlich; und *eine* ihrer Erscheinungsformen ist der Geist. So hatte Driesch zusätzlich zur wissenschaftlichen Erklärung eine ausführliche Theorie der Entelechie, die er als *philosophische* Erklärung von wissenschaftlich unerklärten Erscheinungen, wie zum Beispiel die der Regeneration von Seeigel-Körperteilen anbot.

Ist dies eine Erklärung? Meine Freunde und ich hatten darüber mit Driesch einige Diskussionen. Ich erinnere mich an den Internationalen Kongreß für Philosophie in Prag 1934. Hans Reichenbach und ich kritisierten Drieschs Theorie, während andere sie verteidigten. In unseren Veröffentlichungen gaben wir der Kritik nicht viel Raum, denn wir bewunderten die Arbeit, die Driesch in Biologie und Philosophie geleistet hatte. Er war insofern ganz anders als die meisten deutschen Philosophen, als er wirklich eine wissenschaftliche Philosophie entwickeln wollte. Seiner Entelechie-Theorie schien jedoch unserer Meinung nach etwas zu fehlen.

Was fehlte, war das Folgende: Die Einsicht, daß man keine Erklärung geben kann, ohne auch ein Gesetz anzugeben. Wir sagten ihm: »Ihre Entelechie ... Wir wissen nicht, was Sie damit meinen. Sie ist keine physikalische Kraft. Was ist sie dann?«

Darauf antwortete er gewöhnlich dem Sinne nach etwa folgendes: »Sie sollten nicht so engherzig sein. Wenn Sie einen Physiker fragen, warum ein Nagel sich plötzlich auf einen Eisenstab zu bewegt, wird er Ihnen sagen, daß der Eisenstab ein Magnet ist und der Nagel zu ihm durch die magnetische Kraft gezogen wird. Niemand hat jemals Magnetismus gesehen. Man sieht nur die Bewegung eines kleinen Nagels auf einen Eisenstab zu.«

Wir stimmten zu. »Ja, Sie haben recht. Niemand hat den Magnetismus gesehen.«

»Sie sehen«, fuhr er fort, »der Physiker führt Kräfte ein, die niemand beobachten kann – Kräfte wie Magnetismus und Elektrizität –, damit er gewisse Phänomene erklären kann. Ich möchte das gleiche tun. Die physikalischen Kräfte sind nicht dazu geeignet, gewisse biologische Erscheinungen zu erklären, deshalb führe ich etwas ein, das einer Kraft ähnelt, aber keine physikalische Kraft ist, da es auf andere Weise wirkt. Zum Beispiel kann man es nicht lokalisieren. Natürlich wirkt es auf einen gegenständlichen Organismus, aber es wirkt auf den ganzen Organismus ein, nicht nur auf gewisse Teile von ihm. Daher kann man nicht sagen, wo es lokalisiert ist. Es gibt keine Lokalisierung. Es ist keine physikalische Kraft, aber ich habe genau die gleiche Berechtigung, es einzuführen, die ein Physiker für die Einführung der unsichtbaren Kraft des Magnetismus hat.«

Unsere Antwort war, daß ein Physiker die Bewegung des Nagels auf den Stab hin nicht nur durch die bloße Einführung des Wortes »Magnetismus« erklärt. Natürlich mag er, auf die Bewegung des Nagels hin befragt, zunächst einmal antworten, daß der Magnetismus daran schuld sei; aber wenn man auf einer vollständigeren Erklärung besteht, wird er einem ein Gesetz angeben. Diese Gesetze müssen nicht quantitativ formuliert sein, wie die Maxwell-Gleichungen, die das elektromagnetische Feld beschreiben; es können einfache qualitative Sätze sein, in denen keine Zahlen vorkommen. Der Physiker könnte sagen: »Alle Nägel, die Eisen enthalten, werden von den Enden eines magnetisierten Stabes angezogen.« Er kann dann fortfahren, den Zustand der Magnetisierung durch andere, nicht quantitative Gesetze zu kennzeichnen. Er kann Ihnen erzählen, daß Eisenerz aus der Umgebung der Stadt Magnesia diese Eigenschaft besitzt. (Bekanntlich kommt das Wort »magnetisch« von dem Namen der griechischen Stadt Magnesia, wo Eisenerz dieser Art zuerst gefunden wurde.) Er wird darauf hinweisen, daß Eisenstäbe magnetisiert werden, wenn man in gewisser Weise mit Eisenerz darüberstreicht, das von Natur aus magnetisch ist. Er wird vielleicht andere Gesetze angeben über die Bedingungen, unter welchen gewisse Stoffe magnetisch werden können, und Gesetze über Phänomene, die mit dem Magnetismus zusammenhängen. Er mag Ihnen sagen, daß eine Nadel, die Sie magnetisieren, und die man in ihrem Schwerpunkt aufhängt, so daß sie sich frei einstellen kann, ziemlich genau nordwärts zeigen wird. Wenn Sie eine zweite Magnetnadel haben, können Sie die beiden nach Norden zeigenden Enden zusammenbringen und beobachten, daß sie sich nicht anziehen, sondern abstoßen. Er wird vielleicht noch erklären, daß ein magnetisierter Eisenstab, den Sie erhitzen oder hämmern, an magnetischer Kraft verlieren wird. All diese qualitativen Gesetze können in der logischen Form »wenn ... dann ...« ausgedrückt werden. Was hier betont werden sollte, war folgendes: Für eine Erklärung genügt es nicht, einfach ein neues Agens einzuführen und ihm einen Namen zu geben. Man muß auch Gesetze angeben.

Driesch gab keine Gesetze an. Er sagte nicht, wie sich die Entelechie einer Eiche von der Entelechie einer Ziege oder Giraffe unterscheidet. Er gab keine Klasseneinteilung der Entelechien. Er klassifizierte nur die Lebewesen und sagte, daß jedes Lebewesen seine eigene Entelechie hätte. Er formulierte keine Gesetze über die Stärkung oder Schwächung der Entelechie unter bestimmten Bedingungen. Natürlich beschrieb er die organischen Erscheinungen aller Art und gab allgemeine Regeln für derartige Phänomene. Er sagte z.B., daß ein Seeigel es nicht überleben wird, wenn man einen Teil seines Körpers in gewisser Weise abschneidet; wenn man in anderer Weise einen Teil abschneidet, wird es der Seeigel überleben, aber nur einen verkümmerten Teil regenerieren. Wenn man in noch anderer Weise schneidet und in einer ganz bestimmten Entwicklungsphase des Seeigels, dann wird der entfernte Körperteil vollständig nachwachsen. All diese Feststellungen sind gute, respektable zoologische Gesetze.

»Was fügen Sie zu diesen empirischen Gesetzen hinzu«, fragten wir Driesch, »wenn Sie uns außerdem noch mitteilen, daß die Erscheinungen, die diesen Gesetzen gehorchen, auf die Entelechie des Seeigels zurückzuführen seien?«

Wir glauben, daß nichts hinzugefügt wurde. Da uns der Begriff der Entelechie keine neuen Gesetze gibt, erklärt er nicht mehr als die schon vorher bekannten allgemeinen Gesetze. Daher können wir nicht sagen, daß unsere Wissenschaft durch neues Wissen bereichert wurde. Es sieht vielleicht zunächst so aus, als füge der Begriff der Entelechie etwas zu unseren Erklärungen hinzu; aber wenn wir ihn genauer analysieren, sehen wir, daß er keinen Gehalt hat. Es handelt sich um eine Pseudo-Erklärung.

Man könnte die Meinung vertreten, daß der Begriff der Entelechie nicht nutzlos ist, wenn er den Biologen eine neue Orientierung gibt, eine neue Methode, um biologische Gesetze zu ordnen. Darauf müssen wir antworten, daß er dann und nur dann nützlich wäre, wenn man mit seiner Hilfe mehr allgemeine Gesetze formulieren könnte als ohne ihn. In der Physik z.B. spielte der Begriff der Energie eine derartige Rolle. Die Physiker des 19. Jahrhunderts gelangten zu der Theorie, daß vielleicht gewisse Phänomene, wie die kinetische und potentielle Energie in der Mechanik, die Wärme (zu jener Zeit wußte man noch nicht, daß Wärme einfach die kinetische Energie der Moleküle ist), die Energie der magnetischen Felder usw. Erscheinungsformen einer zugrundeliegenden Art von Energie sein könnten. Das führte zu Experimenten, die zeigten, daß man mechanische Energie in Wärme verwandeln kann und Wärme in mechanische Energie und daß dabei die Energiemenge konstant bleibt. In dieser Weise war der Energiebegriff fruchtbar, denn er führte zu neuen allgemeinen Gesetzen wie dem Gesetz der Energieerhaltung. Aber Drieschs Entelechie war kein fruchtbarer Begriff in diesem Sinn. Er führte nicht zur Entdeckung neuer allgemeiner biologischer Gesetze.

Die Gesetze der Wissenschaften liefern nicht nur *Erklärungen* für beobachtete Tatsachen; sie dienen auch zur *Vorhersage* neuer noch unbeobachteter Tatsachen. Das logische Schema hierbei ist genau das gleiche, das auch der Erklärung zugrunde liegt. Wie Sie sich erinnern werden, wurde es symbolisch so ausgedrückt:

1. $\wedge x \, (Px \rightarrow Qx)$
2. Pa
3. Qa

Zunächst haben wir ein Universalgesetz: Für jeden Gegenstand x gilt, wenn er die Eigenschaft P hat, so hat er auch die Eigenschaft Q. Zweitens haben wir eine Aussage, die uns sagt, daß ein Objekt a die Eigenschaft P hat. Und drittens leiten wir mit Hilfe der elementaren Logik ab, daß der Gegenstand a die Eigenschaft Q hat. Dieses Schema liegt der Erklärung wie der Voraussage zugrunde; nur unsere Kenntnis der Situation ist verschieden. Bei der Erklärung kennen wir schon die Tatsache Qa. Wir erklären Qa, indem wir zeigen, wie es aus den Aussagen 1. und 2. abgeleitet werden kann. Bei der Vorhersage ist Qa eine Tatsache, die *noch nicht bekannt ist*. Wir haben ein Gesetz und wir haben eine Tatsache Pa. Wir schließen, daß Qa auch eine Tatsache sein muß, obwohl man es noch nicht beobachtet hat. Z.B. kenne ich das Gesetz der Wärmeausdehnung. Ich weiß, daß ich einen bestimmten Stab erhitzt habe. Durch eine Anwendung der Logik gemäß unserem Schema schließe ich, daß ich, wenn ich jetzt den Stab messe, finden werde, daß er länger ist als vorher.

In vielen Fällen ist die unbekannte Tatsache wirklich ein Ereignis in der Zukunft (z.B. sagt ein Astronom den Zeitpunkt der nächsten Sonnenfinsternis voraus); das ist der Grund, warum ich das Wort »Voraussage« für diese zweite Art des Gebrauchs von Sätzen benutze. Es braucht sich aber nicht um Voraussage im wörtlichen Sinne zu handeln. In vielen Fällen besteht die unbekannte Tatsache *gleichzeitig* mit der bekannten Tatsache, z.B. im Falle des erhitzten Stabes. Nur erfolgt unsere *Beobachtung* der Ausdehnung *nach* unserer Beobachtung der Erhitzung.

In anderen Fällen mag die unbekannte Tatsache sogar in der Vergangenheit liegen. Auf Grund psychologischer Gesetze zusammen mit gewissen Tatsachen, die aus geschichtlichen Dokumenten abgeleitet wurden, schließt ein Historiker auf unbekannte Tatsachen der Geschichte. Ein Astronom kann schließen, daß eine Mondfinsternis sich an einem gewissen Ort zu einem gewissen Zeitpunkt in der Vergangenheit ereignet haben muß. Ein Geologe kann aus den Schleifspuren auf Felsen schließen, daß in der Vergangenheit das Gebiet von einem Gletscher bedeckt gewesen sein muß. Ich benütze das Wort »Voraussage« für all diese Beispiele, denn in jedem Fall liegt das gleiche logische Schema und die gleiche Wissens-Situation vor: eine bekannte Tatsache und ein bekanntes Gesetz, aus denen eine unbekannte Tatsache abgeleitet wird.

In vielen Fällen wird das beteiligte Naturgesetz ein statistisches und kein universelles sein. Die Vorhersage wird dann nur mit Wahrscheinlichkeit gelten. Ein Meteorologe z.B. hat mit einer Mischung von exakten physikalischen Gesetzen und verschiedenen statistischen Gesetzen zu tun. Er kann nicht sagen, daß es morgen sicher regnen wird; er kann nur sagen, daß Regen sehr wahrscheinlich kommen wird.

Diese Ungewißheit ist auch für die Vorhersage menschlichen Verhaltens charakteristisch. Auf Grund unserer Kenntnis gewisser statistischer psychologischer Gesetze und gewisser Tatsachen über eine Person können wir mit größerer oder kleinerer Wahrscheinlichkeit vorhersagen, wie sie sich verhalten wird. Vielleicht bitten wir einen Psychologen, uns zu sagen, welche Wirkung ein gewisses Ereignis auf unser Kind haben wird. Er antwortet: »Wie ich die Situation sehe, wird Ihr Kind wahrscheinlich in dieser Weise reagieren. Natürlich sind die Gesetze der Psychologie nicht sehr exakt. Sie ist eine junge Wissenschaft, und wir wissen bis jetzt nur wenig über ihre Gesetze. Aber auf der Grundlage dessen, was bekannt ist, glaube ich, daß man Ihnen raten kann zu ...«. Und so gibt er uns einen Rat, beruhend auf der besten Voraussage, die er mit Hilfe der statistischen Gesetze über das zukünftige Verhalten unseres Kindes machen kann.

Wenn das Gesetz ein Universalgesetz ist, dann ist die elementare deduktive Logik beim Schluß auf die unbekannten Tatsachen beteiligt. Wenn das Gesetz statistisch ist, müssen wir eine andere Logik verwenden, die Logik der Wahrscheinlichkeit. Um ein einfaches Beispiel zu geben: ein Gesetz sagt aus, daß 90% der Einwohner einer gewissen Gegend schwarze Haare haben. Ich weiß, daß eine Person in dieser Gegend wohnt, aber ich kenne ihre Haarfarbe nicht. Ich kann aber auf Grund des statistischen Gesetzes schließen, daß die Wahrscheinlichkeit dafür, daß ihr Haar schwarz ist, neun Zehntel beträgt.

Vorhersage ist natürlich genauso unentbehrlich für das tägliche Leben wie für die Wissenschaft. Sogar unsere trivialsten Tätigkeiten beruhen auf Vorhersagen. Sie drücken auf eine Türklinke. Das tun

Sie, weil vergangene Beobachtungen zusammen mit Universal-gesetzen Sie glauben lassen, daß das Drücken der Türklinke die Türe öffnen wird. Sie werden wahrscheinlich nicht an das logische Schema denken, das hier im Spiel ist – zweifellos denken Sie an andere Dinge –, aber alle derartigen überlegten Tätigkeiten setzen das Schema voraus. Es gibt ein Wissen um bestimmte Tatsachen, ein Wissen um bestimmte beobachtete Regelmäßigkeiten, die als Universalgesetze oder stati-stische Gesetze ausgedrückt werden können und eine Grundlage für die Vorhersage der unbekannten Tatsachen liefern. Vorhersage ge-hört zu jedem Akt menschlichen Verhaltens, der mit überlegter Wahl zu tun hat. Ohne sie wären Wissenschaft wie tägliches Leben nicht denkbar.

2 Induktion und statistische Wahrscheinlichkeit

In Kapitel 1 setzten wir die Naturgesetze als gegeben voraus. Wir sahen, wie solche Gesetze in der Wissenschaft und im täglichen Leben zur Erklärung bekannter Tatsachen und um unbekannte Tatsachen vorauszusagen benützt werden. Wie gelangen wir nun zu solchen Gesetzen? Auf welcher Grundlage glauben wir, daß ein Gesetz gilt? Wir wissen natürlich, daß alle Gesetze auf der Beobachtung gewisser Regelmäßigkeiten beruhen. Sie stellen indirektes Wissen dar, im Gegensatz zu dem direkten Wissen, das sich auf Tatsachen bezieht. Was berechtigt uns, von den direkten Beobachtungen der Tatsachen zu einem Gesetz überzugehen, welches gewisse Regelmäßigkeiten der Natur ausdrückt? Diese Frage nennt man in der traditionellen Terminologie »Das Problem der Induktion«.

Man stellt Induktion oft in Gegensatz zur Deduktion, indem man sagt, daß die Deduktion vom Allgemeinen zum Besonderen fortschreitet, während die Induktion entgegengesetzt vorgeht, vom Besonderen zum Allgemeinen. Das ist natürlich eine irreführende Vereinfachung. Bei der Deduktion gibt es Schlüsse, die nicht vom Allgemeinen zum Besonderen führen; bei der Induktion gibt es auch viele Arten von Schlüssen. Die traditionelle Unterscheidung ist auch deshalb irreführend, weil sie den Gedanken nahelegt, daß Deduktion und Induktion nur zwei Zweige *einer* Logik sind. John Stuart Mills berühmtes Werk »Ein System der Logik« enthält eine ausführliche Beschreibung dessen, was er »induktive Logik« nannte, und diverse Regeln für induktives Vorgehen. Heutzutage sind wir zurückhaltender mit der Verwendung des Ausdruckes »induktiver Schluß«. Wenn er überhaupt benutzt wird, müssen wir uns darüber klar sein, daß er sich auf eine Art von Schluß bezieht, welche sich grundsätzlich von der Deduktion unterscheidet.

In der deduktiven Logik führt der Schluß von einer Menge von Prämissen zu einer Konklusion, welche genau so sicher ist wie die Prämissen. Wenn man einen Grund hat, an die Prämissen zu glauben, so hat man einen ebenso guten Grund, an die Konklusion zu glauben, die logisch aus den Prämissen folgt. Wenn die Prämissen wahr sind, kann die Konklusion nicht falsch sein. Bei der Induktion ist die Situation völlig anders. Die Wahrheit einer induktiven Konklusion ist niemals sicher. Ich meine hier nicht, daß die Konklusion nicht sicher sein kann, weil sie auf Tatsachen beruht, derer wir nicht sicher sein können. Auch wenn man annimmt, daß die Prämissen wahr sind und der Schluß ein gültiger induktiver Schluß ist, kann die Konklusion falsch sein. Wir können höchstens sagen, daß in bezug auf

bestimmte Prämissen die Konklusion einen bestimmten Wahrschein-
lichkeitsgrad hat. Die induktive Logik zeigt uns, wie wir den Wert
dieser Wahrscheinlichkeit berechnen müssen.

Wir wissen, daß singuläre Aussagen über Tatsachen, die durch Beobachtung gewonnen wurden, niemals absolut sicher sind, da wir
bei unseren Beobachtungen Fehler machen; aber bei den Gesetzen
ist die Unsicherheit noch größer. Ein Naturgesetz sagt aus, daß in
jedem Einzelfall, an jedem Ort und zu jeder Zeit gilt: Wenn Eines
wahr ist, dann ist auch ein Zweites wahr. Natürlich wird hier über
eine unendliche Anzahl möglicher Fälle gesprochen. Die wirklichen
Anwendungsfälle sind vielleicht nicht unendlich viele, aber es gibt
eine Unendlichkeit von möglichen Fällen. Ein physiologisches Gesetz
sagt uns: Wenn man einen Dolch in das Herz eines Menschen stößt,
wird dieser Mensch sterben. Da man niemals eine Ausnahme zu
diesem Gesetz beobachtet hat, wird es als allgemein gültig angenommen. Es ist natürlich wahr, daß die Anzahl der Fälle, in denen man
beobachtet hat, daß Dolche in Menschenherzen gestoßen wurden,
endlich ist. Und es ist möglich, daß eines Tages die Menschheit auf-
hören wird zu existieren. In diesem Fall ist die Zahl der menschlichen
Wesen, der vergangenen und der zukünftigen, endlich. Aber wir
wissen ja nicht, ob die Menschheit ausgelöscht werden wird. Deshalb
müssen wir sagen, daß es unendlich viele mögliche Anwendungsfälle
des Gesetzes gibt. Und wenn es unendlich viele Fälle gibt, dann kann
keine endliche Zahl von Beobachtungen, auch wenn sie sehr groß
ist, das universelle Gesetz vollständig sichern.

Natürlich können wir fortfahren und immer mehr Beobachtungen
anstellen, so sorgfältig und wissenschaftlich wir nur können, bis wir
vielleicht schließlich sagen: »Dieses Gesetz ist so oft geprüft worden,
daß wir zu seiner Wahrheit vollständiges Vertrauen haben können.
Es ist ein gut begründetes Gesetz.« Wenn wir darüber nachdenken,
wird uns aber klar, daß auch die bestbegründeten Gesetze der Physik
höchstens auf einer endlichen Zahl von Beobachtungen beruhen
können. Es ist stets möglich, daß etwa morgen schon ein Gegenbeispiel gefunden wird. Niemals ist es möglich, zu einer *vollständigen*
Verifikation eines Naturgesetzes zu gelangen. Man sollte eigentlich
gar nicht von »Verifikation« sprechen – wenn man damit eine endgültige Feststellung der Wahrheit meint –, sondern nur von Bestätigung.

Obwohl man ein Naturgesetz auf keine Weise (im strengen Sinne)
verifizieren kann, ist es interessanterweise ganz einfach, es zu falsifizieren. Man braucht ja nur ein einziges Gegenbeispiel zu finden.
Das Wissen von einem Gegenbeispiel kann unsicher sein. Man kann
einen Beobachtungsfehler gemacht oder irgendwie getäuscht worden
sein. Aber wenn man annimmt, daß das Gegenbeispiel eine Tatsache
ist, dann folgt die Negation des Gesetzes sofort. Wenn ein Gesetz

sagt, daß jedes Ding mit der Eigenschaft P auch die Eigenschaft Q hat, und wir finden ein Ding, das zwar P ist, aber nicht Q, dann ist das Gesetz widerlegt. Millionen positiver Fälle genügen nicht, das Gesetz zu verifizieren; ein Gegenbeispiel genügt, um es zu falsifizieren. Die Situation ist stark asymmetrisch. Es ist leicht, ein Gesetz zu widerlegen; es ist sehr schwer, ein Gesetz wirklich gut zu bestätigen.

Wie können wir ein Gesetz bestätigen? Wenn wir eine große Zahl von positiven Fällen und keinen negativen Fall beobachtet haben, sagen wir, daß das Gesetz gut bestätigt ist. Wie gut bestätigt es ist und ob man den Bestätigungsgrad zahlenmäßig erfassen kann, ist eine noch ungeklärte Frage der Philosophie der Naturwissenschaft. Wir werden darauf gleich zurückkommen. Hier geht es uns nur darum, klar zu machen, daß wir zunächst die Anwendungsfälle daraufhin überprüfen müssen, ob sie positiv oder negativ sind, wenn wir ein Gesetz bestätigen wollen. Das geschieht mit unserem logischen Schema für Vorhersagen. Ein Gesetz besagt, daß $\land x\,(Px \rightarrow Qx)$; deshalb gilt für ein gegebenes Objekt a, $Pa \rightarrow Qa$. Wir versuchen so viele Objekte wie möglich zu finden (die wir hier mit a bezeichnen), welche die Eigenschaft P haben. Wir prüfen dann, ob sie auch die Bedingung Q erfüllen. Wenn wir ein negatives Beispiel finden, ist die Frage geklärt. Im anderen Fall liefert jedes positive Beispiel eine zusätzliche Bestätigung des Satzes.

Es gibt natürlich verschiedene methodologische Regeln für wirkungsvolles Überprüfen. Daher sollten die Fälle so verschieden wie möglich sein. Wenn man das Gesetz der Wärmeausdehnung überprüft, sollte man sich nicht auf feste Substanzen beschränken. Wenn man das Gesetz prüft, daß alle Metalle gute Elektrizitätsleiter sind, sollte man seine Experimente nicht auf Kupferstücke beschränken. Man sollte mit so vielen Metallen wie möglich experimentieren, unter verschiedenen Bedingungen – bei Hitze, bei Kälte usw. Wir werden uns hier nicht mit den vielen methodologischen Regeln für eine Überprüfung befassen; wir wollen nur darauf hinweisen, daß ein Gesetz in allen Fällen dadurch geprüft wird, daß man Vorhersagen macht und dann sieht, ob diese Vorhersagen sich bewähren. Manchmal finden wir die Objekte, die wir überprüfen wollen, in der Natur. In anderen Fällen müssen wir sie herstellen. Wenn wir zum Beispiel das Gesetz der Wärmeausdehnung überprüfen, dann suchen wir nicht nach Gegenständen, die heiß sind, sondern wir nehmen gewisse Gegenstände und erhitzen sie. Wenn wir die Bedingungen für die Überprüfung selber herstellen, so hat das den großen Vorteil, daß man leichter der methodologischen Regel der möglichst großen Verschiedenheit genügen kann; aber ob wir die Situationen, die getestet werden sollen, selbst herstellen oder sie in der Natur vorfinden, das zugrundeliegende Schema der Überprüfung ist das gleiche.

Vorhin habe ich die Frage gestellt, ob man den Bestätigungsgrad eines Gesetzes (oder eines singulären Satzes, der eine Voraussage auf Grund eines Gesetzes ist) in quantitativer Form ausdrücken kann. Anstatt zu sagen, daß ein Gesetz »gut begründet ist« und ein anderes Gesetz »jämmerlich schlecht«, könnten wir auch sagen, daß das erste Gesetz den Bestätigungsgrad 0,8 hat, das zweite Gesetz nur einen Bestätigungsgrad von 0,1. Die Frage des quantitativen Bestätigungsbegriffs ist schon lang diskutiert worden. Meine Meinung ist, daß ein derartiges Vorgehen gerechtfertigt ist und das, was ich »Bestätigungsgrad« genannt habe, identisch ist mit der logischen Wahrscheinlichkeit.

So eine Behauptung sagt uns noch wenig, solange wir nicht wissen, was man unter »logischer Wahrscheinlichkeit« verstehen soll. Warum das Adjektiv »logisch«? Das ist nicht üblich; die meisten Bücher über Wahrscheinlichkeitstheorie treffen keine Unterscheidung zwischen verschiedenen Arten von Wahrscheinlichkeit, deren eine »logisch« wäre. Ich glaube aber, daß es zwei grundsätzlich verschiedene Arten von Wahrscheinlichkeit gibt, und ich unterscheide sie, indem ich die eine »statistische Wahrscheinlichkeit« nenne und die andere »logische Wahrscheinlichkeit«. Es ist ein unglücklicher Umstand, daß dasselbe Wort »Wahrscheinlichkeit« mit zwei so stark verschiedenen Bedeutungen gebraucht wurde. Die Vermischung dieser beiden Begriffe ist eine Quelle großer Konfusion in Büchern über Philosophie der Naturwissenschaften wie auch in den Ausführungen der Naturwissenschaftler selbst.

Anstatt von »logischer Wahrscheinlichkeit« spreche ich manchmal von »induktiver Wahrscheinlichkeit«, weil meiner Meinung nach stets diese Art von Wahrscheinlichkeit im Spiel ist, wenn wir einen induktiven Schluß machen. Unter »induktiver Schluß« verstehe ich nicht nur einen Schluß von Tatsachen zu Gesetzen, sondern auch jeden Schluß, der nicht demonstrativ ist, das heißt, einen Schluß von der Art, daß die Konklusion nicht mit logischer Notwendigkeit aus der Wahrheit der Prämissen folgt. Solche Schlüsse müssen mit Hilfe des Grades der (in meiner Terminologie) logischen Wahrscheinlichkeit oder induktiver Wahrscheinlichkeit ausgedrückt werden. Um den Unterschied zwischen dieser Art von Wahrscheinlichkeit und der statistischen Wahrscheinlichkeit klar zu sehen, dürfte es nützlich sein, einen kurzen Blick auf die Geschichte der Wahrscheinlichkeitstheorie zu werfen.

Die erste Wahrscheinlichkeitstheorie, die man jetzt meist die »klassische Theorie« nennt, wurde während des 18. Jahrhunderts entwickelt. Jacob Bernoulli (1654–1705) schrieb als erster eine systematische Abhandlung darüber, und Pfarrer Thomas Bayes leistete einen wichtigen Beitrag. Am Ende des Jahrhunderts verfaßte der große Mathematiker und Physiker Pierre Simon de Laplace die erste große Arbeit über dieses Gebiet. Sie enthielt eine umfassende mathematische Behandlung der Wahrscheinlichkeitstheorie und kann als der Höhepunkt der klassischen Periode betrachtet werden.

In der ganzen klassischen Periode wendete man die Wahrscheinlichkeitstheorie hauptsächlich auf Glücksspiele an, auf Würfel, Kartenspiel und Roulette. Tatsächlich begann die Theorie damit, daß einige Glücksspieler jener Zeit Pierre Fermat und andere Mathematiker baten, ihnen doch die genauen Wahrscheinlichkeiten, die in einigen Glücksspielen auftraten, auszurechnen. So begann die Theorie mit konkreten Problemen, nicht mit einer allgemeinen mathematischen Theorie. Die Mathematiker fanden es seltsam, daß Fragen dieser Art beantwortet werden konnten, obwohl es noch kein dafür zuständiges Gebiet der Mathematik gab. Daher entwickelten sie die Kombinatorik, die dann auf Wahrscheinlichkeitsprobleme angewendet werden konnte.

Was verstanden diese Männer, welche die klassische Theorie entwickelten, unter »Wahrscheinlichkeit«? Sie schlugen eine Definition vor, die man immer noch in elementaren Büchern für Wahrscheinlichkeit finden kann: Wahrscheinlichkeit ist das Verhältnis der Zahl der günstigen Fälle zu der Zahl aller möglichen Fälle. Schauen wir, wie dies in einem einfachen Fall funktioniert. Jemand fragt: »Ich werde diesen Würfel werfen. Wie groß ist die Wahrscheinlichkeit dafür, daß ich eine Zwei oder eine Eins würfle?« Das wäre nach der klassischen Theorie wie folgt zu beantworten. Es gibt zwei »günstige« Fälle, das heißt Fälle, die die Bedingungen der Frage erfüllen. Insgesamt gibt es sechs mögliche Fälle für das Würfelexperiment. Das Verhältnis der Zahl der günstigen zur Zahl der möglichen Fälle ist daher 2:6 oder 1:3. Die Antwort auf unsere Frage ist also, daß die Wahrscheinlichkeit dafür, daß man eine Zwei oder eine Eins würfelt, ein Drittel beträgt.

All das scheint klar zu sein, ja sogar selbstverständlich. Aber die Theorie hat einen Haken. Die klassischen Autoren sagten, daß man vor einer Anwendung ihrer Wahrscheinlichkeitsdefinition erst einmal sicher sein müsse, daß alle beteiligten Fälle gleich wahrscheinlich sind. Nun sind wir anscheinend in einem Zirkel gefangen. Wir versuchen zu definieren, was wir unter Wahrscheinlichkeit verstehen, und benutzen dabei den Begriff »gleich wahrscheinlich«. In Wirklichkeit drückten sich die Vertreter der klassischen Theorie nicht genau in dieser Weise aus. Sie sagten, daß die Fälle »gleich möglich« sein müssen. Und das wiederum wurde durch das berühmte »Prinzip des unzureichenden Grundes« erklärt. Heute nennt man es gewöhnlich »Indifferenzprinzip«. Wenn man keinen Grund kennt, warum der eine Fall vor dem andern eintreten sollte, dann sind die Fälle gleich möglich.

Das ist, in kurzen Zügen, die Methode zur Definition der Wahrscheinlichkeit, wie sie in der klassischen Periode benutzt wurde. Darauf wurde eine umfassende mathematische Theorie aufgebaut, aber die einzige Frage, die uns in diesem Zusammenhang interessiert, ist, ob die Grundlage dieser Theorie – die klassische Definition der Wahrscheinlichkeit – für die Naturwissenschaften adäquat ist.

Erst im 19. Jahrhundert erhoben sich einige wenige kritische Stimmen gegen die klassische Definition. Im 20. Jahrhundert, ungefähr um 1920, übten Richard von Mises und Hans Reichenbach scharfe Kritik an der klassischen Definition[1]. Mises sagte, daß »Gleichmöglichkeit« höchstens in dem Sinne von »Gleichwahrscheinlichkeit« verstanden werden könne. Wenn das so ist, sind wir tatsächlich in einem Circulus vitiosus gefangen. Die klassische Definition, behauptete Mises, ist zirkulär und daher unbrauchbar.

Mises hatte noch einen weiteren Einwand. Er gab zu, daß man sich in gewissen einfachen Fällen auf den gesunden Menschenverstand verlassen kann, um festzustellen, daß gewisse Ereignisse gleich möglich sind. Man kann sagen, daß Kopf und Wappen gleich mögliche Resultate sind, wenn man eine Münze wirft, denn man kennt keinen Grund, warum das eine eher auftreten sollte als das andere. Ähnlich beim Roulette; es gibt keinen Grund, warum die Kugel in das eine Fach fallen sollte und nicht in ein anderes. Wenn man mit Karten spielt, die alle gleiche Größe, Form und Rückseite haben und gut gemischt sind, dann ist es genauso wahrscheinlich, daß eine bestimmte Karte an einen Spieler ausgeteilt wird wie irgendeine andere. Auch hier sind die Bedingungen der Gleichmöglichkeit erfüllt. Aber – nun kommen wir zu Mises' Einwand – keiner der klassischen Autoren erklärte, wie man diese Wahrscheinlichkeitsdefinition auf die vielen anderen Fälle übertragen könne. Man betrachte zum Beispiel Sterblichkeitsdaten. Versicherungsgesellschaften müssen die Wahrscheinlichkeit dafür kennen, daß ein 40 Jahre alter Mann in den Vereinigten Staaten, der keine ernsthaften Krankheiten hat, mindestens noch ein Jahr leben wird. Sie müssen Wahrscheinlichkeiten dieser Art berechnen können, um danach die Beiträge bemessen zu können.

Was, so fragte Mises, sind die gleichmöglichen Fälle für einen Mann? Herr Schmidt will eine Lebensversicherung abschließen. Die Versicherungsgesellschaft schickt ihn zum Doktor. Der Doktor meldet, daß Schmidt keine ernsthaften Krankheiten hat, und daß er nach seinem Geburtsschein 40 Jahre alt ist. In der Versicherung konsultiert man die Sterblichkeitstafeln, bestimmt die Lebenserwartung des Mannes und setzt demgemäß seinen Beitrag fest. Es kann sein, daß Herr Schmidt stirbt, bevor er 41 wird, oder er kann 100 Jahre alt werden. Die Wahrscheinlichkeit dafür, daß er noch ein weiteres Jahr leben wird, sinkt, je älter er wird. Angenommen, er stirbt mit 45. Das ist schlecht für die Versicherung, denn sie muß nun zwanzigtausend Dollar zahlen, obwohl der Mann erst wenige Beiträge geleistet hat. Wo sind hier die gleichmöglichen Fälle? Herr Schmidt könnte mit 40 sterben, mit 41, mit 42, usw. Das sind die möglichen Fälle. Aber sie sind nicht gleichmöglich; daß er im Alter von 120 Jahren sterben wird, ist sehr unwahrscheinlich.

Ähnlich verhält es sich, wie Mises betonte, wenn man Wahrscheinlichkeit in den Sozialwissenschaften, in der Meteorologie, oder auch in der Physik anwendet. Die in den Wissenschaften betrachteten Situationen sind nicht wie die Glücksspiele, in denen die möglichen Resultate sauber und erschöpfend in n einander ausschließende Fälle eingeteilt werden können, welche die Bedingungen der Gleichmöglichkeit erfüllen. Ein kleiner Brocken radioaktiver Substanz wird in der nächsten Sekunde entweder ein Alphateilchen aussenden oder nicht. Die Wahrscheinlichkeit dafür, daß hier ein Teilchen emittiert wird, sei 0,0374. Wo sind die gleichmöglichen Fälle? Es gibt keine. Wir haben nur zwei Fälle: Entweder wird in der nächsten Sekunde ein Alphateilchen emittiert oder es wird keines emittiert. Das etwa war Mises' Haupteinwand gegen die klassische Theorie. Im konstruktiven Teil ihrer Kritik behaupteten Mises und Reichenbach etwa folgendes: Was wir wirklich unter Wahrscheinlichkeit verstehen, hat nichts zu tun mit dem Zählen von Fällen. Wahrscheinlichkeit ist ein Maß der »relativen Häufigkeit«. Unter »absoluter Häufigkeit« verstehen wir die Gesamtzahl der Objekte oder Vorkommnisse; zum Beispiel die Zahl der Leute in Los Angeles, die im letzten Jahr an Tuberkulose starben. »Relative Häufigkeit« ist das Verhältnis dieser Zahl zu der Zahl der Mitglieder der größeren untersuchten Klasse, zum Beispiel der Zahl der Einwohner von Los Angeles.

Nach Mises können wir von der Wahrscheinlichkeit, daß eine bestimmte Zahl gewürfelt wird, nicht nur im Falle eines idealen Würfels sprechen, wo sie ein Sechstel ist, sondern auch in allen Fällen realer, eventuell gefälschter Würfel. Nehmen wir an, jemand behauptet, daß sein Würfel gefälscht sei, und daß die Wahrscheinlichkeit für eine Sechs nicht ein Sechstel betrage, sondern weniger. Jemand anderer sagt: »Ich bin auch der Meinung, daß der Würfel gefälscht ist, aber anders als Du denkst. Ich glaube, daß die Wahrscheinlichkeit für eine Sechs größer ist, als ein Sechstel.« Um herauszufinden, was die beiden Männer mit ihren einander widerstreitenden Behauptungen meinen, müssen wir nach Mises sehen, wie sie versuchen, ihre Meinungsverschiedenheit zu klären. Sie werden natürlich einen empirischen Test machen. Sie werden würfeln und die Zahl der Würfel und die Zahl der Sechsen aufschreiben.

Wie oft werden sie würfeln? Nehmen wir an, sie würfeln hundertmal und bekommen fünfzehnmal die Sechs. Das ist etwas weniger als ein Sechstel von 100. Reicht das nicht dafür, daß der erste Mann recht hat? »Nein«, könnte der andere Mann sagen, »ich glaube immer noch, daß die Wahrscheinlichkeit größer als ein Sechstel ist. 100 Würfe sind nicht genug für einen adäquaten Test. »Vielleicht würfeln die Männer weiter, bis sie 6000 Würfe erreicht haben. Wenn die Sechs weniger als tausendmal aufgetreten ist, wird der zweite Mann sich vielleicht entscheiden, aufzugeben. Er sagt: »Sie haben recht, die Wahrscheinlichkeit ist weniger als ein Sechstel.«

Warum hören die Männer bei 6000 auf? Es kann sein, daß sie des Würfelns müde sind. Vielleicht haben sie einen Dollar darauf gesetzt, daß der Würfel so oder so gefälscht war, und sie wollen für einen Dollar nicht drei weitere Tage beim Würfeln verbringen. Die Entscheidung, bei 6000 aufzuhören, ist völlig willkürlich. Wenn nach 6000 Würfen die Zahl der Sechsen sehr nahe bei 1000 liegt, könnten sie die Frage als noch unentschieden betrachten. Eine kleine Abweichung könnte zufällig aufgetreten sein und nicht als Folge einer Asymmetrie des Würfels. Oder die Asymmetrie könnte im weiteren Verlauf eine Abweichung in die entgegengesetzte Richtung bewirken. Um eine genauere Überprüfung anzustellen, könnten die Männer sich entschließen, bis auf 60000 Würfe zu gehen. Es ist klar, daß es keine endliche Anzahl von Würfen gibt, wie groß man sie auch wählen mag, bei der man den Test beenden könnte, um mit Sicherheit sagen zu können, daß die Wahrscheinlichkeit einer Sechs genau ein Sechstel beträgt – oder weniger oder mehr.

Da keine endliche Anzahl von Versuchen genügt, um eine Wahrscheinlichkeit mit Gewißheit zu bestimmen, wie kann dann Wahrscheinlichkeit mit Hilfe von Häufigkeit definiert werden? Mises und Reichenbach schlugen vor, Wahrscheinlichkeit nicht als relative Häufigkeit in einer endlichen Folge von Versuchen zu definieren, sondern als den *Grenzwert* der relativen Häufigkeit in einer unendlichen Folge. (Durch diese Definition unterschieden sich die Theorien von Mises und Reichenbach von denen von R. A. Fisher in England und anderen Statistikern, die ebenfalls die klassische Theorie kritisiert hatten. Sie führten den Häufigkeitsbegriff der Wahrscheinlichkeit nicht durch Definition ein, sondern als undefinierten Grundbegriff in einem Axiomsystem.) Natürlich waren sich Mises und Reichenbach sehr wohl darüber klar – obwohl man sie später kritisiert hat, als hätten sie das nicht gewußt –, daß kein Beobachter jemals eine vollständige unendliche Folge von Beobachtungen zur Verfügung haben kann. Aber ich glaube, daß ihre Kritiker nicht recht hatten, wenn sie sagten, daß die neue Definition der Wahrscheinlichkeit nirgends angewendet werden könne. Sowohl Reichenbach wie Mises haben gezeigt, daß viele Theoreme auf der Grundlage ihrer Definition abgeleitet werden können und daß man mit Hilfe dieser Theoreme etwas Wichtiges aussagen kann. Man kann nicht mit Gewißheit sagen, was der Wert der Wahrscheinlichkeit ist, aber wenn die Folge lang genug ist, kann man sagen, wie groß die Wahrscheinlichkeit *wahrscheinlich* ist. In dem Würfel-Beispiel könnte man sagen: Die Wahrscheinlichkeit dafür, daß die Wahrscheinlichkeit eine Sechs zu würfeln größer ist als ein Sechstel, ist sehr klein. Vielleicht kann der Wert dieser Wahrscheinlichkeit einer Wahrscheinlichkeit sogar berechnet werden. Die Tatsache, daß der Grenzwertbegriff in der Definition benutzt wurde und daß man sich auf eine unendliche Folge bezieht, verursacht natürlich Komplikationen und Schwierigkeiten, sowohl logischer wie auch praktischer Art. Das macht aber nicht die Definition sinnlos, wie einige Kritiker behauptet haben.

Reichenbach und Mises waren beide der Meinung, daß dieser Begriff der Wahrscheinlichkeit als Grenzwert der relativen Häufigkeit einer unendlichen Folge der einzige Wahrscheinlichkeitsbegriff ist, der in der Wissenschaft anwendbar ist. Die klassische Definition, aus dem Indifferenzprinzip abgeleitet, war inadäquat. Keine neue Definition, abgesehen von der von Mises und Reichenbach, war der alten überlegen. Aber die lästige Frage der Einzelfälle taucht hier wieder auf. Die neue Definition funktionierte sehr gut für statistische Phänomene – aber wie konnte man sie auf einen Einzelfall anwenden? Ein Meteorologe sagt, daß die Wahrscheinlichkeit dafür, daß es morgen regnet, zwei Drittel ist. »Morgen« bezieht sich auf *einen* bestimmten Tag und keinen andern. Wie beim Tod des Mannes, der eine Lebensversicherung abschließen möchte, handelt es sich hier um ein einzelnes unwiederholbares Ereignis; und trotzdem wollen wir ihm eine Wahrscheinlichkeit zuschreiben. Wie kann man das auf der Grundlage einer Häufigkeitsdefinition machen?

Mises dachte, daß dies unmöglich ist; deshalb sollten Wahrscheinlichkeitsaussagen für Einzelfälle ausgeschlossen werden. Reichenbach jedoch war sich klar darüber, daß wir in der Wissenschaft wie im täglichen Leben dauernd Wahrscheinlichkeitsaussagen über einzelne Ereignisse machen. Er dachte, es wäre nützlich, eine plausible Interpretation für derartige Aussagen zu finden. Bei der Wettervorhersage ist es leicht, so eine Interpretation anzugeben. Der Meteorologe hat eine große Anzahl von Berichten über frühere Wetterbeobachtungen vorliegen, wie auch Daten über das heutige Wetter. Er findet, daß das Wetter heute zu einer bestimmten Klasse gehört und daß in der Vergangenheit, wenn Wetter dieser Klasse auftrat, die relative Häufigkeit, mit der am nächsten Tag Regen fiel, zwei Drittel war. Dann macht – nach Reichenbach – der Meteorologe eine »Schätzung«; das heißt, er nimmt an, daß die beobachtete Frequenz von zwei Drittel in einer endlichen, aber langen Reihe von Beobachtungen auch der Grenzwert der unendlichen Reihe sei. Mit anderen Worten, er schätzt, daß der Grenzwert in der Nachbarschaft von zwei Drittel liegt. Er behauptet dann: »Die Wahrscheinlichkeit für Regen am morgigen Tag ist zwei Drittel.«

Die Behauptung des Meteorologen sollte nach Reichenbachs Meinung als elliptisch angesehen werden. Voll ausgeführt würde sie

lauten: »Nach unseren früheren Beobachtungen folgte auf Wetter-
zustände, wie den heute beobachteten, mit einer Häufigkeit von zwei
Drittel Regen am nächsten Tag.« Die abgekürzte Behauptung scheint
sich auf einen Einzelfall zu beziehen, aber das ist nur eine Redeweise.
Die Behauptung bezieht sich in Wirklichkeit auf die relative Häufigkeit in einer langen Folge. Dasselbe würde von der Behauptung gelten:
»Beim nächsten Wurf des Würfels ist die Wahrscheinlichkeit einer
Sechs ein Sechstel.« Der »nächste Wurf« ist wie »das Wetter morgen«
ein einzelnes, isoliertes Ereignis. Wenn wir ihm eine Wahrscheinlichkeit zuschreiben, so sprechen wir elliptisch über die relative Häufigkeit in einer langen Folge von Würfen.

Auf diese Weise fand Reichenbach eine Interpretation von Aussagen, die Einzelereignissen eine Wahrscheinlichkeit zuschreiben. Er
versuchte sogar, eine Interpretation für Aussagen zu finden, die allgemeinen Hypothesen in den Wissenschaften Wahrscheinlichkeiten
zuschreiben. Wir werden uns hier mit dieser Theorie nicht befassen,
da sie ziemlich kompliziert ist und (im Gegensatz zu seiner Interpretation singulärer Wahrscheinlichkeits-Vorhersagen) nicht allgemein akzeptiert wurde.

Die nächste wichtige Entwicklung in der Geschichte der Wahrscheinlichkeitstheorie war die Entwicklung der *logischen* Auffassung.
Sie wurde nach 1920 durch John Maynard Keynes, den berühmten
britischen Volkswirtschaftler, vorgeschlagen und seitdem von vielen
Autoren ausführlich behandelt. Zur Zeit findet eine temperamentvolle
Auseinandersetzung zwischen den Vertretern dieser logischen Auffassung und den Vertretern der Häufigkeits-Auffassung statt. Im
nächsten Kapitel wird diese Kontroverse diskutiert und eine Lösung
vorgeschlagen.

3 Induktion und logische Wahrscheinlichkeit

Wahrscheinlichkeit war für John Maynard Keynes eine logische Beziehung zwischen zwei Aussagen. Er versuchte nicht, diese Beziehung zu definieren. Er ging sogar so weit, daß er behauptete, keine derartige Definition könne formuliert werden. Nur mit Hilfe der Intuition, das war seine feste Meinung, können wir verstehen, was Wahrscheinlichkeit heißt. In seinem Buch »A Treatise on Probability«[2] gab er einige Axiome und Definitionen an, die zwar mit logischen Symbolen geschrieben, aber von unserem heutigen Standpunkt aus nicht sehr vernünftig sind. Einige von Keynes' Axiomen waren in Wirklichkeit Definitionen, einige seiner Definitionen in Wirklichkeit Axiome. Aber von einem philosophischen Standpunkt aus ist sein Buch interessant, besonders in jenen Kapiteln, in denen er die Geschichte der Wahrscheinlichkeitstheorie diskutiert und das, was man heute von den älteren Ansichten lernen kann. Seine Hauptidee war, daß wir in einer Wahrscheinlichkeitsaussage nichts über die Welt sagen, sondern etwas über eine logische Beziehung zwischen zwei anderen Aussagen. Wir sagen nur, daß die eine Aussage eine so und so große logische Wahrscheinlichkeit in bezug auf eine andere Aussage habe.

Hier wurde der Ausdruck »so und so große« benützt. Keynes war vorsichtiger. Er zweifelte daran, daß man Wahrscheinlichkeit allgemein als quantitativen Begriff auffassen könne, das heißt als einen Begriff, dem Zahlen zugeordnet werden können. Er gab natürlich zu, daß dies in Spezialfällen möglich sei, wie zum Beispiel beim Würfel, wo das alte Indifferenzprinzip gültig sei. Der Würfel ist symmetrisch, alle seine Flächen sind gleich, und wir haben keinen Grund anzunehmen, daß er gefälscht ist usw. Dasselbe gilt für die anderen Glücksspiele, in denen die Bedingungen sorgfältig so gehalten sind, daß sie physikalische Symmetrie erzeugen oder wenigstens Symmetrie in bezug auf unser Wissen oder Unwissen. Roulette-Räder sind so beschaffen, daß die verschiedenen Sektoren gleich sind. Das Rad wird sorgfältig ausbalanciert, um die Bevorzugung einer Zahl im Verhältnis zu den anderen auszuschließen. Wenn jemand eine Münze wirft, haben wir keinen Grund anzunehmen, daß eher Kopf als Wappen auftreten wird.

In eingeschränkten Situationen dieser Art, sagte Keynes, sind wir berechtigt, so etwas wie die klassische Wahrscheinlichkeitsdefinition anzuwenden. Er war mit anderen Kritikern des Indifferenzprinzips einer Meinung, daß es in der klassischen Periode in einem viel zu weiten Sinn und auch in manchen Situationen falsch benutzt worden war, zum Beispiel bei der Vorhersage, daß morgen die Sonne aufgehen wird. Es ist durchaus zutreffend, sagte er, daß bei Glücksspielen und anderen einfachen Situationen das Indifferenzprinzip anwendbar ist und der Wahrscheinlichkeit numerische Werte zugeschrieben werden können. In den meisten Situationen aber haben wir keine Methode, um gleichmögliche Fälle zu definieren, und daher auch keine Berechtigung, das Prinzip anzuwenden. In solchen Fällen sollten wir, nach der Meinung von Keynes, keine numerischen Werte benützen. Seine Haltung war vorsichtig und skeptisch. Er wollte sich nicht auf das, wie er glaubte, dünne Eis wagen. So beschränkte er den quantitativen Teil seiner Theorie. In vielen Situationen, in denen wir nicht zögern würden, Wetten einzugehen, den Wahrscheinlichkeiten von Voraussagen Zahlenwerte zuzuordnen, rief Keynes zur Vorsicht auf.

Die zweite wichtige Figur in der Entwicklung des modernen logischen Zuganges zur Wahrscheinlichkeit ist Harold Jeffreys, ein englischer Geophysiker. Seine »Theory of Probability«, die zum ersten Mal 1939 veröffentlicht wurde, vertritt eine Auffassung, die mit der von Keynes eng verwandt ist. Als Keynes sein Buch veröffentlichte (es kam 1921 heraus, also schrieb er es vermutlich 1920), waren gerade die ersten wahrscheinlichkeitstheoretischen Arbeiten von Mises und Reichenbach erschienen. Keynes kannte sie offensichtlich nicht. Er kritisierte die Häufigkeitstheorie, aber er diskutierte sie nicht im Detail. Als Jeffreys sein Buch schrieb, war die Häufigkeitsauffassung schon voll entwickelt, und so konnte Jeffreys viel deutlicher werden.

Jeffreys sagte offen, daß die Wahrscheinlichkeitstheorie völlig falsch sei. Er pflichtete Keynes' Ansicht bei, daß Wahrscheinlichkeit sich nicht auf Häufigkeit beziehe, sondern eine logische Relation sei. Er war viel kühner als der vorsichtige Keynes. Er glaubte, daß es *möglich* sei, in vielen Fällen der Wahrscheinlichkeit Zahlenwerte zuzuordnen, besonders in all jenen Situationen, in denen mathematische Statistik angewendet wird. Er wollte dieselben Probleme behandeln, die R. A. Fisher und andere Statistiker interessierten, aber auf der Basis eines anderen Wahrscheinlichkeitsbegriffes. Da er ein Indifferenzprinzip benutzte, glaube ich, daß man gegen einige seiner Ergebnisse die gleichen Einwände erheben kann wie gegen die klassische Theorie. Es ist aber schwierig, einzelne Aussagen in seinem Buch zu finden, die man kritisieren könnte. Seine Axiome sind, wenn man sie der Reihe nach betrachtet, durchaus akzeptabel. Nur wenn er versucht, aus einem bestimmten Axiom Theoreme abzuleiten, macht er, meiner Meinung nach, einen Fehler.

Das fragliche Axiom formuliert Jeffreys folgendermaßen: »In bezug auf gegebene Daten ordnen wir der wahrscheinlicheren Aussage die größere Zahl zu (und deshalb gleich wahrscheinlichen Aussagen gleiche Zahlen).« Der Teil des Satzes in Klammer sagt offensichtlich

nur: wenn p und q gleich wahrscheinlich auf Grund des Beobachtungs-
datums r sind, dann müssen den Aussagen p und q gleiche Wahrscheinlichkeiten in bezug auf r zugeschrieben werden. Das Axiom
sagt uns nichts über die Bedingungen, unter welchen p und q als
gleich wahrscheinlich in bezug auf r betrachtet werden sollen. Nirgends in seinem Buch legt Jeffreys diese Bedingungen fest. An späterer Stelle aber interpretiert er das Axiom in einer höchst überraschen-
den Weise, um Theoreme über wissenschaftliche Gesetze zu beweisen.
»Wenn es keinen Grund gibt, eher eine Hypothese zu glauben als eine
andere«, schreibt er, »dann sind ihre Wahrscheinlichkeiten gleich.«
Mit anderen Worten, wenn wir nicht genügend Informationen haben,
um zu entscheiden, ob eine gegebene Theorie wahr ist oder falsch,
müssen wir schließen, daß diese Theorie die Wahrscheinlichkeit ein
Halb hat.

Ist das eine legitime Anwendung des Indifferenzprinzips? Meiner
Meinung nach ist das genau die Art von Anwendung, die mit Recht
von den Kritikern der klassischen Theorie verurteilt wurde. Wenn
das Indifferenzprinzip überhaupt gebraucht werden soll, muß es eine
Art Symmetrie der Situation geben, wie zum Beispiel die Gleichheit
der Würfelflächen oder der Sektoren eines Roulette-Rades, die uns
erlaubt zu sagen, daß gewisse Fälle gleich wahrscheinlich sind. Ohne
derartige Symmetrien im logischen oder physikalischen Aufbau der
Situation ist es völlig unbegründet, gleiche Wahrscheinlichkeit anzunehmen, nur weil wir nichts über die relativen Vorzüge der konkurrierenden Hypothesen wissen.

Ein einfaches Beispiel wird das klar machen. Nach Jeffreys' Interpretation seines Axiomes könnten wir mit der Wahrscheinlichkeit
ein Halb annehmen, daß es auf dem Mars Lebewesen gibt, denn wir
haben weder einen hinreichenden Grund, diese Hypothese zu glauben, noch einen hinreichenden Grund, ihre Negation zu glauben.
In genau der gleichen Weise könnten wir schließen, daß die Wahrscheinlichkeit, daß es Tiere auf dem Mars gibt, ein Halb ist und die
Wahrscheinlichkeit, daß es Menschen dort gibt, auch ein Halb ist.
Jede dieser Behauptungen ist, wenn man sie allein betrachtet, eine
Aussage, für deren Beweis oder Widerlegung wir keine genügenden
Beobachtungsdaten haben. Aber diese Behauptungen verhalten sich
so zueinander, daß sie nicht die gleichen Wahrscheinlichkeiten haben
können. Die zweite Behauptung ist stärker als die erste, denn sie
impliziert die erste, wogegen die erste nicht die zweite impliziert.
Deshalb hat die zweite Behauptung eine kleinere Wahrscheinlichkeit
als die erste; genau so verhalten sich die dritte und die zweite Aussage.
Wir müssen daher äußerst vorsichtig sein, auch wenn wir das Indifferenzprinzip in modifizierter Form anwenden, sonst geraten wir sehr
leicht zu Widersprüchen.

Jeffreys' Buch wurde sehr stark von mathematischen Statistikern kritisiert. Ich stimme ihrer Kritik nur in bezug auf die wenigen Stellen zu, an denen Jeffreys Theoreme entwickelt, die nicht aus seinen Axiomen abgeleitet werden können. Andererseits würde ich sagen, daß Keynes und Jeffreys Pioniere waren, die in der richtigen Richtung arbeiteten[3]. Meine eigene Arbeit über Wahrscheinlichkeit verfolgt die gleiche Richtung. Ich teile ihre Ansicht, daß logische Wahrscheinlichkeit eine logische Relation ist. Wenn man eine Aussage macht, die besagt, daß eine gegebene Hypothese die logische Wahrscheinlichkeit 0,7 in bezug auf ein bestimmtes Beobachtungsdatum hat, dann ist die ganze Aussage analytisch. Das heißt, die Aussage folgt aus der Definition der logischen Wahrscheinlichkeit (oder aus den Axiomen des logischen Systems), ohne daß man auf irgend etwas außerhalb des Systems Bezug nehmen müßte, das heißt ohne Voraussetzungen über die Struktur der realen Welt.

Meiner Auffassung nach ist die logische Wahrscheinlichkeit eine logische Relation, die der logischen Implikation ähnlich ist; ich denke, man kann die Wahrscheinlichkeit als partielle Implikation auffassen. Wenn das Beobachtungsdatum so stark ist, daß die Hypothese logisch aus ihm folgt – von ihm logisch impliziert wird –, haben wir den einen Extremfall, in dem die Wahrscheinlichkeit Eins ist. (Die Wahrscheinlichkeit Eins tritt auch in anderen Fällen auf, aber dies ist *ein* Spezialfall, in dem sie auftritt.) Analog dazu: wenn die Negation einer Hypothese durch das Erfahrungsdatum logisch impliziert wird, dann ist die logische Wahrscheinlichkeit der Hypothese Null. Zwischen diesen beiden Extremfällen gibt es ein Kontinuum von Fällen, bei denen die deduktive Logik uns nur sagen kann, daß weder die Hypothese noch ihre Negation aus dem Erfahrungssatz abgeleitet werden kann. Mit diesem Kontinuum muß sich die induktive Logik befassen. Aber die induktive Logik ist der deduktiven Logik ähnlich darin, daß sie nur von den beteiligten Aussagen handelt, nicht von den Tatsachen in der Welt. Wir analysieren eine sprachlich formalisierte Hypothese h und ein sprachlich formalisiertes Erfahrungsdatum e, und schließen, daß h von e nicht logisch, sondern sozusagen nur zu einem gewissen Grade impliziert wird.

Hier, glaube ich, sind wir berechtigt, der Wahrscheinlichkeit einen numerischen Wert zuzuordnen. Wenn möglich, sollten wir ein System der induktiven Logik derart konstruieren, daß wir jedem Paar von Sätzen, von denen der eine ein Erfahrungsdatum e und der andere eine Hypothese h ausdrückt, eine Zahl zuordnen können, welche die logische Wahrscheinlichkeit von h in bezug auf e angibt. (Wir betrachten nicht den trivialen Fall, in dem der Satz e kontradiktorisch ist; denn in diesem Fall kann h kein Wahrscheinlichkeitswert zugeordnet werden.) Es ist mir gelungen, mögliche Definitionen solcher Wahrscheinlichkeiten für sehr einfache Sprachen zu entwickeln, die nur einstellige Prädikate enthalten. Eine Erweiterung der Theorie auf eine größere Klasse von Sprachen ist in Arbeit. Um für die Wissenschaft wertvoll zu sein, sollte die induktive Logik, die ich auf dieser Basis aufzubauen versuche, letzten Endes auch auf quantitative Sprachen, wie wir sie in der Physik vorfinden, anwendbar sein, in denen nicht nur ein- oder zweistellige Prädikate auftreten, sondern auch numerische Größen wie Masse, Temperatur, usw. Ich glaube, daß dies möglich ist, wenn man von den gleichen Grundgedanken Gebrauch macht, die sich auch schon beim Aufbau der induktiven Logik für die einfache Sprache der einstelligen Prädikate als fruchtbar erwiesen haben.

Wenn ich sage, daß ich glaube, es ist möglich, die induktive Logik auf die Sprache der Wissenschaft anzuwenden, dann soll das nicht heißen, daß es möglich ist, ein Regelsystem zu formulieren und ein für alle Mal festzulegen, das automatisch in jedem Gebiet zu den Erfahrungstatsachen die Theorien liefert. Es scheint zumindest zweifelhaft, daß zum Beispiel Regeln formuliert werden können, die einem Wissenschaftler einen Überblick über 100 000 Beobachtungssätze vermitteln können und und mit deren Hilfe er durch rein mechanische Anwendung zu einer allgemeinen Theorie (einem System von Gesetzen) gelangt, welche die beobachteten Phänomene erklärt. Es ist im allgemeinen nicht möglich, weil Theorien, besonders die abstrakteren, in welchen solche nicht beobachteten Entitäten wie Partikel und Felder vorkommen, ein System von Begriffen benützen, das weit über die Begriffe hinausgeht, welche für die Beschreibung der Beobachtungen benützt werden. Man kann sich nicht einfach auf ein durch feste Regeln festgelegtes mechanisches Verfahren verlassen, um ein neues System theoretischer Begriffe und eine neue Theorie zu entwickeln. Man braucht dazu eine schöpferische Eingebung. Das kann man auch so sagen: Es kann keine Maschine für die Induktion geben – eine Rechenmaschine, in die wir alle wichtigen Beobachtungssätze eingeben können und die uns dann ein hübsches System von Sätzen liefert, welches die beobachteten Phänomene erklärt.

Ich bin auch der Meinung, daß es keine Induktionsmaschine geben kann, wenn man darunter eine Maschine versteht, die neue Theorien zu erfinden imstande ist. Ich glaube aber, daß es eine Induktionsmaschine mit viel bescheidenerer Zielsetzung geben kann. Nehmen wir an, es seien gewisse Beobachtungen e und eine Hypothese h (etwa in der Form einer Vorhersage oder sogar einer Menge von Gesetzen) gegeben, dann, so glaube ich, ist es in vielen Fällen möglich, die logische Wahrscheinlichkeit oder den Bestätigungsgrad von a auf der Basis e in mechanischer Weise zu bestimmen. Diese Art von Wahrscheinlichkeit nenne ich auch »induktive Wahrscheinlichkeit«, denn ich bin überzeugt, daß sie der allem induktiven Schließen zugrundeliegende Begriff ist und daß die Hauptaufgabe des induktiven Schließens darin besteht, den Wert dieser Wahrscheinlichkeit zu finden.

Wenn wir einen Blick auf die gegenwärtige Situation der Wahrscheinlichkeitstheorie werfen, so sehen wir eine Kontroverse zwischen den Vertretern der Häufigkeitstheorie und denen, die wie Keynes, Jeffreys und ich von einer logischen Wahrscheinlichkeit sprechen. Es gibt aber einen wichtigen Unterschied zwischen meiner Position und der von Keynes und Jeffreys. Diese verwerfen den Häufigkeitsbegriff der Wahrscheinlichkeit. Ich nicht. Ich glaube, daß der Häufigkeitsbegriff, auch statistische Wahrscheinlichkeit genannt, ein durchaus guter wissenschaftlicher Begriff ist, sei es, daß man ihn durch explizite Definition einführt wie in den Systemen von Mises und Reichenbach, oder durch ein Axiomensystem und Regeln für die praktische Anwendung (ohne explizite Definition), wie in der gegenwärtigen mathematischen Statistik. Ich halte diesen Begriff in beiden Formulierungen für wichtig für die Wissenschaft. Meiner Meinung nach ist der logische Wahrscheinlichkeitsbegriff ein zweiter Begriff, von völlig verschiedener Natur, wenn auch genauso wichtig.

Aussagen, welche Werte der statistischen Wahrscheinlichkeit angeben, sind nicht rein logisch; sie sind Tatsachenbehauptungen in der Sprache der Wissenschaft. Wenn ein Mediziner sagt, es gebe eine »gute Chance« (oder vielleicht gibt er einen Zahlenwert an und sagt, die Wahrscheinlichkeit sei 0,7), daß ein Patient auf eine gewisse Injektion positiv reagieren wird, so macht er eine Aussage innerhalb der medizinischen Wissenschaft. Wenn ein Physiker sagt, daß die Wahrscheinlichkeit eines gewissen radioaktiven Ereignisses so und so groß sei, dann macht er eine Aussage innerhalb der Physik. Statistische Wahrscheinlichkeit ist ein wissenschaftlicher, empirischer Begriff. Aussagen über statistische Wahrscheinlichkeit sind »synthetische« Aussagen, d.h. Aussagen, die nicht durch Logik allein entschieden werden können, sondern auf empirischen Untersuchungen beruhen. In diesem Punkt bin ich mit Mises, Reichenbach und den Statistikern völlig einer Meinung. Wenn wir sagen: »Bei diesem besonderen Würfel ist die statistische Wahrscheinlichkeit, eine Eins zu werfen, 0,157«, dann sprechen wir eine wissenschaftliche Hypothese aus, die nur durch eine Reihe von Beobachtungen überprüft werden kann. Es ist eine empirische Behauptung, weil nur eine empirische Untersuchung sie bestätigen kann.

So wie sich die Wissenschaft entwickelt, scheinen Wahrscheinlichkeitsaussagen dieser Art immer wichtiger zu werden, nicht nur in den Sozialwissenschaften, sondern auch in der modernen Physik. Statistische Wahrscheinlichkeit tritt nicht nur in Gebieten auf, in denen sie wegen unserer Unwissenheit notwendig ist (wie in den Sozialwissenschaften oder wenn ein Physiker den Weg eines Moleküls in einer Flüssigkeit berechnet), sondern sie ist auch ein wesentlicher Faktor in den Grundprinzipien der Quantentheorie. Es ist von größter Wichtigkeit für die Naturwissenschaften, eine Theorie der statistischen Wahrscheinlichkeit zur Verfügung zu haben. Solche Theorien wurden von den Statistikern entwickelt und in etwas anderer Weise durch Mises und Reichenbach.

Andererseits brauchen wir auch den Begriff der logischen Wahrscheinlichkeit. Er ist besonders nützlich in metawissenschaftlichen Aussagen, das heißt in Aussagen über die Wissenschaft. Wir sagen zum Beispiel zu einem Wissenschaftler: »Sie sagen mir, daß ich mich auf das Gesetz verlassen kann, wenn ich eine Vorhersage machen will. Wie gut ist das Gesetz bestätigt? Wie glaubwürdig ist die Vorhersage?« Der Naturwissenschaftler von heute mag oder mag nicht geneigt sein, eine metawissenschaftliche Frage dieser Art quantitativ zu beantworten. Aber ich glaube, wenn erst einmal die induktive Logik genügend entwickelt sein wird, dann wird er antworten können: »Diese Hypothese ist auf Grund der zur Verfügung stehenden Erfahrungsdaten zum Grade 0,8 bestätigt.« Ein Wissenschaftler, der auf diese Weise antwortet, macht eine Aussage über die logische Beziehung zwischen den Erfahrungsdaten und der fraglichen Hypothese. Die Art von Wahrscheinlichkeit, die er im Sinn hat, ist die logische Wahrscheinlichkeit, die ich auch »Bestätigungsgrad« nenne. Seine Aussage, daß der Wert der Wahrscheinlichkeit 0,8 betrage, ist in diesem Zusammenhang keine synthetische (empirische) Aussage, sondern eine analytische. Sie ist analytisch, weil man keine empirische Untersuchung benötigt. Sie drückt eine logische Beziehung aus zwischen einem Satz, der die Erfahrungsdaten angibt, und einem Satz, der die Hypothese angibt.

Man beachte, daß es bei einer analytischen Wahrscheinlichkeitsaussage immer nötig ist, explizit die Erfahrungsdaten zu nennen. Der Wissenschaftler darf nicht sagen: »Die Hypothese hat die Wahrscheinlichkeit 0,8.« Er muß hinzufügen: »... in bezug auf diese oder jene Erfahrungsdaten.« Wenn man dies nicht hinzufügt, könnte seine Aussage als eine statistische Wahrscheinlichkeitsaussage mißverstanden werden. Wenn es eine logische Wahrscheinlichkeitsaussage sein soll, so ist es eine elliptische Formulierung, in der ein wichtiger Bestandteil fehlt. In der Quantentheorie z.B. ist es oft schwierig festzustellen, ob ein Physiker statistische oder logische Wahrscheinlichkeit meint. Physiker machen normalerweise nicht diesen Unterschied. Sie sprechen, als gebe es nur einen Wahrscheinlichkeitsbegriff, mit dem sie arbeiten. Sie sagen vielleicht: »Wir meinen *die* Wahrscheinlichkeit, welche die bekannten Axiome der Wahrscheinlichkeitstheorie erfüllt.« Aber *beide* Wahrscheinlichkeitsbegriffe gehorchen den bekannten Axiomen der Wahrscheinlichkeitstheorie und es ist deshalb dadurch noch nicht geklärt, welche Wahrscheinlichkeit sie meinen.

Eine ähnliche Doppeldeutigkeit findet man in den Aussagen von Laplace und anderen, die den klassischen Wahrscheinlichkeitsbegriff entwickelt haben. Sie waren sich natürlich nicht, wie wir heute, eines Unterschiedes zwischen einem logischen und einem Häufigkeitsbegriff der Wahrscheinlichkeit bewußt. Deshalb ist es auch nicht immer möglich, festzustellen, welchen Begriff sie meinten. Ich bin aber überzeugt, daß sie meist – natürlich nicht immer – den logischen Begriff meinten. Ich glaube, daß Mises und die anderen Häufigkeitstheoretiker mit gewissen ihrer kritischen Bemerkungen über die klassische Schule nicht im Recht sind. Da Mises glaubte, daß es nur den Häufigkeitsbegriff der Wahrscheinlichkeit gebe, mußte er annehmen, daß die klassischen Autoren, wenn überhaupt etwas, dann die statistische Wahrscheinlichkeit gemeint haben müssen. Natürlich waren sie nicht imstande, klar und explizit auszudrücken, daß sie an relative Häufigkeit bei langen Versuchsreihen dachten, aber das ist es, was sie – nach Mises – implizit meinten. Ich bin anderer Ansicht. Ich glaube, daß die klassischen Autoren von logischer Wahrscheinlichkeit sprachen, wenn sie gewisse Aussagen über a priori Wahrscheinlichkeit machten, die analytisch ist und daher a priori bekannt sein kann. Im Gegensatz zu Mises und Reichenbach betrachte ich diese Aussagen nicht als Verletzung der Prinzipien des Empirismus.

Ich möchte eine Mahnung zur Vorsicht hinzufügen. Nachdem ich obige Ansicht in meinem Buch über Wahrscheinlichkeitstheorie vertreten hatte, haben eine Anzahl von Kollegen – darunter auch Freunde von mir – auf gewisse Stellen in den Schriften der klassischen Autoren hingewiesen und gesagt, daß hier diese Autoren sicher nicht an logische Wahrscheinlichkeit gedacht haben konnten. Und das ist auch meine Meinung. An manchen Stellen können die klassischen Statistiker nicht logische Wahrscheinlichkeit gemeint haben; vermutlich meinten sie die »Häufigkeitswahrscheinlichkeit«. Trotzdem bin ich überzeugt, daß ihr Grundbegriff die logische Wahrscheinlichkeit war. Ich glaube, darauf weist sogar der Titel des ersten systematischen Buches in diesem Gebiet hin, Jacob Bernoullis »Ars conjectandi« (Die Kunst des Vermutens). Mises' Wahrscheinlichkeitstheorie ist keineswegs eine Kunst des Vermutens. Sie ist eine mathematisch formulierte axiomatische Theorie der Massenphänomene. Sie hat mit Vermutung nichts zu tun. Was Bernoulli meinte, war ganz etwas anderes. Wir haben gewisse Ereignisse gesehen, sagte er, zum Beispiel, daß der Würfel so oder so gefallen ist, und wir wollen eine Vermutung darüber anstellen, wie er fallen wird, wenn wir ihn wieder werfen. Wir wollen wissen, wie wir rationale Wetten abschließen können. Wahrscheinlichkeit war für die klassischen Autoren der Gewißheitsgrad unserer Vermutungen über zukünftige Ereignisse. Und das ist logische Wahrscheinlichkeit, nicht Wahrscheinlichkeit im statistischen Sinn[4].

Meine Ansichten über Wahrscheinlichkeit werde ich hier nicht in detaillierterer Weise darstellen, weil man dazu doch auf viele rein technische Einzelheiten eingehen müßte. Aber ich werde den einen Schluß diskutieren, in dem die beiden Wahrscheinlichkeitsbegriffe zusammen vorkommen können. Das tritt ein, wenn entweder die Hypothese oder eine der Prämissen des induktiven Schlusses eine Aussage über eine statistische Wahrscheinlichkeit enthält. Wir können dies leicht sehen, wenn wir das Grundschema modifizieren, das wir schon bei unserer Diskussion der Universalgesetze benutzt haben. Anstelle eines Universalgesetzes (1) nehmen wir als erste Prämisse ein statistisches Gesetz (1′), welches besagt, daß die relative Häufigkeit (rH) von Q in bezug auf P (etwa) 0,8 beträgt. Die zweite Prämisse (2) behauptet wie früher, daß ein bestimmtes Individuum a die Eigenschaft P hat. Die dritte Aussage (3) drückt aus, daß a die Eigenschaft Q hat. Diese dritte Aussage, Qa, ist die Hypothese, die wir auf der Basis der beiden Prämissen betrachten wollen.

In Formeln:

$$(1′) \quad rH(Q,P) = 0{,}8$$
$$(2) \quad Pa$$
$$(3) \quad Qa$$

Was können wir über die logische Beziehung von (3) zu (1′) und (2) sagen? In dem früheren Fall – dem Schema für Universalgesetze – konnten wir die folgende logische Aussage machen:

(4) Die Aussage (3) ist eine logische Folge von (1) und (2).

Eine derartige Aussage können wir über das obige Schema nicht machen, denn die neue Prämisse (1′) ist schwächer als die frühere Prämisse (1); sie gibt nur eine relative Häufigkeit an statt eines Universalgesetzes. Wir können aber die folgende Aussage machen, die auch eine logische Beziehung ausdrückt, aber mit Hilfe der logischen Wahrscheinlichkeit oder des Bestätigungsgrades und nicht mit Hilfe der logischen Folgebeziehung:

(4′) Die Aussage (3) hat auf der Basis von (1′) und (2) die Wahrscheinlichkeit 0,8.

Man beachte, daß diese Aussage genau wie die Aussage (4) keine logische Folgerung aus (1′) und (2) ist. Beide Aussagen (4) und (4′) sind Aussagen in der Metasprache; d. h. sie sind logische Aussagen *über* die drei Aussagen: (1) [oder (1′)], (2) und (3).

Es ist wichtig, daß man genau versteht, was ein Ausdruck wie »Die statistische Wahrscheinlichkeit von Q in bezug auf P beträgt 0,8« bedeutet. Wenn Wissenschaftler solche Aussagen machen und Wahrscheinlichkeit im Sinne der Häufigkeit benützen, dann ist es nicht immer klar, genau welche Häufigkeit sie meinen. Ist es die Häufigkeit von Q in einer untersuchten Stichprobe? Ist es die Häufigkeit von Q in der betrachteten Gesamtpopulation? Oder ist es eine *Schätzung* der Häufigkeit in der Gesamtpopulation? Wenn die Anzahl der untersuchten Fälle in der Stichprobe sehr groß ist, dann wird die Häufigkeit von Q in der Stichprobe nicht wesentlich von der

Häufigkeit von Q in der Gesamtpopulation oder von einer Schätzung dieser Häufigkeit abweichen. Trotzdem ist es wichtig, die theoretischen Unterschiede dieser Begriffe im Auge zu behalten.

Nehmen wir an, wir wollen herausfinden, welcher Prozentsatz der 100 000 Männer, die in einer gewissen Stadt leben, sich elektrisch rasieren. Wir beschließen, 1000 dieser Männer zu befragen. Um zu vermeiden, daß unsere Stichprobe die Situation verzerrt wiedergibt, müssen wir die 1000 Männer mit Methoden auswählen, wie sie die moderne Meinungsforschung entwickelt hat. Nehmen wir nun an, wir haben eine derartige Stichprobe vorgenommen, und 800 der befragten Männer sagen, daß sie sich elektrisch rasieren. Die beobachtete relative Häufigkeit dieser Eigenschaft ist daher 0,8. Da eine Stichprobe von 1000 ziemlich groß ist, könnten wir schließen, daß die statistische Wahrscheinlichkeit für diese Eigenschaft in der Gesamtpopulation 0,8 ist. Aber genau gesagt ist dieser Schluß nicht gerechtfertigt. Nur der Wert der Häufigkeit in der Stichprobe ist bekannt. Der Wert der Häufigkeit in der Gesamtpopulation ist nicht bekannt. Wir können höchstens eine *Schätzung* der Häufigkeit in der Gesamtpopulation anstellen. Dieser Schätzwert darf nicht mit der Häufigkeit in der Stichprobe verwechselt werden. Im allgemeinen sollten solche Schätzungen von der beobachteten relativen Häufigkeit in der Stichprobe in gewisser Weise abweichen[5].

Nehmen wir nun an: (1′) ist bekannt; die statistische Wahrscheinlichkeit von Q in bezug auf P beträgt 0,8. (Die Frage, woher wir das wissen, wollen wir hier nicht betrachten. Wir könnten ja z. B. jeden der 100 000 Männer in der Stadt befragt haben.) Diese Wahrscheinlichkeitsbehauptung ist natürlich eine empirische Behauptung. Nehmen wir auch noch an, daß die zweite Prämisse bekannt ist: (2) *Pa*. Wir können nun die Aussage (4′) machen, die besagt, daß die logische Wahrscheinlichkeit von (3) – d. h. *Qa* – in bezug auf die Prämissen (1′) und (2) 0,8 beträgt. Wenn aber die erste Prämisse keine statistische Wahrscheinlichkeitsbehauptung ist, sondern eine Aussage über eine beobachtete relative Häufigkeit in der Stichprobe, dann müssen wir auch die Größe der Stichprobe in Betracht ziehen. Wir können immer noch die logische Wahrscheinlichkeit oder den Bestätigungsgrad, der in (4′) vorkommt, berechnen, aber er wird nicht genau 0,8 betragen. Es wird eine Abweichung auftreten. Dies habe ich genauer in dem in Anmerkung 5 erwähnten Buch diskutiert.

Einen Schluß dieser Art von der Stichprobe zur Population oder von einer Stichprobe zu einer unbekannten zukünftigen Stichprobe oder von einer Stichprobe zu einem unbekannten zukünftigen Einzelfall nenne ich »indirekten Wahrscheinlichkeitsschluß« oder »indirekten induktiven Schluß«, um ihn von dem induktiven Schluß zu unterscheiden, der von der Population zu einer Stichprobe oder einem Einzelfall führt. Wie schon früher gesagt: Wenn unsere Kenntnis der statistischen Wahrscheinlichkeit durch (1') gegeben ist, dann ist es richtig, in (4') dem Bestätigungsgrad den gleichen Zahlenwert zuzuschreiben. So ein Schluß ist nicht deduktiv; er steht sozusagen zwischen den induktiven und deduktiven Schlüssen. Einige Autoren haben ihn sogar als »deduktiven Wahrscheinlichkeitsschluß« bezeichnet, aber ich ziehe vor, ihn zu den induktiven Schlüssen zu zählen. Immer dann, wenn die statistische Wahrscheinlichkeit für eine Population bekannt ist und wir die Wahrscheinlichkeit für eine Stichprobe ausrechnen wollen, ergibt sich aus meiner induktiven Logik derselbe Wert, den auch ein Statistiker angeben würde. Wenn wir hingegen einen indirekten Schluß von einer Stichprobe auf eine Population oder von einer Stichprobe auf einen zukünftigen Einzelfall oder eine zukünftige Stichprobe machen (in den beiden letzten Fällen spreche ich von »Vorhersageschlüssen«), dann sind, so glaube ich, die herkömmlichen Methoden der Statistik nicht ganz adäquat. Die Gründe für meine Skepsis werden in dem Buch »The Continuum of Inductive Methods« im Detail ausgeführt.

Ich möchte folgende Hauptpunkte betonen: Beide Arten von Wahrscheinlichkeit – statistische und logische – können zusammen in derselben Schlußkette vorkommen. Die statistische Wahrscheinlichkeit gehört zur Objektsprache der Wissenschaft. Auf statistische Wahrscheinlichkeitsaussagen können wir die logische Wahrscheinlichkeit anwenden, die zur Metasprache der Wissenschaft gehört. Ich bin überzeugt, daß diese Betrachtungsweise ein viel klareres Bild des statistischen Schließens gibt als die meisten Bücher über Statistik und daß sie die wesentlichen Grundlagen liefert für den Aufbau einer adäquaten induktiven Logik der Wissenschaft.

4 Die experimentelle Methode

Das entscheidend Neue der modernen Naturwissenschaft, verglichen mit der Naturwissenschaft früherer Zeiten, besteht zum Teil in der Betonung der »experimentellen Methode«. Wie wir gesehen haben, beruht alles empirische Wissen letzten Endes auf Beobachtungen, aber dieses Beobachtungswissen läßt sich auf zwei völlig verschiedenen Wegen gewinnen. Beim nicht-experimentellen Weg spielen wir eine rein passive Rolle. Wir schauen einfach auf die Sterne oder auf Blumen, bemerken Ähnlichkeiten und Unterschiede und versuchen Regelmäßigkeiten zu entdecken, die als Gesetze ausgedrückt werden können. Im Fall des Experimentes dagegen spielen wir eine aktive Rolle. Anstatt bloß Zuschauer zu sein, *tun* wir etwas, das bessere Beobachtungsresultate hervorbringen soll als die reine Betrachtung der Natur. Wir warten nicht darauf, daß die Natur uns Situationen zum Beobachten liefert, sondern wir versuchen, solche Situationen selbst zu erzeugen. Kurzum, wir machen Experimente.

Die experimentelle Methode hat sich als außerordentlich fruchtbar erwiesen. Die großen Fortschritte, die die Physik in den letzten 200 Jahren gemacht hat, ganz besonders aber in den letzten Jahrzehnten, wären ohne die Anwendung der experimentellen Methode nie erreicht worden. Warum, so könnte man fragen, wird dann die experimentelle Methode nicht in allen Gebieten der Wissenschaft verwendet? In einigen Gebieten kann man sie nicht so leicht anwenden wie in der Physik. In der Astronomie z.B. können wir nicht einem Planeten einen Stoß in eine neue Richtung geben, um zu sehen, was passiert. Die astronomischen Gegenstände sind zur Zeit noch unerreichbar; wir können sie nur beobachten und beschreiben. Ein Astronom kann zwar im Laboratorium Bedingungen herstellen, die denen auf der Oberfläche der Sonne oder des Mondes ähneln und dann beobachten, was sich im Laboratorium unter diesen Bedingungen ereignet. Aber das ist nicht wirklich ein astronomisches Experiment. Es ist ein physikalisches Experiment, welches eine gewisse Bedeutung für unser astronomisches Wissen hat.

Ganz andere Gründe sind es, welche den Sozialwissenschaftler davon abhalten, Experimente mit großen Gruppen von Menschen zu machen. Gewiß führen Sozialwissenschaftler Versuche mit Gruppen durch, aber gewöhnlich sind es kleine Gruppen. Wenn wir wissen wollen, wie Menschen reagieren, wenn sie kein Wasser haben, können wir zwei oder drei Versuchspersonen auf eine wasserlose Diät setzen und ihre Reaktionen beobachten. Aber das sagt uns nicht viel darüber, wie eine große Gemeinde reagieren würde, wenn die Wasserzufuhr abgeschnitten würde. Es wäre z. B. ein interessantes Experiment, die Wasserversorgung von New York zu unterbrechen. Würden die Leute mit verzweifelter Aktivität oder Apathie reagieren? Würden sie versuchen, eine Revolution gegen die Stadtverwaltung zu organisieren? Natürlich würde kein Soziologe im Ernst ein derartiges Experiment vorschlagen, denn er weiß, daß die Bevölkerung es nicht zulassen würde. Die Bevölkerung wird den Soziologen nicht gestatten, mit ihren Lebensnotwendigkeiten herumzuspielen.

Auch wenn keine wirkliche Grausamkeit gegenüber einer sozialen Gruppe im Spiel ist, gibt es oft einen starken sozialen Druck gegen Gruppenexperimente. Z. B. gibt es einen Indianerstamm in Mexiko, der bei jeder Sonnenfinsternis einen gewissen rituellen Tanz aufführt. Die Mitglieder des Stammes sind überzeugt, daß dies das einzige Mittel ist, mit dem sie den Gott wieder günstig stimmen können, der die Sonnenfinsternis verursacht. Und tatsächlich, dann kehrt schließlich nach dem Tanz das Sonnenlicht wieder zurück. Nehmen wir an, daß einige Anthropologen versuchen, diese Leute zu überzeugen, daß ihr ritueller Tanz mit der Rückkehr der Sonne nichts zu tun hat. Die Anthropologen schlagen dem Stamm vor, einen Versuch zu machen, bei der nächsten Sonnenfinsternis nicht zu tanzen und zu sehen, was sich ereignet. Die Indianer würden mit Entsetzen reagieren. Für sie würde es bedeuten, daß sie das Risiko eingehen, den Rest ihrer Tage in Finsternis zu verbringen. Sie glauben so stark an ihre Theorie, daß sie sie nicht prüfen wollen. Man sieht, daß es Hindernisse für Experimente in den Sozialwissenschaften geben kann, auch wenn die Wissenschaftler überzeugt sind, daß keine schädlichen Folgen auftreten werden. Im allgemeinen muß sich der Sozialwissenschaftler darauf beschränken, aus der Geschichte und aus Experimenten mit Individuen und kleinen Gruppen zu lernen. In Diktaturen werden schon oft Experimente großen Ausmaßes gemacht, aber nicht, um eine Theorie zu prüfen, sondern weil die Regierung glaubt, daß ein neues Verfahren besser funktionieren könnte als das alte. Die Regierung experimentiert im Großen in der Landwirtschaft, der Wirtschaft usw. In einer Demokratie ist es nicht möglich, solch kühne Experimente durchzuführen, denn im Falle von Mißerfolgen sähe sich die Regierung spätestens bei den nächsten Wahlen einer aufgebrachten Öffentlichkeit gegenüber.

Die experimentelle Methode ist besonders fruchtbar in Gebieten, in denen es quantitative Begriffe gibt, die genau gemessen werden können. Wie plant ein Wissenschaftler ein Experiment? Es ist schwierig, die allgemeine Natur der Experimente zu beschreiben, denn es gibt so viele verschiedene Arten. Aber man kann auf einige gemeinsame Züge hinweisen.

Zunächst einmal versuchen wir, die Faktoren zu bestimmen, die für das Phänomen, welches wir untersuchen wollen, von Bedeutung sind. Einige Faktoren – aber nicht zu viele – müssen als unwichtig beiseite gelassen werden. Bei einem mechanischen Experiment z. B., das mit Rädern, Hebeln usw. arbeitet, können wir uns entscheiden, die Reibung zu vernachlässigen. Wir wissen, daß Reibung auftritt, aber wir glauben, daß ihr Einfluß zu klein ist, als daß der gesteigerte Aufwand zu ihrer Berücksichtigung gerechtfertigt wäre. In ähnlicher Weise können wir uns entschließen, bei einem Versuch mit sich langsam bewegenden Körpern den Luftwiderstand zu vernachlässigen. Im Falle sehr hoher Geschwindigkeit, z. B. bei einem Geschoß, das sich mit Überschallgeschwindigkeit bewegt, können wir den Luftwiderstand nicht mehr vernachlässigen. Kurzum, der Wissenschaftler läßt nur diejenigen Faktoren außer Betracht, von denen er annimmt, daß ihr Einfluß auf seinen Versuch unbedeutend sein wird. Manchmal, wenn ein Experiment sonst zu kompliziert würde, wird er sogar Faktoren vernachlässigen müssen, von denen er glaubt, daß sie doch einen wichtigen Einfluß haben könnten.

Nachdem wir die wichtigen Faktoren festgelegt haben, planen wir einen Versuch, in dem einige dieser Faktoren konstant gehalten werden, während andere sich ändern können. Nehmen wir an, wir haben es mit Gas in einem abgeschlossenen Gefäß zu tun, und wir möchten die Temperatur des Gases möglichst konstant halten. Wir werden dann das Gefäß in ein viel größeres Wasserbad einbauen. (Die spezifische Wärme des Gases ist so klein im Verhältnis zur spezifischen Wärme des Wassers, daß Schwankungen der Gastemperatur infolge von Kompression oder Expansion schnell durch das Wasserbad ausgeglichen werden.) Oder vielleicht wollen wir einen elektrischen Strom konstanter Stromstärke erzeugen. Das könnte man mit Hilfe eines Ampèremeters und eines veränderlichen Widerstandes so machen, daß man bei Beobachtung einer Veränderung des Stromes den Widerstand entsprechend ändert. Auf diese Weise können wir gewisse Größen konstant halten, während wir beobachten, was geschieht, wenn andere Größen verändert werden.

Unser Endziel ist es natürlich, Naturgesetze zu finden, die alle relevanten Größen miteinander verbinden; aber wenn sehr viele Faktoren beteiligt sind, kann dies eine sehr komplizierte Aufgabe sein. Deshalb werden wir uns am Anfang auf die einfacheren Gesetze beschränken, die *einige* der Faktoren miteinander verbinden. Wenn k Größen beteiligt sind, so ist der einfachste erste Schritt, ein Experiment so einzurichten, daß $k-2$ Größen konstant gehalten werden. Das läßt zwei Größen, M_1 und M_2, übrig, welche sich ändern können. Wir ändern eine von ihnen und beobachten, wie sich die andere verhält. Vielleicht sinkt M_2 immer dann, wenn M_1 wächst. Oder vielleicht steigt M_2 zunächst und sinkt dann wieder, wenn M_1 zunimmt. Der Wert von M_2 ist eine Funktion des Wertes von M_1. Wir können diese Funktion als Kurve auf Millimeterpapier aufzeichnen und vielleicht auch die Gleichung bestimmen, welche die Funktion beschreibt. Wir erhalten dann ein beschränktes Gesetz: Wenn die Größen M_3, M_4, $M_5 \ldots$ konstant gehalten werden und M_1 zunimmt, dann ändert sich M_2 gemäß einer gewissen Gleichung. Aber das ist nur der Anfang. Wir fahren in unserem Experiment fort, indem wir andere k-2 tupel von Faktoren festhalten, so daß wir sehen können, in welcher funktionellen Beziehung die zugehörigen Paare von Größen stehen. Später werden wir in derselben Weise mit Tripeln experimentieren und alles konstant halten, mit Ausnahme von drei Größen. In manchen Fällen werden wir, ausgehend von den Paar-Gesetzen, einige oder alle Tripel-Gesetze erraten können. Dann suchen wir die allgemeineren Gesetze für vier Größen und schließlich die allgemeinsten und manchmal ziemlich komplizierten Gesetze, die alle relevanten Faktoren berücksichtigen.

Als einfaches Beispiel betrachten wir den folgenden Versuch mit einem Gas. Wir haben die grobe Beobachtung gemacht, daß sich Temperatur, Volumen und Druck eines Gases oft gleichzeitig verändern. Wir möchten nun genau wissen, wie diese drei Größen sich zueinander verhalten. Ein vierter relevanter Faktor ist, welches Gas wir benützen. Wir können später mit anderen Gasen experimentieren, aber zunächst einmal entscheiden wir uns, diesen Faktor konstant zu halten, indem wir nur reinen Wasserstoff verwenden. Wir füllen den Wasserstoff in ein zylindrisches Gefäß (siehe Abb. 1) mit einem beweglichen Kolben, auf den man ein Gewicht legen kann. Wir können leicht das Volumen des Gases messen und wir können den Druck ändern, indem wir das Gewicht auf dem Kolben verändern. Die Temperatur wird auf andere Weise eingestellt und gemessen.

Bevor wir aber mit den Versuchen zur Bestimmung der Beziehung zwischen den drei Faktoren Temperatur, Volumen und Druck beginnen, müssen wir erst einige Vorversuche machen, um sicher zu gehen, daß es keine anderen wichtigen Faktoren gibt. Einige Faktoren, von denen man glauben könnte, daß sie relevant sind, stellen sich als irrelevant heraus. Ist zum Beispiel die Form des Gefäßes, welches das Gas enthält, wichtig? Wir wissen, daß bei manchen Versuchen (z.B. bei der Verteilung der elektrischen Ladung auf einer Oberfläche und dem Oberflächenpotential) die Form eines Gegenstandes durchaus wichtig sein kann. Hier ist es nicht schwierig festzustellen, daß die Form des Gefäßes nicht wichtig ist, sondern nur das Volumen. Wir können unsere allgemeinen Kenntnisse der Natur dazu verwenden, viele andere Faktoren auszuschließen. Ein Astrologe könnte in das Laboratorium kommen und fragen: »Haben Sie den Stand der Planeten festgestellt? Ihre Positionen könnten einen Einfluß auf das Experiment haben.« Wir halten diesen Faktor für unwichtig, denn wir glauben, daß die Planeten zu weit entfernt sind, um einen Einfluß zu haben.

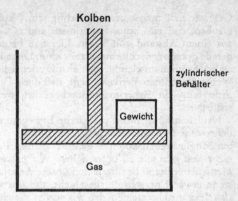

Kolben

zylindrischer Behälter

Gewicht

Gas

Abb. 1

Unsere Annahme über die Irrelevanz der Planeten ist richtig, aber es wäre ein Fehler zu glauben, daß man diverse Faktoren ausschließen könne, nur weil man glaubt, sie hätten keinen Einfluß. Man kann nie wirklich sicher sein, solange noch keine Versuche gemacht worden sind. Nehmen wir an, Sie lebten noch vor der Erfindung des Radios. Jemand stellt eine Schachtel auf Ihren Tisch und sagt, daß Sie es hören können, wenn jemand an einem gewissen Ort, tausend Meilen entfernt, singt, und zwar ganz genau den gleichen Schlager, dieselbe Tonart, den gleichen Rhythmus. Würden Sie es glauben? Sie würden vermutlich antworten: »Unmöglich! An der Schachtel gibt es keine elektrischen Drähte. Ich weiß aus meiner Erfahrung, daß nichts, was in diesem Augenblick 1000 Meilen entfernt geschieht, eine Wirkung auf das haben kann, was sich in diesem Raum ereignet.«

Das ist genau dieselbe Schlußweise, mit der wir auch entschieden haben, daß die Positionen der Planeten unsere Versuche mit Wasserstoff nicht beeinflussen können! Es ist klar, daß wir sehr vorsichtig sein müssen. Manchmal gibt es Einflüsse, die man nicht kennen kann, solange sie nicht entdeckt wurden. Aus diesem Grunde ist schon der allererste Schritt unseres Experimentes – die Bestimmung der relevanten Faktoren – oft sehr schwierig. Überdies ist das ein Schritt, der oft nicht explizit in den Berichten über Untersuchungen erwähnt wird. Ein Naturwissenschaftler beschreibt nur die benützte Versuchsanordnung, den durchgeführten Versuch und was er über die Beziehungen zwischen gewissen Größen entdeckt hat. Er fügt nicht hinzu: »und außerdem fand ich, daß diese oder jene Faktoren keinen Einfluß auf die Ergebnisse haben«. In den meisten Fällen wird man genügend über das Gebiet der Untersuchung wissen und der Wissenschaftler wird es als gegeben voraussetzen, daß andere Faktoren nicht wichtig sind. Er kann durchaus recht haben. Aber in neuen

Gebieten muß man äußerst vorsichtig sein. Natürlich würde niemand glauben, daß ein Labor-Experiment anders verläuft, wenn wir es aus einem Abstand von 50 cm oder 5 m betrachten oder weil wir gerade guter oder schlechter Laune sind. Diese Faktoren sind höchstwahrscheinlich unwichtig, aber absolut sicher können wir nicht sein. Wenn jemand den Verdacht hegt, daß diese Faktoren relevant sind, dann muß ein Experiment durchgeführt werden, um sie auszuschließen.

Natürlich hindern uns praktische Erwägungen daran, jeden möglicherweise relevanten Faktor zu überprüfen. Tausende von entfernten Möglichkeiten könnten geprüft werden, und wir haben einfach nicht Zeit, um alle zu untersuchen. Wir müssen unseren gesunden Menschenverstand benützen und unsere Annahmen nur korrigieren, wenn etwas Unerwartetes geschieht, das uns zwingt, einen Faktor als relevant zu betrachten, den wir vorher vernachlässigt hatten. Wird die Farbe der Blätter an den Bäumen vor dem Laboratorium die Wellenlänge des in dem Experiment benützten Lichtes beeinflussen? Wird eine Apparatur verschieden funktionieren, je nachdem, ob ihr Eigentümer sich in New York oder Tuntenhausen befindet oder je nachdem, was er über das Experiment denkt? Wir haben offensichtlich nicht die Zeit, um derartige Faktoren durchzuprüfen. Wir nehmen an, daß die innere Einstellung des Eigentümers der Apparatur keinen Einfluß auf das Experiment hat. Aber Mitglieder gewisser Völkerstämme mögen eine andere Meinung haben. Sie glauben vielleicht, daß die Götter einem Versuch nur beistehen werden, wenn der wirkliche Eigentümer der Versuchsanordnung wünscht, daß das Experiment durchgeführt wird und nicht nur der angebliche Eigentümer. Auf diese Weise haben manchmal kulturelle und kultische Glaubenssätze einen Einfluß darauf, was man als relevant betrachtet. In den meisten Fällen überlegt sich ein Wissenschaftler das Problem, benützt seinen gesunden Menschenverstand, um abzuschätzen, welche Faktoren einer Berücksichtigung wert sind und führt dann vielleicht noch einige Vorversuche durch, um Faktoren auszuschließen, über die er Zweifel hat.

Nehmen wir an, wir haben entschieden, daß die für unser Experiment wichtigen Faktoren Temperatur, Druck und Volumen sind. Die Art und Gesamtmenge des Gases verändern sich nicht, denn es befindet sich ja in einem geschlossenen Gefäß. Wir können daher die Beziehungen zwischen den drei Faktoren überprüfen. Wenn wir die Temperatur konstant halten, aber den Druck steigern, dann entdecken wir, daß das Volumen dem Druck umgekehrt proportional ist. Das heißt, wenn wir den Druck verdoppeln, verringert sich das Volumen auf die Hälfte. Wenn wir den Druck verdreifachen, verringert sich das Volumen auf ein Drittel. Das ist der berühmte Versuch, den im 17. Jahrhundert der irische Physiker Robert Boyle durchgeführt hat.

Das Gesetz, das er entdeckte, und das bekannt ist als das Boylesche Gesetz, sagt aus, daß das Produkt aus Volumen und Druck eines fest eingeschlossenen Gases konstant bleibt, wenn die Temperatur konstant gehalten wird.

Als nächstes halten wir den Druck konstant (indem wir das Gewicht auf dem Kolben nicht ändern), ändern aber die Temperatur. Wir entdecken dann, daß das Volumen zunimmt, wenn das Gas erhitzt wird, und abnimmt, wenn es gekühlt wird; und wenn wir Volumen und Temperatur messen, finden wir, daß das Volumen proportional der Temperatur ist. (Das wird manchmal Charles' Gesetz genannt nach dem französischen Naturwissenschaftler Jaques Charles.) Wir müssen nur darauf achten, weder die Fahrenheit- noch die Celsius-Skala zu benützen, sondern eine Temperatur-Skala, bei der die Null der »absolute Nullpunkt« ist, d. h. −273 °C. Das ist die »absolute Temperaturskala« oder »Kelvin-Skala«, die Lord Kelvin eingeführt hat, ein englischer Physiker des 19. Jahrhunderts. Zu der experimentellen Bestätigung eines allgemeinen Gesetzes, das alle drei Faktoren enthält, ist es nun ein leichter Schritt. So ein Gesetz wird durch die beiden schon gewonnenen Gesetze nahegelegt, aber das allgemeine Gesetz hat einen größeren empirischen Gehalt als die beiden einzelnen Gesetze zusammengenommen. Dieses Gesetz sagt aus, daß für eine konstante Gasmenge in einem abgeschlossenen Raum das Produkt aus Druck und Volumen gleich ist dem Produkt von Temperatur und einer Konstanten R $(P \cdot V = T \cdot R)$. In dieser Gleichung ist R eine Konstante, die von der betrachteten Gasmenge abhängt. Dieses allgemeine Gesetz gibt die Beziehungen zwischen allen drei Größen an und ist daher von viel größerem Nutzen für Vorhersagen als die beiden anderen Gesetze zusammen. Wenn wir den Wert von irgend zwei der drei variablen Größen kennen, können wir leicht den Wert der dritten vorhersagen.

Dieses Beispiel eines einfachen Experimentes zeigt, wie es möglich ist, gewisse Faktoren konstant zu halten, um Abhängigkeiten der anderen Faktoren voneinander untersuchen zu können. Es zeigt auch – und das ist sehr wichtig – die Fruchtbarkeit der quantitativen Begriffe. Die Gesetze bei diesem Experiment setzen voraus, daß man die verschiedenen beteiligten Größen messen kann. Wäre dies nicht der Fall, dann müßte man die Gesetze qualitativ formulieren. Solche Gesetze wären viel schwächer, viel weniger nützlich für Vorhersagen. Ohne Zahlenwerte für Volumen und Temperatur könnten wir höchstens sagen, daß eine der Größen zunimmt, abnimmt oder konstant bleibt. So könnten wir Boyles Gesetz folgendermaßen formulieren: Bleibt die Temperatur einer konstanten Gasmenge in einem abgetrennten Raum gleich, dann steigt der Druck, wenn das Volumen abnimmt; wenn der Druck abnimmt, dann nimmt das Volumen zu. Das ist sicherlich ein Naturgesetz. Es ist sogar in verschiedener Hinsicht dem Gesetz von Boyle ähnlich. Es ist aber viel schwächer als dieses Gesetz, denn es gestattet uns nicht, die Zahlenwerte der Größen vorherzusagen. Wir können nur voraussagen, daß eine Größe zunimmt, abnimmt oder konstant bleibt.

Die Mängel der qualitativen Formulierungen der Gasgesetze werden noch deutlicher, wenn wir das allgemeine Gasgesetz betrachten: $P \cdot V = T \cdot R$. Wir wollen das folgendermaßen schreiben:

$$V = \frac{T}{P} \cdot R.$$

Aus dieser allgemeinen Gleichung können wir, wenn wir sie qualitativ interpretieren, die schwachen Fassungen von Boyles und Charles' Gesetz ableiten. Nehmen wir an, daß sich alle drei Größen – Druck, Volumen und Temperatur – gleichzeitig ändern. Nur die Gasmenge (R) bleibe konstant. Und wir stellen experimentell fest, daß sowohl Temperatur wie auch Druck zunehmen. Was können wir über das Volumen sagen? In diesem Fall können wir nicht einmal sagen, ob es zunimmt, abnimmt oder konstant bleibt. Um das zu bestimmen, müßten wir nämlich wissen, in welchem Verhältnis Temperatur und Druck ansteigen. Wenn die Temperatur verhältnismäßig stärker ansteigt als der Druck, dann folgt aus unserer Formel, daß das Volumen zunimmt. Aber wenn wir dem Druck und der Temperatur keine Zahlenwerte zuschreiben können, sind wir in diesem Fall nicht in der Lage, auch nur irgend etwas über das Volumen vorherzusagen.

So sehen wir, wie wenig man vorhersagen könnte und wie grob die Erklärungen der Erscheinungen sein würden, wenn die naturwissenschaftlichen Gesetze nur qualitative Gesetze wären. Quantitative Gesetze sind ihnen ganz außerordentlich überlegen. Man muß natürlich für solche Gesetze auch quantitative Begriffe zur Verfügung haben. Diesen Themenkreis werden wir im Kapitel 5 noch im Detail untersuchen.

Teil II

MESSUNG UND
QUANTITATIVE SPRACHE

5 Drei Arten von Begriffen

Die Begriffe der Wissenschaft wie auch die des täglichen Lebens kann man in drei Hauptgruppen einteilen: klassifikatorische, komparative und quantitative Begriffe.

Unter einem »klassifikatorischen Begriff« verstehe ich einfach einen Begriff, der die Zugehörigkeit eines Gegenstandes zu einer bestimmten Klasse ausdrückt. Alle Begriffe der Taxonomie in Botanik und Zoologie – die verschiedenen Arten, Familien, Gattungen usw. – sind klassifikatorische Begriffe. Der Betrag an Information, den sie uns über ein gegebenes Objekt vermitteln, kann sehr stark variieren. Wenn ich z. B. sage, daß ein Gegenstand blau oder warm oder kubisch ist, dann mache ich relativ schwache Aussagen über den Gegenstand. Wenn ich den Gegenstand in einer engeren Klasse lokalisiere, dann nimmt die Information über ihn zu, auch wenn sie vielleicht immer noch nicht besonders groß ist. Die Aussage, daß ein Gegenstand ein lebendiger Organismus ist, sagt uns viel mehr über ihn als die Aussage, daß er warm ist. »Ist ein Tier«, sagt etwas mehr. »Ist ein Wirbeltier«, sagt noch mehr aus. Wenn die Klassen immer enger werden – Säugetier, Hund, Pudel, usw. –, nimmt die Information immer mehr zu. Die klassifikatorischen Begriffe sind diejenigen, die uns am vertrautesten sind. Die ersten Worte, die ein Kind lernt, »Hund«, »Katze«, »Haus«, »Baum«, sind von dieser Art.

Wirkungsvoller in der Vermittlung von Information sind die »komparativen Begriffe«. Sie liegen sozusagen zwischen den klassifikatorischen und quantitativen Begriffen. Ich glaube, es ist angebracht, auf sie hinzuweisen, denn sogar von den Wissenschaftlern werden Wert und Möglichkeiten solcher Begriffe oft unterschätzt. Nicht selten kommt es vor, daß ein Wissenschaftler sagt: »Es wäre sicher wünschenswert, quantitative Begriffe einzuführen, Begriffe, die auf einer Skala gemessen werden können; aber unglücklicherweise ist dies in meinem Gebiet noch nicht durchführbar. Dieses Spezialgebiet steckt noch in den Kinderschuhen. Wir haben noch keine Meßmethoden entwickelt, und so müssen wir uns mit einer nichtquantitativen, qualitativen Sprache zufriedengeben. Vielleicht werden wir in der Zukunft, wenn wir in dem Gebiet größere Fortschritte gemacht haben, eine quantitative Sprache entwickeln können.« Der Wissenschaftler mag durchaus Recht haben mit dieser Behauptung, aber er irrt, wenn er daraus, daß er nur qualitative Ausdrücke benützen kann, schließt, daß er seine Sprache auf klassifikatorische Begriffe beschränken muß. Oft geschieht es, daß vor der Einführung von quantitativen Begriffen in ein Gebiet der Wissenschaft komparative Begriffe eingeführt werden, welche viel wirksamere Hilfsmittel zur Beschreibung, Vorhersage und Erklärung sind, als die gröberen klassifikatorischen Begriffe.

Ein klassifikatorischer Begriff wie »warm« oder »kalt« stellt einen Gegenstand in eine Klasse. Das ist alles. Ein komparativer Begriff wie »wärmer« oder »kälter« teilt uns mit, in welcher Beziehung ein Gegenstand zu einem anderen steht, ob er eine gewisse Eigenschaft mehr oder weniger als der andere Gegenstand besitzt. Lange bevor die Naturwissenschaft den Begriff der Temperatur entwickelte, die gemessen werden kann, war es möglich zu sagen: »Dieser Gegenstand ist wärmer als jener Gegenstand.« Komparative Begriffe dieser Art können außerordentlich nützlich sein. Nehmen wir z. B. an, daß 35 Männer sich um eine Stelle bewerben, die gewisse Fähigkeiten verlangt und daß der Betrieb einen Psychologen hat, der feststellen soll, wie geeignet die Bewerber sind. Natürlich sind klassifikatorische Urteile besser als gar keine Urteile. Der Psychologe wird feststellen, daß fünf der Bewerber eine gute Phantasie haben, zehn sehr wenig Phantasie und der Rest dazwischenliegt. Es mag sein, daß er in ähnlicher Weise grobe Einteilungen der fünfunddreißig Männer in bezug auf ihre handwerkliche Geschicklichkeit, ihre mathematischen Fähigkeiten und ihre emotionelle Stabilität treffen kann usw. Man kann natürlich diese Begriffe als schwache komparative Begriffe auffassen; wir können sagen, daß eine Person mit »guter Phantasie« mehr von dieser Fähigkeit hat als eine Person mit »geringer Phantasie«. Aber wenn der Psychologe eine komparative Methode entwickeln kann, die alle 35 Männer in jeweils eine Rangordnung in bezug auf jede Fähigkeit bringt, dann wissen wir sehr viel mehr über die Bewerber, als wenn wir sie nur in drei Klassen eingeteilt hätten: gut, schlecht und mittel.

Man sollte niemals die Nützlichkeit der komparativen Begriffe unterschätzen, besonders in Gebieten, in denen die wissenschaftliche Methode und die quantitativen Begriffe noch nicht entwickelt sind. Die Psychologie benutzt in steigendem Maße quantitative Begriffe, aber es gibt in ihr noch weite Gebiete, in denen nur komparative Begriffe angewendet werden können. Die Anthropologie kennt fast keine quantitativen Begriffe. Sie arbeitet meist mit klassifikatorischen Begriffen und braucht sehr notwendig empirische Kriterien, um nützliche komparative Begriffe zu entwickeln. In Wissenschaften wie diesen ist es wichtig, derartige Begriffe zu entwickeln, die mehr aussagen als klassifikatorische, auch wenn es noch nicht möglich ist, quantitative Messungen durchzuführen.

Ich möchte Ihre Aufmerksamkeit auf eine Monographie von Carl G. Hempel und Paul Oppenheim lenken: »Der Typusbegriff im Lichte der neuen Logik«. Sie erschien 1936 als Beiheft zu den Kant-Studien. Die Autoren befassen sich besonders mit der Psychologie und verwandten Gebieten, in denen Typusbegriffe verwendet werden, die, wie die Autoren betonen, nicht besonders gut definiert sind. Wenn Psychologen sich damit befassen, Individuen etwa in extrovertierte, introvertierte und gemischte Typen einzuteilen oder auch andere Typen zur Einteilung verwenden, dann tun sie nicht wirklich ihr Bestes. Hier und da finden wir zwar Bemühungen, empirische Kriterien einzuführen, die zu numerischen Werten führen können, wie z.B. in der Körpertypologie von William Sheldon; aber zu jener Zeit, als Hempel und Oppenheim ihr Büchlein schrieben, gab es sehr wenig von dieser Art. Fast jeder Psychologe, der sich mit Charakterkonstitution und Temperament befaßte, hatte sein eigenes Typensystem. Hempel und Oppenheim wiesen darauf hin, daß all diese verschiedenen Typologien wenig mehr waren als klassifikatorische Begriffe. Sie betonten, daß es ein großer Schritt vorwärts wäre, wenn die Psychologen brauchbare komparative Begriffe entwickeln könnten, auch wenn es noch zu früh sei für die Einführung von Messung und quantitativen Begriffen.

Es geschieht oft, daß ein komparativer Begriff später zur Grundlage für die Entwicklung eines quantitativen Begriffes wird. Ein klassisches Beispiel ist der Begriff »Wärme«, der sich im Lauf der Zeit zu dem Begriff der »Temperatur« entwickelte. Bevor wir uns im einzelnen mit der Aufstellung von empirischen Kriterien für numerische Begriffe befassen, wird es nützlich sein, derartige Kriterien für komparative Begriffe zu untersuchen.

Als Illustration betrachten wir den Begriff des Gewichtes in seiner komparativen Form. Wir haben nur die komparativen Begriffe schwerer, leichter und gleich schwer zur Verfügung. Wie sieht das empirische Verfahren aus, das uns gestattet, jedes geordnete Paar von Gegenständen einem dieser drei Begriffe zuzuordnen? Wir brauchen dazu nur eine Balkenwaage und die folgenden zwei Regeln:

(1) Wenn zwei Gegenstände sich auf der Waage das Gleichgewicht halten, dann haben wir das gleiche Gewicht.

(2) Wenn zwei Gegenstände sich nicht das Gleichgewicht halten, dann ist der Gegenstand, der auf der Schale der Waage liegt, die sich senkt, schwerer als der Gegenstand, der auf der Schale liegt, die sich hebt.

Strenggenommen können wir eigentlich noch nicht sagen, daß ein Gegenstand »größeres Gewicht« hat als ein anderer, denn wir haben ja noch nicht den quantitativen Begriff des Gewichtes eingeführt; aber man kann doch eine derartige Redeweise benützen, auch wenn noch keine Methode für die numerische Auswertung des Begriffes zur Verfügung steht. So haben wir auch z.B. oben davon gesprochen, daß ein Mann »größere Phantasie« hat als ein anderer, obwohl wir der Phantasie keine Zahlenwerte zuordnen können.

Bei dem Balken-Waage-Beispiel wie auch bei allen anderen empirischen Verfahren zur Festlegung komparativer Begriffe ist es wichtig, zwischen den Aspekten des Verfahrens zu unterscheiden, die rein konventionell sind und denen, die nicht konventionell sind, weil sie auf Sachverhalten in der Natur oder logischen Gesetzen beruhen. Um diesen Unterschied klar zu sehen, wollen wir die beiden Regeln zur Festlegung des komparativen Gewichtsbegriffes etwas formalisieren. Wir brauchen eine Regel, die eine beobachtbare Beziehung definiert, welche der Gleichheit der Gewichte entspricht. Wir werden sie G nennen. Für die anderen beiden Begriffe benötigen wir eine Regel, die eine Relation definiert, die ich »kleiner als« nennen werde und mit K bezeichne.

Die Relationen G und K sind durch ein empirisches Verfahren definiert. Wir legen zwei Körper auf die beiden Schalen der Balken-Waage. Wenn wir beobachten, daß die Waage im Gleichgewicht bleibt, sagen wir, daß die Relation G in bezug auf die Gewichtseigenschaft für die beiden Körper gilt. Wenn wir beobachten, daß die eine Schale aufwärts geht und die andere abwärts, dann sagen wir, daß in bezug auf das Gewicht die Relation K zwischen den beiden Körpern erfüllt ist.

Es mag den Anschein haben, daß wir ein ganz willkürliches Verfahren gewählt haben, um G und K zu definieren. Aber das ist nicht der Fall. Nur wenn die gewählten Definitionen gewisse Bedingungen erfüllen können, können sie als adäquate Definitionen von G und K aufgefaßt werden. Sie sind also nicht völlig willkürlich gewählt. Unsere beiden Relationen können auf alle Körper, die Gewicht haben, angewendet werden. Die Menge dieser Gegenstände ist der »Definitionsbereich« unserer komparativen Begriffe. Wenn die beiden Relationen in diesem Bereich definiert sein sollen, dann muß es auch möglich sein, alle Gegenstände des Bereichs in einer Art geschichteter Struktur anzuordnen, die manchmal eine »Quasi-Reihe« genannt wird. Das kann man am besten erklären, wenn man einige Begriffe aus der Relationentheorie zu Hilfe nimmt. Die Relation G zum Beispiel muß »symmetrisch« sein (wenn sie zwischen zwei Körpern a und b besteht, dann muß sie auch zwischen b und a bestehen). Sie muß auch transitiv sein (wenn sie zwischen a und b besteht und zwischen b und c, dann muß sie auch zwischen a und c bestehen). Wir können dies in einem Diagramm darstellen, wenn wir Punkte zur Darstellung von Körpern benützen und Doppelpfeile zur Darstellung der Gleichheit.

Es ist klar, daß wir eine für unsere Zwecke ungeeignete Beziehung erhalten würden, wenn wir für *G* eine Relation wählten, die nicht symmetrisch ist. Es müßte dann möglich sein, daß ein Gegenstand genau das gleiche Gewicht hätte wie ein zweiter, daß aber der zweite nicht das gleiche Gewicht hätte wie der erste. In dieser Weise wollen wir natürlich den Ausdruck »gleiches Gewicht« nicht gebrauchen. Das Gleichgewicht einer Waage ist eine symmetrische Beziehung. Wenn sich zwei Gegenstände das Gleichgewicht halten, dann halten sie sich auch das Gleichgewicht, wenn man sie untereinander austauscht. *G* muß daher eine symmetrische Relation sein. Ebenso finden wir: wenn *a b* das Gleichgewicht hält und *b c* das Gleichgewicht hält, dann hält auch *a c* das Gleichgewicht; die Relation *G* ist daher transitiv. Wenn die Relation *G* sowohl transitiv wie symmetrisch ist, dann muß sie auch »reflexiv« sein; d. h. jeder Gegenstand ist sich selbst gewichtsgleich. In der Theorie der Relationen wird eine Beziehung, die symmetrisch und transitiv ist, eine »Äquivalenzrelation« genannt. Es ist klar, daß wir die Relation *G* nicht willkürlich gewählt haben. Wir haben *G* durch das Gleichgewicht einer Waage definiert, weil dies nach unseren Beobachtungen zu einer Äquivalenzrelation führt.

Die Relation *K* ist nicht symmetrisch; sie ist asymmetrisch. Wenn *a* leichter ist als *b*, dann kann es nicht der Fall sein, daß *b* auch leichter ist als *a*. *K* ist transitiv: wenn *a* leichter ist als *b* und *b* leichter als *c*, dann ist *a* auch leichter als *c*. Die Transitivität von *K* ist, wie die Eigenschaften von *G*, uns so sehr vertraut, daß wir vergessen, daß es nötig ist, sie im Falle des Gewichtes empirisch zu prüfen. Wir legen *a* und *b* in die beiden Waagschalen, und *a* senkt sich. Wir legen *b* und *c* in die Schalen, und *b* senkt sich. Wenn wir *a* und *c* in die Waagschalen legen, dann erwarten wir, daß die Schale mit *a* sich senkt. In einer anderen Welt, in der andere Naturgesetze gelten, würde die Schale mit *a* sich vielleicht nicht senken. In diesem Falle wäre die untersuchte Relation nicht transitiv und könnte daher nicht als *K* gebraucht werden.

Wir können die transitive, asymmetrische Relation *K* in einem Diagramm durch Pfeile darstellen, die von einem Punkt zu einem anderen gehen.

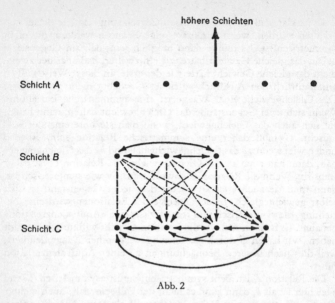

höhere Schichten

Schicht A

Schicht B

Schicht C

Abb. 2

Wenn die Relationen G und K für alle Objekte eines Bereiches definiert sind, dann muß es möglich sein, diese Objekte in einer Quasi-Reihen-Ordnung anzuordnen, wie das in Abb. 2 dargestellt ist. Im untersten Niveau der Schicht A finden wir alle die Gegenstände, die untereinander im Gewicht gleich sind, aber leichter sind als alle Gegenstände, die nicht zu dieser Schicht gehören. Es mag nur einen solchen Gegenstand geben oder viele Tausende. Die Abb. 2 zeigt vier. In der Schicht B haben wir eine zweite Menge gleichschwerer Gegenstände, die alle in der Relation G zueinander stehen, alle schwerer sind als Gegenstände in der Schicht A und leichter als alle Gegenstände, die nicht zu den Schichten A oder B gehören. Die Folge der Schichten kann man sich nach oben fortgesetzt denken, bis man schließlich die Schicht der schwersten Gegenstände erreicht. Nur wenn die empirische Überprüfung zeigt, daß die Gegenstände des Bereichs in dieser Quasi-Reihen-Ordnung angeordnet werden können, sind die Relationen G und K geeignet, die komparativen Begriffe »gleiches Gewicht« und »kleineres Gewicht« zu definieren.

Noch genauer diskutiert findet man all dies in den Abschnitten zehn und elf von Hempels Buch »Fundamentals of Concept Formation in Empirical Science«[6]. Hempel führt aus, daß G und K vier Bedingungen erfüllen müssen:

1. G muß eine Äquivalenzrelation sein.
2. G und K müssen einander ausschließen. Es kann keine zwei Gegenstände geben, die gleich schwer sind und gleichzeitig in der Beziehung »kleineres Gewicht« zueinander stehen.
3. K muß transitiv sein.
4. Für zwei beliebige Gegenstände a und b muß einer der drei folgenden Fälle gelten. (Es genügt eigentlich festzulegen, daß wenigstens einer der Fälle gilt. Aus den anderen Bedingungen folgt dann, daß genau einer der Fälle gilt.)
   (a) G gilt zwischen zwei Gegenständen a und b.
   (b) K gilt zwischen a und b.
   (c) K gilt zwischen b und a.

In anderen Worten, zwei beliebige Gegenstände a und b, die Gewicht haben, sind entweder im Gewicht gleich oder a ist leichter als b oder b ist leichter als a.

Wenn zwei Relationen G und K die obigen vier Bedingungen erfüllen, können wir sagen, daß sie eine Quasi-Reihen-Ordnung festlegen, die man durch ein geschichtetes Diagramm der Art von Abb. 2 darstellen kann. Mit Hilfe der Äquivalenzrelation G können wir alle Gegenstände in Äquivalenzklassen einteilen; sodann können wir mit Hilfe der Relation K diese Klassen in eine Reihenordnung bringen und auf diese Weise das ganze Schema der geordneten Schichten entwickeln. Ganz unabhängig davon, ob man komparative Begriffe auf gewisse Tatsachen in der Natur anwenden kann, sind sie, das möchte ich hier betonen, an eine gewisse logische Struktur gebunden.

Das ist bei den klassifikatorischen Begriffen nicht der Fall. Wenn wir einen Klassenbegriff definieren, können wir beliebig ausgewählte Bedingungen erfüllen. Wenn wir natürlich logisch widersprüchliche Bedingungen erfüllen, etwa wenn wir von Gegenständen sprechen, die drei Pfund wiegen und gleichzeitig weniger als ein Pfund, dann haben wir eine Klasse definiert, die in jeder möglichen Welt *keine* Elemente hat. Abgesehen davon können wir Klassen in beliebiger konsistenter Weise definieren, ohne darauf zu achten, ob die Klasse in unserer Welt leer ist oder nicht. Das klassische Beispiel ist hier der Begriff des Einhorns. Wir definieren es als ein Tier mit der Form eines Pferdes, aber mit einem geraden Horn auf der Stirn. Das ist eine durchaus vernünftige Definition. Sie gibt nämlich dem Ausdruck »Einhorn« einen Sinn. Sie definiert eine Klasse. Es ist keine Klasse, die für einen Zoologen von Nutzen wäre, da sie empirisch leer ist – sie hat keine Elemente – aber das ist keine logische Feststellung.

Bei den komparativen Begriffen ist die Situation ganz anders. Im Gegensatz zu den klassifikatorischen Begriffen bringen sie eine komplizierte logische Struktur mit sich. Wenn wir sie einführen, haben wir nicht mehr die Freiheit, diese Struktur abzuändern oder abzulehnen. Die vier Hempelschen Bedingungen müssen erfüllt sein. Wir sehen, daß die komparativen Begriffe der Naturwissenschaft in doppelter Weise nicht ganz eine Sache der Konvention sind: Sie müssen auf die Tatsachen in der Natur anwendbar sein, und sie müssen eine gewisse logische Struktur haben.

Wir kommen nun zu den »quantitativen Begriffen«. Jedem quantitativen Begriff entspricht ein Paar komparativer Begriffe, das in der Entwicklung des betreffenden Gebietes der Wissenschaft gewöhnlich die Vorstufe zu dem quantitativen Begriff darstellt. Die komparativen Beispiele »gleiches Gewicht« und »kleineres Gewicht« unseres Beispiels führen leicht zu einem Begriff des Gewichtes, der gemessen und zahlenmäßig ausgedrückt werden kann. Wir werden die Natur der quantitativen Begriffe diskutieren, die Gründe, warum sie so nützlich sind, die Frage, in welchen Gebieten sie anwendbar sind und ob es Gebiete gibt, in denen man sie nicht anwenden kann. Dieser letzte Punkt ist für die Methodologie der Wissenschaft ganz außerordentlich wichtig, und wir werden ihn daher noch im einzelnen behandeln. Vorher möchte ich aber einige vorläufige Bemerkungen machen, die im Laufe unserer Diskussion noch einen klareren Sinn erhalten werden, die aber schon an dieser Stelle eingefügt werden sollen.

Zuerst muß betont werden, daß der Unterschied zwischen dem Qualitativen und dem Quantitativen nicht ein Unterschied in der Natur ist, sondern ein Unterschied in unserem Begriffssystem – wir könnten auch sagen, in unserer Sprache, wenn wir mit Sprache ein Begriffssystem meinen. Ich benutze hier »Sprache« wie die Logiker, nicht in dem Sinn von »englische Sprache« oder »chinesische Sprache«. Wir haben die Sprache der Physik, die Sprache der Anthropologie, die Sprache der Mengenlehre usw. In diesem Sinne wird eine Sprache bestimmt durch die Regeln für ihr Vokabular, Regeln für den Aufbau von Sätzen, Regeln für logische Ableitungen von Sätzen aus anderen Sätzen und weiterer Regeln. Es ist sehr wichtig, welche Arten von Begriffen in einer Wissenschaftssprache vorkommen. Hier soll ganz klar darauf hingewiesen werden, daß der Unterschied zwischen Qualitativem und Quantitativem ein Unterschied zwischen Sprachen ist.

Die qualitative Sprache ist auf Prädikate beschränkt (z.B. »Gras ist grün«), während die quantitative Sprache Funktionssymbole einführt, d.h. Symbole für Funktionen, die numerische Werte haben. Es gibt aber eine besonders unter Philosophen weitverbreitete Ansicht, daß es in der Natur zwei Arten von Eigenschaften gebe, qualitative und quantitative. Einige Philosophen behaupten, daß die moderne Naturwissenschaft, da sie sich in steigendem Maße auf die quantitativen Eigenschaften beschränkt, die qualitativen Aspekte der Natur vernachlässige und so ein völlig verzerrtes Bild der Welt liefere. Diese Ansicht ist völlig falsch, und wir können das klar sehen, wenn wir an der richtigen Stelle eine Unterscheidung treffen. Wir können nicht in die Natur hinausschauen und fragen: »Sind die Erscheinungen, die ich hier sehe, quantitativ oder qualitativ?« Das ist nicht die richtige Frage. Wir können nur, wenn jemand diese Erscheinungen mit gewissen Ausdrücken beschreibt, diese Ausdrücke definiert und uns Regeln für ihren Gebrauch gibt, fragen: »Sind dies Ausdrücke einer quantitativen Sprache oder Ausdrücke einer vorquantitativen, qualitativen Sprache?«

Ein zweiter wichtiger Punkt ist die Tatsache, daß bei der Einführung quantitativer Begriffe Konventionen eine große Rolle spielen. Das darf man nicht übersehen. Andererseits sollte man sich hüten, die Rolle der Konvention zu überschätzen. Das haben nicht viele, aber einige Philosophen getan. Z.B. der deutsche Philosoph Hugo Dingler. Er gelangte zu einer völlig konventionalistischen Ansicht, die ich als falsch betrachte. Er sagte, daß alle Begriffe, ja sogar die Naturgesetze, eine Sache der Konvention seien. Meiner Meinung nach geht das zu weit. Auch Poincaré hat man eines derartig radikalen Konventionalismus verdächtigt, aber ich glaube, man hat da seine Schriften falsch verstanden. Es ist wahr, daß er die große Rolle der Konventionen in den Wissenschaften oft betont hat, aber er war sich ebenso auch über das Auftreten von empirischen Komponenten klar. Er wußte, daß man nicht immer die Freiheit hat, ein wissenschaftliches System in willkürlicher Weise aufzubauen. Wir müssen unser System an die Tatsachen in der Natur anpassen, wie wir sie eben vorfinden. Die Natur liefert Fakten und Faktoren, die jenseits unseres Einflusses liegen. Poincaré kann nur ein Konventionalist genannt werden, wenn man damit meint, daß er ein Philosoph ist, der in stärkerem Maße als seine Vorgänger die große Rolle der Konvention betonte. Er war kein radikaler Konventionalist.

Bevor wir auf die Rolle der Messung bei der Entwicklung quantitativer Begriffe eingehen, sollten wir erwähnen, daß es noch eine einfachere und grundlegendere quantitative Methode gibt – die Methode des Zählens. Hätten wir nicht schon die Fähigkeit zu zählen, so könnten wir gar nicht messen. Zum Zählen brauchen wir nur die nicht-negativen ganzen Zahlen. Ich sage »nicht-negative ganze Zahlen« und nicht »positive ganze Zahlen«, denn auch die Null kann das Resultat einer Zählung sein, wenn wir den Begriff des Zählens weit genug fassen. Wenn eine endliche Menge gegeben ist – beispielsweise die Menge der Stühle in diesem Raum –, so ist das Zählen die Methode, mit deren Hilfe wir die Kardinalzahl dieser Menge bestimmen. Wir zählen die Stühle – eins, zwei, drei, usw. – bis wir – etwa bei zwanzig – am Ende sind. Angenommen, wir wollen die Klaviere in einem Zimmer zählen. Wir sehen uns um und sehen kein Klavier und sagen deshalb, daß die Kardinalzahl Null ist. Das kann man als einen entarteten Fall des Zählens betrachten. Jedenfalls ist

Null eine ganze Zahl und kann einer Klasse als Kardinalzahl zugeordnet werden. In einem solchen Fall sprechen wir von der Nullmenge oder Nullklasse.

Dasselbe Zählverfahren liefert uns auch die Kardinalzahl einer endlichen Klasse aufeinanderfolgender Ereignisse. Wir zählen, wie oft wir es während eines Gewitters donnern hören oder wie oft eine Uhr schlägt. Es ist wahrscheinlich, daß diese Art von Zählen in der geschichtlichen Entwicklung früher auftrat als das Zählen von Mengen gleichzeitig auftretender Dinge, wie z. B. von Stühlen in einem Raum. So lernt ja auch ein Kind das Zählen. Es geht im Raum herum, berührt jeden Stuhl und spricht dabei die Zahlwörter aus. Was es eigentlich zählt, ist eine Reihe von Berührungsereignissen. Wenn man ein Kind auffordert, eine entfernte Gruppe von Bäumen zu zählen, dann wird es dies schwierig finden, denn es kann nicht so leicht nacheinander auf die einzelnen Bäume zeigen und sie so gewissermaßen nacheinander berühren. Aber wenn das Kind sorgfältig die Zeige-Ereignisse zählt, und zwar so, daß es auf jeden Baum genau einmal zeigt, dann sagen wir, zwischen der Zahl der Bäume und der Zahl der Zeige-Ereignisse besteht ein Isomorphismus. Wenn die Zahl dieser Ereignisse acht beträgt, dann schreiben wir dieselbe Kardinalzahl der entfernten Baumgruppe zu.

Ein älteres Kind oder ein Erwachsener kann fähig sein, die Bäume ohne Zeigen zu zählen. Aber wenn es sich nicht um eine kleine Zahl handelt, die auf einen Blick erkannt werden kann, wie drei oder vier, dann wird er auch so vorgehen, daß er seine Aufmerksamkeit zunächst auf den ersten Baum konzentriert, dann auf den nächsten usw. Das ist immer noch ein Verfahren der Zählung aufeinanderfolgender Ereignisse. Daß die so erhaltene Kardinalzahl tatsächlich die Kardinalzahl der Menge ist, kann man formal beweisen, aber wir werden das hier nicht durchführen.

Wichtig ist: Wenn wir eine Menge von Gegenständen zählen, zählen wir in Wirklichkeit etwas anderes: eine Folge von Ereignissen. Wir ziehen dann einen Schluß auf Grund eines Isomorphismus (einer eineindeutigen* Beziehung zwischen Ereignissen und Gegenständen) und schließen, daß die Kardinalzahl der Ereignisse auch die Kardinalzahl der Menge ist.

Logiker verstehen es, einfache Dinge kompliziert zu sehen! Sogar das Zählen, die einfachste quantitative Methode, stellt sich als nicht ganz so einfach heraus, wie es zunächst scheint. Aber wenn wir erst einmal gelernt haben, zu zählen, dann können wir weiter gehen und die Regeln der Messung anwenden, wie dies in Kapitel 6 erklärt wird.

---

* »Eineindeutig« nennt man eine eindeutige Abbildung (Zuordnung, Beziehung), deren Umkehrung auch eindeutig ist.

6 Die Einführung quantitativer Begriffe

Wenn wir die Tatsachen in der Natur durch quantitative Begriffe beschreiben wollen – Begriffe mit Zahlenwerten –, müssen wir Verfahren haben, um zu diesen Werten zu gelangen. Das einfachste derartige Verfahren ist, wie wir im vorigen Kapitel gesehen haben, das Zählen. In diesem Kapitel werden wir die komplizierteren Meßmethoden untersuchen. Das Zählen liefert nur ganzzahlige Werte. Messungen liefern mehr; nicht nur Werte, die durch rationale Zahlen ausgedrückt werden können (ganze Zahlen und Brüche), sondern auch Werte, die durch irrationale Zahlen ausgedrückt werden können. Das ermöglicht die Anwendung starker mathematischer Hilfsmittel, wie z.B. der Differential- und Integralrechnung. Es ergibt sich eine enorme Erhöhung des Wirkungsgrades der wissenschaftlichen Methode.

Der erste wichtige Punkt, den wir klar verstehen müssen, ist, daß wir Regeln für den Meßprozeß haben müssen, um Ausdrücken wie »Länge« und »Temperatur« einen Sinn zu geben. Diese Regeln sollen uns mitteilen, wie man eine gewisse Zahl einem bestimmten Körper oder Vorgang zuordnen soll, damit wir sagen können, daß diese Zahl den Wert der Größe für jenen Körper darstellt. Als ein Beispiel dafür, wie man das macht, betrachten wir den Begriff der Temperatur zusammen mit einem Schema für fünf Regeln. Diese Regeln werden das Verfahren beschreiben, mit dem man die Temperatur messen kann.

Die ersten beiden Regeln dieses Schemas sind identisch mit den entsprechenden Regeln für komparative Begriffe, die wir im vorigen Kapitel behandelt haben. Nun betrachten wir sie aber als Regeln für die Definition eines quantitativen Begriffes, den wir die Größe M nennen wollen.

Regel 1 für die Größe M legt eine empirische Relation G fest. Die Regel sagt aus: Wenn die Relation G_M zwischen den beiden Gegenständen a und b gilt, dann haben die beiden Gegenstände gleiche Werte der Größe M. In Formeln:

$$\text{Wenn } G_M(a, b), \text{ dann } M(a) = M(b).$$

Die Regel 2 legt eine empirische Relation K_M fest. Diese Regel besagt: Wenn die Relation K_M zwischen a und b gilt, wird der Wert der Größe M für a kleiner als für b sein. In Formeln:

$$\text{Wenn } K_M(a, b), \text{ dann } M(a) < M(b).$$

Bevor wir zu den andern drei Regeln unseres Schemas weitergehen, wollen wir sehen, wie diese zwei Regeln zuerst auf den vorwissenschaftlichen komparativen Temperaturbegriff angewendet und später von den quantitativen Verfahren übernommen wurden. Nehmen wir an, wir leben zu einer Zeit vor der Erfindung des Thermometers. Wie entscheiden wir, ob zwei Gegenstände gleich warm sind oder der eine weniger warm als der andere? Wir berühren jeden der Gegenstände mit der Hand. Wenn keiner sich wärmer anfühlt als der andere (Relation G), dann sagen wir, sie sind gleich warm. Wenn a sich weniger warm als b anfühlt (Relation K), dann sagen wir, daß a weniger warm ist als b. Aber das sind sehr subjektive Methoden und sehr unpräzise, so daß es schwierig ist, zu einer Übereinstimmung zwischen verschiedenen Beobachtern zu gelangen. Eine Person mag das Gefühl haben, daß a wärmer ist als b, eine andere mag dieselben beiden Objekte berühren und denken, daß das Gegenteil wahr ist. Gedächtniseindrücke von Wärmeempfindungen sind so vage, daß es für eine Person unmöglich werden kann, zu entscheiden, ob ein Gegenstand sich jetzt wärmer anfühlt als vor drei Stunden. Aus diesen Gründen sind subjektive Methoden zur Feststellung der Relationen »gleich warm« (G) und »weniger warm« (K) von geringem Nutzen bei der empirischen Suche nach allgemeinen Gesetzen. Was man braucht, ist eine objektive Methode der Temperaturbestimmung – eine Methode, die genauer ist als unsere Wärmeeindrücke und die so beschaffen ist, daß verschiedene Personen gewöhnlich zu einer Übereinstimmung gelangen werden.

Das Thermometer liefert uns eine solche Methode. Angenommen, wir möchten die Änderungen der Temperatur des Wassers in einem Gefäß bestimmen. Wir tauchen ein Quecksilberthermometer in das Wasser. Wenn das Wasser erhitzt wird, dann dehnt sich das Quecksilber aus und steigt in der Röhre des Thermometers. Wenn das Wasser gekühlt wird, zieht sich das Quecksilber zusammen und sinkt. Wenn man dort, wo das Quecksilber steht, ein Zeichen an die Röhre macht, dann kann man leicht sehen, ob das Quecksilber über die Marke hinaussteigt, und es ist unwahrscheinlich, daß zwei Beobachter darüber verschiedener Meinung sind. Wenn ich heute beobachte, daß das Quecksilber oberhalb der Marke ist, so habe ich keine Schwierigkeit, mich daran zu erinnern, daß es gestern unterhalb der Marke war. Ich kann mit völliger Sicherheit erklären, daß das Thermometer heute eine höhere Temperatur anzeigt als gestern. Es ist leicht zu sehen, wie die Relationen G_T und K_T für die Größe T (Temperatur) mit Hilfe dieses Instrumentes definiert werden können. Wir bringen einfach ein Thermometer in Kontakt mit dem Körper a, warten, bis sich die Höhe der Thermometerflüssigkeit nicht mehr ändert und markieren das Niveau der Flüssigkeit. Wir wenden dann das Thermometer in gleicher Weise auf den Gegenstand b an. Die Relation G liegt vor, wenn die Flüssigkeit in beiden Fällen bis zur gleichen Stelle steigt. Die Relation K liegt zwischen den Gegenständen a und b vor, wenn die Flüssigkeit nicht so weit steigt, wenn das

Thermometer mit *a* in Kontakt gebracht wird, wie sie steigt, wenn das Thermometer mit *b* in Kontakt gebracht wird.

Die ersten beiden Regeln zur Definition der Temperatur (*T*) können in Formeln folgendermaßen ausgedrückt werden:

Regel 1: Wenn $G_T(a,b)$, dann $T(a) = T(b)$.

Regel 2: Wenn $K_T(a,b)$, dann $T(a) < T(b)$.

Man beachte, daß es für die Feststellung der beiden Beziehungen *G* und *K* nicht nötig ist, eine Skala mit Zahlenwerten auf der Röhre anzuzeichnen. Wenn wir aber das Thermometer dazu benutzen wollen, der Temperatur *T* Zahlenwerte zuzuordnen, dann brauchen wir natürlich mehr als zwei Regeln.

Die drei weiteren Regeln unseres Schemas geben die benötigten zusätzlichen Bedingungen an. Regel 3 teilt uns mit, wann wir einen ausgezeichneten Zahlenwert, gewöhnlich Null, der Größe, die zu messen ist, zuordnen sollen. Sie tut dies, indem sie einen leicht erkennbaren und manchmal auch leicht reproduzierbaren Zustand angibt und uns sagt, daß wir den ausgezeichneten Zahlenwert einem Gegenstand zuordnen sollen, der sich in jenem Zustand befindet. Bei der Celsius-Temperaturskala ordnet zum Beispiel die Regel 3 den Wert Null dem gerade gefrierenden Wasser zu. Später werden wir die Bedingungen, unter denen diese Regel adäquat ist, noch genauer bestimmen; im Augenblick werden wir sie in der vorliegenden Form annehmen.

Die Regel 4, gewöhnlich Einheitenregel genannt, ordnet einen zweiten ausgezeichneten Wert der Größe einem Gegenstand zu, indem sie einen zweiten leicht erkennbaren, leicht reproduzierbaren Zustand des Gegenstandes angibt. Dieser zweite Wert ist normalerweise 1, aber es kann auch irgendeine andere Zahl sein, die verschieden ist von der in Regel 3 angegebenen. Bei der Celsius-Skala ist dieser Wert 100. Er wird dem kochenden Wasser zugeordnet. Sobald der zweite Wert festgelegt ist, steht eine Grundlage für die Definition der Temperatureinheiten zur Verfügung. Wir stecken das Thermometer in gefrierendes Wasser, markieren die Höhe des Quecksilbers und bezeichnen diesen Punkt mit »0«. Dann stecken wir das Thermometer in kochendes Wasser, markieren wieder die Höhe des Quecksilbers und bezeichnen diese Höhe mit »100«. Wir haben noch keine Skala, aber wir haben eine Grundlage, um von Einheiten zu sprechen. Wenn das Quecksilber von der 0-Markierung auf die 100-Markierung steigt, können wir sagen, daß die Temperatur um 100 Grad gestiegen ist. Wenn wir die obere Markierung mit der Ziffer 10 bezeichnet hätten, anstelle von 100, dann würden wir sagen, daß die Temperatur um 10 Grad gestiegen ist.

Im letzten Schritt bestimmen wir die genaue Form der Skala. Das geschieht durch Regel 5, die wichtigste der fünf Regeln. Sie legt die empirischen Bedingungen GD_M fest, unter denen wir sagen werden, daß zwei Differenzen (D) von Werten der Größe (M) gleich sind. Man beachte, daß wir hier nicht von zwei Werten, sondern von zwei *Differenzen* zwischen zwei Werten sprechen. Wir wollen die empirischen Bedingungen festlegen, unter denen wir sagen werden, daß die Differenz zwischen zwei beliebigen Werten der Größe M (für a und b) gleich ist der Differenz zwischen zwei andern Werten der Größe, z. B. denen für c und für d. Diese fünfte Regel sieht formal geschrieben folgendermaßen aus:

Wenn GD_M (a, b, c, d), dann $M(a) - M(b) = M(c) - M(d)$.

Diese Regel sagt uns, daß unter gewissen empirischen Bedingungen, die wir formal »GD_M« schreiben, für die vier Werte der Größe der Unterschied zwischen den ersten beiden Werten gleich ist dem Unterschied zwischen den andern zwei Werten.

Im Fall der Temperatur betreffen die empirischen Bedingungen das Volumen der Testsubstanz, die im Thermometer verwendet wird, in unserem Beispiel das Volumen des Quecksilbers. Wir müssen das Thermometer so konstruieren, daß die Skala gleiche Temperaturdifferenzen angibt, wenn die Differenz zwischen den Quecksilbervolumina a und b gleich ist der Differenz zwischen den beiden anderen Volumina c und d.

Wenn das Thermometer eine Celsius-Skala bekommen soll, dann ist das Verfahren zur Erfüllung der Bedingungen von Regel 5 ganz einfach. Das Quecksilber ist in einer Kugel am Ende einer sehr dünnen Röhre eingeschlossen. Daß die Röhre sehr dünn ist, ist nicht wesentlich, hat aber großen praktischen Wert, denn so wird es leicht, sehr kleine Volumenänderungen des Quecksilbers zu beobachten. Bei der Herstellung des Glasrohrs muß man genau darauf achten, daß es überall den gleichen inneren Durchmesser erhält. Dann können gleiche Volumenänderungen des Quecksilbers als gleiche Abstände zwischen Markierungen an der Röhre beobachtet werden. Wenn wir den Abstand zwischen zwei Marken, die dem Quecksilberstand bei Kontakt des Thermometers mit dem Körper a und Kontakt des Thermometers mit dem Körper b entsprechen, als $d(a, b)$ schreiben, dann kann die Regel 5 formal wie folgt geschrieben werden:

Wenn $d(a, b) = d(c, d)$, dann $T(a) - T(b) = T(c) - T(d)$.

Nun wenden wir die Regeln 3 und 4 an. Das Thermometer wird in gefrierendes Wasser gestellt und das Quecksilberniveau, das sich einstellt, wird mit »0« markiert. Dann wird das Thermometer in kochendes Wasser gestellt, und der entsprechende Quecksilberspiegel mit »100« markiert. Auf Grund der Regel 5 kann die Strecke auf der Röhre zwischen der 0- und der 100-Markierung in hundert gleiche Intervalle eingeteilt werden. Diese Einteilung kann auch unterhalb Null fortgeführt werden, bis der Gefrierpunkt des Quecksilbers erreicht ist. Sie kann ebenso oberhalb 100 bis zum Siedepunkt des Quecksilbers fortgesetzt werden. Wenn zwei Physiker ihre Thermometer auf diese Weise konstruieren und sich auf die durch unsere fünf Regeln festgelegten Verfahren einigen, dann werden sie bei der Messung der Temperatur des gleichen Gegenstandes zu gleichen Resultaten kommen. Wir drücken diese Übereinstimmung dadurch aus, daß wir sagen, die beiden Physiker benützen die gleiche Temperaturskala. Die fünf Regeln bestimmen eine eindeutige Skala für die Größe, auf die sie angewendet werden.

Wie treffen die Physiker ihre Entscheidung über die Skala, die sie zur Messung einer Größe benutzen? Ihre Entscheidungen sind zum Teil konventionell, besonders jene, welche die Wahl der Bezugspunkte in den Regeln 3 und 4 betreffen. Die Längeneinheit, das Meter, ist zur Zeit definiert als das 1 656 763,83fache der Vakuumwellenlänge einer gewissen Linie des Spektrums von Krypton-86. Die Masseneinheit, das Kilogramm, entspricht der Masse des Ur-Kilogramms, das in Paris aufbewahrt wird. Bei der Temperatur werden auf der Celsius-Skala 0 und 100 aus praktischen Gründen dem Gefrierpunkt und Siedepunkt des Wassers zugeordnet. Bei der Fahrenheit-Skala und der sogenannten absoluten oder Kelvin-Skala bestimmen andere Zustände von Stoffen die Punkte 0 und 100. Alle drei Skalen beruhen aber in bezug auf die fünfte Regel auf im wesentlichen gleichen Verfahren und können daher als im wesentlichen gleiche Skalenformen betrachtet werden. Ein Thermometer zur Messung der Fahrenheit-Temperatur ist genauso konstruiert wie ein Thermometer zur Messung der Celsius-Temperatur; die beiden unterscheiden sich nur in ihrer Eichung. Daher ist es einfach, die Werte der einen Skala in die der anderen umzurechnen.

Wenn zwei Physiker ganz verschiedene Verfahren für ihre fünfte Regel festlegen – wenn z. B. der eine die Temperatur durch die Ausdehnung von Quecksilber, der andere durch die Ausdehnung eines Eisenstabes oder die Änderung des elektrischen Widerstandes eines Stoffes mit der Temperatur mißt – dann werden ihre Skalen eine ganz verschiedene Form erhalten. Die beiden Skalen können natürlich in bezug auf die Regeln 3 und 4 übereinstimmen. Wenn jeder der beiden Physiker die Temperaturen des gefrierenden und kochenden Wassers als die beiden Punkte gewählt hat, die seine Einheit bestimmen, dann werden die beiden natürlich übereinstimmende Resultate erhalten, wenn sie diese beiden Temperaturen messen. Aber wenn sie ihre Thermometer auf irgendein warmes Wasserbad ansetzen, dann werden sie wahrscheinlich verschiedene Resultate erhalten, und es kann sein, daß es keine einfache Methode gibt, die Resultate von einer Skala in die andere zu übersetzen.

Gesetze, die sich auf verschiedene Formen von Skalen beziehen, werden nicht die gleiche Form haben. Eine Skala kann zu Gesetzen führen, die durch sehr einfache Gleichungen ausgedrückt werden können. Die andere Skala kann hingegen zu Gesetzen mit sehr komplizierten Gleichungen führen. Dieser Gesichtspunkt verleiht der Wahl des Verfahrens in der fünften Regel eine besonders große Bedeutung im Gegensatz zu dem mehr willkürlichen Charakter der Regeln 3 und 4. Ein Wissenschaftler wird diese Verfahren so wählen, daß die resultierenden Gesetze der Physik möglichst einfach werden.

Im Fall der Temperatur ist die absolute oder Kelvin-Skala diejenige, die zu der größten Vereinfachung der thermodynamischen Gesetze führt. Die Celsius- und Fahrenheit-Skalen kann man als Varianten der absoluten Skala auffassen, die sich nur in Nullpunkt und Größe der Einheit von dieser unterscheiden und daher leicht in die Kelvin-Skala umgerechnet werden können. In den frühen Thermometern wurden Flüssigkeiten wie Alkohol und Quecksilber benützt, aber auch Gase, die unter konstantem Druck gehalten wurden, so daß die Temperaturänderungen Volumenänderungen zur Folge hatten. Man fand, daß die Skalenformen für die verschiedenen Stoffe im großen und ganzen die gleichen waren. Aber als man präzisere Instrumente herstellte, konnte man kleine Unterschiede beobachten. Ich meine hier nicht nur, daß verschiedene Stoffe sich verschieden stark ausdehnen, wenn man sie erhitzt, sondern, daß die Skalen-Form selbst eine etwas andere ist, je nachdem, ob man Quecksilber oder Wasserstoff im Thermometer verwendet. Schließlich wählten die Wissenschaftler die absolute Skala als diejenige, die zu den einfachsten Gesetzen führte. Es ist überraschend, daß diese Skalenform nicht durch eine bestimmte Thermometersubstanz festgelegt wurde. Sie ist der Wasserstoffskala oder der Skala eines anderen Gases näher als der Quecksilberskala, aber sie entspricht nicht genau der Skala irgendeines realen Gases. Manchmal nennt man sie auch »Ideal-Gas-Skala«, aber das ist nur eine Redeweise.

Natürlich benützen die Wissenschaftler auch weiterhin Thermometer mit Quecksilber oder anderen Flüssigkeiten, die Skalen haben, welche der absoluten Skala sehr nahe kommen. Dann rechnen sie die in diesen Skalen gemessenen Temperaturen mit Hilfe gewisser Korrekturformeln auf die absolute Skala um. Die absolute Skala gestattet die Formulierung der thermodynamischen Gesetze in der einfachsten möglichen Weise, denn ihren Werten entsprechen Energiebeträge und nicht Volumenänderungen verschiedener Stoffe. Naturgesetze, in welche die Temperatur eingeht, würden viel komplizierter, wenn man eine andere Skala verwendete.

Es ist wichtig zu verstehen, daß wir nicht wirklich sagen können, wir wüßten, was wir mit einer quantitativen Größe meinen, solange wir nicht Regeln für ihre Messung formuliert haben. Man könnte denken, daß die Wissenschaft zunächst einen quantitativen Begriff entwickelt und dann nach Methoden sucht, ihn zu messen. Aber ein quantitativer Begriff entwickelt sich wirklich erst aus dem Meßprozeß. Erst nach der Erfindung des Thermometers konnte man dem

Begriff der Thermometer einen präzisen Sinn verleihen. Einstein betonte diesen Punkt in Diskussionen, die auf die Relativitätstheorie hinführten. Er war hauptsächlich an der Messung von Raum und Zeit interessiert. Er betonte, daß wir nicht genau wissen können, was mit solchen Begriffen wie »gleiche Dauer«, »gleiche Entfernung (im Raum)«, »Gleichzeitigkeit zweier Ereignisse an verschiedenen Orten« usw. gemeint ist, ohne die Geräte und Regeln genau festzulegen, mit denen man derartige Begriffe messen kann.

Im Kapitel 5 sahen wir, daß die Verfahren, die in den Regeln 1 und 2 erwähnt werden, sowohl konventionelle wie auch nicht konventionelle Aspekte haben. Eine ähnliche Situation besteht in bezug auf die Regeln 3, 4 und 5. Man hat einen gewissen Spielraum für die Wahl der Verfahren in diesen Regeln; soweit dies der Fall ist, sind diese Regeln konventionell. Aber sicher sind sie auch nicht ganz konventionell. Tatsachenwissen ist nötig, um zu entscheiden, welche Arten von Konventionen man einführen kann, ohne mit den Tatsachen der Natur in Konflikt zu geraten, und verschiedene logische Strukturen müssen eingeführt werden, damit man logische Widersprüche vermeidet.

Zum Beispiel entscheiden wir uns, den Gefrierpunkt des Wassers als den Nullpunkt unserer Temperaturskala zu nehmen, weil wir wissen, daß das Volumen des Quecksilbers in unserem Thermometer immer das gleiche sein wird, wenn wir die Kugel des Instrumentes in gefrierendes Wasser stecken. Wenn wir herausfänden, daß das Quecksilber bis zu *einer* Höhe steigt, wenn wir gefrierendes Wasser aus Frankreich nehmen, und zu einer anderen Höhe, wenn wir Wasser aus Dänemark nehmen, oder daß sie mit der Menge von Wasser, die wir gefrieren lassen, variiert, dann wäre gefrierendes Wasser keine geeignete Wahl für die Verwendung in der dritten Regel.

Ein ähnliches empirisches Element beeinflußt natürlich auch unsere Wahl des Siedepunktes des Wassers zur Markierung des 100°-Punktes. Es ist eine Tatsache in der Natur, nicht eine Sache der Konvention, daß die Temperatur des kochenden Wassers stets die gleiche ist. (Wir nehmen an, daß wir bereits die Regeln 1 und 2 aufgestellt haben, so daß wir schon Temperatur messen können.) Aber hier müssen wir eine Korrektur anbringen. Die Temperatur des kochenden Wassers ist die gleiche am gleichen Ort, aber auf einem hohen Berg, wo der Luftdruck geringer ist, kocht es bei einer etwas geringeren Temperatur als am Fuße des Berges. Um den Siedepunkt des Wassers so zu verwenden, daß die Erfordernisse der vierten Regel erfüllt sind, müssen wir entweder hinzufügen, daß wir kochendes Wasser auf einer gewissen Höhe benützen oder für andere Höhen Korrekturfaktoren anwenden. Genau genommen müßten wir sogar in einer bestimmten Höhe mit Hilfe des Barometers nachprüfen, daß wir den festgelegten Luftdruck haben, oder man müßte auch hier eine Korrektur anbringen. Diese Korrekturen hängen von empirischen Tatsachen ab. Sie sind nicht konventionelle, willkürlich eingeführte Faktoren.

Auf der Suche nach empirischen Kriterien für die Anwendung in der Regel 5, die die Form unserer Skala bestimmt, suchen wir eine Form, bei welcher sich möglichst einfache Gesetze ergeben. Auch hier wieder spielt ein nichtkonventioneller Faktor bei der Wahl der Regel eine Rolle, denn die Tatsachen in der Natur bestimmen die Gesetze, die wir vereinfachen wollen. Und schließlich impliziert der Gebrauch von Zahlenwerten auf unserer Skala eine Struktur logischer Relationen, die nicht willkürlich ist, denn ohne sie verwickelt man sich in logische Widersprüche.

7 Extensive Größen

Die Messung der Temperatur erfordert, wie wir in Kapitel 6 sahen, ein Schema von fünf Regeln. Gibt es Begriffe in der Physik, für die ein einfacheres Schema ausreicht? Ja, eine große Anzahl von Größen – sie werden »extensive Größen« genannt – kann man mit Hilfe von Schemas messen, die nur drei Regeln enthalten.

Drei-Regel-Schemas passen auf Situationen, in denen zwei Dinge zu einem neuen Ding kombiniert oder irgendwie zusammengefaßt werden können, derart, daß der Wert einer Größe M gleich der Summe der Werte von M für die beiden zusammengefügten Dinge ist. Das Gewicht zum Beispiel ist eine extensive Größe. Wenn wir einen Gegenstand von fünf Pfund und einen Gegenstand von zwei Pfund zusammenstellen, wird das Gewicht der beiden Gegenstände zusammen sieben Pfund sein. Die Temperatur ist nicht so eine Größe. Es gibt keine einfache Operation, die uns zu einem Gegenstand mit der Temperatur 60 Grad durch Kombination mit einem Gegenstand der Temperatur von 40 Grad einen neuen Gegenstand mit einer Temperatur von 100 Grad liefert.

Die Operationen, durch welche extensive Größen zusammengefügt werden, sind für die verschiedenen Größen äußerst verschieden. In den einfachsten Fällen besteht die Operation nur in einem Zusammenstellen der beiden Gegenstände, einem Zusammenkleben oder Zusammenbinden oder vielleicht darin, daß man sie einfach nebeneinander stellt wie zwei Gewichte auf derselben Waagschale. In unserem täglichen Leben treffen wir auf viele Beispiele. Die Breite einer Buchreihe auf einem Regal ist die Summe der Breiten der einzelnen Bücher. Wir nehmen ein Buch heraus und lesen zehn Seiten. Später am Tage lesen wir noch einmal zehn Seiten. Insgesamt haben wir zwanzig Seiten gelesen. Wir lassen heißes Wasser in die Badewanne, entdecken, daß das Wasser zu heiß ist, drehen das heiße Wasser ab und lassen noch etwas kaltes Wasser ein. Das Gesamtvolumen des Wassers in der Wanne wird die Summe der Volumina des heißen und des kalten Wassers sein, die eingelassen wurden. Das genaue Verfahren der Zusammenfügung von Dingen im Hinblick auf eine gewisse Größe wird oft nicht explizit angegeben. Das ist gefährlich und kann große Verwirrung und Mißverständnisse stiften. Da man Dinge auf so viele verschiedene Weisen zusammenfügen oder kombinieren kann, ist es wichtig, nicht stillschweigend anzunehmen, daß die Methode der Kombination schon klar sei. Sie sollte explizit angegeben und klar definiert werden. Sobald man dies getan hat, kann die Größe unter Verwendung eines Drei-Regel-Schemas gemessen werden.

Die erste Regel legt das Additionsprinzip fest, oder die »Additivität«. Diese Regel besagt: Wenn ein Gegenstand aus zwei Komponenten kombiniert wird, dann ist der Wert der Größe für diesen Gegenstand die arithmetische Summe der Werte der Größen für die beiden Komponenten. Jede Größe, die dieser Regel gehorcht, nennt man eine »additive Größe«. Das Gewicht ist ein bekanntes Beispiel. Die Kombinationsoperation in diesem Fall besteht einfach darin, daß man die beiden Gegenstände zusammen auf die Waagschale stellt und sie wie einen Gegenstand wiegt. Wir stellen den Gegenstand a auf die Waage und notieren sein Gewicht. Wir ersetzen ihn durch den Gegenstand b und notieren dessen Gewicht. Dann stellen wir beide Gegenstände auf die Waage. Dieser neue Gegenstand, der nichts weiter ist als a und b zusammengenommen, wird natürlich ein Gewicht haben, das gleich ist der arithmetischen Summe der Gewichte von a und b.

Wenn der Leser dieser Regel hier zum erstenmal begegnet, wird er vielleicht denken, daß es seltsam ist, daß wir auch so eine triviale Regel erwähnen. Aber bei der logischen Analyse der wissenschaftlichen Methode müssen wir alles explizit machen, auch die Dinge, die man normalerweise als selbstverständlich ansieht und selten in Worte faßt. Natürlich würde niemand glauben, daß, wenn man einen Stein von fünf Pfund neben einen Stein von sieben Pfund auf die Waage stellte, diese dann ein Gesamtgewicht von siebzig Pfund oder von drei Pfund anzeigen würde. Wir halten es für selbstverständlich, daß das zusammengefügte Gewicht zwölf Pfund betragen wird. Es ist jedoch denkbar, daß in einer anderen Welt die Größe Gewicht sich nicht in einer so bequemen additiven Weise verhält. Wir müssen daher die Additivität des Gewichtes explizit machen, indem wir die folgende Additivitätsregel einführen: wenn zwei Gegenstände zusammengestellt und wie einer gewogen werden, dann wird ihr Gesamtgewicht die arithmetische Summe der Gewichte der Komponenten sein.

Ähnliche Regeln müssen für jede extensive Größe eingeführt werden. Räumliche Länge ist ein anderes bekanntes Beispiel. Ein Körper hat eine gerade Kante a. Ein anderer Körper hat eine gerade Kante b. Wir stellen die beiden so zusammen, daß die Kanten sich an den Enden berühren und eine gerade Linie bilden. Dieser neue physikalische Gegenstand – die gerade Strecke, die durch das Aneinanderfügen von a und b entsteht – wird eine Länge haben, die gleich der Summe der Längen von a und b ist.

Frühe Formulierungen der Additivitätsregel für die Länge waren oft sehr unbefriedigend. Wenn man zwei Strecken a und b addiert – so sagten einige Autoren –, erhält man die Länge der neuen Strecke dadurch, daß man die Längen von a und b addiert. Das ist eine sehr schlechte Formulierung der Regel, denn hier wird in dem gleichen

Satz das Wort »addieren« in zwei ganz verschiedenen Bedeutungen verwendet. Zuerst hat es den Sinn: zwei Gegenstände verbinden, indem man sie in gewisser Weise aneinander legt. Und dann verwendet man es im Sinne der arithmetischen Operation des Addierens. Diesen Autoren war anscheinend gar nicht klar, daß die beiden Begriffe verschieden sind, denn in ihrer Formalisierung schrieben sie die Regel folgendermaßen:

$$L\ (a + b) = L\ (a) + L\ (b).$$

Auch einige Verfasser, die ich sonst bewundere, machten sich dieser schlechten Formulierung schuldig, einer Formulierung, die den doppelten Gebrauch des Wortes »addieren« in die Symbolik überträgt. Das zweite »+«-Zeichen steht wirklich für die arithmetische Operation, aber das erste »+«-Zeichen ist in keiner Weise eine arithmetische Operation. Man kann nicht arithmetisch zwei Strecken addieren. Was man addiert, sind nicht die Strecken, sondern die Zahlen, welche die Länge der Strecken repräsentieren. Die Strecken sind keine Zahlen; sie sind Konfigurationen im physikalischen Raum. Ich habe stets betont, daß man eine Unterscheidung machen muß zwischen der arithmetischen Addition und jener Art von Addition, welche die physikalische Operation des Kombinierens darstellt. Es wird uns helfen, diese Unterscheidung im Kopf zu behalten, wenn wir Hempel (der ausführlich über extensive Größen geschrieben hat) darin folgen, daß wir ein spezielles Zeichen, einen kleinen Kreis »o«, für die physikalische Operation des Kombinierens einführen. Das liefert uns eine viel bessere Formalisierung der Additionsregel für die Länge:

$$L\ (a \cdot b) = L\ (a) + L\ (b).$$

Die Kombination von Strecken kann in einem Bild so dargestellt werden:

$$\frac{\overset{a \qquad b}{\overline{L\ (a) \quad L\ (b)}}}{L\ (a \cdot b)} \qquad [\text{nicht } L\ (a + b)].$$

Obwohl es im Fall des Gewichtes nicht wichtig ist, in welcher Weise man die beiden Gegenstände zusammen auf die Waage stellt, ist es im Falle der Länge sehr wichtig. Angenommen, zwei Strecken werden folgendermaßen angeordnet:

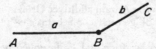

Sie stoßen mit ihren Enden aneinander, bilden aber keine gerade Linie. Der Abstand zwischen den Punkten A und C ist nicht die Summe der Längen von a und b. Wir müssen daher immer darauf achten, genau anzugeben, was wir unter der Operation des Verbindens oder Kombinierens verstehen wollen.

Wir können nun das allgemeine Additivitätsprinzip in bezug auf eine beliebige extensive Größe M folgendermaßen formalisieren:

$$M (a \cdot b) = M (a) + (b).$$

Hier bezeichnet das Symbol »·« ein festgelegtes Verfahren für das Verbinden von a und b. Es wird am besten sein, wenn wir dies die zweite Regel unseres Drei-Regel-Schemas nennen. Die erste Regel ist einfacher: die Regel der Gleichheit. Sie stimmt überein mit der ersten Regel unseres Fünf-Regel-Schemas für die Temperaturmessung. Sie legt das Verfahren fest, mit dem wir die Gleichheit der Größe definieren. Im Falle des Gewichtes sagen wir, daß zwei Gegenstände dasselbe Gewicht haben, falls die Waage im Gleichgewicht bleibt, wenn man die Gegenstände auf die beiden Waagschalen legt.

Die dritte Regel entspricht der Regel 4 des Schemas für die Temperaturmessung. Sie legt eine Einheit für die Größe fest. Das geschieht gewöhnlich, indem man einen Gegenstand oder einen Vorgang in der Natur auswählt, der leicht reproduziert werden kann, und dann die Einheit mit Hilfe dieses Gegenstandes oder Vorganges definiert. Ich habe schon zwei Beispiele erwähnt: das Meter, erklärt als das Soundsovielfache der Wellenlänge einer gewissen Lichtart, und das Kilogramm, erklärt durch einen Gegenstand, der in Paris aufbewahrt wird: das Ur-Kilogramm. Meter und Kilogramm sind die Einheiten von Länge und Gewicht des metrischen Maßsystems.

Wir fassen zusammen. Unser Schema für die Messung beliebiger extensiver Größen besteht aus den folgenden drei Regeln:

1. Die Regel der Gleichheit.
2. Die Regel der Additivität.
3. Die Regel der Einheit.

Wenn dieses ein einfacheres Schema ist als das vorhergehende Fünf-Regel-Schema, warum benützt man es nicht immer? Die Antwort ist natürlich, daß es für viele Größen keine Verbindungsoperation gibt, die man zur Grundlage des Additivitätsprinzips machen könnte. Wir haben schon gesehen, daß die Temperatur eine nichtadditive Größe ist. Die Höhe eines Tones und die Härte eines Gegenstandes sind zwei weitere Beispiele. In bezug auf diese Größen können wir keine Verbindungsoperation finden, die additiv ist. Solche Größen nennt man »nicht-extensive« oder »intensive Größen«. Es gibt aber eine große Anzahl additiver Größen in der Physik, und für alle diese ist das obige dreifache Schema eine adäquate Grundlage für ihre Messung.

Viele Naturwissenschaftler und Philosophen behandeln die Ausdrücke »extensive Größe« und »additive Größe« als Synonym, aber es gibt auch einige Autoren, die zwischen ihnen unterscheiden. Wenn wir solch eine Unterscheidung machen wollen, dann sollten wir dies folgendermaßen tun. Wir nennen eine Größe extensiv, wenn wir eine natürliche Verbindungsoperation finden können, für die man eine Skala einführen kann. Wenn wir dann feststellen, daß für die gewählte Operation und Skala das Additivitätsprinzip gilt, so nennen wir die Größe extensiv und additiv. Man könnte sagen, sie ist eine additiv extensive Größe. Wenn aber das Additivitätsprinzip nicht gilt, dann nennen wir sie eine nicht-additiv extensive Größe.

Fast alle extensiven Größen der Physik sind additiv, aber es gibt einige Ausnahmen. Eine bekannte Ausnahme ist die Geschwindigkeit in der speziellen Relativitätstheorie. In der klassischen Physik sind Relativgeschwindigkeiten in der gleichen Richtung im folgenden Sinne additiv. Wenn drei Körper A, B, C sich auf einer geraden Linie in der gleichen Richtung bewegen und die Geschwindigkeit von B relativ zu A V_1 beträgt und die Geschwindigkeit von C relativ zu B V_2, dann ist in der klassischen Physik die Geschwindigkeit V_3 von C relativ zu A einfach $V_1 + V_2$. Wenn Sie im Mittelgang eines westwärts fliegenden Flugzeugs vorwärtslaufen, wie groß ist dann Ihre Geschwindigkeit in bezug auf den Erdboden? Vor der Relativitätstheorie hätte man diese Frage einfach dadurch beantwortet, daß man zu der Geschwindigkeit des Flugzeuges Ihre Gehgeschwindigkeit im Flugzeug addiert hätte; heute wissen wir, daß Relativgeschwindigkeiten nicht additiv sind; eine besondere Formel muß benützt werden, in der die Lichtgeschwindigkeit vorkommt. Wenn die Geschwindigkeiten klein sind im Verhältnis zu der Lichtgeschwindigkeit, dann kann man sie behandeln, als wären sie additiv; aber wenn die Geschwindigkeiten sehr groß sind, dann muß die folgende Formel benützt werden, wo c die Lichtgeschwindigkeit bezeichnet:

$$V_3 = \frac{V_1 + V_2}{1 + \dfrac{V_1 V_2}{c^2}}$$

Man stelle sich z.B. vor, daß das Raumschiff B auf einer geraden Bahn an dem Planeten A mit der Relativgeschwindigkeit V_1 vorbeifliegt. Das Raumschiff C bewegt sich in der gleichen Richtung und überholt das Raumschiff B mit einer Geschwindigkeit V_2 (relativ zu B). Was ist die Relativgeschwindigkeit V_3 des Raumschiffes C in bezug auf den Planeten A? Wenn die Geschwindigkeiten V_1 und V_2 der Raumschiffe klein sind, dann wird der zweite Summand unter dem Bruchstrich unserer Formel so klein sein, daß man ihn vernachlässigen und der ganzen Summe den Wert 1 zuschreiben kann. Wir erhalten dann V_3 einfach durch Addition von V_1 und V_2. Wenn sich aber die Raumschiffe sehr schnell bewegen, mit Geschwindigkeiten, die mit der Lichtgeschwindigkeit vergleichbar sind, dann wird V_3 merklich von der einfachen Summe von V_1 und V_2 abweichen. Wenn man die Formel untersucht, sieht man, daß die Summe der

Relativgeschwindigkeiten niemals die Lichtgeschwindigkeit überschreiten kann, wie nahe auch die Relativgeschwindigkeiten an die Lichtgeschwindigkeit herankommen. Wir können daher schließen, daß die Relativgeschwindigkeit in der speziellen Relativitätstheorie extensiv ist (da eine Verbindungsoperation angegeben werden kann), aber nicht additiv.

Andere Beispiele extensiver, nicht additiver Größen sind die trigonometrischen Funktionen in ihrer Abhängigkeit von den Winkeln. Angenommen, wir haben einen Winkel α zwischen den geraden Kanten L_1 und L_2 eines Stückes Blech A (vgl. Abb. 3).

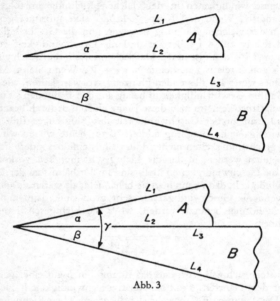

Abb. 3

Ein anderes Blechstück B hat einen Winkel β zwischen den Kanten L_3 und L_4. Wir verbinden nun die Winkel, indem wir die Blechstücke derart zusammen auf einen Tisch legen, daß ihre Scheitel zusammenfallen und L_2 von A teilweise mit L_3 von B zusammenfällt. Der Winkel γ zwischen L_1 und L_4 ist in klarer Weise das Ergebnis der Verbindung der Winkel α und β. Wir können daher sagen, daß Winkel, die so verbunden und in gewöhnlicher Weise gemessen werden, additiv sind. Der Winkel γ hat einen Wert, der die Summe der Werte der Winkel α und β ist. Aber ihre Werte sind *nicht* additiv, wenn wir als unsere Größe eine der trigonometrischen Funktionen der Winkel nehmen, z. B. den Sinus. Wenn wir wollen, können wir die Größe Sinus extensiv nennen (denn wir haben eine Verbindungs-Operation), aber nicht additiv. Andererseits können wir die Entscheidung treffen, daß wir den Sinus nicht als extensiv ansehen wollen, weil die Verbindungs-Operation nicht wirklich die Sinus verbindet. Sie verbindet die Winkel, aber das ist ja nicht genau dasselbe wie wenn man die Sinus zusammenlegte. Von diesem zweiten Standpunkt aus ist der Sinus nicht extensiv.

Wir finden daher, daß unser Kriterium für extensive Größen nicht exakt ist. Sie werden sich erinnern, daß wir sagten, wir wollten eine Größe extensiv nennen, wenn es in bezug auf sie eine natürliche Verbindungsoperation zu geben *scheine*. Der eine mag sagen, daß für ihn die Operation des Nebeneinanderlegens zweier Winkel eine völlig natürliche Methode zur Verbindung der Sinus ist. Für ihn ist der Sinus eine nicht-additiv extensive Größe. Ein anderer mag sagen, daß das Nebeneinanderlegen zwar eine vernünftige Operation zur Verbindung von Winkeln sei, aber nicht zur Verbindung von Sinus. Für ihn ist der Sinus nicht extensiv. Mit anderen Worten – es gibt Grenzfälle, in denen es eine Sache der subjektiven Entscheidung ist, ob man eine Größe extensiv nennen will oder nicht. Da diese Fälle extensiver oder nicht additiver Größen relativ selten sind und manchmal auch fraglich (fraglich deshalb, weil man sich darüber streiten könnte, ob die vorgeschlagene Operation eine legitime Verbindungs-Operation darstellt), ist es durchaus verständlich, daß viele Autoren »extensiv« und »additiv« synonym benutzen. Ein solcher Wortgebrauch ist nicht zu kritisieren. Für diese Autoren ist eine Größe nur dann extensiv, wenn es für sie eine Verbindungs-Operation gibt, in bezug auf welche das Additivitätsprinzip gilt, wie es für die Länge, das Gewicht und andere gebräuchliche physikalische Größen gilt.

An dieser Stelle sind einige Bemerkungen über die Messung von Zeitintervallen und Strecken im Raum angebracht, denn diese beiden Größen sind in gewissem Sinne grundlegend in der Physik. Sobald wir sie messen können, können viele andere Größen definiert werden. Es mag nicht möglich sein, diese anderen Größen explizit zu definieren, aber zumindest können sie durch operationale Regeln eingeführt werden, die den Begriff der Entfernung in Zeit oder Raum benutzen. Sie können sich z. B. erinnern, daß wir bei den Regeln für die Temperaturmessung den Begriff des Volumens einer Menge von Quecksilber benutzten und den Begriff der Länge einer Quecksilbersäule in einer Röhre. In diesem Fall nehmen wir an, daß wir schon wüßten, wie man Länge mißt. Bei der Messung vieler anderer physikalischer Größen wird in ähnlicher Weise auf Messungen räumlicher Länge und zeitlicher Dauer Bezug genommen. In diesem Sinne kann man Länge und Dauer als primäre Größen betrachten. Kapitel 8 und 9 werden die Verfahren zur Messung von Zeit und Raum behandeln.

8 Zeit

Welche Art von Verbindungsoperation kann man zur Kombination von Zeitintervallen benützen? Sofort tritt uns eine große Schwierigkeit entgegen. Wir können nicht mit Zeitintervallen so umgehen wie mit räumlichen Intervallen oder – genauer – wie mit Kanten fester Körper, die für uns Raumintervalle repräsentieren. Die Zeit hat keine harten Kanten, die man zu einer geraden Linie zusammensetzen könnte.

Man betrachte die folgenden beiden Intervalle: Die Länge eines gewissen Krieges vom ersten Schuß bis zum letzten und die Dauer eines bestimmten Gewitters vom ersten bis zum letzten Donner. Wie kann man diese beiden Dauern zusammenfügen? Wir haben zwei getrennte Ereignisse, von denen jedes ein gewisses Zeitintervall einnimmt, aber keine Methode, um sie zusammenzubringen. Wenn sich natürlich zwei Ereignisse zeitlich berühren, dann können wir diese Tatsache erkennen, aber wir können nicht Ereignisse in der Zeit herumschieben, wie wir das mit den Kanten physikalischer Gegenstände tun können.

Wir können höchstens die beiden Zeitintervalle auf einer begrifflichen Skala repräsentieren. Angenommen, wir haben ein Ereignis a, das vom Zeitpunkt A bis zum Zeitpunkt B verläuft, und ein zweites Ereignis b, das vom Zeitpunkt B bis zum Zeitpunkt C verläuft (vgl. Abb. 4). Der Anfangspunkt von b fällt zusammen mit dem Endpunkt von a, so daß die beiden Ereignisse zeitlich benachbart sind. Wir haben sie nicht in diese Lage geschoben, sie ereigneten sich in dieser Weise.

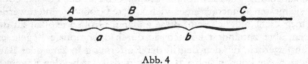

Abb. 4

Die Länge der Zeit zwischen dem Punkt A und dem Punkt C kann jetzt als das Ergebnis der Kombination von a und b betrachtet werden, aber nicht in der gleichen Weise, in der physikalisch Längen kombiniert werden, sondern begrifflich, das heißt durch die Art und Weise, in der wir die Situation betrachten. Die begriffliche Operation, durch »·« symbolisiert, gestattet uns, die folgende Additivitätsregel für die Messung von zeitlichen Längen T zu formulieren:

$$T(a \cdot b) = T(a) + T(b).$$

In anderen Worten: Wenn wir zwei Ereignisse haben, von denen das eine genau dann beginnt, wenn das andere endet, dann wird die Länge des Gesamtereignisses die arithmetische Summe der Länge der beiden Teilereignisse sein. Diese Regel ist nicht so stark wie die Additivitätsregel für Längen im Raum, denn wir können sie nur auf Ereignisse anwenden, die zeitlich benachbart sind, nicht auf beliebige Paare von Ereignissen. Später, wenn wir ein Drei-Regel-Schema für die Zeitmessung entwickelt haben werden, wird es uns möglich sein, die kombinierte Länge nicht benachbarter Ereignisse zu messen. Zunächst suchen wir nur eine Verbindungs-Operation, die uns eine Basis für eine Additivitätsregel liefern kann und finden diese in dem Vorkommen zeitlich benachbarter Ereignisse.

Zur Vervollständigung unseres Schemas brauchen wir noch zwei Regeln: eine Gleichheitsregel und eine Einheitenregel. Beiden Regeln liegt normalerweise irgendeine Art von periodischem Prozeß zugrunde: ein schwingendes Pendel, die Rotation der Erde usw. Jede Uhr ist einfach ein Instrument zur Erzeugung eines periodischen Prozesses. Manche Uhren erreichen dies durch ein Pendel, andere durch eine Unruh. Die Sonnenuhr mißt die Zeit mit Hilfe der periodischen Bewegung der Sonne über den Himmel. Tausende von Jahren lang haben die Wissenschaftler ihre Zeiteinheiten auf die Länge des Tages bezogen, das heißt auf die (periodische) Rotation der Erde. Aber da sich die Geschwindigkeit der Erddrehung leicht ändert, wurde 1956 eine internationale Vereinbarung abgeschlossen, die die Zeiteinheit auf die Bewegung der Erde um die Sonne in einem bestimmten Jahr zurückführte. Die Sekunde wurde definiert als das $1/31\,556\,925,9747$ des Jahres 1900. Diese Definition wurde 1964 zugunsten einer noch genaueren aufgegeben, welche die Sekunde auf die Schwingungszeit des Cäsium-Atoms zurückführte. Diesen Begriff der »Periodizität«, der für die Definition von Zeiteinheiten so wesentlich ist, müssen wir ganz klar verstehen, bevor wir uns überlegen, wie eine Gleichheitsregel und eine Einheitenregel auf ihm begründet werden können.

Wir müssen zuerst klar zwei Bedeutungen von »Periodizität« unterscheiden, eine schwache und eine starke. Im schwachen Sinn ist ein Prozeß periodisch ganz einfach dann, wenn er sich immer wieder ereignet. Der Pulsschlag ist periodisch. Ein schwingendes Pendel ist periodisch; aber auch, im schwachen Sinne, der Vorgang: Herr Schmidt verläßt sein Haus. Dieser Vorgang ereignet sich immer wieder, Hunderte von Malen während der Lebenszeit von Herrn Schmidt. Er ist offensichtlich periodisch, in dem schwachen Sinne, daß er sich wiederholt. Manchmal bedeutet periodisch, daß ein ganzer Zyklus von verschiedenen Phasen in der gleichen zyklischen Ordnung wiederholt wird. Ein Pendel zum Beispiel schwingt von dem höchsten Punkt seiner Bahn auf der linken Seite zum tiefsten Punkt seiner

Bahn, weiter zum höchsten Punkt der Bahn auf der rechten Seite und dann wieder zurück, am tiefsten Punkt vorbei zum linken Umkehrpunkt. Dann wiederholt sich der ganze Zyklus. Es gibt nicht nur ein Ereignis, sondern eine ganze Folge von Ereignissen. Das ist aber nicht notwendig, um einen Vorgang periodisch zu nennen. Es genügt, wenn eine Phase des Vorganges sich immer wiederholt. So ein Vorgang ist im schwachen Sinne periodisch.

Oft meint jemand, der einen Vorgang periodisch nennt, dies in einem viel strengeren Sinn: daß nämlich zusätzlich dazu, daß der Vorgang schwach periodisch ist, auch gilt, daß die Intervalle zwischen aufeinanderfolgenden Vorkommnissen einer bestimmten Phase gleich sind. Herrn Schmidts Verlassen seines Hauses erfüllt diese Bedingung offensichtlich nicht. An manchen Tagen wird er viele Stunden zu Hause bleiben. An anderen Tagen wird er innerhalb einer Stunde mehrmals aus dem Haus gehen. Im Gegensatz dazu sind die Bewegungen der Unruh einer gut konstruierten Uhr im strengen Sinne periodisch. Es ist klar, daß zwischen den beiden Arten von Periodizität ein sehr großer Unterschied besteht.

Welche dieser Arten von Periodizität sollten wir als Grundlage zur Zeitmessung nehmen? Zunächst möchte man antworten, daß man natürlich einen Vorgang wählen muß, der im starken Sinne periodisch ist. Wir können unsere Zeitmessung nicht nach Herrn Schmidt richten und danach, wann er das Haus verläßt, denn sein Verhalten ist zu unregelmäßig. Wir können auch nicht den Pulsschlag als Basis nehmen, denn obwohl der Puls viel eher periodisch im strengen Sinne ist als Herr Schmidt, ist er immer noch nicht regelmäßig genug. Wenn man schnell gelaufen ist oder hohes Fieber hat, schlägt der Puls viel schneller als sonst. Was wir brauchen, ist ein Vorgang, der in der stärkstmöglichen Weise periodisch ist.

Aber bei diesen Überlegungen stimmt etwas nicht. Wir können nicht wissen, daß ein Vorgang streng periodisch ist, wenn wir nicht schon eine Methode zur Bestimmung gleicher Zeitintervalle haben! Und genau so eine Methode wollen wir ja erst festlegen. Wie können wir diesem circulus vitiosus entkommen? Wir können dem Zirkel nur dadurch entrinnen, daß wir die Forderung der starken Periodizität fallenlassen. Wir sind dazu gezwungen, weil wir keine Grundlage dafür haben, sie festzustellen. Wir sind in der Situation eines naiven Physikers, der sich dem Problem der Zeitmessung zuwendet, ohne auch nur den vorwissenschaftlichen Begriff der Gleichheit von Zeitintervallen zur Verfügung zu haben. Da er überhaupt keine Basis für die Zeitmessung hat, sucht er nach einem beobachtbaren periodischen Vorgang in der Natur, der ihm eine Basis liefern kann. Da unser Physiker auf keine Weise Zeitintervalle messen kann, kann er auch nicht entscheiden, ob ein bestimmter Vorgang periodisch im strengen Sinne ist oder nicht.

Wir müssen folgendermaßen vorgehen. Zuerst suchen wir einen Vorgang, der im schwachen Sinne periodisch ist. (Er mag auch stark periodisch sein, aber das können wir noch nicht wissen.) Dann nehmen wir als unsere Verbindungs-Operation die Verbindung zweier Zeitintervalle, die unmittelbar aufeinanderfolgen, derart, daß der eine genau dann beginnt, wenn der andere endet, und als Additivitätsregel legen wir fest, daß die Länge des ganzen Intervalles gleich der arithmetischen Summe der Längen der Teilintervalle ist. Diese Regel können wir dann auf den ausgesuchten periodischen Vorgang anwenden.

Um unser Schema zu vervollständigen, müssen wir noch Regeln für die Gleichheit und die Einheit aufstellen. Als Zeiteinheit wählen wir die Perioden des von uns gewählten Vorganges.

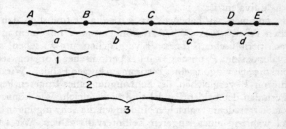

Abb. 5

In Abb. 5 sind diese Perioden als die Längen $a, b, c, d \ldots$ zwischen den Zeitpunkten $A, B, C, D, E \ldots$ eingezeichnet. Wir sagen, daß jede dieser Strecken die Länge Eins hat. Man mag einwenden: »Aber die Periode b war viel länger als die Periode a!« Darauf antworten wir: »Wir wissen nicht, was Sie unter ›länger‹ verstehen. Wir versuchen Regeln für die Zeitmessung so festzulegen, daß wir dem Wort ›länger‹ einen Sinn geben können.«

Nun, da wir schon unsere Zeiteinheit festgelegt haben (es ist einfach die Länge jeder Periode des ausgesuchten Vorganges), liefert uns die Additivitätsregel eine Grundlage zur Messung von Zeitdauern. Diese Regel sagt uns, daß das Zeitintervall von Punkt A zu Punkt C 2 ist, vom Punkt A zum D 3 usw. Wir können nun jedes beliebige Zeitintervall messen, auch wenn wir einen schwach periodischen Vorgang zugrunde legen. Wir zählen einfach, wie oft sich die Einheits-Periode ereignet, während das Ereignis stattfindet, das wir messen wollen. Die so erhaltene Zahl ist dann die zeitliche Länge des Ereignisses. Die Gleichheitsregel liegt auf der Hand. Sie besagt, daß zwei Zeitintervalle (die möglicherweise zeitlich weit auseinanderliegen) gleich sind, wenn sie die gleiche Zahl von Elementarperioden unseres periodischen Vorganges enthalten. Das vervollständigt unser Schema von drei Regeln. Wir haben eine Gleichheitsregel, eine Additivitätsregel und eine Einheitsregel. Mit diesem Schema haben wir eine Methode zur Zeitmessung.

Man kann Einwendungen machen. Kann man für so ein Schema wirklich jeden schwach periodischen Vorgang benützen? Zum Beispiel auch Herrn Schmidt, der sein Haus verläßt? Die überraschende Antwort lautet: Ja. Obwohl, wie ich sofort erklären werde, die Gesetze der Physik viel einfacher werden, wenn wir gewisse andere Vorgänge wählen. An dieser Stelle ist es wichtig, dies zu verstehen: Haben wir erst einmal ein Schema zur Zeitmessung aufgestellt, sei es auch mit Hilfe eines so unregelmäßigen Vorganges wie dem Fortgehen des Herrn Schmidt, so haben wir ein Mittel gewonnen, mit dem wir feststellen können, ob ein periodischer Vorgang einem andern äquivalent ist.

Angenommen, wir haben als Basis für die Zeitmessung den periodischen Prozess P gewählt. Wir können nun P mit einem anderen schwach periodischen Prozess P' vergleichen, um zu sehen, ob sie »äquivalent« sind. P, unser gewählter periodischer Vorgang, sei zum Beispiel die Schwingung eines bestimmten kurzen Pendels. Wir möchten ihn mit P' vergleichen, der Schwingung eines längeren Pendels. Die Perioden der beiden Pendel sind nicht gleich. Wie können wir die beiden trotzdem vergleichen? Indem wir die Schwingungen beider Pendel während eines längeren Zeitintervalls zählen. Wir werden feststellen, daß zehn Schwingungen des kurzen Pendels mit sechs Schwingungen des langen Pendels zusammenfallen. Das ist der Fall, so oft wir das Experiment wiederholen. Wir können noch nicht mit Teilen von Perioden umgehen, also muß der Vergleich mit Hilfe von ganzen Zahlen von Schwingungen durchgeführt werden. Es kann aber sein, daß die Übereinstimmung nicht genau ist. Nach zehn Schwingungen des kurzen Pendels hat das lange schon seine siebente Schwingung begonnen. Wir verfeinern den Vergleich, indem wir einen längeren Zeitraum betrachten, zum Beispiel hundert Schwingungen des kurzen Pendels. Wir stellen fest, daß bei jeder Wiederholung des Versuchs das lange Pendel während dieses Zeitraums zweiundsechzig Schwingungen macht. Auf diese Weise können wir unseren Vergleich so genau machen, wie wir wollen. Wenn wir finden, daß eine gewisse Zahl von Perioden eines Vorganges P stets mit einer gewissen Zahl von Perioden eines Vorganges P' übereinstimmt, ersehen wir, daß die beiden Periodizitäten äquivalent sind.

Es ist eine Tatsache, daß es in der Natur eine sehr große Klasse von periodischen Vorgängen gibt, die zueinander in diesem Sinne äquivalent sind. So etwas könnte man nicht schon a priori wissen. Wir entdecken es, indem wir die Welt beobachten. Wir können nicht sagen, daß diese äquivalenten Vorgänge periodisch im starken Sinne sind, aber wir können sie untereinander vergleichen und feststellen, daß sie äquivalent sind. Alle schwingenden Pendel gehören zu dieser Klasse, alle die Bewegungen von Unruh-Rädern in Uhren, die scheinbare Bewegung der Sonne am Himmel usw. Wir finden in der Natur eine sehr große Klasse von Vorgängen, die sich als untereinander äquivalent herausstellen, wenn wir sie in der oben erwähnten Weise vergleichen. Soviel wir wissen, gibt es nur *eine* große Klasse dieser Art.

Was geschieht, wenn wir beschließen, unsere Zeitskala auf einem periodischen Prozeß aufzubauen, der nicht zu dieser großen Klasse äquivalenter Vorgänge gehört, zum Beispiel auf dem Pulsschlag? Die Ergebnisse werden etwas sonderbar sein, aber wir möchten betonen, daß die Wahl des Pulsschlages als Grundlage der Zeitmessung nicht zu einem logischen Widerspruch führen wird. Es gibt keinen Sinn, in dem es »falsch« wäre, die Zeit auf so einer Grundlage zu messen.

Stellen Sie sich vor, daß wir uns noch auf einer sehr frühen Stufe der Entwicklung von Meßmethoden befinden. Wir besitzen kein Instrument zur Zeitmessung, wie zum Beispiel eine Uhr, so daß wir nicht bestimmen können, wie unser Pulsschlag sich unter verschiedenen physiologischen Umständen verändern kann. Wir versuchen zum ersten Mal, operationale Regeln zur Zeitmessung zu entwickeln und entscheiden uns, meinen Pulsschlag als Basis der Messung zu nehmen.

Sobald wir meinen Pulsschlag mit anderen periodischen Vorgängen in der Natur vergleichen, finden wir, daß alle Arten von Vorgängen, von denen wir vielleicht geglaubt haben, daß sie gleichförmig verlaufen, nicht gleichförmig sind. Zum Beispiel entdecken wir, daß ein Tag so und so viele Pulsschläge lang ist, wenn ich mich gesund fühle. Aber Tage, an denen ich Fieber habe, sind viel länger. Wir finden dies seltsam, aber es gibt nichts logisch Widerspruchsvolles an unserer Beschreibung der ganzen Welt auf dieser Basis. Wir können nicht sagen, daß das Pendel als Grundlage der Zeitmessung die »richtige« Wahl ist und mein Pulsschlag die »falsche« Wahl. Es gibt hier kein richtig oder falsch, beides ist widerspruchsfrei möglich. Es handelt sich nur um eine Wahl zwischen einer einfachen und einer komplizierten Beschreibung der Welt.

Wenn wir die Zeit mit meinem Pulsschlag messen, dann müssen wir sagen, daß viele periodische Prozesse in der Natur Schwingungsdauern besitzen, die sich ändern, je nachdem, was ich tue oder wie ich mich fühle. Wenn ich eine gewisse Zeit schnell laufe und dann stehen bleibe, finde ich, daß, in meiner Puls-Zeit gemessen, viele Vorgänge in der Natur langsamer vor sich gehen – während ich laufe und kurz danach. Ein paar Minuten später haben sie dann wieder ihre normale Geschwindigkeit. Sie müssen daran denken, daß wir annehmen, wir leben in einer Zeit, in der noch keine Naturgesetze bekannt sind. Wir haben keine Physikbücher, die uns sagen, daß dieser oder jener Vorgang gleichförmig verläuft. In unserem primitiven System der Physik verhalten sich die Umdrehung der Erde, die Schwingungen von Pendeln usw. sehr unregelmäßig. Sie haben eine Geschwindigkeit, wenn ich gesund bin, eine andere, wenn ich Fieber habe.

Wir müssen daher hier eine echte Wahl treffen. Es ist nicht eine Wahl zwischen einem richtigen und einem falschen Meßverfahren, sondern eine Wahl nach der Einfachheit. Wenn wir das Pendel als Zeit-Basis wählen – so stellen wir fest – wird das System unserer physikalischen Gesetze viel viel einfacher als wenn wir meinen Pulsschlag wählen. Es wird kompliziert genug, wenn wir meinen Pulsschlag nehmen, aber natürlich würde es noch viel schlimmer, wenn wir Herrn Schmidt nehmen würden, der sein Haus verläßt; es sei denn Herr Schmidt wäre wie Immanuel Kant, der jeden Morgen so genau zur gleichen Zeit aus seinem Haus gekommen sein soll, daß die Bürger von Königsberg nach ihm ihre Uhren gestellt haben. Aber die Bewegungen gewöhnlicher Sterblicher wären keine geeignete Grundlage für die Zeitmessung.

»Geeignet« würde natürlich hier heißen, bequem in dem Sinn, daß man zu einfachen Gesetzen gelangt. Wenn wir Pendelschwingungen als Grundlage für unsere Zeitmessung nehmen, dann finden wir, daß das ganze Universum sich sehr geregelt verhält und durch Gesetze von großer Einfachheit beschrieben werden kann. Es kann sein, daß der Leser diese Gesetze nicht als einfach empfand, als er Physik lernte, aber sie sind einfach in dem relativen Sinne, daß sie viel komplizierter wären, hätten wir den Pulsschlag als Zeiteinheit angeführt. Die Physiker sind immer wieder überrascht über die Einfachheit neuer Gesetze. Als Einstein das allgemeine Relativitätsprinzip entdeckte, drückte er sein Erstaunen darüber aus, daß so ein verhältnismäßig einfaches Prinzip alle die Phänomene beherrscht, auf die es anwendbar ist. Diese Einfachheit würde verschwinden, wenn wir unser System der Zeitmessung auf einen Vorgang gründen würden, der nicht zu der sehr großen Klasse untereinander äquivalenter Vorgänge gehörte.

Mein Pulsschlag gehört im Gegensatz dazu zu einer sehr kleinen Klasse äquivalenter Vorgänge. Die einzigen Mitglieder dieser Klasse sind vermutlich Vorgänge in meinem eigenen Körper, die physiologisch mit meinem Herzschlag verbunden sind. Der Puls meiner linken Hand ist äquivalent dem Puls meiner rechten Hand. Aber abgesehen von Vorgängen, die mit meinem Herz zu tun haben, würde es schwierig sein, einen zweiten Prozeß irgendwo in der Natur zu finden, mit dem mein Puls äquivalent wäre. Wir haben also hier eine äußerst kleine Klasse äquivalenter Vorgänge, verglichen mit der sehr umfassenden Klasse, welche die Bewegungen der Planeten, die Schwingungen von Pendeln umfaßt usw. Es ist daher ratsam, als

Basis für die Zeitmessung einen Vorgang aus dieser großen Klasse zu nehmen.

Welchen Vorgang wir wählen, ist nicht so wichtig, so lange es nicht um eine sehr große Genauigkeit der Messung geht. Sobald wir die Wahl getroffen haben, können wir sagen, daß der ausgewählte Vorgang im strengen Sinne periodisch ist. Das ist natürlich nicht mehr als eine Definition. Aber nun sind die anderen Vorgänge, die ihm äquivalent sind, stark periodisch in einer Weise, die nicht mehr trivial, nicht nur eine Frage der Definition ist. Wir stellen empirische Tests an und stellen durch Beobachtung fest, daß sie stark periodisch in dem Sinne sind, daß sie eine große Gleichförmigkeit ihrer Schwingungsdauer zeigen. Als Folge davon können wir die Vorgänge in der Natur in einer verhältnismäßig einfachen Weise beschreiben. Das ist ein so wichtiger Punkt, daß ich ihn gar nicht oft genug wiederholen, gar nicht stark genug betonen kann. Unsere Wahl eines Vorganges als Grundlage der Zeitmessung ist nicht eine Frage von richtig oder falsch. Jede Wahl ist logisch möglich. Jede Wahl wird zu einem widerspruchsfreien System von Naturgesetzen führen. Aber wenn wir unsere Zeitmessung auf solche Vorgänge wie die Schwingung eines Pendels gründen, dann stellen wir fest, daß dies zu einer viel einfacheren Physik führt, als wenn wir gewisse andere Vorgänge benützen würden.

Historisch war es zweifellos so, daß unser physiologischer Zeitsinn, unser intuitives Gefühl für Regelmäßigkeit einen Einfluß darauf hatten, welche Vorgänge am Anfang als Grundlage der Zeitmessung genommen wurden. Da die Sonne regelmäßig auf- und unterzugehen scheint, fand man in den Sonnenuhren ein bequemes, einfaches Mittel, die Zeit zu messen; eine viel angebrachtere Methode, als wenn man zum Beispiel die Bewegungen der Wolken verwendet hätte. In ähnlicher Weise fanden es frühe Kulturen dienlich, rinnendes Wasser oder rinnenden Sand in ihren Uhren zu verwenden, oder andere Prozesse, die einigermaßen äquivalent der Bewegung der Sonne waren. Der grundlegende Sachverhalt ist auch hier: Man trifft eine Wahl nach Gesichtspunkten der Bequemlichkeit und Einfachheit.

9 Länge

Nach dem Begriff der Zeit wollen wir uns jetzt dem zweiten grundlegenden Begriff der Physik zuwenden, dem Begriff der Länge, und
ihn genauer untersuchen als bisher. Sie werden sich erinnern, daß
wir in Kapitel 7 gesehen haben, daß die Länge eine extensive Größe
ist, die man mit Hilfe eines Drei-Regel-Schemas messen kann. Die
Regel 1 definiert die Gleichheit: Eine Strecke, die auf einer geraden
Kante markiert ist, hat gleiche Länge mit einer anderen Strecke, die
auf einer anderen geraden Kante angezeichnet ist, wenn die Endpunkte der beiden Segmente in gleichzeitige Koinzidenz mit einander
gebracht werden können. Die Regel 2 definiert Additivität: wenn
wir die beiden Kanten zu einer geraden Linie verbinden, dann ist
ihre Gesamtlänge die Summe der Einzellängen. Die Regel 3 definiert
die Einheit: wir wählen einen Stab mit gerader Kante, markieren
auf dieser zwei Punkte und nehmen die Strecke zwischen diesen zwei
Punkten als unsere Längeneinheit.

Auf Grund dieser drei Regeln können wir nun das herkömmliche
Meßverfahren anwenden. Angenommen, wir möchten die Länge
einer langen Kante c messen, etwa den Rand eines Zaunes. Wir haben
einen Maßstab, dessen Länge genau unsere Einheitslänge a ist. Seine
Endpunkte sind A und B. Wir legen den Maßstab neben c, in der
Position a_1, so daß A mit einem Endpunkt C_0 von c zusammenfällt.
Auf der Kante c markieren wir den Punkt C_1, der mit dem Ende B
unseres Stabes zusammenfällt. Dann bewegen wir den Maßstab a in
die Nachbarposition a_2 und markieren den Punkt C_2 auf c und fahren
fort, bis wir das Ende von c erreichen. Nehmen wir an, daß in der
zehnten Position a_{10} der Endpunkt B unseres Maßstabes einigermaßen
mit dem Endpunkt C_{10} von c zusammenfällt.

Abb. 6

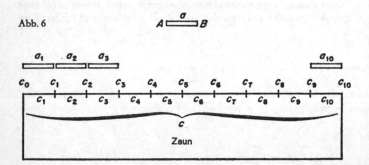

Zaun

$c_1, c_2, \ldots, c_{10}$ seien die auf c angezeichneten Segmente von c. Wir haben nach Regel 3:
$$L(a) = L(a_1) = L(a_2) = \ldots = L(a_{10}) = 1.$$
Deshalb gilt nach Regel 1, der Gleichheitsregel:
$$L(c_1) = 1, L(c_2) = 1, \ldots L(c_{10}) = 1.$$
Nach Regel 2, der Additivitätsregel:
$$L(c_1 \cdot c_2) = 2, L(c_1 \cdot c_2 \cdot c_3) = 3 \ldots.$$
Daher:
$$L(c) = L(c_1 \cdot c_2 \cdot \ldots \cdot c_{10}) = 10.$$
Dieses Verfahren, das Grundverfahren der Längenmessung, liefert nur ganze Zahlen als Werte der gemessenen Länge. Eine naheliegende Verfeinerung wird erreicht, wenn man die Längeneinheit in n gleiche Teile teilt. (Der Zoll wird traditionsgemäß in binärer Weise geteilt: erst in zwei Teile, dann in vier, acht usw. Das Meter wird dezimal geteilt: erst in zehn Teile, dann in hundert, usw.) Auf diese Weise können wir durch Versuche und Korrektur einen Hilfsmaßstab konstruieren, auf dem eine Strecke d bezeichnet ist, so daß d in n benachbarte Positionen, $d_1, d_2, \ldots, d_n$, entlang der Kante des Einheitsmaßstabes a gelegt werden kann (vergleiche Abb. 7).

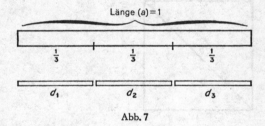

Abb. 7

Wir können nun sagen, daß
$$n L(d) = L(a) = 1$$
Daher
$$L(d) = \frac{1}{n}$$

Wenn diese Teilstrecken auf a eingezeichnet sind, können wir die Länge einer gegebenen Kante noch genauer messen. Bei der Messung der Länge des Zaunes c, in unserem vorhergehenden Beispiel, kann es vorkommen, daß diese Länge nicht 10 ergibt, sondern genauer 10,2. Auf diese Weise werden Brüche in die Messung eingeführt. Wir sind nicht mehr auf ganze Zahlen beschränkt. Ein gemessener Wert kann irgendeine positive rationale Zahl sein.

Es ist wichtig zu verstehen, daß wir durch diese Verfeinerungen der Messung immer kleinere Bruchteile einführen, aber nie zu Zahlen gelangen können, die nicht rational sind. Andererseits nimmt man gewöhnlich an, daß in der Physik die Klasse der möglichen Werte einer Größe alle reellen Zahlen umfaßt (oder alle reellen Zahlen eines bestimmten Intervalles), was irrationale Zahlen wie auch rationale Zahlen einschließt. Diese irrationalen Zahlen werden aber nicht durch direkte Messung, sondern erst auf einer späteren Stufe eingeführt. Die direkte Messung kann nur Werte ergeben, die durch rationale Zahlen ausgedrückt werden können. Aber wenn wir Gesetze formulieren und Berechnungen mit Hilfe dieser Gesetze anstellen, dann treten Irrationalzahlen auf. Sie werden eingeführt im Zusammenhang einer Theorie, nicht im Zusammenhang mit der direkten Messung.

Um das zu verdeutlichen, betrachten wir den Lehrsatz von Pythagoras, der besagt, daß das Quadrat über der Hypotenuse eines rechtwinkligen Dreiecks gleich ist der Summe der Quadrate über den zwei anderen Seiten. Das ist ein Lehrsatz der mathematischen Geometrie, aber wenn man ihn auf physikalische Strecken anwendet, wird aus ihm auch ein Gesetz der Physik. Nehmen wir an, wir schneiden aus einem Brett ein Quadrat mit der Seitenlänge Eins. Aus dem Lehrsatz des Pythagoras folgt nun, daß die Länge der Diagonale dieses Quadrates (siehe Abb. 8) die Quadratwurzel von 2 ist.

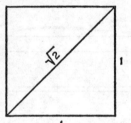

Abb. 8

Die Quadratwurzel von 2 ist eine irrationale Zahl. Sie kann nicht mit einem Maßstab, der auf unserer Maßeinheit beruht, genau gemessen werden, gleichgültig wie klein wir die Unterteilung des Maßstabes machen. Aber wenn wir die Länge der Diagonale mit Hilfe des pythagoreischen Lehrsatzes berechnen, erhalten wir auf diese indirekte Weise eine Irrationalzahl. Ähnlich verhält es sich bei einer kreisförmigen Holzscheibe, deren Durchmesser nach unserer Messung gleich 1 ist. Die Länge des Umfangs berechnen wir als die irrationale Zahl π.

Da Irrationalzahlen stets die Ergebnisse von Berechnungen sind, nie das Ergebnis einer direkten Messung, könnte man glauben, daß es möglich wäre, in der Physik Irrationalzahlen ganz auszuschalten und nur mit Rationalzahlen zu arbeiten. Das ist sicher möglich, aber es würde eine revolutionäre Veränderung bedeuten. Wir könnten zum Beispiel nicht mehr mit Differentialgleichungen arbeiten, weil solche Gleichungen das Kontinuum der reellen Zahlen voraussetzen. Die Physiker haben bis jetzt noch keine Gründe gefunden, die stark genug für eine derartige Veränderung sprechen würden. Es ist aber wahr, daß sich in der Quantenphysik ein Trend zum Diskreten abzeichnet. Die elektrische Ladung zum Beispiel wird nur in Vielfachen einer elektrischen Minimal- oder Elementarladung gemessen. Wenn wir diese Elementarladung als Einheit nehmen, dann sind alle Werte der elektrischen Ladung ganze Zahlen. Die Quantenmechanik ist noch nicht ganz diskret, aber schon in so hohem Maße diskret, daß einige Physiker sich darüber Gedanken machen, ob nicht alle physikalischen Größen, einschließlich Zeit und Raum, diskret sind. Das ist nur eine Spekulation, aber sicher eine sehr interessante.

Welche Arten von Gesetzen würden in einer solchen Physik möglich sein? Es würde vermutlich für jede Größe einen Minimalwert geben, und alle größeren Werte dieser Größe könnte man als Vielfache des Minimalwertes ausdrücken. Man hat vorgeschlagen, den Minimalwert der Länge »hodon« zu nennen und den Minimalwert für die Zeit »chronon«. Die diskrete Zeit würde sich aus unvorstellbar kleinen Sprüngen zusammensetzen, ähnlich der Bewegung des Sekundenzeigers einer elektrischen Uhr, wenn sie von einer zur nächsten Sekunde springt. Zwischen zwei Sprüngen könnte sich kein physikalischer Vorgang ereignen.

Diskreter Raum könnte derart aus Punkten aufgebaut sein, wie dies in Abb. 9 gezeigt ist. Die Verbindungslinien des Bildes zeigen, welche Punkte »Nachbarpunkte« sind (zum Beispiel sind B und C Nachbarn, während B und F keine sind). In der herkömmlichen kontinuierlichen Geometrie würden wir sagen, daß es zwischen den Punkten B und C unendlich viele Punkte gibt. In der diskreten Geometrie hingegen

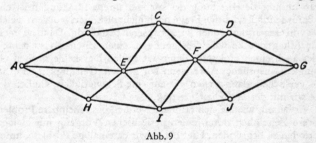

Abb. 9

müßte man sagen, daß es zwischen B und C keine Punkte gibt, falls die Physik diesen diskreten Standpunkt einnehmen würde. Kein physikalisches Phänomen irgendeiner Art kann zwischen B und C liegen. Ein Elektron, zum Beispiel, müßte sich an einem der Punkte des Netzes befinden, niemals irgendwo dazwischen. Die Länge würde man als die kleinste Länge eines Verbindungsweges zwischen zwei Punkten definieren. Wir könnten festsetzen, daß die Entfernung zwischen zwei beliebigen Nachbarpunkten 1 ist. Die Länge des Weges *ABCDG* wäre dann 4, die von *AEFG* wäre 3. Wir würden sagen, daß die Entfernung *A* zu *G* 3 ist, denn das ist die Länge des kürzesten Weges von *A* zu *C*. Jede Länge würde als ganze Zahl ausgedrückt werden. Man hat für die Physik noch kein System dieser Art ausgebaut, obwohl schon viele interessante Hinweise gegeben wurden. Einige Physiker haben sogar Spekulationen über die Größe dieser Minimalgrößen angestellt.

Es kann sein, daß wir in der Zukunft, wenn wir mehr über Raum, Zeit und die Größen der Physik wissen, feststellen werden, daß sie alle diskret sind. Die Gesetze der Physik würden dann nur mit ganzen Zahlen zu tun haben. Es würde sich natürlich um außerordentlich große Zahlen handeln. Jeder Millimeter würde Milliarden von Minimal-Längen-Einheiten enthalten. Die Werte, die eine Größe annehmen könnte, wären so nahe beieinander, daß man praktisch genau so verfahren könnte, als hätte man ein Kontinuum reeller Zahlen. In ihrer Praxis würden die Physiker vermutlich weiterhin die Differential- und Integralrechnung benutzen, um Gesetze als Differentialgleichungen zu formulieren, genau so, wie vorher auch. Im Augenblick können wir nicht mehr sagen, als daß einiges in der Physik durch die Einführung diskreter Skalen vereinfacht würde, während anderes komplizierter werden würde. Da unsere Beobachtungen nie darüber entscheiden können, ob ein Wert als rationale oder irrationale Zahl ausgedrückt werden muß, ist es ganz eine Frage der Bequemlichkeit, ob eine diskrete oder eine kontinuierliche Zahlen-Skala für die Formulierung physikalischer Gesetze am nützlichsten wäre.

In unserer Beschreibung des Meßverfahrens für Längen ist eine außerordentlich wichtige Frage noch nicht diskutiert worden: welche Art von Gegenstand sollen wir als unseren Standardmaßstab nehmen? Für Alltagszwecke würde es genügen, einen Eisenstab zu nehmen oder auch einen Holzstab, denn wir stellen hier keine großen Genauigkeitsansprüche. Aber wenn wir größere Genauigkeit zu erhalten versuchen, dann treffen wir auf eine Schwierigkeit, ähnlich der, die wir mit der Periodizität hatten.

Wir hatten, wie Sie sich erinnern werden, das scheinbare Problem, unsere Zeiteinheit durch einen periodischen Vorgang mit gleichen Perioden zu begründen. Hier haben wir das analoge Problem, unsere Längeneinheit mit Hilfe eines starren Körpers zu erklären. Wir möchten glauben, daß wir einen Körper brauchen, der immer die gleiche Länge behält, genau so wie wir zuvor einen periodischen Vorgang benötigten, dessen Schwingungsdauer immer die gleiche war. Natürlich, so denken wir, wollen wir unsere Längeneinheit nicht aus Gummi oder aus Wachs herstellen, weil sie dann zu leicht deformiert werden könnte. Wir glauben, daß wir einen starren Stab brauchen, der nicht seine Form oder Größe verändert. Vielleicht definieren wir Starrheit folgendermaßen: Ein Stab ist starr, wenn der Abstand zwischen zwei beliebigen, auf ihm markierten Punkten immer gleich bleibt.

Aber was heißt eigentlich »bleibt gleich« oder »bleibt konstant«? Um das zu erklären, müßten wir den Begriff der Länge einführen. Wenn wir keinen Begriff der Länge haben und kein Verfahren, diese zu messen – was würde es dann heißen, wenn wir sagen, daß der Abstand zwischen zwei Punkten auf einem Stab wirklich konstant bleibt? Und wenn wir das nicht festlegen können, wie können wir Starrheit definieren? Wir sehen uns also in derselben Art von Zirkularität gefangen, die auch auftrat, als wir versuchten, einen stark periodischen Vorgang zu finden, bevor wir ein System der Zeitmessung hatten. Wieder stellt sich die Frage: Wie entkommen wir dem Circulus vitiosus?

Der Ausweg ist ähnlich unserem Ausweg aus der Zirkularität bei der Zeitmessung: die Verwendung eines relativen anstatt eines absoluten Begriffes. Wir können ohne Zirkularität einen Begriff relativer Starrheit eines Körpers in bezug auf einen anderen definieren. Man nehme einen Körper M und einen zweiten M'. Der Einfachheit halber nehmen wir an, daß jeder eine gerade Kante hat. Wir können die Kanten aneinander legen und auf ihnen markierte Punkte vergleichen. (Siehe Abb. 10).

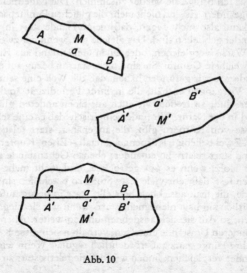

Abb. 10

97

Man betrachte ein Punktepaar A, B auf M, das eine Strecke a bestimmt. Ähnlich bestimmen auf M' ein Paar Punkte A', B' eine Strecke a'. Wir nennen eine Strecke a kongruent mit einer Strecke a' unter der Bedingung, daß immer B mit B' zusammenfällt, wenn A und A' zur Deckung gebracht werden und die Kanten der beiden Körper, beginnend bei A, in der gleichen Richtung parallel aneinander gelegt werden. Das ist unser operationales Verfahren zur Entscheidung der Frage, ob die Strecken a und a' kongruent sind. Nehmen wir zusätzlich an, daß *jedes* Intervall, das man so auf M markieren kann, bei jedem Versuch sich als kongruent mit dem entsprechenden Intervall auf M' erweist. Wir sagen, daß M und M' *starr im Verhältnis zu einander* sind.

Es ist wichtig zu erkennen, daß in diesem Fall keine Zirkularität auftritt. Wir können nicht von absoluter Starrheit von M sprechen und tun dies auch nicht; wir können nicht sagen, daß M immer eine konstante Länge hat. Es ist aber sinnvoll zu sagen, daß zwei Körper *in bezug auf einander* starr sind. Wenn wir M' als Maßstab wählen, dann bleiben auf M markierte Strecken konstant. Was wir hier haben, ist ein Begriff der relativen Starrheit, der Starrheit eines Körpers in bezug auf einen anderen.

Wenn wir verschiedene Gegenstände in der Natur untersuchen, finden wir, daß viele nicht starr im Verhältnis zu einander sind. Ich betrachte zum Beispiel meine Hände. Ich bringe sie so zusammen, daß gewisse Paare von Punkten meiner Fingerspitzen zusammenfallen. Ich bringe sie wieder zusammen. Die Lage meiner Finger hat sich geändert. Es sind nicht mehr die gleichen Punktepaare kongruent, ich kann also nicht sagen, daß meine Hände starr im Verhältnis zu einander geblieben sind. Das gleiche gilt, wenn wir zwei Gegenstände aus Wachs vergleichen, oder einen Gegenstand aus Eisen und einen aus weichem Gummi. Sie sind nicht starr in bezug auf einander. Aber gerade wie wir gefunden haben, daß die Welt eine sehr große Klasse von Vorgängen enthält, die in ihrer Periodizität äquivalent miteinander sind, so treffen wir auch auf einen anderen glücklichen Umstand in der Natur. Wir finden empirisch, daß es eine sehr umfassende Klasse von Körpern gibt, die angenähert starr relativ zu einander sind. Zwei beliebige Körper aus Metall – Eisen, Kupfer und so weiter – sind starr relativ zu einander; ebenso Gegenstände aus Stein oder auch Holz, wenn es gut getrocknet und nicht mehr grün ist. Wir stellen fest, daß sehr viele feste Stoffe so beschaffen sind, daß Gegenstände, die man aus ihnen herstellt, starr in bezug aufeinander sind. Natürlich sind sie nicht mehr starr, wenn wir sie biegen oder sie erhitzen, so daß sie sich ausdehnen und so weiter. Aber solange keine besonderen Umstände eintreten, verhalten sich diese Körper in bezug auf ihre Länge ganz außerordentlich regulär. Wenn wir sie grob miteinander vergleichen, finden wir, daß sie relativ starr zu einander sind.

Sie werden sich daran erinnern, daß wir in unserer Diskussion der Periodizität sahen, daß es keinen logischen Grund gibt, der uns dazu zwingen würde, unsere Zeitmessung auf einen der periodischen Vorgänge zu stützen, der zu der großen Klasse äquivalenter Vorgänge gehört. Wir trafen die Wahl eines solchen Vorganges nur deshalb, weil diese Wahl eine größere Einfachheit unserer Naturgesetze mit sich brachte. Eine ähnliche Wahl ist auch hier möglich. Denn es liegt keine logische Notwendigkeit dafür vor, die Längenmessung auf ein Mitglied der einen großen Klasse realtiv starrer Körper zu stützen. Wir wählten solche Körper, weil es bequemer ist. Wenn wir uns entschieden hätten, einen Gummi- oder Wachsstab als Längeneinheit zu nehmen, dann würden wir (wenn überhaupt) sehr wenige Gegenstände in der Welt finden, die in bezug auf unseren Maßstab relativ starr sind. Unsere Beschreibung der Natur würde daher ganz außerordentlich kompliziert werden. Wir waren zum Beispiel gezwungen zu sagen, daß Eisengegenstände dauernd ihre Länge ändern, weil wir jedesmal einen anderen Wert erhalten, wenn wir sie mit unserem biegsamen Gummimaßstab messen. Natürlich würde sich kein Wissenschaftler mit den sehr komplizierten physikalischen Gesetzen belasten wollen, die man entwickeln müßte, um derartige Phänomene zu beschreiben. Wenn wir andrerseits einen Metallstab als Längen-Standard wählen, dann finden wir, daß eine sehr große Anzahl von Gegenständen in der Natur sich als starr herausstellt, wenn man sie mit seiner Hilfe mißt. Diese Wahl bringt also eine viel größere Regelmäßigkeit und Einfachheit in unsere Beschreibung der Welt.

Die Regelmäßigkeit ist natürlich eine Folge der tatsächlichen Beschaffenheit der Welt. Wir könnten in einer Welt leben, in der Eisengegenstände untereinander relativ starr wären und ebenso Kupfergegenstände, in der aber ein Eisengegenstand nicht starr relativ zu einem Kupfergegenstand ist. Da gibt es keinen logischen Widerspruch. Dies ist eine mögliche Welt. Wenn wir in so einer Welt lebten und entdeckten, daß sie sowohl viel Kupfer wie auch viel Eisen enthält, auf welchen der Stoffe würden wir unsere Längenmessungen stützen? Jede Wahl hätte einen Nachteil. Wenn andere Metalle sich in ähnlicher Weise unterschieden, dann wäre die Wahl noch schwieriger. Glücklicherweise leben wir in einer Welt, die einfacher ist. Alle Metalle sind starr in bezug auf einander; deshalb können wir irgendeines für unseren Maßstab verwenden. Wenn wir das tun, finden wir, daß auch die anderen Metallgegenstände fest sind.

Es ist so offensichtlich vernünftig, die Längenmessung mit einem Metallstab vorzunehmen und nicht mit einem Gummistab und unsere Zeitmessung auf das Pendel und nicht auf den Pulsschlag zu stützen, daß wir leicht vergessen, daß unsere Wahl des Maßstabes eine konventionelle Komponente hat. Das ist die Komponente, die ich in meiner Doktorarbeit über den Raum betont habe, wie später auch

Reichenbach in seinem Buch über Raum und Zeit. Die Wahl ist konventionell in dem Sinn, daß es keinen logischen Grund gibt, der uns davon abhalten würde, den Gummistab und den Pulsschlag zu wählen und dann den Preis dafür dadurch zu zahlen, daß wir eine ganz phantastisch komplizierte Physik entwickeln müßten, um eine Welt von enormer Irregularität zu behandeln. Das heißt natürlich nicht, daß die Wahl ganz willkürlich ist und daß eine Möglichkeit so gut wie jede andere wäre. Es gibt überzeugende praktische Gründe dafür, in einer Welt, die so beschaffen ist wie die unsere, den Stahlstab und das Pendel zu wählen.

Sobald man die Wahl des Standard-Maßstabes getroffen hat, steht man schon wieder vor einer Alternative. Wir können festlegen, daß die Länge dieses bestimmten Stabes unsere Einheit ist, gleichgültig wie seine Temperatur sich ändert, oder sein Magnetismus und so weiter, oder wir können Korrekturfaktoren einführen, die von solchen Änderungen abhängen. Die erste Wahl gibt uns offensichtlich die einfachere Regel, aber sie führt doch wieder zu seltsamen Konsequenzen. Wenn der Stab erhitzt und dann zur Messung benutzt wird, stellen wir fest, daß alle anderen Gegenstände in der Welt geschrumpft sind. Wenn der Stab kühler wird, dann dehnt sich die übrige Welt wieder aus. Wir würden gezwungen sein, alle Arten von bizarren und komplizierten Gesetzen zu formulieren, aber es gäbe keinen logischen Widerspruch. Aus diesem Grunde können wir sagen, daß es eine durchaus mögliche Wahl ist.

Das zweite Verfahren besteht darin, Korrekturfaktoren einzuführen. Anstatt festzulegen, daß die Strecke zwischen zwei Markierungen immer die ausgewählte Länge l_0 (etwa 1 oder 100) haben soll, setzen wir nun fest, daß sie die Normallänge l_0 nur dann haben soll, wenn der Stab die Temperatur T_0 hat, die wir als »Normal«-Temperatur ausgewählt haben, während für andere Temperaturen T die Länge der Strecke durch diese Gleichung bestimmt wird:

$$l = l_0 [1 + \beta (T - T_0)]$$

Dabei ist β eine Konstante (thermischer Ausdehnungskoeffizient genannt), die eine Eigenschaft des Stoffes ist, aus dem der Stab besteht. Ähnliche Korrekturen werden für andere Bedingungen eingeführt, wie zum Beispiel für die Gegenwart magnetischer Felder, die auch die Länge des Stabes beeinflussen können. Die Physiker ziehen dieses kompliziertere Verfahren – die Einführung von Korrekturfaktoren – aus den gleichen Gründen vor, aus denen sie auch einen Metall-Maßstab statt eines Gummi-Maßstabes wählten – die Wahl führt zu einer ungeheueren Vereinfachung der physikalischen Gesetze.

10 Abgeleitete Größen und die quantitative Sprache

Wenn die Regeln zur Messung einiger Größen, wie Länge im Raum, zeitliche Länge oder Masse schon bekannt sind, dann kann man mit Hilfe dieser primitiven Größen oder Grundgrößen andere Größen durch Definition einführen. Man nennt diese definierte oder abgeleitete Größen. Der Wert einer abgeleiteten Größe kann über ihre Definition immer indirekt aus den Werten der Grundgrößen, die in ihrer Definition vorkommen, bestimmt werden.

In manchen Fällen aber ist es möglich, ein Instrument zu konstruieren, das eine abgeleitete Größe direkt messen kann. Zum Beispiel wird die Dichte gewöhnlich als abgeleitete Größe betrachtet, da ihre Messung auf der Messung der primitiven Größen, Länge und Masse beruht. Wir messen direkt Volumen und Masse eines Körpers und definieren dann seine Dichte als den Quotienten Masse/Volumen. Es ist aber auch möglich, die Dichte einer Flüssigkeit direkt zu messen, mit Hilfe eines Aerometers. Das ist gewöhnlich ein Schwimmer aus Glas mit einem langen dünnen Stiel, so daß das Ganze aussieht wie ein Thermometer. Der Stiel ist mit einer Skala versehen, auf der man zu jeder Einsinktiefe direkt die Dichte der gerade untersuchten Flüssigkeit ablesen kann. Wir stellen fest, daß die Unterscheidung zwischen primitiven und abgeleiteten Größen nicht als grundlegend betrachtet werden darf; es ist eher eine Unterscheidung, die auf den praktischen Verfahren beruht, die der Physiker zur Messung verwendet.

Wenn ein Körper nicht homogen ist, müssen wir von einer »mittleren Dichte« sprechen. Man ist versucht zu sagen, daß die Dichte eines Körpers an einem gegebenen Punkt als Grenzwert des Quotienten Masse/Volumen ausgedrückt werden sollte, aber da die Materie diskret ist, kann der Grenzwertbegriff hier nicht angewendet werden. Bei anderen abgeleiteten Größen ist die Verwendung eines Grenzwertes unumgänglich. Man betrachte zum Beispiel einen Körper, der sich entlang einer Bahn bewegt. Während des Zeitintervalls der Länge Δt, legt er die Strecke Δs zurück. Wir definieren nun seine Geschwindigkeit, eine andere abgeleitete Größe, als den Quotienten $\Delta s/\Delta t$. Wenn die Geschwindigkeit des Körpers aber nicht konstant ist, können wir nur sagen, daß seine »mittlere Geschwindigkeit« während dieses Zeitraums $\Delta s/\Delta t$ war. Wie groß ist die Geschwindigkeit des Körpers zu einem gegebenen Zeitpunkt dieses Intervalles? Die Frage kann nicht beantwortet werden, wenn man Geschwindigkeit einfach als Quotient Weg/Zeit definiert. Wir müssen das Zeitintervall gegen Null gehen lassen und den Begriff des Grenzwertes des Quotienten einführen. Mit anderen Worten: wir müssen das benützen, was man in der Differentialrechnung die Ableitung nennt. Anstelle des einfachen Quotienten $\Delta s/\Delta t$ haben wir seinen Grenzwert für Δt gegen 0 als Wert der Ableitung:

$$\frac{ds}{dt} = \text{limes } \frac{\Delta s}{\Delta t} \text{ für } \Delta t \to 0$$

Man nennt dies die »Momentangeschwindigkeit« des Gegenstandes, weil es die Geschwindigkeit an einem bestimmten Zeitpunkt ausdrückt und nicht eine über ein Intervall gemittelte Geschwindigkeit. Sie ist natürlich noch ein Beispiel einer abgeleiteten Größe. Wie die Dichte kann sie auch mit Hilfe bestimmter Instrumente direkt gemessen werden; so kann man zum Beispiel am Tachometer eines Wagens dessen augenblickliche Geschwindigkeit direkt ablesen.

Der Grenzwertbegriff wird auch zur Definition der abgeleiteten Größe Beschleunigung benötigt. Wir haben eine Geschwindigkeit v und eine Änderung dieser Geschwindigkeit Δv, die zwischen zwei Zeitpunkten auftritt. Wenn das Zeitintervall Δt ist und die Geschwindigkeitsänderung Δv, dann beträgt die Beschleunigung oder die Geschwindigkeit, mit der sich die Geschwindigkeit ändert, $\Delta v/\Delta t$. Das müssen wir wieder als die »mittlere Beschleunigung« im Intervall Δt betrachten. Wenn wir genauer sein wollen und von »Momentanbeschleunigung« zu einem gegebenen Zeitpunkt sprechen wollen, müssen wir vom Quotienten zweier endlicher Werte übergehen zum Grenzwert und die folgende Ableitung hinschreiben:

$$\frac{dv}{dt} = \text{limes } \frac{\Delta v}{\Delta t} \text{ für } \Delta t \to 0$$

Die Momentanbeschleunigung ist daher das gleiche wie die zweite Ableitung von s nach t:

$$b = \frac{dv}{dt} = \frac{d^2 s}{dt^2}$$

Manchmal mag ein Physiker sagen, daß die Dichte an einem gewissen Punkt eines physikalischen Körpers die Ableitung der Masse nach dem Volumen ist. Aber das ist nur eine Redeweise. Seine Aussage kann man nicht wörtlich nehmen. Denn zwar sind Raum und Zeit (in der heutigen Physik) kontinuierlich, aber die Massenverteilung in einem Körper ist es nicht – zumindest nicht auf dem molekularen oder atomaren Niveau. Aus diesem Grunde können wir die Dichte nicht wirklich als Ableitung auffassen; sie ist keine Ableitung, da man den Grenzwertbegriff nur auf wirklich stetige Größen anwenden kann.

Es gibt viele andere abgeleitete Größen in der Physik. Um sie einzuführen, brauchen wir nicht so komplizierte Regeln aufzustellen, wie jene, die wir bei der Einführung der primitiven Größen diskutiert haben. Wir müssen nur festlegen, wie man die abgeleitete Größe aus den Werten der Grundgrößen, die man direkt mißt, berechnen kann.

Manchmal ergibt sich eine Verwicklung, die Grundgrößen und abgeleitete Größen betrifft. Um sie darzustellen, nehmen wir an, daß wir zwei Größen M_1 und M_2 haben. Wenn wir die Definition von M_1 oder die Regeln zu ihrer Messung untersuchen, finden wir, daß die Größe M_2 beteiligt ist. Wenn wir uns die Definition oder die Regeln für M_2 ansehen, dann finden wir, daß M_1 darin vorkommt. Zunächst macht das den Eindruck der Zirkularität. Aber ein Zirkel läßt sich leicht vermeiden, wenn man die Methode der sukzessiven Approximation anwendet. Sie werden sich erinnern, daß wir in einem früheren Kapitel eine Gleichung für die Länge eines Maßstabes betrachtet haben. In dieser Gleichung kommt ein Korrekturfaktor für die Wärmeausdehnung vor; mit anderen Worten, die Temperatur kommt in den Regeln für die Längenmessung vor. Andererseits werden Sie sich erinnern, daß wir bei unseren Regeln für die Temperaturmessung auf die Länge bezug nahmen oder genauer: auf das Volumen einer bestimmten Thermometerflüssigkeit; und natürlich bestimmt man Volumen durch Länge. So scheint es, daß wir zwei Größen haben, die Länge und die Temperatur, in deren Definitionen jeweils die andere vorkommt. Das scheint ein Circulus vitiosus zu sein, aber in Wirklichkeit ist es keiner.

Ein Ausweg ist Folgendes: Zunächst führen wir den Begriff der Länge ein, ohne den Korrekturfaktor für die Wärmeausdehnung. Dieser Begriff wird uns keine Messungen sehr großer Präzision erlauben, aber er wird gut genug sein, wenn keine sehr genauen Messungen verlangt werden. Wird zum Beispiel ein Eisenstab zur Messung verwendet, dann ist unter normalen Bedingungen die Wärmeausdehnung so gering, daß die Messungen immer noch ziemlich genau sein werden. Das liefert einen ersten Begriff L_1 der räumlichen Länge. Wir können diesen Begriff nun beim Bau eines Thermometers benützen. Mit Hilfe des eisernen Maßstabes markieren wir eine Skala an der Thermometerröhre. Weil wir diese Skala ziemlich genau machen können, sind auch unsere Temperaturmessungen mit dieser Skala ziemlich genau. Auf diese Weise führen wir unseren ersten Temperaturbegriff ein: T_1. Nun können wir T_1 dazu benützen, einen verfeinerten Längenbegriff, L_2, einzuführen. Wir tun dies, indem wir T_1 in die Regeln der Definition der Länge einführen. Der verfeinerte Längenbegriff L_2 (der die Korrektur zur Kompensation der Wärmeausdehnung unseres Eisenmaßstabes enthält) steht nun für die Konstruktion einer genaueren Skala für unser Thermometer zur Verfügung. Das führt natürlich zu einem weiter verfeinerten Temperaturbegriff, T_2.

Im Falle von Länge und Temperatur wird das gerade beschriebene Verfahren beide Begriffe so verfeinern, daß die Fehler äußerst klein werden. In anderen Fällen mag es notwendig sein, öfters hin- und herzugehen, bis die aufeinanderfolgenden Verfeinerungen zu Messungen führen, die genügend genau für unsere Zwecke sind. Es muß zugegeben werden, daß wir auf diese Weise nie eine völlig perfekte Methode zur Messung eines Begriffes erreichen werden. Wir können aber sagen, daß unsere Messungen um so genauer werden, je öfter wir dieses Verfahren wiederholen – beginnend mit zwei groben Begriffen und dann jeweils den einen mit Hilfe des anderen verfeinernd. Durch dieses Verfahren der schrittweisen Näherung kommen wir aus dem, wie es zunächst schien, schädlichen Zirkel.

Wir werden uns nun mit einer Frage befassen, die schon von vielen Philosophen gestellt wurde: Kann man alles in der Natur messen? Ist es möglich, daß gewisse Aspekte der Welt, oder sogar gewisse Arten von Erscheinungen, prinzipiell unmeßbar sind? Zum Beispiel geben einige Philosophen zu, daß alles in der physikalischen Welt meßbar sei (obwohl einige Philosophen auch das bestreiten würden), aber sie glauben, daß dies in der Welt des Bewußtseins nicht der Fall sei. Manche gehen sogar so weit, zu behaupten, daß alles Geistige nicht meßbar sei.

Ein Philosoph, der diesen Standpunkt einnimmt, könnte folgendermaßen argumentieren: »Die Intensität eines Gefühls oder eines körperlichen Schmerzes oder der Grad an Intensität, mit dem ich mich an ein vergangenes Ereignis erinnere, ist prinzipiell nicht meßbar. Es kann sein, daß ich das Gefühl habe, daß meine Erinnerung an das eine Ereignis intensiver ist als meine Erinnerung an ein zweites, aber ich kann unmöglich sagen, daß die eine den Intensitätsgrad 17 und die andere den Intensitätsgrad 12,5 besitzt. Eine Messung der Intensität der Erinnerung ist daher prinzipiell unmöglich.

Als Antwort auf diesen Standpunkt wollen wir zunächst die physikalische Größe des Gewichtes betrachten. Sie heben einen Stein auf. Er ist schwer. Sie vergleichen ihn mit einem anderen Stein, einem viel leichteren. Wenn Sie beide Steine untersuchen, werden Sie nicht auf Zahlen stoßen, oder diskrete Einheiten finden, die gezählt werden können. Das Phänomen selbst enthält nichts Numerisches – nur Ihre privaten Gewichtseindrücke. Wie wir in einem früheren Kapitel gesehen haben, führen wir den numerischen Gewichtsbegriff dadurch ein, daß wir ein Meßverfahren für ihn festlegen. Wir sind es, die der Natur Zahlen zuordnen. Die Erscheinungen selbst zeigen nur Qualitäten, die wir beobachten. Alles Numerische, mit Ausnahme der Kardinalzahlen, welche diskreten Gegenständen zugeordnet werden können, wird von uns selbst eingeführt, wenn wir das Meßverfahren entwickeln.

Die Antwort auf unsere ursprüngliche philosophische Frage sollte, glaube ich, folgendermaßen formuliert werden. Wenn Sie in irgendeinem Gebiet von Ereignissen genügend Ordnung finden, daß Sie Vergleiche machen und sagen können, daß in gewisser Hinsicht das eine Ding über einem anderen Ding ist, und dieses wiederum über noch einem anderen, dann besteht prinzipiell die Möglichkeit der Messung. Es ist dann Ihre Aufgabe, Regeln zu entwickeln, die in einer nützlichen Weise den Ereignissen Zahlen zuordnen. Wie wir gesehen haben, besteht der erste Schritt darin, komparative Regeln zu finden; und dann, wenn möglich, quantitative. Wenn wir den Ereignissen Zahlen zuordnen, dann hat es keinen Sinn zu fragen, ob es »die richtigen« Zahlen sind. Wir führen einfach Regeln ein, welche festlegen, wie die Zahlen zuzuordnen sind. Gemäß diesem Standpunkt ist nichts prinzipiell unmeßbar.

Sogar in der Psychologie wird wirklich gemessen. Messungen für Sinneseindrücke wurden im 19. Jahrhundert eingeführt; vielleicht erinnert sich der Leser an das Weber-Fechnersche Gesetz, ein Gesetz der, wie man es damals nannte, Psycho-Physik. Der zu messende Eindruck wurde zunächst etwas Physikalischem zugeordnet; und dann wurden Regeln zur Bestimmung der Intensität des Eindruckes festgelegt. Zum Beispiel wurden Messungen des Druck-Gefühls, das auf die Haut gelegte Gewichte hervorrufen, oder des Eindruckes der Höhe eines Tones oder der Lautstärke eines Tones usw., angestellt. Ein Zugang zur Messung der Tonhöhe – wir sprechen hier über den Eindruck, nicht die Frequenz der Schallwelle – besteht darin, eine Skala zu konstruieren, bei der man als Einheit die kleinste Tonhöhendifferenz nimmt, die noch festgestellt werden kann. S. S. Stevens schlug einmal ein anderes Verfahren vor, das auf der Fähigkeit der Versuchsperson beruhte, eine Tonhöhe zu identifizieren, die ihrem Eindruck nach genau in der Mitte zwischen zwei anderen Tonhöhen lag. So ist es möglich gewesen, verschiedene Methoden und Maß-Skalen für gewisse psychologische Größen zu entwickeln. Es ist daher sicher nicht der Fall, daß es aus prinzipiellen Gründen unmöglich ist, die quantitative Methode auf psychologische Phänomene anzuwenden.

An dieser Stelle sollten wir eine Bemerkung über eine Grenze des Verfahrens der Messung machen. Es kann natürlich nicht der geringste Zweifel darüber bestehen, daß Messung eines der grundlegenden Verfahren der Wissenschaft ist, aber gleichzeitig müssen wir darauf achten, ihren Anwendungsbereich nicht zu überschätzen. Die Festlegung eines Meßverfahrens liefert uns nicht immer die ganze Bedeutung eines Begriffes. Je mehr wir eine schon entwickelte Wissenschaft, insbesondere eine so hoch entwickelte Wissenschaft wie die Physik, studieren, um so klarer wird uns die Tatsache, daß die ganze Bedeutung eines Begriffes nicht durch ein Meßverfahren gegeben werden kann. Das gilt sogar für die einfachsten Begriffe.

Als Beispiel betrachten wir die Länge im Raum. Das Verfahren der Längenmessung mit einem festen Stab kann nur in einem mittleren Bereich von Werten angewendet werden, die nicht zu groß und nicht zu klein sind. Es kann vielleicht noch auf Längen von 1 mm oder Bruchteile von 1 mm angewendet werden, aber nicht mehr auf Tausendstel Millimeter. Extrem kleine Längen können nicht auf diese Weise gemessen werden. Ebensowenig können wir die Entfernung des Mondes von der Erde mit einem Maßstab messen. Sogar die Entfernung von den Vereinigten Staaten nach England kann nicht mit so einem Verfahren gemessen werden, ohne daß man zunächst eine feste Brücke von USA nach England baut. Natürlich sprechen wir dauernd von einer Entfernung zwischen den USA und England und meinen damit, daß die Entfernung mit einem Maßstab gemessen werden *könnte*, wenn die Erdoberfläche zwischen den beiden Ländern fest wäre. Aber da die Oberfläche nicht fest ist, müssen wir sogar in diesem Fall andere Verfahren zur Längenmessung entwickeln.

Eines dieser Verfahren ist das Folgende. Mit Hilfe eines Maßstabes legen wir eine gewisse Entfernung auf der Erdoberfläche fest, zum Beispiel die Entfernung zwischen den Punkten A und B (vgl. Abb. 11).

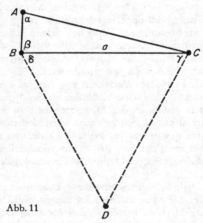

Abb. 11

Mit Hilfe dieser Basislinie AB können wir die Entfernung des entfernten Punktes C von B bestimmen, ohne noch einmal einen Maßstab zu benützen. Mit Hilfe von Vermessungsinstrumenten bestimmen wir die Winkel α und β. Die Lehrsätze der physikalischen Geometrie gestatten uns, die Länge der Strecke a zu berechnen, die Entfernung zwischen B und C. Wenn wir diese Entfernung kennen und die Winkel δ und γ messen, können wir den Abstand eines noch weiter entfernten Punktes D von B bestimmen. So erhalten wir durch das Verfahren der »Triangulierung« ein ganzes Netz von Entfernungen und können auf diese Weise ein großes Gebiet kartographisch erfassen.

Die Astronomen benützen die Triangulierung, um die Entfernungen realtiv naher Sterne unserer Milchstraße von der Erde zu messen. Natürlich sind Entfernungen auf der Erde viel zu klein, um als Basislinien verwendet zu werden, deshalb benützen die Astronomen die Endpunkte eines Erdbahndurchmessers. Diese Methode ist nicht genau genug für sehr weit entfernte Sterne unserer Milchstraße oder gar für die Messung der Entfernung anderer Milchstraßensysteme. Aber für solche enormen Entfernungen gibt es wieder neue Methoden, die man benützen kann. So kann man zum Beispiel aus dem Spektrum eines Sternes seine Gesamthelligkeit bestimmen; und indem man diese mit der, von der Erde aus beobachteten, scheinbaren Helligkeit vergleicht, gelangt man zu einer Schätzung der Entfernung. Es gibt viele Methoden, um Entfernungen zu messen, die man nicht direkt mit einem Maßstab messen kann. Wir beobachten gewisse Größen und gelangen dann auf Grund der Gesetze, die diese Größen mit anderen Größen verbinden, zu indirekten Schätzungen von Entfernungen.

An dieser Stelle erhebt sich eine wichtige Frage. Wenn es ein Dutzend verschiedene Methoden gibt, eine gewisse physikalische Größe wie die Länge zu messen, sollten wir nicht dann statt von einem einzigen Längenbegriff von einem Dutzend verschiedener Begriffe sprechen? Das war die Ansicht, die der Physiker und Philosoph der Naturwissenschaften P. W. Bridgman in seinem nunmehr klassischen Werk, »The Logic of Modern Physics« (1927), vertrat. Bridgman betonte, daß jeder quantitative Begriff durch die Regeln definiert werden müßte, die das Verfahren zu seiner Messung festlegen. Man nennt dies manchmal eine operationale Definition eines Begriffes. Aber wenn wir soviele operationale Definitionen der Länge haben, sollten wir – nach Bridgman – nicht von *dem* Begriff der Länge sprechen. Wenn wir das tun, müssen wir den Standpunkt aufgeben, daß Begriffe durch explizite Meßverfahren definiert sind.

Ich sehe dieses Problem ungefähr so: Ich glaube, es ist am besten, die Begriffe der Physik als theoretische Begriffe zu betrachten, die im Laufe der Entwicklung immer genauer festgelegt werden, und nicht als Begriffe, die vollständig durch operationale Regeln definiert sind. Im täglichen Leben machen wir verschiedene Naturbeobachtungen. Wir beschreiben diese Beobachtungen mit qualitativen Ausdrücken, wie etwa »lang«, »kurz«, »heiß«, »kalt« und mit komparativen Ausdrücken wie etwa »länger«, »kürzer«, »heißer«, »kälter«. Diese Beobachtungssprache ist mit der theoretischen Sprache der Physik durch gewisse operationale Regeln verbunden. In der theoretischen Sprache führen wir quantitative Begriffe wie Länge und Masse ein, aber wir dürfen nicht glauben, daß solche Begriffe explizit definiert sind. Vielmehr dienen die operationalen Regeln, zusammen mit *all* den Postulaten der theoretischen Physik dazu, partielle Definitionen, oder besser partielle Interpretationen, der quantitativen Begriffe zu geben.

Wir wissen, daß diese partiellen Interpretationen keine endgültigen vollständigen Definitionen sind, weil die Weiterentwicklung der Physik sie dauernd durch neue Gesetze und neue operationale Regeln verstärkt. Es ist kein Ende dieses Prozesses in Sicht – die Physik ist noch weit davon entfernt, ein vollständiges System von Verfahren entwickelt zu haben – daher müssen wir zugeben, daß wir nur partielle unvollständige Interpretationen all der theoretischen Ausdrücke haben. Viele Physiker rechnen solche Begriffe wie »Länge« zum Beobachtungsvokabular, weil sie mit einfachen, direkten Verfahren gemessen werden können. Ich ziehe es vor, sie nicht so zu klassifizieren. Es ist wahr, daß wir in der Alltagssprache das Wort »Länge« in einem Sinn gebrauchen, der vollständig durch das einfache Maßstabverfahren definiert ist, wenn wir sagen »die Länge dieser Kante des Tisches ist 1 m«. Aber das ist nur ein kleiner Teil der gesamten Bedeutung des Begriffes Länge. Es ist eine Bedeutung, die nur für einen mittleren Bereich von Längen gilt, auf die das Stab-Meßverfahren angewendet werden kann. Das Verfahren kann nicht auf die Entfernung zwischen zwei Milchstraßen oder auf die Entfernung zwischen zwei Molekülen angewendet werden. Trotzdem ist es klar, daß wir in diesen drei Fällen den gleichen Begriff im Sinne haben. Anstatt zu sagen, daß wir viele Längenbegriffe haben, von denen jeder durch ein anderes operationales Verfahren definiert wird, ziehe ich vor zu sagen, daß wir *einen* Längenbegriff haben, der partiell definiert wird durch das ganze System der Physik, einschließlich der Regeln für all die operationalen Verfahren, die man zur Längenmessung verwendet.

Das gleiche gilt für den Begriff der Masse. Wenn wir seine Bedeutung beschränken auf die Definition, die sich auf die Balkenwaage bezieht, können wir ihn nur auf einen kleinen Bereich von mittleren Werten anwenden. Wir können nicht von der Masse des Mondes oder eines Moleküles sprechen, nicht einmal von der Masse eines Berges, eines Hauses. Wir müßten zwischen einer ganzen Anzahl verschiedener Größen unterscheiden, von denen jede ihre eigene operationale Definition hätte. In Fällen, in denen zwei verschiedene Methoden zur Massenmessung auf denselben Gegenstand angewendet werden könnten, müßten wir sagen, daß in diesen Fällen die beiden Größen zufällig den gleichen Wert hätten. All dies würde meiner Meinung nach zu einer unnötig komplizierten Ausdrucksweise führen. Es scheint am besten zu sein, die Formen der Sprache zu benützen, die auch von den meisten Physikern verwendet wird, und Länge, Masse usw. als theoretische Begriffe zu betrachten und nicht als Beobachtungsbegriffe, die explizit durch gewisse Meßverfahren definiert sind.

Der Zugang, den man wählt, hängt nur davon ab, welche Sprache man als leistungsfähiger ansieht und vorzieht. Es gibt nicht nur *eine* Methode, um eine Wissenschaftssprache aufzubauen. Es gibt Hunderte von verschiedenen Methoden. Ich kann nur sagen, daß meiner Meinung nach dieser Zugang zu den quantitativen Größen viele Vorzüge hat. Ich hatte nicht immer diese Ansicht. Es gab eine Zeit, zu der ich in Übereinstimmung mit vielen Physikern Begriffe wie Länge und Masse als »Observable« betrachtete – als Ausdrücke der Beobachtungssprache. Aber ich bin mehr und mehr geneigt, den Bereich der theoretischen Sprache zu erweitern und auch solche Ausdrücke in ihn aufzunehmen. Wir werden später die theoretischen Begriffe noch genauer diskutieren. Hier möchte ich nur darauf hinweisen, daß man, meiner Meinung nach, die verschiedenen Meßverfahren nicht so auffassen sollte, als definierten sie Größen in endgültiger Weise. Sie sind nur Spezialfälle dessen, was ich »Zuordnungsregeln« nenne. Sie dienen dazu, Ausdrücke der Beobachtungssprache mit den Ausdrücken der theoretischen Sprache zu verbinden.

Quantitative Begriffe sind nicht naturgegeben. Sie rühren daher, daß wir Zahlen auf Naturerscheinungen anwenden. Welche Vorteile bietet uns dieses Verfahren? Wenn die Natur uns die quantitativen Größen geben würde, dann würden wir diese Frage ebensowenig stellen wie die Frage: Welche Vorteile haben Farben? Die Natur könnte ohne Farben sein, aber es ist angenehm, sie in der Welt zu finden. Sie sind einfach da, ein Teil der Natur. Wir können daran nichts ändern. Mit den quantitativen Begriffen verhält es sich anders. Sie sind ein Teil unserer Sprache, nicht ein Teil der Natur. *Wir* führen sie ein; deshalb ist es legitim zu fragen, *warum* wir sie einführen. Warum machen wir uns alle die Mühe, komplizierte Regeln und Postulate zu erfinden, um Größen zu haben, die man mit einer Zahlenskala messen kann?

Wir alle wissen die Antwort. Man hat es oft ausgesprochen, daß der große Fortschritt der Naturwissenschaften, besonders in den letzten Jahrhunderten ohne die quantitative Methode nicht möglich gewesen wäre. (Galilei war der erste, der sie in präziser Weise einführte. Andere hatten die Methode schon früher benützt, aber er war der erste, der explizite Regeln angab.) Wo immer möglich, versucht die Physik, quantitative Begriffe einzuführen. In den letzten Jahrzehnten folgten andere Wissenschaftsgebiete auf demselben Weg. Wir hegen keine Zweifel, daß dies von Vorteil ist, aber es ist gut, im einzelnen zu wissen, genau wo die Vorteile liegen.

Zunächst einmal – obwohl dies nur ein kleiner Gewinn ist – wächst die Leistungsfähigkeit unseres Vokabulars. Vor der Einführung eines quantitativen Begriffes haben wir Dutzende verschiedener qualitativer Ausdrücke, mit denen wir die verschiedenen möglichen Zustände eines Gegenstandes in bezug auf jene Größe beschreiben. Ohne Temperaturbegriff müssen wir z. B. davon sprechen, daß etwas »sehr heiß«, »heiß«, »warm«, »lauwarm«, »kühl«, »kalt«, »sehr kalt« sei usw. All dies sind klassifikatorische Begriffe, wie wir sie genannt haben. Wenn wir ein paar Hundert solcher Ausdrücke zur Verfügung hätten, würde es für unsere Alltagszwecke vielleicht nicht notwendig sein, den quantitativen Begriff der Temperatur einzuführen. Anstelle zu sagen: »Es hat heute 30 Grad«, hätten wir ein hübsches Adjektiv, das genau diese Temperatur bezeichnet, und für 100 Grad hätten wir ein anderes Adjektiv usw.

Was wäre daran falsch? Zunächst einmal wäre es sehr schwer für unser Gedächtnis. Wir müßten nicht nur eine große Anzahl von Adjektiven wissen, sondern wir müßten auch ihre Ordnung im Gedächtnis behalten, so daß wir sofort wüßten, ob ein bestimmter Ausdruck höher oder tiefer auf der Skala als ein anderer ist. Aber wenn wir einen einzigen Temperaturbegriff einführen, der die Zustände eines Körpers mit Zahlen in Verbindung bringt, dann haben wir nur einen Ausdruck im Gedächtnis zu behalten. Die Anordnung der Größe wird uns sofort durch die Anordnung der Zahlen gegeben. Es ist natürlich wahr, daß wir uns vorher die Zahlen gemerkt haben müssen, aber sobald wir das einmal getan haben, können wir sie für jede quantitative Größe benützen. Im anderen Falle müßten wir für jede Größe eine neue Menge von Adjektiven auswendig lernen und ebenso jedesmal ihre Ordnung. Dies waren nur zwei kleinere Vorteile der quantitativen Methode.

Der große Vorteil besteht, wie wir in früheren Kapiteln gesehen haben, darin, daß quantitative Begriffe uns gestatten, quantitative Gesetze zu formulieren. Solche Gesetze bieten ganz außerordentliche Vorteile, sowohl als Mittel zur Erklärung bekannter Erscheinungen wie auch als Mittel zur Vorhersage neuer Erscheinungen. Auch in einer angereicherten qualitativen Sprache, bei der unser Gedächtnis mit Hunderten von qualifizierenden Adjektiven belastet wäre, hätten wir große Schwierigkeiten, auch nur die einfachsten Naturgesetze auszudrücken.

Angenommen z.B., es liegt eine experimentelle Situation vor, in der wir beobachten, daß eine gewisse Größe M von einer anderen Größe P abhängt. Wir zeichnen diese Beziehung als die Kurve auf, die in Abb. 12 dargestellt ist.

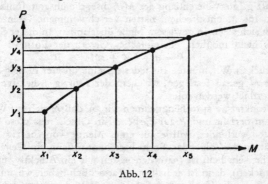

Abb. 12

Auf der horizontalen Achse dieser Darstellung nimmt die Größe M die Werte $x_1, x_2, \ldots$ an. Für diese Werte von M nimmt die Größe P die Werte $y_1, y_2, \ldots$ an. Nachdem wir die Punkte, welche diesen Wertepaaren entsprechen, eingezeichnet haben, versuchen wir, sie durch eine glatte Kurve zu verbinden. Vielleicht paßt eine gerade Linie. In diesem Fall sagen wir, daß M eine lineare Funktion von P ist.

111

Wir drücken dies aus als $P = aM + b$, wo a und b Parameter sind, die in dem gegebenen Zusammenhang konstant bleiben. Wenn man die Punkte durch eine Kurve zweiten Grades verbinden kann, liegt eine quadratische Funktion vor. Vielleicht ist M der Logarithmus von P; oder es mag eine kompliziertere Funktion sein, die man mit Hilfe mehrerer einfacher Funktionen darstellen muß. Wenn wir uns für die Funktion entschieden haben, die uns am wahrscheinlichsten erscheint, dann überprüfen wir durch wiederholte Beobachtungen, ob wir eine Funktion gefunden haben, die ein Universalgesetz repräsentiert, das die beiden Größen verbindet.

Wie würde diese Situation aussehen, wenn wir keine quantitative Sprache hätten? Nehmen wir an, daß wir eine qualitative Sprache haben, die viel reicher ist als das Deutsch von heute. Wir haben keine Wörter wie »Temperatur« in unserer Sprache, aber wir haben für jede Qualität etwa fünfzig Adjektive, alle fein säuberlich geordnet. Unsere erste Beobachtung wäre nicht $M = x_1$. Stattdessen würden wir sagen, der Gegenstand, den wir beobachten, ist —— und würden hier eines der fünfzig Adjektive benützen, die sich auf M beziehen. Und anstelle von $P = y_1$ hätten wir einen anderen Satz, in dem eines der fünfzig Adjektive für P auftritt. Streng genommen würden die beiden Adjektive nicht Punkten auf den Achsen unserer Darstellung entsprechen – es könnte unmöglich genügend Adjektive für alle Punkte auf einer Geraden geben – sondern Intervallen auf jeder Achse. Ein Adjektiv z. B. würde ein Intervall bezeichnen, das x_1 enthält. Die fünfzig Intervalle entlang der M-Achse, die unseren fünfzig Adjektiven für M entsprechen, hätten verschwommene Grenzen; sie könnten sich sogar in gewissem Maße überlappen. In dieser Sprache wäre es nicht möglich, ein einfaches Gesetz der Form

$$P = a + bM + cM^2$$

auszudrücken. Wir müßten für jedes einzelne unserer fünfzig Adjektive für M genau festlegen, welchem der fünfzig Adjektive für P es zugeordnet werden soll.

Um konkret zu sprechen, nehmen wir an, daß M sich auf Wärmequalitäten bezieht und P auf Farben. Ein Gesetz, das diese beiden Qualitäten verbindet, würde aus einer Menge von fünfzig Bedingungssätzen der folgenden Form bestehen: »Wenn ein Gegenstand sehr, sehr, sehr heiß ist (natürlich hätten wir ein Adjektiv, um dies auszudrücken), dann ist er hellrot.« Tatsächlich haben wir im Deutschen eine große Zahl von Adjektiven für Farben, aber das ist fast das einzige Gebiet von Qualitäten, für das wir viele Adjektive haben. In bezug auf die Größen der Physik ist die qualitative Umgangssprache sehr arm. Ein Gesetz, in quantitativer Sprache ausgedrückt, ist viel kürzer und einfacher als die umständlichen Ausdrücke, die man brauchte, wenn man dasselbe Gesetz qualitativ ausdrücken wollte. Anstelle einer einfachen, kompakten Gleichung hätte man Dutzende von Wenn-dann-Sätzen, von denen jeder ein Prädikat der einen Klasse einem Prädikat der anderen Klasse zuordnete.

Der größte Vorteil des quantitativen Gesetzes ist aber nicht seine Kürze, sondern der Gebrauch, der von ihm gemacht werden kann. Wenn wir einmal ein Naturgesetz in der numerischen Form haben, dann können wir jenen mächtigen Teil der deduktiven Logik, den wir Mathematik nennen, zur Anwendung bringen und auf diese Weise Vorhersagen machen. Natürlich könnte auch in der qualitativen Sprache die deduktive Logik dazu verwendet werden, Vorhersagen zu machen. Wir könnten von der Prämisse »dieser Körper wird sehr, sehr, sehr heiß sein« die Vorhersage »dieser Körper wird hellrot sein« ableiten. Aber diese Prozedur würde sehr umständlich sein, verglichen mit den starken, leistungsfähigen Methoden der Ableitung, die uns die Mathematik zur Verfügung stellt. Darin besteht der größte Vorteil der quantitativen Methode. Sie gestattet uns, Naturgesetze mit Hilfe von mathematischen Funktionen auszudrücken, so daß Vorhersagen in der wirkungsvollsten und präzisesten Weise gemacht werden können.

Diese Vorteile sind so groß, daß heutzutage niemand daran denken würde vorzuschlagen, daß die Physiker die quantitative Sprache aufgeben und zu einer vorwissenschaftlichen qualitativen Sprache zurückkehren sollten. In den frühen Zeiten der Naturwissenschaft, als Galilei die Geschwindigkeit von Kugeln berechnete, die schiefe Ebenen herabrollten, und die Schwingungsdauern von Pendeln, da gab es wahrscheinlich viele, die sagten: »Was wird uns das alles nützen? Wie wird es uns im täglichen Leben helfen? Ich werde mich nie darum kümmern, was mit kleinen, kugelförmigen Gegenständen geschieht, wenn sie eine Bahn herabrollen. Es ist wahr, daß manchmal Erbsen, wenn ich sie auslöse, auf einem geneigten Tisch herunterrollen. Aber welchen Sinn hat es, ihre *genaue* Beschleunigung auszurechnen? Was könnte man praktisch damit anfangen?«

Heute würde niemand so etwas sagen, denn wir alle benützen Dutzende von komplizierten Instrumenten – Kühlschrank, Auto, Fernsehapparat –, von denen wir wissen, daß sie nicht existierten, hätte sich die Physik nicht zu einer quantitativen Wissenschaft entwickelt. Ich habe einen Freund, der einmal die philosophische Meinung vertrat, daß die Entwicklung der quantitativen Naturwissenschaften bedauerlich sei, da sie zu einer Mechanisierung des Lebens führe. Meine Antwort war, daß er, wäre er konsequent, niemals ein Flugzeug, einen Wagen oder ein Telephon benutzen dürfte. Die quantitative Naturwissenschaft aufgeben, würde bedeuten, sich von all jenen Annehmlichkeiten zu trennen, die Produkte der modernen Technologie sind. Nicht viele, glaube ich, wären dazu bereit.

Nun wollen wir uns einer anderen, wenn auch verwandten, Kritik der quantitativen Methode zuwenden. Hilft diese uns wirklich, die

Natur zu *verstehen*? Natürlich können wir Erscheinungen mathematisch beschreiben, Vorhersagen machen und komplizierte Maschinen erfinden; aber gibt es nicht bessere Methoden, um Einsicht in die Geheimnisse der Natur zu erlangen? Goethe kritisierte die quantitative Methode als zweitrangig gegenüber einem direkten intuitiven Zugang zur Natur. Der Leser kennt ihn vielleicht nur als Dichter; aber in Wirklichkeit war er sehr an gewissen Teilen der Naturwissenschaften interessiert, insbesondere an der Biologie und der Theorie der Farben. Er schrieb ein großes Buch über die Theorie der Farben. Es gab Zeiten, da glaubte er, daß dieses Buch wichtiger sei als all seine dichterischen Werke zusammengenommen.

Ein Teil von Goethes Buch behandelt die Auswirkungen von Farben auf die Psyche. Sie sind systematisch dargestellt und wirklich sehr interessant. Goethe war sehr sensibel bei der Beobachtung seiner Eindrücke und war aus diesem Grunde gut dafür qualifiziert, den Einfluß von Farben, die uns umgeben, auf unsere Stimmungen zu diskutieren. Jeder Innenarchitekt kennt natürlich diese Wirkungen. Viel Gelb und Rot in einem Raum wirkt anregend. Grün- und Blautöne haben einen beruhigenden Effekt. Wenn wir die Farben für unsere Schlafzimmer und Wohnzimmer auswählen, dann beachten wir diese psychologischen Effekte. Goethes Buch behandelt auch die physikalische Theorie der Farbe; es gibt einen historischen Teil, in dem er frühere Theorien diskutiert, besonders Newtons Theorie. Goethe war von der ganzen Art und Weise, in der Newton an dieses Gebiet heranging, prinzipiell unbefriedigt. Nach seiner Meinung sollten die Erscheinungen des Lichtes in allen ihren Aspekten nur unter den natürlichen Bedingungen beobachtet werden. Seine Arbeit in der Biologie hatte ihn zu dem Schluß geführt, daß man eine Eiche oder einen Fuchs in ihrer natürlichen Umgebung beobachten muß, wenn man ihren wahren Charakter erkennen will. Goethe übertrug diese Ansicht auf die Physik. Man beobachtet ein Gewitter am besten, wenn man während des Gewitters außer Haus geht und den Himmel betrachtet. Genauso mit dem Licht und den Farben. Man muß sie sehen, wie sie in der Natur vorkommen – wie die Sonne durch eine Wolke bricht, wie die Farben des Himmels sich ändern, wenn die Sonne untergeht. Indem er dies tat, fand Goethe einige Regelmäßigkeiten. Aber als er in Newtons berühmter Optik las, daß sich weißes Sonnenlicht in Wirklichkeit aus den Spektralfarben zusammensetzte, brachte ihn das sehr auf.

Warum der Zorn? Weil Newton seine Beobachtungen des Lichtes nicht unter natürlichen Bedingungen vornahm. Stattdessen führte er sein berühmtes Experiment im Zimmer durch, mit einem Prisma. Er verdunkelte sein Laboratorium, schnitt einen kleinen Schlitz in den Fensterladen (vgl. Abb. 13), durch den nur ein dünner Lichtstrahl in den dunklen Raum gelangen konnte. Wenn dieser Lichtstrahl

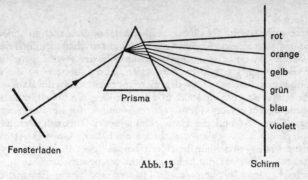

rot
orange
gelb
grün
blau
violett

Prisma

Fensterladen

Abb. 13   Schirm

durch ein Glasprisma geschickt wurde, beobachtete Newton, dann zeigte sich auf einem dahintergestellten Schirm ein Muster verschiedener Farben von rot bis violett. Er nannte dieses Muster ein Spektrum. Er maß die Brechungswinkel im Prisma und stellte fest, daß diese für verschiedene Farben verschieden waren, am kleinsten für rot, am größten für violett. Das führte ihn zu der Annahme, daß das Prisma die Farben nicht erzeugt, sondern nur die Farben trennt, die im ursprünglichen Sonnenlicht enthalten sind. Er bestätigte diese Annahme durch andere Versuche.

Goethe erhob mehrere Einwendungen gegen Newtons allgemeine Methode in der Physik, wie sie durch dieses Experiment illustriert wurde. Zunächst, sagte er, sollten wir, wenn wir die Natur verstehen wollen, uns mehr auf den unmittelbaren Eindruck unserer Sinne verlassen als auf die theoretische Analyse. Da weißes Licht unserem Auge als völlig einfach und farblos erscheint, sollten wir es auch als einfach und farblos akzeptieren und nicht versuchen, es als Mischung verschiedener Farben darzustellen. Es schien ihm auch falsch, ein Naturphänomen wie das Sonnenlicht unter künstlichen Versuchsbedingungen zu beobachten. Wenn man das Sonnenlicht verstehen will, darf man nicht den Raum verdunkeln und dann einen Lichtstrahl durch einen engen Schlitz pressen. Man sollte hinausgehen unter den freien Himmel und all die auffallenden Farbenerscheinungen so beobachten, wie sie in ihrer natürlichen Umgebung auftreten. Schließlich stand Goethe auch der Nützlichkeit der quantitativen Methode skeptisch gegenüber. Genaue Messungen von Winkeln, Entfernungen, Geschwindigkeiten und Gewichten anzustellen und dies dann zur Grundlage von mathematischen Berechnungen zu machen, das könnte, gab er zu, für technische Zwecke nützlich sein. Aber er hatte ernsthafte Zweifel, ob dies die beste Methode sei, wenn wir wirkliche Einsicht in die Geheimnisse der Natur gewinnen wollen.

Heutzutage wissen wir natürlich, daß in dem Kampf zwischen Newtons analytischer, experimenteller, quantitativer Methode und Goethes phänomenologischer, direkter, qualitativer Methode die

115

erstere nicht nur in der Physik gesiegt hat, sondern auch in anderen Wissensgebieten, einschließlich der Sozialwissenschaften, immer mehr an Grund gewinnt. Es ist nun, besonders in der Physik, ganz klar, daß die großen Fortschritte der letzten Jahrhunderte ohne die Benutzung quantitativer Methoden nicht möglich gewesen wären.

Auf der anderen Seite sollte man den großen Wert eines intuitiven Zuganges, wie er von Goethe vertreten wurde, für die Entdeckung neuer Tatsachen und die Entwicklung neuer Theorien, besonders in jungen Wissensgebieten, nicht unterschätzen. Goethes Art, die künstlerische Vorstellungskraft mit sorgfältiger Beobachtung vereinte, führte ihn zur Entdeckung wichtiger neuer Tatsachen in der vergleichenden Morphologie von Pflanzen und Tieren. Einige dieser Entdeckungen erkannte man später als Schritte in der Richtung von Darwins Entwicklungslehre. (In einer Vorlesung über Goethes wissenschaftliche Studien wies 1853 der große Physiker und Physiologe Hermann von Helmholtz auf diese Tatsache hin. Er hatte großes Lob für Goethes Arbeit in der Biologie, aber Kritik für seine Farbenlehre. 1875 in einem Nachwort zu der Vorlesung wies er darauf hin, daß einige von Goethes Hypothesen in der Zwischenzeit durch Darwins Theorie bestätigt worden waren.)[8]

Es mag von Interesse sein, daß um die Mitte des letzten Jahrhunderts der Philosoph Arthur Schopenhauer eine kleine Abhandlung »Über das Sehen und die Farben« schrieb, in der er die Ansicht vertrat, daß Goethe mit seinem Angriff auf Newton völlig im Recht war und Newton im Unrecht. Schopenhauer verurteilte nicht nur die Anwendung der Mathematik auf die Naturwissenschaften, sondern auch die Methode der mathematischen Beweise. Er nannte sie »Mausefallen-Beweise« und zitierte als Beispiel den Beweis des bekannten Lehrsatzes von Pythagoras. Dieser Beweis, sagte er, ist korrekt; niemand kann widersprechen und behaupten, daß er falsch sei. Aber er entstammt einer ganz unnatürlichen Art zu denken. Jeden Schritt versteht man natürlich, aber am Ende des Beweises hat man das Gefühl, daß man in einer Mausefalle gefangen ist. Der Mathematiker hat einen gezwungen, die Wahrheit des Lehrsatzes zuzugeben, aber man hat kein wirkliches Verständnis gewonnen. Es ist, als wäre man durch ein Labyrinth geführt worden. Plötzlich kommt man heraus und sagt zu sich: »Ja, ich bin hier, aber ich weiß nicht, wie ich hierher gekommen bin.« Diese Ansicht hat sicher eine Bedeutung für die Didaktik der Mathematik. Wir sollten beim Beweisen dem intuitiven Verständnis dessen, was wir mit jedem Beweisschritt tun und warum wir ihn tun, größere Aufmerksamkeit schenken. Aber dies nur nebenbei.

Um eine klare Antwort auf die Frage zu erhalten, ob, wie manche Philosophen glauben, wir wirklich etwas verlieren, wenn wir die Welt mit Zahlen beschreiben, müssen wir ganz klar zwischen zwei sprachlichen Situationen unterscheiden: einer Sprache, die tatsächlich gewisse Qualitäten der Objekte, die sie beschreibt, ausläßt, und einer Sprache, die gewisse Qualitäten auszulassen *scheint*, aber dies nicht wirklich tut. Ich bin überzeugt, daß ein Großteil der Verwirrung im Denken jener Philosophen daher kommt, daß sie versäumten, diese Unterscheidung zu treffen.

Das Wort »Sprache« wird hier in einem ungewöhnlich weiten Sinn verwendet. Es bezieht sich auf jede Methode, die dazu dienen kann, Informationen über die Welt weiterzugeben – Wörter, Bilder, Diagramme, usw. Betrachten wir eine Sprache, die gewisse Aspekte der Gegenstände, die sie beschreibt, ausläßt. Sie sehen in einer Zeitung eine Schwarz-Weiß-Photographie von Manhattan. Vielleicht steht darunter: »Die Silhouette von New York, von Westen.« Dieses Bild teilt in der Sprache der Schwarz-Weiß-Photographie Information über New York mit. Sie erfahren etwas über Größe und Form der Gebäude. Das Bild ähnelt dem unmittelbaren visuellen Eindruck, den Sie hätten, wenn Sie dort stünden, wo die Kamera stand, und in Richtung New York geblickt hätten. Das ist natürlich der Grund, warum Sie das Bild unmittelbar verstehen. Das Bild ist nicht eine Sprache im normalen Sinne des Wortes; es ist eine Sprache in dem allgemeineren Sinn, daß es eine Information weitergibt.

Und doch fehlt der Photographie sehr viel. Sie hat nicht die Dimension der Tiefe. Sie sagt Ihnen nichts über die Farben der Gebäude. Das heißt nicht, daß Sie nicht korrekte Schlußfolgerungen über Tiefe und Farbe anstellen könnten. Wenn Sie eine Schwarz-Weiß-Photographie einer Kirsche sehen, würden Sie annehmen, daß die Kirsche vermutlich rot ist. Aber das ist nur eine Schlußfolgerung. Das Bild selbst teilt die Farbe der Kirsche nicht mit.

Wenden wir uns nun einer Situation zu, in der die Qualitäten aus der Sprache ausgelassen scheinen, obwohl sie es in Wirklichkeit nicht sind. Betrachten Sie ein Notenblatt. Als Sie zum erstenmal diese musikalische Schrift sahen, vielleicht als Kind, haben Sie sich vielleicht gefragt: »Was sind das für seltsame Dinge? Fünf Linien, auf ihnen sitzen schwarze Punkte, und manche dieser Punkte haben Schwänze.«

Man sagte Ihnen: »Das ist Musik, das ist eine sehr schöne Melodie.«

Sie protestierten: »Aber ich kann gar keine Musik hören.«

Es ist gewiß wahr, daß diese Schrift eine Melodie nicht auf die gleiche Weise mitteilt, wie etwa eine Schallplatte. Man kann nichts hören. In einem anderen Sinn aber teilt diese Notation *tatsächlich* die Höhe und Dauer jedes Tones mit. Sie werden nicht mitgeteilt in einer Art und Weise, die für ein Kind Bedeutung hat. Sogar für einen Erwachsenen mag die Melodie nicht sofort erkennbar sein, solange er sie nicht am Klavier gespielt oder jemand anderen gebeten hat, sie für ihn zu spielen; und doch kann kein Zweifel daran bestehen, daß die Töne der Melodie in der Notation enthalten sind.

Natürlich braucht man einen Schlüssel zur Übersetzung. Es muß Regeln geben darüber, wie man diese Notation in Töne umsetzen soll. Aber wenn die Regeln bekannt sind, dann können wir sagen, daß die Qualitäten der Töne – ihre Höhe, Dauer, sogar Änderungen der Lautstärke – durch die Notenschrift angegeben werden. Ein geübter Musiker mag sogar innerlich die Melodie »hören«, wenn er die Noten überfliegt. Es ist klar, daß wir hier eine sprachliche Situation haben, die ganz verschieden ist von der bei der Schwarz-Weiß-Photographie. Die Photographie vernachlässigt tatsächlich die Farben. Die Notenschrift scheint die Töne zu vernachlässigen, aber in Wirklichkeit tut sie es nicht.

Im Falle der Umgangssprache sind wir so an die Worte gewöhnt, daß wir oft vergessen, daß sie keine natürlichen Zeichen sind. Wenn Sie das Wort »blau« hören, stellen Sie sich sofort die Farbe Blau vor. Im Kindesalter bildet sich bei uns der Eindruck, daß die Farbwörter unserer Sprache tatsächlich Farbe übermitteln. Wenn wir andererseits die Aussage eines Physikers über eine gewisse elektromagnetische Schwingung bestimmter Intensität und Frequenz lesen, dann stellen wir uns nicht sofort die Farbe vor, die ihr entspricht. Wenn Sie aber den Übersetzungsschlüssel kennen, können Sie die Farbe genausogut bestimmen oder vielleicht noch genauer, als wenn Sie das Farbwort gehört hätten. Wenn Sie selbst mit einem Spektroskop gearbeitet haben, werden Sie auswendig wissen, welche Farben welchen Frequenzen entsprechen. In diesem Fall wird Ihnen die Aussage des Physikers sofort sagen, daß er über die Farbe Blau-Grün spricht.

Der Übersetzungsschlüssel kann in mannigfacher Weise festgelegt sein. Zum Beispiel kann die Frequenzskala des sichtbaren Spektrums auf einem Diagramm festgehalten sein, und das deutsche Farbwort, das jeder Frequenz entspricht, dazugeschrieben sein. Oder das Diagramm mag an Stelle der Farbwörter kleine Quadrate enthalten, auf denen man die wirklichen Farben sieht. In beiden Fällen werden Sie, wenn Sie die quantitative Aussage des Physikers hören, mit Hilfe des Schlüssels schließen können, genau welche Farbe er beschreibt. Die Qualität, in diesem Fall die Farbe, geht durch diese Methode der Mitteilung durchaus nicht verloren. Die Situation hier ähnelt der bei der musikalischen Notation; es gibt einen Schlüssel zur Bestimmung der Qualitäten, die, wie es zunächst scheint, durch die Notation vernachlässigt werden. Die Situation ähnelt nicht der bei der Schwarz-Weiß-Photographie, wo tatsächlich gewisse Qualitäten ausgelassen wurden.

Die Vorteile der quantitativen Sprache sind so augenscheinlich, daß man sich wundern muß, warum so viele Philosophen ihren Gebrauch in den Wissenschaften kritisiert haben. Im Kapitel 12 werden wir einige der Gründe für diese seltsame Haltung erörtern.

12 Die magische Auffassung der Sprache

Ich habe den Eindruck, daß einer der Gründe für die ablehnende Haltung mancher Philosophen gegenüber der Betonung der quantitativen Sprache in den Naturwissenschaften darin liegt, daß unsere psychologische Beziehung zu den Wörtern der vorwissenschaftlichen Sprache – Wörtern, die wir schon als Kinder lernen – ganz verschieden ist von unserer psychologischen Beziehung zu jenen komplizierten Bezeichnungssystemen, zu denen wir später in der Sprache der Physik gelangen. Man kann verstehen, wie Kinder glauben können, daß bestimmte Wörter tatsächlich die Qualitäten, auf die sie sich beziehen, in sich schließen. Ich möchte gewissen Philosophen gegenüber nicht ungerecht sein, aber ich habe den Verdacht, daß diese Philosophen manchmal in ihren Reaktionen auf wissenschaftliche Wörter und Symbole den gleichen Fehler machen, den Kinder immer machen.

In dem bekannten Buch »The Meaning of Meaning«[9] von C. K. Ogden und I. A. Richards gibt es ausgezeichnete, zum Teil recht amüsante Beispiele dessen, was die Autoren »Wort-Magie« nennen. Viele Leute haben eine magische Anschauung der Sprache, die Ansicht, daß es eine geheimnisvolle natürliche Verbindung zwischen gewissen Wörtern (natürlich nur denen, die ihnen vertraut sind!) und ihren Bedeutungen gibt. In Wahrheit ist es nur eine Folge historischer Zufälle in der Entwicklung unserer Kultur, daß etwa das Wort »blau« nunmehr eine gewisse Farbe bezeichnet. In England nennt man diese Farbe »blue«. In anderen Sprachen sind andere Laute mit ihr verbunden. Für Kinder ist es natürlich zu denken, daß das eine Wort »blau«, an das sie in ihrer Muttersprache gewöhnt sind, das natürliche Wort ist oder, anders ausgedrückt, daß andere Wörter völlig falsch sind oder wenigstens sehr seltsam. Es kann sein, daß sie mit zunehmendem Alter toleranter werden und sagen: »Andere Leute mögen das Wort »blue« benützen, aber sie gebrauchen es für etwas, das *in Wirklichkeit* blau ist.« Ein kleiner Junge denkt, daß ein Haus ein Haus ist und eine Rose eine Rose und nichts anderes. Dann lernt er, daß die seltsamen Leute in Frankreich ein Haus »maison« nennen. Warum sagen sie »maison«, wenn sie ein Haus meinen? Wenn es ein Haus *ist*, warum nennen sie es nicht ein »Haus«? Man wird ihm sagen, daß es in Frankreich eben gebräuchlich ist, »maison« zu sagen. Die Franzosen sagen es schon seit Jahrhunderten; er sollte sie nicht deshalb tadeln oder für dumm halten. Der Junge akzeptiert das schließlich. Seltsame Leute haben seltsame Bräuche. Man muß sie eben das Wort »maison« für Dinge gebrauchen lassen, die in Wirklichkeit Häuser sind. Sich von dieser toleranten Attitüde freizumachen und zur Einsicht zu gelangen, daß es überhaupt keine notwendige Verbindung zwischen einem Wort und dem, was wir damit meinen, gibt, scheint für viele Erwachsene so schwierig zu sein wie für Kinder. Natürlich sagen sie nie offen, daß das deutsche Wort das richtige Wort ist und die Wörter in anderen Sprachen falsch oder daß das englische Wort das richtige ist; aber die magische Anschauung ihrer Kindheit bleibt der Hintergrund ihres Denkens und oft auch ihrer Bemerkungen.

Ogden und Richards zitieren ein englisches Sprichwort: »The Divine is rightly so called.« Das heißt anscheinend, daß das Göttliche wirklich göttlich ist und deshalb mit Recht so genannt wird. Wenn wir auch das Gefühl haben können, daß irgend etwas mit Recht so oder so genannt wird, sagt dieses Sprichwort in Wirklichkeit gar nichts. Es ist offensichtlich leer. Nichtsdestotrotz scheinen es die Leute mit starkem Gefühl zu wiederholen und wirklich zu denken, daß es eine tiefe Einsicht in die Natur des Göttlichen ausdrückt.

Ein nicht so triviales Beispiel der magischen Auffassung der Sprache findet sich in einem Buch von Kurt Riezler, »Physics and Reality: Lectures of Aristotle on Modern Physics at an International Congress of Science, 679 Olympiad« (Cambridge 1940)[10]. Der Autor stellt sich vor, daß Aristoteles in die Welt von heute zurückkehrt und seine Meinung – die auch Riezlers Meinung ist und, wie ich glaube, nur Riezlers Meinung – über die moderne Naturwissenschaft darlegt. Aristoteles beginnt mit einem großen Lob der modernen Wissenschaft. Er ist voll Bewunderung für ihre großen Errungenschaften. Und dann fügt er hinzu, daß er, um ehrlich zu sein, auch einige kritische Bemerkungen machen müsse. Diese Bemerkungen sind es, die uns hier interessieren. Auf Seite 70 von Riezlers Buch sagt Aristoteles zu den versammelten Physikern:

> *Der Tag ist kalt für einen Neger und heiß für einen Eskimo. Sie legen den Streit bei, indem sie 15 °C an Ihrem Thermometer ablesen.*

Was Riezler hier sagen will, ist, daß wir in der qualitativen Sprache des täglichen Lebens nicht mit einer Übereinstimmung in bezug auf Wörter wie »heiß« und »kalt« rechnen können. Wenn ein Eskimo aus Grönland an einen Ort kommt, wo die Temperatur 15 Grad beträgt, wird er sagen: »Das ist ein ziemlich heißer Tag.« Ein Neger aus Afrika wird am gleichen Ort sagen: »Das ist ein kalter Tag.« Die beiden Männer sind verschiedener Meinung über die Bedeutung von »heiß« und »kalt«. Riezler stellt sich vor, daß ein Physiker zu ihnen sagt: »Lassen wir diese Wörter außer acht und sprechen wir stattdessen von der Temperatur; dann können wir uns einigen. Wir werden darin übereinstimmen, daß die Temperatur heute 15 Grad beträgt.« Das Zitat geht weiter:

> *Sie sind stolz darauf, durch Elimination die objektive Wahrheit gefunden zu haben ...*

Ich möchte den Leser bitten, zu raten, was nach Riezlers Meinung die Physiker eliminiert haben. Wir könnten erwarten, daß der Satz weitergeht »... durch Elimination der Wörter ›heiß‹ und ›kalt‹«. Der Physiker eliminiert diese Wörter natürlich nur aus der quantitativen Sprache der Physik. Er wird sie in der qualitativen Sprache des täglichen Lebens immer noch benützen wollen. Diese qualitative Sprache ist ja, auch für den Physiker, unerläßlich für eine Beschreibung dessen, was er sieht. Aber Riezler sagt nicht das, was wir erwartet haben. Er fährt fort:

»... durch Elimination des Negers wie des Eskimos.«

Als ich dies zum erstenmal las, dachte ich, daß er sich nur etwas anders ausdrückte, und daß er meinte, die Physiker eliminieren die Ausdrucksweisen des Negers und des Eskimos. Aber das ist nicht der Fall. Riezler meint etwas viel tieferes. An späterer Stelle sagt er es ganz klar, daß seiner Meinung nach die moderne Wissenschaft den Menschen eliminiert hat. Sie hat das vergessen und vernachlässigt, was das wichtigste Thema allen menschlichen Wissens ist: den Menschen selbst.

Sie sind stolz darauf, die objektive Wahrheit gefunden zu haben, durch Elimination des Negers wie des Eskimos. Ich gebe zu, daß das, was Sie erreicht haben, wichtig ist. Ich gebe auch zu, daß Sie Ihre wunderbaren Maschinen nicht bauen könnten, ohne den Neger und den Eskimo zu eliminieren. Aber wie steht es mit der Realität und der Wahrheit? Sie identifizieren Wahrheit mit Gewißheit. Aber es ist klar, daß Wahrheit mit Sein zu tun hat oder, wenn Sie es vorziehen, mit etwas, das man »Realität« nennt. Die Wahrheit kann einen hohen Grad von Gewißheit besitzen, wie die Wahrheit in der Mathematik, und trotzdem einen geringen Grad von »Realität«. Wie steht es mit ihren 15°? Da dies für beide, den Neger und den Eskimo, wahr ist, nennen Sie es objektive Realität. Diese ihre Realität scheint mir sehr armselig und dünn zu sein. Es ist eine Relation, die eine Eigenschaft, welche man Temperatur nennt, mit der Ausdehnung ihres Quecksilbers verbindet. Diese Realität hängt nicht von dem Neger oder dem Eskimo ab. Sie hat eine Beziehung zu keinem von beiden, sondern nur zu dem anonymen Beobachter.

Etwas später schreibt er:

Natürlich wissen Sie, daß Hitze und Kälte dem Neger oder dem Eskimo 15° mitteilen.

Ich bin nicht ganz sicher, was Riezler sagen will. Vielleicht meint er: wenn der Neger und der Eskimo verstehen sollen, was mit »15°« gemeint ist, dann muß man es ihnen mit Hilfe von »heiß« und »kalt« erklären.

Sie sagen, daß man das betrachtete System so erweitern muß, daß es die physikalischen Vorgänge im Neger oder Eskimo enthält.

Das soll die Antwort des Physikers auf den Vorwurf sein: »Vernachlässigen Sie nicht die Eindrücke von Hitze und Kälte, welche der Eskimo und der Neger jeweils haben?« Riezler scheint zu denken, daß der Physiker etwa folgendermaßen antworten würde: »Nein, wir vernachlässigen die Eindrücke nicht. Wir beschreiben auch den Neger und den Eskimo als Organismen. Wir analysieren sie als physikalische Systeme physiologisch und physikalisch. Wir stellen fest, was in ihnen geschieht, und auf diese Weise können wir erklären, warum sie verschiedene Eindrücke haben, die sie dazu führen, den gleichen Tag als ›heiß‹ und ›kalt‹ zu beschreiben.« Der Abschnitt geht weiter:

> *Das konfrontiert Sie mit zwei Systemen, in denen der Temperaturgradient entgegengesetzt ist – kalt in dem einen und warm in dem anderen System. Dieses kalt und warm aber ist noch nicht kalt und warm. Der Neger und der Eskimo sind in ihren Systemen als eine Verbindung von physikalischen und chemischen Ereignissen dargestellt; sie sind selbst keine Wesen mehr, sie sind, was sie sind, relativ zu dem anonymen Beobachter, eine Verbindung von Ereignissen, die als Relationen zwischen meßbaren Größen beschrieben werden. Ich habe den Eindruck, daß der Neger und der Eskimo in Ihrer Beschreibung sehr kärglich dargestellt werden. Sie machen die ungeheure Kompliziertheit eines solchen Systems dafür verantwortlich.*

Riezler bezieht sich hier auf den menschlichen Organismus. Das Gesamtsystem des Organismus ist natürlich außerordentlich kompliziert, wenn man es physikalisch zu analysieren versucht. Er fährt fort:

> *Nein, meine Herren, Sie koordinieren Symbole, aber Sie beschreiben niemals kalt als kalt und warm als warm.*

Hier zeigt es sich endlich – zumindest ein kleiner Verdacht der Wortmagie! Der Physiker koordiniert künstliche Symbole, die nichts, was den Qualitäten gleich käme, an sich tragen. Das ist bedauerlich, weil der Physiker nicht kalt als »kalt« beschreiben kann. Es »kalt« zu nennen, würde uns das tatsächliche Gefühl vermitteln. Es würde uns ein Schauer überlaufen bei der Vorstellung, wie kalt es war. Oder zu sagen, »Gestern war es furchtbar heiß«, würde uns ein wirkliches Gefühl der Hitze geben. – Das ist meine Interpretation dessen, was Riezler sagt. Wenn der Leser ihn wohlwollender interpretieren will, so kann er das natürlich tun.

Später (auf Seite 72) gibt Riezlers Aristoteles noch eine interessante Erklärung ab:

> *Lassen Sie mich zu meinem Thema zurückkehren. Die Realität ist die Realität der Substanzen. Sie kennen nicht die Substanzen hinter den Ereignissen, die Ihr Thermometer repräsentiert, wenn es 15° anzeigt. Aber Sie wissen, wie der Neger und der Eskimo beschaffen sind ...*

Riezler meint, daß Sie wissen, wie der Neger und der Eskimo sind, weil sie Menschen sind. Sie sind ein Mensch, also haben Sie die gleichen Gefühle wie diese.

> *... fragen Sie sie, fragen Sie sich selbst, fragen Sie Ihren Schmerz und Ihre Freude, Ihr Handeln und Ihr Behandeltwerden. Da wissen Sie, was*

Realität bedeutet. Da sind die Dinge konkret. Da wissen Sie, daß sie sind.

Die *wirkliche* Realität, meint er, kann man nur erreichen, wenn man über Schmerz und Freude, heiß und kalt spricht. Sobald wir zu den Symbolen der Physik, der Temperatur und ähnlichem übergehen, wird die Realität dünn. Das ist Riezlers Urteil. Ich bin überzeugt, daß es nicht auch das Urteil des Aristoteles wäre. Aristoteles war einer der größten Männer in der Geschichte des Denkens: Er hatte zu seiner Zeit die größte Hochachtung für die Wissenschaft. Er selbst führte empirische Beobachtungen und Experimente durch. Wenn er die Entwicklung der Wissenschaft von seinen Tagen bis zu unseren verfolgt hätte, würde er, dessen bin ich sicher, enthusiastisch die wissenschaftliche Art zu denken und zu sprechen begrüßen. Er würde wahrscheinlich sogar einer der führenden Wissenschaftler von heute sein. Ich glaube, Riezler tut Aristoteles sehr Unrecht, wenn er ihm Ansichten, wie die oben erwähnten, zuschreibt.

Es kann sein, daß Riezler nur sagen wollte, daß sich die Naturwissenschaft nicht so ausschließlich auf quantitative Begriffe konzentrieren sollte, daß sie alle jene Aspekte der Natur vernachlässige, die sich nicht in Formeln mit mathematischen Symbolen einfügen lassen. Wenn das alles ist, was er meinte, dann können wir ihm natürlich zustimmen. Zum Beispiel gab es im Gebiet der Ästhetik keine großen Fortschritte in der Entwicklung quantitativer Begriffe. Aber es wird immer schwieriger sein, von vornherein zu sagen, wo es von Nutzen sein wird, numerische Messungen einzuführen. Wir müssen dies den Forschern in den einzelnen Gebieten überlassen. Wenn sie eine Möglichkeit sehen, dies mit Nutzen zu tun, werden sie Messungen einführen. Wir sollten nicht von solchen Bemühungen abraten, bevor sie angefangen haben. Wenn man natürlich die Sprache für ästhetische Zwecke benützt – nicht für eine wissenschaftliche Untersuchung der Ästhetik, sondern um ästhetisches Vergnügen zu bereiten –, dann kann es keinen Zweifel darüber geben, daß die quantitative Sprache dafür ungeeignet ist. Wenn wir in einem Brief an einen Freund oder in einem lyrischen Gedicht unsere Gefühle ausdrücken wollen, dann wählen wir natürlich die qualitative Sprache. Wir gebrauchen Worte, die uns so vertraut sind, daß sie sofort eine Vielfalt von Bedeutungen und Assoziationen heraufbeschwören.

Es ist auch wahr, daß der Wissenschaftler manchmal wichtige Aspekte sogar jener Phänomene vernachlässigt, an denen er arbeitet. Das ist aber oft nur eine Sache der Arbeitsteilung. Ein Biologe arbeitet nur im Labor. Er studiert Zellen unter einem Mikroskop, führt chemische Analysen durch, und so weiter. Ein anderer Biologe geht hinaus in die Natur, beobachtet wie die Pflanzen wachsen, unter welchen Bedingungen die Vögel Nester bauen, und so weiter. Diese beiden Männer haben verschiedene Interessen, aber das Wissen, das sie, jeder auf seine Weise, sammeln, ist alles ein Teil der Wissenschaft. Keiner von beiden sollte glauben, daß die Arbeit des anderen nutzlos sei. Wenn es nur Riezlers Absicht war, uns davor zu warnen, daß die Wissenschaft darauf achten sollte, nicht gewisse Dinge auszulassen und zu vernachlässigen, dann kann man sich ihm anschließen. Aber wenn er, wie es den Anschein hat, sagen wollte, daß die quantitative Sprache der Wissenschaft in Wirklichkeit gewisse Qualitäten ausläßt, dann, so glaube ich, hat er nicht recht.

Lassen Sie mich eine Besprechung von Riezlers Buch durch Ernest Nagel zitieren:[11] »Die Theorien der Physik sind kein Ersatz für die Sonne, die Sterne und die vielseitigen Aktivitäten von konkreten Dingen. Aber warum sollte jemand vernünftigerweise erwarten, durch wissenschaftliche Diskussionen erwärmt zu werden?«

Wir sehen, Nagel interpretiert Riezler sogar noch weniger wohlwollend als ich es versuchte. Vielleicht hat er recht. Ich bin nicht sicher. So wie Nagel Riezler versteht, kritisiert dieser die Sprache des Physikers deshalb, weil sie nicht in einem stärkeren Sinne Qualitäten, wie etwa die Farben, die tatsächlich in einem bunten Bild enthalten sind, mitteilen. In der gleichen Weise könnten wir Information über Gerüche durch das Versprühen von Parfüm mitteilen – indem wir wirkliche Gerüche mitbrächten, anstatt sie bloß zu erwähnen. Vielleicht meinte Riezler – und Nagel versteht ihn so –, daß die Sprache Qualitäten in diesem starken Sinne mitteilen sollte, daß sie die Qualitäten hauptsächlich an uns herantragen sollte. Er scheint zu denken, daß ein Wort wie »kalt« irgendwie die tatsächliche Qualität der Kälte in sich trägt. Ein solcher Standpunkt wäre wirklich ein Beispiel der magischen Auffassung der Sprache.

Teil III

DIE STRUKTUR DES RAUMES

13 Euklids Parallelenpostulat

Die Frage, welche Rolle die Geometrie in der Physik spielt, hat für die Philosophie der Naturwissenschaften eine große Bedeutung. Nebenbei bemerkt ist das eine Frage, die mich sehr interessiert. Ich habe meine Dissertation darüber geschrieben, und obwohl ich seither wenig auf diesem Gebiet publizierte, habe ich auch weiterhin darüber viel nachgedacht.

Warum ist dieses Thema so wichtig? Zunächst einmal führt es zu einer Analyse des Raum-Zeit-Systems, der Struktur, welche die Basis der modernen Physik bildet. Außerdem sind die mathematische Geometrie und die physikalische Geometrie ausgezeichnete Beispiele für zwei fundamental verschiedene Wege zum Wissen: den apriorischen und den empirischen. Wenn wir den Unterschied zwischen diesen zwei Geometrien klar verstehen, werden wir auch wertvolle Einsichten in wichtige methodologische Probleme der Wissenschaftstheorie erhalten.

Betrachten wir zunächst die Natur der mathematischen Geometrie. Wir wissen natürlich, daß die Geometrie eines der frühesten mathematischen Systeme war, die entwickelt wurden. Wir wissen wenig über ihre Ursprünge. Das Erstaunliche an ihr ist, daß sie zu Euklids Zeiten bereits so gut systematisiert war. Der axiomatische Charakter der Geometrie des Euklid – die Ableitung von Theoremen aus fundamentalen Axiomen und Postulaten – stellte schon an und für sich eine bemerkenswert hochstehende Leistung dar und spielt immer noch eine grundlegende Rolle in den modernsten Methoden, mathematische Systeme in eine exakte Form zu bringen. Es ist erstaunlich, daß diese Methode schon zu Euklids Zeiten angewandt wurde. Eines der Axiome des Euklid, das Parallelenaxiom, bereitete jahrhundertelang den Mathematikern viel Kummer. Wir können dieses Axiom folgendermaßen formulieren: Für jede Ebene, in der es eine Gerade G und einen Punkt P gibt, der nicht auf G liegt, gibt es in dieser Ebene genau eine Gerade G', die durch P geht und zu G parallel ist. (Zwei Gerade in einer Ebene sind gemäß Definition parallel, wenn sie keinen Punkt gemeinsam haben.)

Dieses Axiom schien so selbstverständlich, daß bis zum Beginn des letzten Jahrhunderts niemand an seiner Wahrheit zweifelte. Die Debatte ging nicht um seine Wahrheit, sondern darüber, ob es als *Axiom* notwendig war. Es schien weniger einfach zu sein, als die anderen Axiome von Euklid. Viele Mathematiker glaubten, daß es ein *Lehrsatz* sein könnte, den man aus den anderen Axiomen ableiten kann.

Es wurden viele Versuche unternommen, das Parallelenaxiom aus den anderen Axiomen abzuleiten, und manche Mathematiker behaupteten sogar, daß es ihnen gelungen sei. Wir wissen heute, daß sie im Irrtum waren. In jener Zeit war es nicht leicht, die Fehler in den angeblichen Ableitungen zu finden, denn gewöhnlich machten sie – wie auch heute noch Schulbücher der Geometrie – von anschaulichen Argumenten Gebrauch. Wir machen eine Zeichnung. Zugegebenermaßen ist die Zeichnung ungenau. Es gibt da keine vollkommenen Geraden – die Geraden, die wir mit Kreide auf der Tafel oder mit Tinte auf dem Papier zeichnen, haben alle eine gewisse Dicke –, aber die Zeichnung hilft unserer Vorstellungskraft. Sie hilft uns, die Wahrheit dessen, was wir beweisen wollen, zu »sehen«. Die Philosophie dieser anschaulichen Methode hat am besten Immanuel Kant zusammengefaßt. Es ist nicht der Sinneseindruck, den wir von dem Gegenstand der Zeichnung haben, sondern vielmehr unsere innere Anschauung der geometrischen Konfiguration, die sich nicht täuschen kann. Kant drückte sich ganz deutlich aus. Man kann niemals sicher sein, daß zwei Strecken an der Tafel gleich sind oder daß eine angeblich kreisförmige Kreidekurve wirklich ein Kreis ist. Kant betrachtete derartige Zeichnungen nur als sekundäre psychologische Hilfsmittel. Aber er war der Meinung, daß unsere Vorstellungskraft, die geometrische Anschauung, fehlerlos arbeite. Wenn wir eine geometrische Wahrheit in unserem Geist klar sehen, nicht nur mit unseren Augen, dann sehen wir sie mit vollständiger Gewißheit.

Wie würden wir als Kantianer uns der Aussage nähern, daß zwei Gerade nicht mehr als einen Punkt gemeinsam haben können? Wir stellen uns die Situation vor. Hier sind die zwei Geraden, die sich an einem Punkt schneiden. Wäre es irgendwie möglich, daß sie sich noch woanders schneiden? Offensichtlich nicht, denn die Geraden entfernen sich immer weiter voneinander, je mehr wir uns vom Schnittpunkt entfernen. Es scheint daher ganz klar zu sein, daß zwei Gerade entweder alle Punkte gemeinsam haben (in welchem Falle sie zusammenfallen, eine einzige Gerade werden), oder sie haben höchstens einen, vielleicht auch keinen Punkt gemeinsam. Diese einfachen Tatsachen der Geometrie, so sagte Kant, *sehen* wir unmittelbar. Wir begreifen ihre Wahrheit intuitiv. Die Tatsache, daß wir uns nicht auf Zeichnungen stützen müssen, führte Kant dazu, anzunehmen, daß wir jenen Wahrheiten, die wir in dieser intuitiven oder anschaulichen Weise wahrgenommen haben, vollkommen vertrauen können. Wir werden später auf diese Ansicht zurückkommen. Wir erwähnen sie hier nur, um dem Leser ein Verständnis dafür zu vermitteln, wie die Naturwissenschaftler am Anfang des neunzehnten Jahrhunderts über Geometrie dachten. Auch wenn sie selbst nie Kant gelesen hatten, waren sie doch der gleichen Ansicht. Es spielt hier keine Rolle, ob sie sich direkt auf Kant stützten oder ob ihre

Ansicht nur ein Teil der allgemeinen geistigen Atmosphäre war, die Kant explizit gemacht hatte. Jedermann glaubte, daß es klare, einfache, grundlegende Wahrheiten der Geometrie gebe, an denen man nicht zweifeln könne. Von diesen einfachen Wahrheiten, den Axiomen der Geometrie, konnte man Schritt für Schritt zu gewissen abgeleiteten Wahrheiten, den Lehrsätzen oder Theoremen fortschreiten.

Wie gesagt glaubten manche Mathematiker, daß sie das Parallelenaxiom aus den anderen Axiomen Euklids ableiten könnten. Warum waren die Fehler in ihren Beweisen so schwierig zu entdecken? Die Antwort liegt darin, daß es zu jener Zeit keine Logik gab, die stark genug gewesen wäre, strenge logische Regeln für geometrische Beweise zu liefern. Irgendwo im Beweis schlich sich immer ein anschauliches Argument ein, manchmal ganz explizit, manchmal verborgen. Eine Methode zur Unterscheidung zwischen einer rein logischen Ableitung und einer Ableitung, die von nicht logischen Argumenten Gebrauch macht, die intuitiv begründet sind, stand erst nach der Entwicklung einer systematisierten Logik in der zweiten Hälfte des letzten Jahrhunderts zur Verfügung. Daß die neue Logik mit Symbolen formuliert war, erhöht ihre Leistungsfähigkeit, war aber nicht absolut notwendig. Wesentlich war erstens, daß die Regeln mit vollkommener Genauigkeit formuliert werden konnten, und zweitens, daß durch eine ganze Ableitung hindurch keine Aussage gemacht wurde, die nicht aus vorher erhaltenen Resultaten oder den Prämissen durch Anwendung der Schlußregeln der Logik abgeleitet werden konnte.

Vor der Entwicklung der modernen Logik gab es kein System der Logik, dessen Regeln zur Behandlung der Geometrie ausgereicht hätten. Die traditionelle Logik befaßte sich nur mit einstelligen Prädikaten. In der Geometrie aber haben wir es mit Beziehungen zwischen vielen Elementen zu tun. »Ein Punkt liegt auf einer Geraden« oder »Eine Gerade liegt in einer Ebene« sind Beispiele von zweistelligen Relationen; »Ein Punkt liegt zwischen zwei anderen Punkten« ist eine dreistellige Relation. Wir könnten die Kongruenz zwischen zwei Strecken als zweistellige Relation auffassen, aber da es nicht üblich ist, Strecken als Grundelemente zu nehmen, repräsentiert man eine Strecke am besten als Punktepaar, so daß die Kongruenz zwischen zwei Strecken eine Relation zwischen zwei Punktepaaren wird, mit anderen Worten: eine vierstellige Relation zwischen Punkten. Wie Sie sehen, braucht man in der Geometrie eine Logik der Relationen. In der Zeit, die wir betrachten, gab es diese Logik noch nicht. Als sie dann zur Verfügung stand, entdeckte man die logischen Fehler in den verschiedenen angeblichen Beweisen des Parallelenaxioms. In jedem dieser Beweise gab es Stellen, an denen man eine Prämisse verwendete, die nur auf der Anschauung beruhte und nicht logisch aus den restlichen euklidischen Axiomen abgeleitet werden konnte. Das könnte man als nur interessant betrachten, hätte sich nicht herausgestellt, daß stets die verborgene anschauliche Voraussetzung eine verschleierte Form des Parallelenaxioms war.

Ein Beispiel eines solchen verschleierten Axioms, das dem Parallelenaxiom äquivalent ist: Wenn es in einer Ebene eine Gerade G und eine Kurve M gibt und wenn alle Punkte von M denselben Abstand von G haben, dann ist auch M eine Gerade.

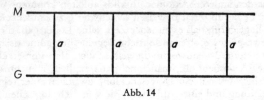

Abb. 14

Das wird in Abb. 14 dargestellt. a ist der konstante Abstand, den alle Punkte der Kurve M von G haben. Dieses Axiom, das intuitiv wahr zu sein scheint, wurde manchmal als stillschweigende Annahme in Beweisversuchen für das Parallelenaxiom verwendet. Wenn man es voraussetzt, kann man das Parallelenaxiom tatsächlich beweisen. Leider kann man die Voraussetzung selbst nicht beweisen, solange man nicht das Parallelenaxiom oder ein äquivalentes Axiom voraussetzt.

Ein anderes Axiom, das dem Parallelenaxiom äquivalent ist, wenn auch vielleicht nicht so intuitiv selbstverständlich wie das gerade angeführte, ist die Annahme, daß geometrische Figuren von unterschiedlicher Größe ähnlich sein können. Man sagt, daß zwei Dreiecke ähnlich sind, wenn sie gleiche Winkel haben und entsprechende Seiten das gleiche Verhältnis haben. In Abb. 15 ist das Verhältnis $a:b$ gleich dem Verhältnis $a':b'$, und das Verhältnis $b:c$ ist gleich dem Verhältnis $b':c'$. Nehmen wir an, ich zeichne zuerst nur das kleinere

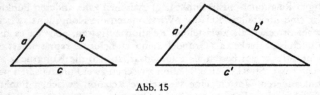

Abb. 15

Dreieck mit den Seiten a, b, c. Gibt es ein größeres Dreieck mit den gleichen Winkeln und den Seiten a', b', c', die zueinander dieselben Verhältnisse haben wie a, b, c? Es scheint klar, daß die Antwort »ja« ist. Nehmen wir an, wir wollen das größere Dreieck so konstruieren, daß seine Seiten genau doppelt so lang sind wie die Seiten des kleineren Dreiecks. Das können wir leicht tun, wie Abb. 16 zeigt. Wir verlän-

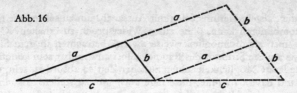

Abb. 16

gern einfach die Seite *a* durch eine Strecke derselben Länge, tun das gleiche mit der Seite *c* und verbinden dann die Endpunkte. Wenn wir etwas überlegen, scheint es ganz klar, daß die dritte Seite die Länge 2 *b* haben muß und daß das große Dreieck dem kleinen ähnlich ist. Wenn wir unser Axiom über ähnliche Dreiecke annehmen, dann können wir das Parallelenaxiom beweisen; aber in diesem Fall nehmen wir wieder das Parallelenaxiom in einer verschleierten Form an. In Wahrheit ist es so, daß wir die Ähnlichkeit der beiden Dreiecke nicht beweisen können, ohne das Parallelenaxiom oder ein äquivalentes Axiom zu verwenden. Die Verwendung des Axioms über die ähnlichen Dreiecke ist daher äquivalent der Verwendung des Parallelenaxioms, eben jenes Axioms, das wir beweisen wollten.

Erst im neunzehnten Jahrhundert konnte man streng logisch zeigen, daß das Parallelenaxiom unabhängig von den anderen Axiomen des Euklid ist. Es kann nicht aus ihnen abgeleitet werden. Negative Aussagen wie diese, welche die Unmöglichkeit von etwas behaupten, sind meist viel schwerer zu beweisen als positive Aussagen. Eine positive Aussage, daß dieses oder jenes aus gewissen Voraussetzungen abgeleitet werden *kann*, wird einfach bewiesen, indem man die logischen Schritte der Ableitung angibt. Aber wie ist es möglich zu beweisen, daß etwas *nicht* ableitbar ist? Wenn Ihnen hundert Ableitungsversuche mißlingen, werden Sie vielleicht aufgeben, aber das ist noch kein Beweis der Unmöglichkeit. Es könnte ja sein, daß jemand anderer vielleicht auf irgendeinem Umweg, an den niemand dachte, eine Ableitung finden wird.

Trotz all dieser Schwierigkeiten erhielt man schließlich einen formalen Beweis der Unabhängigkeit des Parallelenaxioms.

Die Verfolgung der Konsequenzen dieser Entdeckung erwies sich als eine der interessantesten Entwicklungen in der Mathematik des neunzehnten Jahrhunderts. Wenn das Parallelenaxiom von den anderen Axiomen Euklids unabhängig ist, dann kann man ja dieses Axiom ersetzen durch gewisse andere, die mit ihm unverträglich sind, ohne einen Widerspruch mit dem Rest der Axiome befürchten zu müssen. Man probierte verschiedene Alternativen aus und schuf so neue Axiomensysteme, die sogenannten nicht-Euklidischen Geometrien. Was soll man von diesen seltsamen neuen Systemen denken, welche Theoreme enthalten, die der Anschauung so sehr zuwiderlaufen? Sollte man sie als nichts weiter als ein harmloses logisches Spiel betrachten, als ein Herumspielen mit Aussagen, um zu sehen, wie man sie kombinieren kann, ohne einen Widerspruch zu erhalten? Oder sollte man sie als möglicherweise »wahr« betrachten in dem Sinn, daß sie auf die Struktur des Raumes selbst anwendbar sein könnten?

Die letzte Möglichkeit schien zu jener Zeit so absurd zu sein, daß niemand davon träumte, die Frage auch nur zu stellen. Als einige wenige mutige Mathematiker begannen, nicht-Euklidische Systeme zu untersuchen, zögerten sie sogar, ihre Ergebnisse zu veröffentlichen. Heutzutage mag man darüber lachen und fragen, warum die Veröffentlichung eines mathematischen Systems Erregung verursachen könnte. Heute haben wir oft eine rein formalistische Auffassung von einem Axiomensystem. Wir fragen nicht, welche Interpretationen oder Anwendungen das System vielleicht hat, sondern nur, ob es logisch widerspruchsfrei ist und ob gewisse Aussagen aus ihm ableitbar sind. Aber das war nicht die Haltung der meisten Mathematiker des neunzehnten Jahrhunderts. Für sie bedeutete ein »Punkt« in einem geometrischen System einen Ort im natürlichen Raum; eine »Gerade« im System bedeutete eine gerade Linie im üblichen Sinn. Man trieb Geometrie nicht als Übung in Logik, sondern als Untersuchung des Raumes, wie wir ihn um uns finden, und nicht des Raumes in einem abstrakten Sinn, wie ihn die Mathematiker heutzutage verwenden, wenn sie über einen topologischen Raum, einen metrischen Raum, einen fünfdimensionalen Raum usw. sprechen.

Carl Friedrich Gauß, einer der größten Mathematiker des neunzehnten Jahrhunderts, vielleicht *der* größte Mathematiker, war, soviel man weiß, der erste, der ein widerspruchsfreies System der Geometrie entdeckte, in dem das Parallelenaxiom durch ein mit ihm unverträgliches Axiom ersetzt war. Wir haben davon nicht durch eine Veröffentlichung Kenntnis, sondern nur durch einen Brief, den Gauß an einen Freund schrieb. In diesem Brief spricht er von seinen Untersuchungen in einem derartigen System und von einigen interessanten Lehrsätzen, die man dort ableiten kann. Er fügte hinzu, daß er nicht die Absicht habe, diese Ergebnisse zu veröffentlichen, denn er fürchte »das Geschrei der Böotier«. Der Leser wird vielleicht wissen, daß im alten Griechenland die Einwohner der Provinz Böotien nicht besonders hoch geachtet waren. Vielleicht würde Gauß heute sagen »diese Hinterwäldler werden mich auslachen und sagen, daß ich verrückt bin«. Aber er fürchtete sich natürlich nicht vor den ungebildeten Leuten; er meinte gewisse Professoren der Mathematik und der Philosophie. Er wußte, daß sie ihn für verrückt halten würden, wenn er die nicht-Euklidische Geometrie ernst nahm.

Wenn wir das Parallelenaxiom aufgeben, was können wir an seine Stelle setzen? Die Antwort auf diese Frage, eine der wichtigsten Fragen in der Geschichte der modernen Physik, wird im einzelnen in den Kapiteln 14 bis 17 erörtert werden.

14 Nicht-Euklidische Geometrien

Wenn wir nach einem Ersatz für Euklids Parallelenaxiom suchen, können wir in zwei einander entgegengesetzte Richtungen gehen:

1. Wir können sagen, daß es in einer Ebene zu einer Geraden und einem nicht auf ihr liegenden Punkt *keine* Parallele gibt. (Nach Euklid gibt es genau eine.)

2. Wir können sagen, daß es mehr als eine Parallele gibt. (Es stellt sich heraus, daß es dann unendlich viele Parallelen gibt.)

Die erste dieser Abweichungen von Euklid wurde von dem deutschen Mathematiker Bernhard Riemann untersucht, die zweite von dem russischen Mathematiker Nikolai Lobatschewski. In der Aufstellung von Abb. 17 habe ich die zwei nicht-Euklidischen Geometrien zu beiden Seiten der Euklidischen Geometrie plaziert, um zu betonen, daß sie von der Euklidischen Struktur in entgegengesetzten Richtungen abweichen.

Lobatschewski veröffentlichte seine Arbeit 1835. Seine Geometrie wurde unabhängig und fast gleichzeitig auch von dem ungarischen Mathematiker Johann Bolyai entdeckt, der seine Resultate aber drei Jahre früher veröffentlichte. Riemanns Geometrie wurde erst etwa 20 Jahre später entdeckt. Wenn Sie sich genauer über nicht-Euklidische Geometrien informieren wollen: es gibt viele gute Bücher darüber. Eines davon ist »Non Euclidean Geometry« von Roberto Bonola. Es enthält die beiden Arbeiten von Bolyai und Lobatschewski, und es ist recht interessant, sie in ihrer Originalfassung zu lesen. Ich glaube, das beste Buch, das die nicht-Euklidische Geometrie von dem hier eingenommenen Standpunkt aus erörtert, nämlich ihre Bedeutung für die Philosophie von Raum und Zeit, ist Hans Reichenbachs »Philosophie der Raum-Zeit-Lehre«, erschienen 1928. Wenn Sie an historischen Gesichtspunkten interessiert sind, wäre Max Jammers

Art der Geometrie	Anzahl der Parallelen	Summe der Winkel im Dreieck	Verhältnis v. Kreisumfang zu Kreisdurchmesser	Krümmungsmaß
Lobatschewski	∞	$< 180°$	$> \pi$	< 0
Euklid	1	$180°$	π	0
Riemann	0	$> 180°$	$< \pi$	> 0

Abb. 17

Buch zu empfehlen, »Concepts of space: The History of Theories of Space and Physics«. Manchmal scheinen mir Jammers Erörterungen etwas metaphysisch. Und ich weiß nicht genau, ob dies von seinen eigenen Ansichten kommt oder von den Ansichten der Männer, die er diskutiert; jedenfalls ist es eines der wenigen Bücher, die im einzelnen die historische Entwicklung der Philosophie des Raumes darstellen.

Schauen wir uns die zwei nicht-Euklidischen Geometrien etwas genauer an. In der Lobatschewski-Geometrie, auch hyperbolische Geometrie genannt, gibt es unendlich viele Parallelen. In der Riemann-Geometrie, auch elliptische Geometrie genannt, gibt es keine Parallelen. Wie ist eine Geometrie möglich, die keine Parallelen enthält? Wir können das einsehen, wenn wir uns einem Modell zuwenden, das zwar nicht genau das Modell einer elliptischen Geometrie ist, aber etwas sehr Ähnliches – ein Modell der sphärischen Geometrie. Das Modell ist einfach die Kugeloberfläche. Wir betrachten diese Oberfläche so wie eine Ebene. Den Geraden der Ebene entsprechen die Großkreise der Kugel. Allgemeiner können wir sagen, daß bei jeder nicht-Euklidischen Geometrie die Kurven, die den Geraden der Euklidischen Geometrie entsprechen, die »geodätischen Kurven« sind. Sie haben mit den Geraden die Eigenschaft gemeinsam, daß sie die kürzeste Verbindung zwischen zwei Punkten sind. Bei unserem Modell, der Kugeloberfläche, ist die kürzeste Verbindung zweier Punkte, »die Geodätische«, ein Teil eines Großkreises. Großkreise sind die Kurven, die man erhält, wenn man die Kugel mit einer Ebene schneidet, die durch den Kugelmittelpunkt geht. Der Äquator und die Längenkreise der Erde sind geläufige Beispiele.

In Abb. 18 sind zwei Meridiane (Längenkreise) senkrecht zum

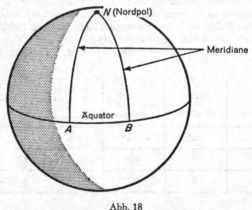

Abb. 18

Äquator eingezeichnet. In der Euklidischen Geometrie erwarten wir, daß zwei Gerade, die senkrecht auf einer gegebenen Geraden stehen, parallel sind. Aber auf der Kugel schneiden sie sich; in unserer Zeichnung am Nordpol und am Südpol. Auf der Kugel gibt es keine zwei Geraden oder besser Quasi-Geraden (d. h. Größtkreise), die sich nicht schneiden. Somit haben wir hier ein leicht vorstellbares Modell einer Geometrie, in der es keine Parallelen gibt.

Man kann die beiden nicht-Euklidischen Geometrien auch durch die Winkelsumme im Dreieck unterscheiden. Diese Unterscheidung ist wichtig, wenn man empirisch die Struktur des Raumes untersuchen will. Gauß war der erste, der klar sah, daß wir nur durch eine empirische Untersuchung des Raumes feststellen können, welche Geometrie ihn am besten beschreibt. Wenn wir einmal erkannt haben, daß nicht-Euklidische Geometrien nicht widerspruchsvoll zu sein brauchen, können wir nicht mehr, ohne empirische Untersuchungen anzustellen, sagen, welche Geometrie in der Natur gilt. Obwohl zu seiner Zeit die kantische Auffassung allgemein vorherrschte, hat Gauß vielleicht tatsächlich ein Experiment dieser Art gemacht.

Man sieht sofort, daß es viel leichter ist, Dreiecke zu untersuchen, als parallele Gerade. Es könnte ja sein, daß Parallele sich erst in ganz enormen Entfernungen treffen, während zur Messung der Winkel eines Dreiecks nicht viel Raum nötig ist. In der Euklidischen Geometrie ist für jedes Dreieck die Winkelsumme gleich zwei rechten Winkeln oder 180°. In Lobatschewskis hyperbolischer Geometrie ist die Winkelsumme eines Dreiecks weniger als 180°; in Riemanns elliptischer Geometrie ist sie größer als 180°.

Die Abweichung von 180° in der elliptischen Geometrie kann man leicht mit Hilfe unseres Kugeloberflächenmodells verstehen. Man betrachte das Dreieck *NAB* in Abb. 18; es wird von Abschnitten der beiden Meridiane und des Äquators gebildet. Die beiden Winkel am Äquator haben 90°, so daß sie allein zusammen schon 180° ergeben. Wenn wir die Meridiane so weit auseinanderspreizen, bis sie einen rechten Winkel bilden, erhalten wir ein Dreieck mit drei rechten Winkeln und einer Winkelsumme von 270°.

Wir wissen, daß Gauß daran dachte, die Winkelsumme bei einem riesengroßen Dreieck von Sternen nachzuprüfen, und es gibt Berichte, daß er einen derartigen Versuch im irdischen Maßstab durchgeführt hat, indem er drei Berggipfel in Deutschland triangulierte. Er war Professor in Göttingen, und so wählte er, wie berichtet wird, einen Hügel in der Nähe der Stadt und zwei Bergspitzen, die man von diesem Hügel aus sehen konnte. Er hatte bereits wichtige Arbeiten über die Anwendung der Wahrscheinlichkeitstheorie auf Meßfehler verfaßt, und hier hätte sich eine Gelegenheit geboten, diese Theorie anzuwenden. Der erste Schritt hätte darin bestanden, die Winkel optisch von jedem Gipfel aus zu messen und diese Messung viele Male zu wiederholen. Durch Bildung des Mittels der Beobachtungsergebnisse hätte er unter gewissen Vorkehrungen den wahrscheinlichsten Wert für diesen Winkel und also auch den wahrscheinlichsten Wert für ihre Summe bestimmen können. Aus der Streuung der Ergebnisse wäre es dann möglich gewesen, den wahrscheinlichen Fehler zu berechnen, d.h. ein gewisses Intervall um den Mittelwert derart, daß die Wahrscheinlichkeit dafür, daß der wahre Wert in dem Intervall liegt, genauso groß ist, wie die Wahrscheinlichkeit dafür, daß er außerhalb des Intervalls liegt. Man sagt, daß Gauß dies getan hat und als Winkelsumme zwar nicht genau 180° erhielt, daß die Abweichung aber innerhalb des Intervalls des wahrscheinlichen Fehlers lag. Aus diesem Resultat könnte man schließen, daß der Raum entweder Euklidisch ist oder daß seine Abweichung vom Euklidischen sehr gering ist – kleiner als der wahrscheinliche Fehler der Messungen.

Auch wenn Gauß diesen Versuch nicht wirklich durchgeführt hat, wie neuere Untersuchungen vermuten lassen, ist diese Legende selbst ein wichtiger Meilenstein in der Geschichte der naturwissenschaftlichen Methodologie. Gauß war sicher der erste, der die revolutionäre Frage stellte: Was finden wir, wenn wir die geometrische Struktur des Raumes empirisch untersuchen? Niemand vor ihm hatte daran gedacht, so eine Untersuchung anzustellen. Man hielt dies für genauso unsinnig wie eine empirische Untersuchung des Produktes 7 · 8. Stellen Sie sich vor, daß wir 7 Körbe haben, von denen jeder 8 Kugeln enthält. Wir zählen diese Kugeln viele Male. Meistens erhalten wir das Ergebnis 56, aber manchmal auch 57 oder 55. Wir könnten den Mittelwert dieser Ergebnisse bilden und ihn als den wahren Wert von 7 · 8 annehmen. Der französische Mathematiker P. E. B. Jourdain schlug einmal im Scherz vor, daß die beste Methode, dies zu tun, darin bestünde, nicht selbst zu zählen. Denn vermutlich ist man selbst kein Experte im Zählen. Die wirklichen Experten sind die Oberkellner, die dauernd Zahlen addieren und multiplizieren müssen. Man müßte die erfahrensten Oberkellner zusammenbringen und fragen, wieviel 7 · 8 ist. Es wäre nicht zu erwarten, daß sich ihre Antworten sehr unterscheiden, aber wenn man größere Zahlen benützte, wie z. B. 23 · 27, dann würde es wohl eine gewisse Streuung geben. Wir würden den Mittelwert ihrer Antworten nehmen, natürlich unter Berücksichtigung der Zahl von Oberkellnern, die die einzelnen Antworten geben, und gelangten auf dieser Grundlage zu einer wissenschaftlichen Abschätzung des Produktes von 23 und 27.

Genauso lächerlich wie dieses Verfahren uns erscheint, so erschien den Zeitgenossen von Gauß die Idee, einen geometrischen Lehrsatz empirisch zu untersuchen. Sie betrachteten die Geometrie genauso, wie sie die Arithmetik betrachteten. Sie glaubten mit Kant, daß unsere Anschauung keine geometrischen Fehler macht. Wenn wir etwas in unserer Vorstellung »sehen«, kann es sich nicht anders verhalten. Daß jemand die Winkel eines Dreiecks messen wollte – nicht nur zum Spaß oder um die Qualität der optischen Geräte zu prüfen, sondern um den wahren Wert ihrer Summe zu finden, das schien ihnen völlig absurd. Jedermann konnte nach kurzer Schulung in Euklidischer Geometrie sehen, daß die Winkelsumme 180° sein *mußte*. Aus diesem Grunde, sagt man, hat Gauß weder die Tatsache publiziert, daß er ein derartiges Experiment durchgeführt hat, noch auch nur seine Meinung, daß er so einen Versuch für der Mühe wert hielt. Trotzdem, als Ergebnis andauernder Beschäftigung mit nicht-Euklidischen Geometrien begannen viele Mathematiker zu erkennen, daß diese seltsamen neuen Geometrien ein echtes empirisches Problem stellten. Gauß selbst fand keine abschließende Antwort; aber er lieferte einen starken Anreiz dafür, in einer nichtkantischen Weise über das ganze Problem der Struktur des Raumes in der Natur zu denken.

Um klarer zu überblicken, wie die verschiedenen nicht-Euklidischen Geometrien sich voneinander unterscheiden, wollen wir wieder die Oberfläche einer Kugel betrachten. Wie wir gesehen haben, ist sie ein Modell, das uns hilft, die geometrische Struktur einer Ebene im Riemannschen Raum zu verstehen. (Riemannscher Raum heißt hier elliptischer Raum. Der Ausdruck »Riemannscher Raum« hat auch eine zweite allgemeinere Bedeutung, die später erklärt werden wird.)

Wir müssen darauf achten, die Analogie zwischen der Riemannschen Ebene und der Oberfläche der Kugel nicht zu überspannen, denn zwei Gerade eines Riemannschen Raumes haben nur einen Punkt gemeinsam, während zwei Kurven auf der Kugel, die Geraden entsprechen – zwei Großkreise –, sich immer in *zwei* Punkten schneiden. Man betrachte zum Beispiel zwei Meridiane. Sie schneiden sich am Nordpol und am Südpol. Genau genommen entspricht unser Modell nur dann der Riemannschen Ebene, wenn wir uns auf einen Teil der Oberfläche beschränken, der nicht einander entgegengesetzte Punkte wie Nord- und Südpol enthält. Wenn die ganze Kugel unser Modell sein soll, dann müssen wir annehmen, daß jeder Punkt des Riemannschen Raumes auf der Oberfläche der Kugel durch ein Paar einander entgegengesetzter Punkte repräsentiert wird. Wenn man auf der Erde, beim Nordpol beginnend, stets genau in südlicher Richtung bis zum Südpol fahren würde, so entspräche dem auf der Riemannschen Ebene eine gerade Bahn, die an einem Punkt der Ebene beginnt und wieder in ihm endet. Alle geodätischen Linien im Riemannschen Raum haben die gleiche endliche Länge und sind geschlossen wie der Umfang eines Kreises. Die Tatsache, daß diese Eigenschaften sehr stark von unserer normalen Anschauung abweichen, ist vermutlich der Grund, warum diese Geometrie später als Lobatschewskis Geometrie entdeckt wurde.

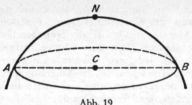

Abb. 19

Mit Hilfe unseres sphärischen Modells sehen wir leicht, daß im Riemannschen Raum das Verhältnis des Umfanges eines Kreises zu seinem Durchmesser immer kleiner ist als π. Abb. 19 zeigt einen Kreis auf der Erde, der den Nordpol als Mittelpunkt hat. Das entspricht einem Kreis in der Riemannschen Ebene. Sein Radius ist nicht die Strecke CB, denn diese liegt nicht auf der Oberfläche der Kugel, die unser Modell ist. Der Radius ist der Bogen NB und der Durchmesser ist der Bogen ANB. Wir wissen, daß das Verhältnis des Umfanges des Kreises zur Strecke $ACB = \pi$ ist. Da der Bogen ANB länger ist als die Strecke ACB, ist klar, daß das Verhältnis des Kreisumfanges zu ANB (dem Durchmesser des Kreises im Riemannschen Raum) kleiner sein muß als π.

Es ist nicht ganz so leicht, einzusehen, daß es sich im Lobatschewski-Raum gerade umgekehrt verhält: Das Verhältnis des Umfanges eines Kreises zu seinem Durchmesser muß größer sein als π. Wir können das vielleicht mit einem anderen Modell anschaulich machen.

Dieses Modell (vgl. Abb. 20) ist kein Modell der ganzen Lobatschewski-Ebene – noch weniger kann es zur Darstellung des dreidimensionalen Lobatschewski-Raumes verwendet werden –, aber man kann es für einen begrenzten Teil der Lobatschewski-Ebene verwenden. Das Modell besteht in einer sattelförmigen Oberfläche, die einem Paß zwischen zwei Bergen ähnelt. A ist ein Gipfel, C der Paß, B der andere Gipfel. Versuchen Sie, sich diese Oberfläche vorzustellen. Dann gibt es eine Kurve, vielleicht einen Weg, der durch den Punkt F auf der anderen Seite des Passes geht, dann über den Paß

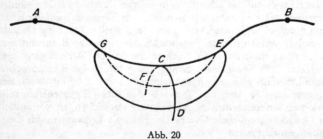

Abb. 20

herüberkommt durch Punkt C und auf dieser Seite des Passes durch Punkt D geht. Der sattelförmige Teil dieser Oberfläche einschließlich der Punkte C, D, E, F, G kann als Modell der Struktur in einer Lobatschewski-Ebene betrachtet werden. Welche Form hat ein Kreis in diesem Modell? Angenommen, der Mittelpunkt des Kreises ist C. Die Kurve DEFGD stellt dann den Umfang eines Kreises dar, dessen sämtliche Punkte die gleiche Entfernung von dem Mittelpunkt C haben. Wenn Sie am Punkt D stehen, befinden Sie sich tiefer als der Mittelpunkt des Kreises; wenn Sie entlang dem Kreis nach E gehen, dann sind Sie wieder höher als der Mittelpunkt. Man kann sich leicht vorstellen, daß diese wellenförmige Kurve, die einem Kreis in der Lobatschewski-Ebene entspricht, länger sein muß als ein gewöhnlicher Kreis in einer Euklidischen Ebene, der CD als Radius hat. Weil er länger ist, muß das Verhältnis des Umfanges dieses Kreises zu seinem Durchmesser (dem Bogen FCD oder dem Bogen GCE) größer sein als π.

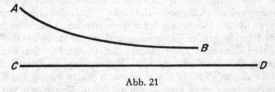

Abb. 21

Ein genaueres Modell, das in allen Abmessungen einem Teil der Lobatschewski-Ebene entspricht, kann konstruiert werden, indem man eine gewisse Kurve nimmt, die Tractrix genannt wird (Bogen AB in Abb. 21), und sie um die Achse CD rotieren läßt. Die entstehende Rotationsfläche nennt man Pseudosphäre. Vielleicht haben Sie schon einmal ein Modell dieser Fläche gesehen. Wenn Sie sich so ein Modell genauer anschauen, dann können Sie sehen, daß die Dreiecke auf seiner Oberfläche eine Winkelsumme von weniger als 180° haben müssen, und daß für Kreise das Verhältnis von Umfang zu Durchmesser größer sein muß als π. Je größer der Kreis auf der Oberfläche ist, um so größer wird die Abweichung des Verhältnisses von π sein. Das heißt natürlich nicht, daß π keine Konstante ist. π ist das Verhältnis des Umfanges zum Durchmesser eines Kreises in der Euklidischen Ebene. Diese Tatsache wird nicht dadurch geändert oder infragegestellt, daß es nicht-Euklidische Geometrien gibt, in denen das Verhältnis von Umfang zu Durchmesser bei Kreisen eine Variable ist, die größer oder kleiner sein kann als π.

Für jeden Punkt aller Oberflächen, sowohl Euklidischer wie auch nicht-Euklidischer, ist ein Maß definiert, das sogenannte »Krümmungsmaß« der Oberfläche in jedem Punkt. Die Lobatschewski-Geometrie ist durch die Tatsache charakterisiert, daß für jede Ebene an jedem Punkt das Krümmungsmaß negativ und konstant ist. Es gibt unendlich viele verschiedene Lobatschewski-Geometrien. Jede ist charakterisiert durch einen gewissen festen Parameter – eine negative Zahl –: das Krümmungsmaß der Ebene dieser Geometrie.

Sie werden vielleicht einwenden, daß eine Ebene keine Krümmung haben kann. Aber »Krümmung« ist hier einfach ein Ausdruck, den man nicht in seinem normalen Sinn verstehen darf. In der Euklidischen Geometrie messen wir die Krümmung einer Kurve an einem Punkt, indem wir das Reziproke des »Krümmungsradius« nehmen. Der »Krümmungsradius« ist der Radius eines gewissen Kreises, der sozusagen mit einem infinitesimalen Teil der Kurve an dem fraglichen Punkt zusammenfällt. Wenn eine Kurve fast gerade ist, dann ist der Krümmungsradius sehr groß. Wenn die Kurve stark gekrümmt ist, dann ist der Radius kurz.

Wie messen wir die Krümmung einer Oberfläche an einem gegebenen Punkt? Wir messen zunächst die Krümmung zweier geodätischer Linien, die sich an dem Punkt schneiden und in den zwei sogenannten »Hauptrichtungen« der Oberfläche laufen. Die eine dieser Richtungen ist die Richtung jener geodätischen Linie durch den Punkt, welche die größte Krümmung besitzt, die andere ist die Richtung der geodätischen Linie durch den Punkt mit der kleinsten Krümmung. Wir definieren dann die Krümmung der Oberfläche an dem Punkt als das Produkt der reziproken Werte der beiden Krümmungsradien jener zwei geodätischen Linien. Betrachten wir zum Beispiel den Gebirgspaß von Abb. 20. Wie messen wir die Krümmung der Oberfläche im Punkt C? Wir sehen, daß eine geodätische Linie, der Bogen GCE (von oben betrachtet) konkav gekrümmt ist, während die geodätische Linie, die sie rechtwinklig schneidet, der Bogen FCD, konvex gekrümmt ist. Diese beiden Geodätischen liefern die Maximum- und Minimumkrümmung der Oberfläche im Punkt C. Wenn wir natürlich auf die fragliche Oberfläche von unten blicken, dann erscheint der Bogen GCE konvex und der Bogen FCD konkav. Es spielt gar keine Rolle, von welcher Seite wir die Oberfläche betrachten, welche der Kurven wir als konvex und welche wir als konkav ansehen. Eine der Seiten werden wir kraft Konvention die positive Seite nennen und die andere die negative. Das Produkt der reziproken Werte der beiden Radien, $\dfrac{1}{R_1\,R_2}$ gibt uns das Maß der Krümmung der Satteloberfläche im Punkt C an. Für jeden Punkt der Satteloberfläche wird der eine Kurvenradius positiv sein und der andere negativ. Das Produkt der Reziproken dieser Radien und daher auch das Krümmungsmaß der Oberfläche muß also immer negativ werden.

Das ist nicht der Fall für eine Oberfläche, die völlig konvex ist, wie die einer Kugel oder eines Eies. Bei solchen Oberflächen sind die zwei geodätischen Linien in den Hauptrichtungen in der gleichen Weise gekrümmt. Es mag sein, daß eine der beiden Kurven stärker gekrümmt ist als die andere, aber beide auf die gleiche Art. Wieder macht es keinen Unterschied, ob wir so eine Oberfläche von der einen Seite betrachten und die beiden Krümmungsradien positiv nennen oder die Oberfläche von der anderen Seite betrachten und die beiden Radien negativ nennen. Das Produkt ihrer Reziprokwerte wird stets positiv sein. Deshalb wird für jeden Punkt einer konvexen Oberfläche, wie etwa der Kugel, das Krümmungsmaß positiv sein.

Die Lobatschewski-Geometrie, die durch das Sattel-Oberflächen-Modell dargestellt wird, kann folgendermaßen charakterisiert werden: Für jeden Lobatschewski-Raum gibt es eine bestimmte negative Zahl, die das Krümmungsmaß für jeden Punkt in jeder Ebene dieses Raumes ist. Die Riemannsche Geometrie, die durch eine Kugel-oberfläche dargestellt wird, kann in ähnlicher Weise charakterisiert werden: Für jeden Riemann-Raum gibt es eine bestimmte positive Zahl, die das Krümmungsmaß für jeden Punkt in jeder Ebene des Raumes ist. Beide sind Räume konstanter Krümmung. Das heißt, für jeden Raum dieser Art ist das Krümmungsmaß für jeden Punkt in jeder Ebene das gleiche.

Es sei k das Krümmungsmaß. Im Euklidischen Raum, der auch konstante Krümmung hat, gilt $k = 0$; im Lobatschewski-Raum $k < 0$; im Riemann-Raum $k > 0$. Diese Zahlenwerte sind nicht durch die geometrischen Axiome bestimmt. Man erhält verschiedene Riemannsche Räume, wenn man verschiedene positive Werte für k wählt und verschiedene Lobatschewski-Räume, wenn man verschiedene negative Werte für k wählt. Abgesehen vom Wert des Parameters k sind alle Theoreme in allen Lobatschewski-Räumen die gleichen und ebenso in allen Riemann-Räumen. Natürlich sind die Lehrsätze jeder Geometrie ganz verschieden von denen der anderen.

Es ist wichtig, daß man klar erkennt, daß »Krümmung« im ursprünglichen und wörtlichen Sinne nur Oberflächen eines Euklidischen Modells einer nicht-Euklidischen Ebene zukommt. Die Kugel- und die Pseudosphäre sind gekrümmte Oberflächen in diesem Sinn. Aber wenn man den Ausdruck »Krümmungsmaß« auf nicht-Euklidische Ebenen anwendet, so heißt das nicht, daß diese Ebenen sich im gewöhnlichen Sinne »krümmen«. Es ist durchaus gerechtfertigt, den Begriff der »Krümmung« so zu verallgemeinern, daß er auf nicht-Euklidische Ebenen anwendbar ist. Denn die innere geometrische Struktur einer Riemannschen Ebene ist die gleiche wie die Struktur der Oberfläche einer Euklidischen Kugel; das gleiche gilt von der Struktur der Ebene im Lobatschewski-Raum und der Oberfläche der Euklidischen Pseudosphäre. Die Wissenschaftler geben oft einem alten, schon gebräuchlichen Ausdruck eine neue allgemeinere Bedeutung. Das verursachte im 19. Jahrhundert überhaupt keine

Schwierigkeiten, denn es waren nur die Mathematiker, die sich für nicht-Euklidische Geometrie interessierten. Es wurde erst schlimm, als Einstein die nicht-Euklidische Geometrie in seiner allgemeinen Relativitätstheorie verwendete. Denn nun kam dieser Gegenstand aus dem Bereich der reinen Mathematik in den Bereich der Physik und wurde zu einer Beschreibung der wirklichen Welt. Die Leute wollten verstehen, was Einstein tat, und so wurden Bücher geschrieben, die diese Dinge dem Laien nahebringen sollten. In jenen Büchern sprach man oft von »gekrümmten Ebenen« und »gekrümmtem Raum«. Das war eine äußerst unglückliche, irreführende Redeweise. Man hätte sich etwa so ausdrücken sollen: »Es gibt ein bestimmtes Maß k – die Mathematiker nennen es ›Krümmungsmaß‹, aber das braucht uns hier nicht zu kümmern –, und dieses k ist positiv innerhalb der Sonne, aber negativ in ihrem Gravitationsfeld. Je mehr wir uns von der Sonne entfernen, um so mehr nähert sich der negative Wert von k dem Wert 0.« Anstatt dies zu sagen, behaupten die populärwissenschaftlichen Schriftsteller, daß Einstein entdeckt hätte, daß die Ebenen in unserem Raum gekrümmt sind. Das konnte den Laien natürlich nur verwirren. Die Leser fragten, was es heißt, daß Ebenen gekrümmt sind. Wenn sie gekrümmt sind, so dachten sie, sollte man sie doch nicht mehr Ebenen nennen! Solches Gerede über gekrümmten Raum ließ die Leute glauben, daß alles im Raum verzerrt oder verbogen sei. Manche Autoren von Büchern über Relativitätstheorie gehen so weit, darüber zu sprechen, wie die Kraft der Gravitation die Ebenen verbiege. Sie beschrieben es ganz realistisch, als wäre es so ähnlich, wie wenn jemand ein Stück Blech biegt. Diese Art zu denken führte zu seltsamen Konsequenzen, und einige Autoren lehnten Einsteins Theorie deshalb ab. All dies hätte man vermeiden können, wenn man den Ausdruck »Krümmung« vermieden hätte.

Auf der anderen Seite wäre es nicht leicht gewesen, dem in der Mathematik bereits eingeführten Begriff einen neuen Namen zu geben. Es ist deshalb wohl am besten, den Ausdruck »Krümmung« als Fachausdruck zu akzeptieren, wobei man sich aber darüber klar sein sollte, daß dieser Ausdruck nicht mit den alten Assoziationen zu verbinden ist. Wenn Sie an eine nicht-Euklidische Ebene denken, dann denken Sie nicht an eine Ebene, die in eine Form »gebogen« wurde, so daß sie keine Ebene mehr ist. Eine nicht-Euklidische Ebene hat nicht die innere Struktur einer Euklidischen Ebene, aber sie ist eine Ebene in dem Sinn, daß die Struktur auf ihrer einen Seite genau die gleiche ist wie die Struktur auf ihrer anderen Seite. Hier liegt meiner Meinung nach die Gefahr, wenn man sagt, die Euklidische Kugel ist ein Modell der Riemannschen Ebene. Denn wenn Sie an eine Kugel denken, dann stellen Sie sich ihre Außenseite als ganz verschieden von ihrer Innenseite vor.

Von der Innenseite sieht die Oberfläche konkav aus; von außen ist sie konvex. Das gilt für Ebenen nicht. Weder im Lobatschewski- noch im Riemann-Raum. In beiden Räumen sind die zwei Seiten der Ebene identisch. Wenn wir die Ebene auf der einen Seite verlassen, beobachten wir nichts anderes, als wenn wir die Ebene auf der anderen Seite in der entgegengesetzten Richtung verlassen. Aber die innere Struktur der Ebene ist so beschaffen, daß wir mit dem Parameter k den Grad ihrer »Krümmung« angeben können. Dabei müssen wir uns daran erinnern, daß dies Krümmung in einem technischen Sinn ist und nicht das, was wir uns intuitiv als Krümmung im Euklidischen Raum vorstellen.

Eine andere terminologische Konfusion betrifft die beiden Bedeutungen (wir haben schon früher in diesem Kapitel darauf angespielt) der »Riemannschen Geometrie«. Sie ist leicht aufzuklären. Als Riemann zuerst seine Geometrie der konstanten positiven Krümmung entwickelte, nannte man sie Riemannsch, um sie von Lobatschewskis Raum mit konstanter negativer Krümmung zu unterscheiden, der schon länger bekannt war. Später entwickelte Riemann eine verallgemeinerte Theorie der Räume mit veränderlicher Krümmung, Räume, die nicht axiomatisch erfaßt wurden. (Die axiomatischen Formen der nicht-Euklidischen Geometrie, in denen alle Axiome von Euklid mit Ausnahme des Parallelenaxioms beibehalten werden, sind auf Räume konstanter Krümmung beschränkt.) In Riemanns allgemeiner Theorie kann man eine beliebige Zahl von Dimensionen einführen, und in all diesen Fällen kann sich die Krümmung kontinuierlich von Punkt zu Punkt ändern.

Wenn die Physiker von »Riemannscher Geometrie« sprechen, dann meinen sie die verallgemeinerte Geometrie, von welcher die alten Riemannschen und Lobatschewskischen Geometrien (heute elliptische und hyperbolische Geometrien genannt) zusammen mit der Euklidischen Geometrie die einfachsten Spezialfälle bilden. Zusätzlich zu diesen Spezialfällen enthält die verallgemeinerte Riemannsche Geometrie eine große Vielfalt von Räumen mit veränderlicher Krümmung. Einer dieser Räume ist der, den Einstein in seiner Allgemeinen Relativitätstheorie verwendet.

Henri Poincaré, der berühmte französische Mathematiker und Physiker und Autor vieler Bücher über die Philosophie der Naturwissenschaften, von denen die meisten noch vor der Zeit Einsteins erschienen, war sehr an dem Problem der geometrischen Struktur des Raumes interessiert. Eine seiner wichtigen Einsichten ist so wesentlich für ein Verständnis der modernen Physik, daß es der Mühe wert sein wird, sie etwas ausführlicher zu erörtern[12].

Nehmen wir einmal an, so schrieb Poincaré, die Physiker entdeckten, daß die Struktur des wirklichen Raumes von der Euklidischen Geometrie abweicht. Die Physiker hätten dann die Wahl zwischen zwei Alternativen. Sie könnten entweder die nicht-Euklidische Geometrie als eine Beschreibung des physikalischen Raumes annehmen, oder sie könnten die Euklidische Geometrie retten, indem sie neue Naturgesetze annähmen, welche ausdrücken, daß alle festen Körper sich in gewisser Weise ausdehnen und zusammenziehen. Wie wir schon früher gesehen haben, müssen wir Korrekturfaktoren zur Kompensation der Wärmeausdehnung verwenden, wenn wir mit einem Stahlmaßstab genau messen wollen. In einer ähnlichen Weise, sagte Pioncaré, würden die Physiker reagieren, wenn Beobachtungen daraufhindeuteten, daß der Raum nicht-Euklidisch sei. Sie würden den Euklidischen Raum beibehalten und in ihre Theorien neue Kräfte einführen – Kräfte, die unter bestimmten Bedingungen die starren Körper ausdehnen oder zusammenziehen würden.

Auch in der Optik würde man neue Gesetze einführen müssen, denn man kann physikalische Geometrie auch mit Hilfe von Lichtstrahlen studieren. Lichtstrahlen werden als Gerade angenommen. Der Leser wird sich daran erinnern, daß die drei Seiten des großen Dreiecks von Gauß, das Berge als Ecken hatte, nicht aus festen Stäben bestanden – die Entfernungen waren viel zu groß –, sondern aus Lichtstrahlen. Nehmen wir an, sagte Poincaré, wir finden, daß die Winkelsumme eines großen Dreiecks von 180 Grad abweicht. Statt die Euklidische Geometrie aufzugeben, könnten wir auch sagen, daß die Abweichung auf eine Krümmung der Lichtstrahlen zurückzuführen ist. Wenn wir neue Gesetze für die Ablenkung von Lichtstrahlen einführen, können wir es immer so einrichten, daß wir die Euklidische Geometrie beibehalten können.

Das war eine außerordentlich wichtige Einsicht. Später will ich zu erklären versuchen, wie Poincaré dies eigentlich meinte und wie man es rechtfertigen kann. Außerdem sagte Poincaré voraus, daß die Physiker immer den zweiten Weg wählen würden. Sie würden es vorziehen, die Euklidische Geometrie beizubehalten, denn sie sei viel einfacher als die nicht-Euklidische Geometrie. Er wußte natürlich nichts von dem komplizierten nicht-Euklidischen Raum, den Einstein bald vorschlagen würde. Er dachte vermutlich nur an die einfacheren nicht-Euklidischen Räume mit konstanter Krümmung, sonst würde er es zweifellos für *noch* viel unwahrscheinlicher gehalten haben, daß die Physiker sich von Euklid abwenden würden. Es schien Poincaré gerechtfertigt, einige kleinere Änderungen bei den Gesetzen für feste Körper und Lichtstrahlen vorzunehmen, wenn man so das einfachere Euklidische System beibehalten konnte. Aber nur wenige Jahre später, 1915, entwickelte Einstein seine allgemeine Relativitätstheorie, die eine nicht-Euklidische Geometrie verwendet.

Es ist wichtig, Poincarés Ansicht klar zu verstehen; das wird uns auch helfen zu verstehen, warum Einstein von ihr abwich. Wir werden versuchen, dies ganz anschaulich klar zu machen und nicht mit Berechnungen und Formeln. Wir werden ein Hilfsmittel benützen, das Hermann von Helmholtz verwendete, schon viele Jahrzehnte, bevor Poincaré über dieses Thema schrieb. Helmholtz wollte zeigen, daß Gauß durchaus mit Recht die geometrische Struktur des Raumes als eine empirische Frage betrachtete. Stellen wir uns, so sagte er, eine zweidimensionale Welt vor, in der zweidimensionale Wesen herumlaufen und Gegenstände bewegen können. Diese Wesen und alle Gegenstände ihrer Welt sind vollkommen flach, wie die zweidimensionalen Geschöpfe in Edwin A. Abbots amüsanter Phantasie »Flatland«. Sie leben nicht auf einer Ebene, sondern auf der Oberfläche einer Kugel. Die Kugel hat gigantische Ausmaße im Verhältnis zu ihrer eigenen Größe; sie haben die Größe von Ameisen und die Kugel ist so groß wie die Erde. Die Kugel ist so groß, daß sie nie ganz um sie herumkommen. In anderen Worten, ihre Bewegungen sind auf einen begrenzten Teil der Kugeloberfläche beschränkt. Unsere Frage ist nun: Können diese Geschöpfe nur mit Hilfe von Messungen innerhalb ihrer zweidimensionalen Oberfläche jemals feststellen, ob sie sich auf einer Ebene, einer Kugel oder irgendeiner anderen Art von Fläche befinden?

Helmholtz antwortete »ja«. Sie könnten ein sehr großes Dreieck bauen und die Winkel messen. Wenn die Winkelsumme größer wäre als 180 Grad, dann wüßten sie, daß sie auf einer Oberfläche mit positiver Krümmung sind; wenn sie die gleiche positive Krümmung an jedem Punkt ihres Erdteils feststellten, dann wüßten sie, daß sie auf einer Kugeloberfläche lebten. (Ob es sich nur um einen Teil einer Kugel oder um eine ganze Kugel handelte, ist eine andere Frage.) Es wäre auf jeden Fall eine vernünftige Hypothese, anzunehmen, daß ihr ganzes Universum eine Kugeloberfläche ist. Wir natürlich können auf einen Blick sehen, daß es so eine Oberfläche ist, weil wir dreidimensionale Geschöpfe sind, die von außen auf sie blicken können. Aber Helmholtz machte deutlich, daß die zweidimensionalen Wesen selbst durch Messung der Winkel eines Dreiecks oder durch Bestimmung des Verhältnisses von Umfang zu Durchmesser eines Kreises (oder mit Hilfe verschiedener anderer Größen) das Krümmungsmaß an jedem Punkt ihrer Oberfläche berechnen könnten. Gauß hatte daher Recht, wenn er glaubte, er könnte durch Messungen bestimmen, ob unser dreidimensionaler Raum eine positive oder eine negative Krümmung besitzt. Wenn wir uns unseren Raum in einer höher-dimensionalen Welt eingebettet vorstellen, dann können wir von einer wirklichen Biegung oder Krümmung unseres Raumes sprechen, denn er würde für vierdimensionale Geschöpfe tatsächlich gekrümmt aussehen.

Wir müssen das noch etwas genauer betrachten. Nehmen wir an, daß die zweidimensionalen Geschöpfe, wenn sie Dreiecke mit ihren Maßstäben messen, entdecken, daß für Dreiecke gleicher Größe an jedem Punkt ihres Kontinents die gleiche positive Krümmung herrscht. Unter diesen Geschöpfen gebe es zwei Physiker, P_1 und P_2. Der Physiker P_1 vertritt eine Theorie T_1, die besagt, daß das Gebiet, in dem er und seine Mitgeschöpfe leben, Teil einer Kugeloberfläche S_1 ist. Sein Kollege, der Physiker P_2, vertritt die Theorie T_2, welche besagt, daß das Gebiet eine flache Oberfläche S_2 ist. In Abb. 22 sieht man einen Querschnitt der beiden Oberflächen. Nehmen wir nun an, daß es in S_1 feste zweidimensionale Gegenstände gibt, die sich bewegen, ohne ihre Größe oder Form zu verändern. Für jeden Körper in S_1 gibt es einen entsprechenden flachen Körper in S_2, der seine Projektion ist. Wir wählen etwa eine Parallelprojektion senkrecht zu der Ebene S_2 (im Bild wird die Projektion durch die gestrichelten Linien angedeutet). Wenn sich ein Gegenstand in S_1 von der Lage A_1 zur Lage A_1' bewegt, dann bewegt sich sein Schatten-Körper in S_2 von A_2 zu A_2'. Wir nehmen an, daß die Körper in S_1 starr sind, dann ist die Länge von A_1 gleich der Länge von A_1'. Aber das heißt, daß A_2' kürzer sein muß als A_2.

Helmholtz wies darauf hin, daß wir, wenn wir etwas mit einem Maßstab messen, in Wirklichkeit nichts anderes beobachten, als daß gewisse Punkte zusammenfallen. Das kann man leicht aus dem Anfang von Kapitel 9 ersehen, wo wir die Messung der Länge eines Zaunes beschrieben haben.

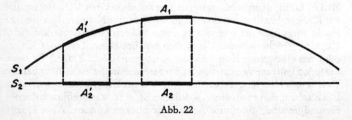

Abb. 22

Schauen wir noch einmal auf die Abb. 22. Die Projektion von S_1 auf S_2 ist eine eineindeutige* Abbildung. (Das wäre nicht möglich, wenn S_1 eine ganze Kugel wäre, aber wir haben angenommen, daß S_1 nur ein beschränktes Gebiet auf einer Kugel ist.) Das heißt, daß es für jeden Punkt auf S_1 genau einen entsprechenden Punkt auf S_2 gibt. Während daher unsere Wesen sich in S_1 herumbewegen und Punktkoinzidenzen zwischen ihren Maßstäben und dem, was sie messen, feststellen, machen die dazugehörigen Schatten-Geschöpfe genau die gleichen Beobachtungen an den entsprechenden Schatten-körpern. Da wir angenommen hatten, daß die Gegenstände in S_1 starr sind, können die entsprechenden Gegenstände in S_2 nicht starr sein. Sie müssen, wie im Bild angedeutet, gewissen Zusammenziehungen und Ausdehnungen unterworfen sein.

Kehren wir nun zu den beiden Physikern P_1 und P_2 zurück, die verschiedene Theorien über die Natur ihrer flachen Welt vertreten. P_1 sagt, daß diese Welt Teil einer Kugel sein muß. P_2 behauptet, daß sie eine Ebene ist, daß sich aber die Körper in gewisser vorhersagbarer Weise ausdehnen und zusammenziehen, wenn man sie bewegt. Zum Beispiel werden sie länger, wenn sie sich auf den Mittelteil von S_2 hinbewegen, kürzer, wenn sie sich von dem Scheitelpunkt wegbewegen. P_1 sagt, daß Lichtstrahlen geodätische Linien auf der gekrümmten Oberfläche S_1 sind, d.h. sie folgen den Bögen von Großkreisen. Diese Bögen werden auf S_2 als Ellipsenbögen projiziert. P_2 muß daher, wenn er seine Theorie, daß die Welt eben ist, verteidigen will, optische Theorien entwickeln, in denen die Lichtstrahlen auf elliptischen Bahnen laufen.

Wie können die beiden Physiker entscheiden, welcher von ihnen recht hat? Die Antwort ist, daß man das nicht entscheiden kann. Der Physiker P_1 behauptet, daß ihre Welt ein Teil der Oberfläche einer Kugel ist und daß die Körper keine Kontraktionen oder Expansionen erleiden, mit Ausnahme natürlich solcher bekannter Phänomene (oder besser der zweidimensionalen Analoga solcher Phänomene) wie Wärmeausdehnung, elastische Ausdehnung usw. Der Physiker P_2 beschreibt dieselbe Welt auf eine andere Weise. Er glaubt, daß sie eine Ebene ist, aber daß sich die Körper in gewisser Weise zusammenziehen und ausdehnen, wenn sie sich in der Fläche bewegen. Wir, die in einem dreidimensionalen Raum leben, können diese zweidimensionale Welt beobachten und sehen, ob es sich um eine Kugel oder um eine Ebene handelt; aber die zwei Physiker sind an ihre Welt gebunden. Sie können prinzipiell nicht entscheiden, welche Theorie die richtige ist. Aus diesem Grunde, so sagte Poincaré, sollte man die Frage, wer recht hat, nicht einmal stellen. Die beiden Theorien sind nicht mehr als zwei verschiedene Arten einer

* S. Fußnote S. 68.

Beschreibung derselben Welt. Es gibt unendlich viele Möglichkeiten für die Physiker auf der Kugel, ihre Welt zu beschreiben, und nach Poincaré ist es ganz und gar eine Frage der Konvention, welche Beschreibung sie wählen. Ein dritter Physiker z. B. könnte die phantastische Theorie vertreten, daß die Welt diese Form hätte:

Er könnte so eine Theorie verteidigen, indem er noch kompliziertere mechanische und optische Gesetze einführte, Gesetze, welche alle Beobachtungen in Einklang mit der Theorie bringen würden. Aus praktischen Gründen würde kein Physiker auf der Kugel so eine Theorie vorschlagen wollen. Aber, betonte Poincaré, es gibt keinen logischen Grund, warum er das nicht tun sollte.

Wir können uns ein zweidimensionales Analogon von Poincaré vorstellen, das zu den streitenden Physikern sagt: »Es gibt keinen Grund für einen Streit. Sie geben einfach verschiedene Beschreibungen derselben Gesamtheit von Tatsachen.« Wie sich der Leser erinnern mag, hat Leibniz schon früher eine ähnliche Ansicht vertreten. Wenn es prinzipiell keine Möglichkeit gibt, zwischen zwei Aussagen zu entscheiden, dann, so sagte Leibniz, sollten wir nicht sagen, daß sie verschiedene Bedeutung hätten. Wenn alle Gegenstände im Universum über Nacht die doppelte Größe erhielten, würde dann die Welt uns am nächsten Morgen seltsam erscheinen? Leibniz sagte, das würde nicht der Fall sein. Die Größe unserer eigenen Körper würde sich auch verdoppeln, und so hätten wir nichts, womit wir eine Änderung entdecken könnten. Ähnlich wäre es, wenn sich das ganze Universum um zehn Kilometer zur Seite bewegte. Wir könnten es nicht entdecken. Es würde daher sinnlos sein zu behaupten, daß sich so eine Änderung ereignet hätte. Poincaré übernahm diesen Gedanken von Leibniz und wendete ihn auf die geometrische Struktur des Raumes an. Wir können experimentelle Hinweise darauf finden, daß der physikalische Raum nicht-Euklidisch ist, aber wir können stets den einfacheren Euklidischen Raum beibehalten, wenn wir gewillt sind, einen Preis dafür zu zahlen. Wie wir gesehen haben, glaubte Poincaré nicht, daß dieser Preis jemals zu hoch sein würde.

Es sind zwei grundlegende Gedanken, die wir durch unsere Erörterungen der flachen Welt klar machen wollten und die wir auf unsere wirkliche Welt anwenden werden. Erstens: durch gewöhnliche Messungen mit herkömmlichen Verfahren könnten wir zu dem Ergebnis kommen, daß der Raum eine nicht-Euklidische Struktur hat. Einige moderne Philosophen (Hugo Dingler zum Beispiel) sahen das nicht. Sie behaupten: weil wir bei unseren Meßverfahren Instrumente verwenden, die unter der Annahme hergestellt wurden, daß die Geometrie Euklidisch ist, deshalb könnten uns diese Instrumente auf keinen Fall nicht-Euklidische Resultate liefern. Diese Behauptung ist sicher falsch. Unsere Instrumente nehmen einen so kleinen Teil des Raumes ein, daß die Frage, wie unser Raum von der Euklidischen Geometrie abweicht, für ihre Konstruktion keine Bedeutung hat. Man betrachte z. B. das Instrument, das bei der Landvermessung zum Messen von Winkeln verwendet wird. Es enthält einen Kreis, der in 360 gleiche Teile geteilt ist, aber es ist so ein kleiner Kreis, daß, auch wenn der Raum vom Euklidischen Verhalten so stark abwiche, daß Gauß dies hätte messen können (viel mehr als in der allgemeinen Relativitätstheorie), dies immer noch keine Auswirkung auf den Bau des Kreises hätte. In kleinen Gebieten des Raumes würde die Euklidische Geometrie immer noch mit einer sehr großen Annäherung gelten. Das drückt man manchmal aus, indem man sagt, daß der nicht-Euklidische Raum in kleinen Gebieten Euklidische Struktur hat. Vom streng mathematischen Standpunkt ist dies eine Frage des Grenzwertes. Je kleiner das Raumgebiet, um so mehr nähert sich seine Struktur der Euklidischen. Aber unsere Laboratoriumsinstrumente beanspruchen so winzige Teile des Raumes, daß wir den Einfluß, den der nicht-Euklidische Raum auf ihren Aufbau haben könnte, vollkommen vernachlässigen können.

Sogar, wenn die Abweichung von der Euklidischen Geometrie so stark wäre, daß die Winkelsumme eines kleinen Dreiecks (sagen wir eines Dreiecks auf einem Zeichenbrett) wirklich von 180 Grad abweichen würde, könnte man dies sicher mit Instrumenten feststellen, die in der herkömmlichen Weise hergestellt sind. Nehmen wir an, daß die Wesen auf einer Kugeloberfläche S_1 (vgl. Abb. 22) einen Winkelmesser bauen, indem sie eine kreisförmige Scheibe ausschneiden und ihren Umfang in 360 gleiche Teile teilen. Wenn man diesen Winkelmesser zur Messung der Winkel eines Dreiecks benutzte, das, wie in einem früheren Beispiel, aus den beiden halben Meridianen und einem Viertel des Äquators besteht, würden sie für jeden Winkel 90 Grad erhalten und daher für die Winkelsumme 270 Grad.

Der zweite grundlegende Gedanke, der durch unsere Erörterung der zweidimensionalen Welt ans Licht kam, ist dieser: Wenn wir empirische Hinweise auf einen nicht-Euklidischen Raum finden, können wir die Euklidische Geometrie beibehalten, vorausgesetzt wir sind bereit, (komplizierte) Änderungen der Naturgesetze für starre Körper und Lichtstrahlen hinzunehmen. Wenn wir auf Flächen in unserem Raum schauen, wie etwa auf eine Oberfläche, auf der wir eine Ameise laufen sehen, ist es sinnvoll zu fragen, ob diese Fläche eine Ebene oder Teil einer Kugel oder irgendeine andere Art von Fläche ist. Wenn wir andrerseits mit dem Raum unseres Universums zu tun haben, einem Raum, den wir nicht als etwas beobachten können, das in einem Universum höherer Dimension eingebettet ist, dann ist es sinnlos zu fragen, ob der Raum Euklidisch ist oder ob unsere Gesetze modifiziert werden müssen, um die Euklidische Geometrie zu retten. Die beiden Theorien sind nur zwei Beschreibungen ein und derselben Tatsache. Wir können sie äquivalente Beschreibungen nennen, denn wir machen in beiden Theorien genau die gleichen Voraussagen über beobachtbare Ereignisse. Vielleicht wäre äquivalent in bezug auf die Beobachtungen der richtige Ausdruck. Die Theorien können sich sehr stark in Bezug auf ihre logische Struktur unterscheiden, aber wenn ihre Formeln und Gesetze immer zu den gleichen Vorhersagen über beobachtbare Ereignisse führen, können wir sagen, daß sie äquivalent sind.

An diesem Punkt ist es gut, klar zu unterscheiden zwischen dem, was wir hier unter äquivalenten Theorien verstehen und dem, was sonst manchmal damit gemeint wird. Gelegentlich werden zwei Physiker zwei verschiedene Theorien zur Erklärung der gleichen Menge von Tatsachen vorschlagen. Beide Theorien mögen diese Menge von Tatsachen erklären, aber die Theorien können sich in bezug auf noch nicht gemachte Beobachtungen unterscheiden. Das heißt, sie können verschiedene Vorhersagen machen über das, was man in der Zukunft beobachten kann. Auch wenn zwei solche Theorien vollständig in bezug auf bekannte Beobachtungen übereinstimmen, sollte man sie trotzdem als wesentlich verschiedene physikalische Theorien ansehen.

Manchmal ist es nicht leicht, ein Experiment zu finden, das eine Entscheidung zwischen zwei konkurrierenden nicht-äquivalenten Theorien herbeiführt. Ein klassisches Beispiel sind Newtons und Einsteins Theorie der Gravitation. Die Unterschiede in den Vorhersagen dieser beiden Theorien sind so klein, daß man sehr raffinierte Experimente und äußerst präzise Messungen machen mußte, um zu entscheiden, welche Theorie die genaueren Voraussagen lieferte. Als Einstein später seine einheitliche Feldtheorie herausbrachte, mußte er zugeben, daß er kein *experimentum crucis* zur Unterscheidung zwischen seiner und anderen Theorien vorschlagen konnte. Er machte klar, daß seine Theorie keiner früheren Theorie äquivalent war, aber sie hatte eine so abstrakte Form, daß er keine neuen Konsequenzen abzuleiten vermochte, die mit der gegenwärtig verfügbaren Genauigkeit unserer Meßinstrumente beobachtet werden konnten. Er glaubte, daß eine Weiterentwicklung seiner einheitlichen Feldtheorie und unserer Meßmethoden schließlich zu einer entscheidenden Beobachtung führen würden. Für uns ist es wichtig, klar zu verstehen, daß der Ausdruck »äquivalente Theorien«, wie er *hier* benutzt wird, viel mehr bedeutet, als daß die beiden Theorien alle bekannten Beobachtungen erklären. Äquivalenz heißt hier, daß die beiden Theorien in allen Fällen zu genau den gleichen Vorhersagen führen – wie die Theorien der beiden Physiker in unserem Kugel-Beispiel.

In den nächsten beiden Kapiteln werden wir im einzelnen sehen, wie Poincarés Einsicht in die beobachtungsmäßige Äquivalenz der Euklidischen und nicht-Euklidischen Theorien des Raumes zu einem tieferen Verständnis der Struktur des Raumes in der Relativitätstheorie führt.

16 Der Raum in der Relativitätstheorie

Nach Einsteins Relativitätstheorie hat der Raum eine Struktur, die in Gravitationsfeldern von der Struktur der Euklidischen Geometrie abweicht. Wenn das Schwerefeld nicht extrem stark ist, sind diese Abweichungen sehr schwierig zu beobachten. Das Schwerefeld der Erde ist zum Beispiel so schwach, daß es auch mit den besten verfügbaren Instrumenten nicht möglich ist, irgendeine Abweichung von der Euklidischen Struktur in der Nachbarschaft der Erde festzustellen. Aber wenn man viel stärkere Gravitationsfelder untersucht, wie das der Sonne oder von Sternen, die eine noch größere Masse haben als die Sonne, dann gibt es gewisse Abweichungen von der Euklidischen Geometrie, die man durch Beobachtungen nachprüfen kann.

Die populären Bücher, die über die Relativitätstheorie geschrieben wurden und auch viele andere Bücher, die diesen Gegenstand berühren, enthalten manchmal irreführende Behauptungen. An einer Stelle mag behauptet werden, daß nach Einsteins Theorie die Struktur des Raumes in einem Gravitationsfeld nicht-Euklidisch ist. An einer anderen Stelle, vielleicht sogar auf der gleichen Seite wird dann gesagt, daß Maßstäbe in einem Gravitationsfeld ein Kontraktion erfahren. (Das ist nicht die Art von Kontraktion, die man manchmal Lorentz-Kontraktion nennt, und die mit bewegten Stäben zu tun hat, sondern die Kontraktion von ruhenden Stäben in einem Gravitationsfeld.)

Es muß ganz klar gemacht werden, daß diese beiden Behauptungen nicht zusammenpassen. Man kann nicht sagen, daß eine falsch ist. Der Autor hat recht an der einen Stelle. Er hat auch recht an der anderen Stelle. Aber die beiden Behauptungen sollten nicht an zwei Stellen im gleichen Kapitel vorkommen. Sie gehören zu verschiedenen Sprachen und der Autor sollte sich entscheiden, ob er über Relativitätstheorie in der einen oder in der anderen Sprache reden will. Wenn er die Euklidische Sprache sprechen will, dann ist es durchaus angemessen, davon zu sprechen, daß ein Stab sich in einem Gravitationsfeld zusammenzieht. Aber er kann nicht gleichzeitig von einer nicht-Euklidischen Struktur des Raumes sprechen. Andererseits wird er vielleicht die nicht-Euklidische Sprache wählen wollen; aber dann darf er nicht von Kontraktionen sprechen. In jeder der Sprachen kann man in adäquater Weise über Gravitationsfelder reden, aber eine Vermischung der beiden Sprachen im gleichen Kapitel ist für den Leser sehr verwirrend.

Sie werden sich daran erinnern, daß wir bei unserer Erörterung der flachen Welt zwei Physiker erfunden hatten, die verschiedene

Theorien über die Natur ihrer Welt vertraten. Es wurde dann klar, daß diese zwei Theorien in Wirklichkeit äquivalent waren und sich nur darin unterschieden, daß sie zwei verschiedene Beschreibungen zu derselben Gesamtheit von Tatsachen waren. Die gleiche Situation besteht auch in bezug auf die Relativitätstheorie. Eine Beschreibung, die wir T_1 nennen werden, ist nicht-Euklidisch. Die andere, T_2, ist Euklidisch.

Wenn man die nicht-Euklidische Sprache T_1 wählt, dann bleiben die Gesetze der Mechanik und Optik die gleichen wie in der vor-Einsteinschen Physik. Feste Körper sind starr. Ausnahmen sind nur solche Verformungen, die durch elastische Ausdehnung und Kontraktion (unter dem Einfluß äußerer Kräfte) erfolgen, Wärmeausdehnung, Änderungen, die durch Magnetisierung hervorgerufen werden usw. Diese Größenänderungen sind ein bekannter Bestandteil der klassischen Physik und werden durch Einführung von Korrekturfaktoren in die Definition der Länge kompensiert. Man wird sich zum Beispiel dafür entscheiden, daß ein gewisser Maßstab die Längeneinheit sein soll. Da bekannt ist, daß sich der Stab ausdehnt, wenn man ihn erhitzt, stellt er die Einheitslänge nur bei einer bestimmten »normalen« Temperatur T_0 dar. Natürlich kann der Stab zu irgendeiner Zeit eine andere Temperatur T haben, die sich von T_0 unterscheidet. Um daher die Länge des Standard-Maßstabes bei der Temperatur T festzulegen, muß man die normale Länge des Stabes l_0 mit einem Korrekturfaktor multiplizieren, so wie das in Kapitel 9 erklärt wurde. Dort wurde der Faktor als $1 + \beta\,(T - T_0)$ angegeben, wobei der Wert von β von dem Stoff des Stabes abhängt. So erhält man eine Definition der Länge l:

$$l = l_0\,[1 + \beta\,(T - T_0)]$$

In ähnlicher Weise müssen auch andere Kräfte, die die Länge des Stabes beeinflussen können, berücksichtigt werden; aber die Schwerkraft wird nicht zu diesen gehören. In bezug auf das Licht sagt die Sprache T_1 aus, daß Lichtstrahlen im Vakuum immer gerade sind. Sie werden durch Gravitationsfelder in keiner Weise gebogen oder abgelenkt. Die andere mögliche Beschreibung T_2 behält die Euklidische Geometrie bei. Beobachtungen, die einen nicht-Euklidischen Raum nahelegen, werden durch Änderungen in den klassischen Gesetzen der Optik und Mechanik berücksichtigt.

Um zu sehen, wie diese beiden Beschreibungen auf die Struktur der Ebene im physikalischen Raum angewendet werden können, so wie sie nach Einsteins Relativitätstheorie aufzufassen ist, betrachten wir eine Ebene S, die durch den Mittelpunkt der Sonne geht. Nach der Relativitätstheorie würden Beobachtungen (wenn sie möglich wären) zeigen, daß ein Dreieck außerhalb der Sonne in dieser Ebene eine Winkelsumme von weniger als 180° haben würde. Ähnlich hätte ein Kreis um die Sonne in dieser Ebene ein Verhältnis von Umfang zu Durchmesser größer als π. Messungen innerhalb der Sonne würden die entgegengesetzte Abweichung zeigen.

Um die Struktur dieser Ebene intuitiv klarer zu machen und um zu sehen, wie diese Struktur in den beiden konkurrierenden Sprachen T_1 und T_2 beschrieben werden kann, gebrauchen wir ein Modell im Euklidischen Raum, das mit der Struktur der gerade beschriebenen nicht-Euklidischen Ebene in eine eineindeutige Beziehung gebracht werden kann. Dieses Modell ist eine bestimmte gekrümmte Oberfläche S', deren Konstruktion wir nun beschreiben[13].

Im Koordinatensystem R-Z (vergleiche Abb. 23) ist die Kurve DBC ein Parabelbogen, der Z als Direktrix hat. (Das heißt, die Kurve wird erzeugt durch einen Punkt, der sich so bewegt, daß sein senkrechter Abstand von der Direktrix stets gleich seinem Abstand von

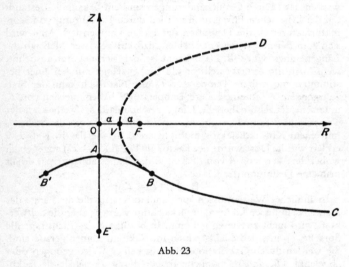

Abb. 23

dem Punkt F, dem Brennpunkt der Parabel ist.) V ist der Scheitel der Parabel und der Abstand α ist proportional der Sonnenmasse. Der Bogen AB ist ein Kreissegment. Sein Mittelpunkt E auf der Z-Achse liegt so, daß der Bogen ohne Knick in die Parabel übergeht; das heißt, die Tangente an den Kreis im Punkt B und die Tangente an die Parabel im Punkt B fallen zusammen. (Man nennt B einen Umkehrpunkt der Kurve ABC.) Stellen wir uns vor, daß diese glatte Kurve ABC um die Z-Achse rotiert und eine Fläche erzeugt, die der Oberfläche eines Hügels ähnlich ist. Das ist die Oberfläche S', die uns als Euklidisches Modell der nicht-Euklidischen Ebene dienen wird, die durch den Mittelpunkt der Sonne geht.

Der Teil der Oberfläche nahe dem Gipfel des Hügels, $B'AB$, ist kugelförmig und konvex; er entspricht dem Teil der Ebene innerhalb der Sonne. Hier ist die Krümmung konstant und positiv. (Das wird selten in Büchern über Relativitätstheorie erwähnt, weil sich wenige Physiker mit der geometrischen Struktur des Raumes innerhalb einer großen Masse, wie die Sonne, befassen, aber es ist ein wichtiger theoretischer Gesichtspunkt, den wir später noch erörtern werden, wenn wir ein Lichtstrahl-Dreieck außerhalb der Sonne behandeln.) Außerhalb der sphärischen Hügelkuppe ist die Fläche konkav wie die Oberfläche eines Sattels. Die Krümmung ist natürlich negativ, aber im Gegensatz zur Lobatschewski-Geometrie nicht konstant. Je weiter wir uns vom Hügel-Mittelpunkt entfernen, um so ähnlicher wird die Parabel einer geraden Linie. Die Krümmung ist von Null merklich verschieden nur an Orten, die nicht zu weit von dem sphärischen Teil der Oberfläche entfernt sind. Dieser negativ gekrümmte Teil der Fläche entspricht dem Teil der Ebene außerhalb der Sonne. In der unmittelbaren Nachbarschaft der Sonne unterscheidet sich ihre negative Krümmung am meisten von Null. Weiter und weiter von der Sonne entfernt nähert sie sich der Null. Sie erreicht den Wert Null niemals ganz, ist aber für einen Punkt, der weit genug entfernt ist, praktisch gleich Null. In unserer Zeichnung ist die Krümmung stark übertrieben. Wenn der Maßstab der Zeichnung genau wäre, dann wäre die Kurve mit so großer Näherung eine Gerade, daß man ihre Krümmung nicht mehr entdecken könnte. Später werden wir die Krümmung quantitativ angeben.

Wir können nun die Theorien T_1 und T_2, die nicht-Euklidische und die Euklidische, in bezug darauf vergleichen, wie sie die Struktur der Ebene, die durch den Sonnenmittelpunkt geht, beschreiben. Das werden wir so machen, wie Helmholtz – indem wir die gekrümmte hügelähnliche Oberfläche als Modell nehmen. Bis jetzt sprachen wir von ihr als von einer Euklidischen Oberfläche, die sie auch ist; aber nun soll sie als Modell der nicht-Euklidischen Ebene verwendet werden. Ihren Querschnitt zeichnen wir als S_1 in Abb. 24.

Die Gerade S_2 stellt die vertraute Euklidische Ebene dar. Wie vorher, werden alle Punkte von S_1 durch parallele, zu S_2 senkrechte

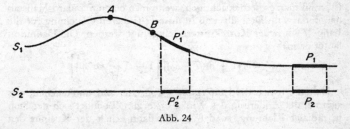

Abb. 24

Gerade (als gestrichelte Linien gezeichnet) von S_1 auf S_2 herunter projiziert. Man beachte, daß ein Stab, der sich von der Lage P_1 zur Lage P_1' bewegt, das heißt, von einer Lage weit entfernt von der Sonne zu einer Lage sehr nahe der Sonne, sich nicht kontrahiert, da das Ereignis in der Sprache der nicht-Euklidischen Geometrie beschrieben wird. Aber in der Euklidischen Sprache der Theorie T_2, die zu der Ebene S_2 gehört, muß gesagt werden, daß der Stab bei der Bewegung von P_2 nach P_2' eine Kontraktion erfährt. Neue Naturgesetze müssen formuliert werden, die besagen, daß alle Stäbe eine Kontraktion in radialer Richtung, in der Richtung der Verbindungsgeraden zum Sonnenmittelpunkt erfahren, wenn sie in die Nähe der Sonne gebracht werden.

Abb. 25 zeigt die Situation in der Aufsicht. Der Kreis, dessen Mittelpunkt A ist, ist die Sonne.

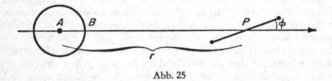

Abb. 25

Der Stab ist in der Lage P. Es sei φ der Winkel zwischen dem Stab und der radialen Richtung. Die Kontraktion des Stabes, in der Terminologie der Theorie T_2, hängt von diesem Winkel ab und kann durch ein allgemeines Gesetz beschrieben werden. Dieses besagt, daß ein Stab, der in Abwesenheit von Gravitationsfeldern die Länge l_0 hat, auf die Länge

$$l_0 \left[1 - C \left(\frac{m}{r} \cos^2\varphi \right) \right],$$

kontrahiert, wenn man ihn (unter Beibehaltung der Temperatur und anderer Bedingungen) in eine Lage P in der Entfernung r von dem Körper b mit der Masse m bringt, so daß er einen Winkel φ mit der radialen Richtung einschließt. C ist eine Konstante. Da dies genau so wie das Gesetz der Wärmeausdehnung ein allgemeines Naturgesetz ist, muß man es berücksichtigen, wenn man einen Standard-Maßstab definieren will. Deshalb muß in unserer früheren Gleichung für die Länge l ein neuer Korrekturterm eingefügt werden. Die Definition lautet dann:

$$l = l_0 \left[1 + \beta \left(T - T_0 \right) \right] \left[1 - C \left(\frac{m}{r} \cos^2\varphi \right) \right].$$

Halten wir nun die Entfernung r konstant und untersuchen, was sich bei der Änderung des Winkels φ ergibt. Befindet sich der Stab in radialer Richtung, so daß $\varphi = 0$, dann erhält der Kosinus den

Wert 1, ebenso $\cos^2 \varphi$ und kann daher aus der Gleichung weggelassen werden. In diesem Fall erreicht die Kontraktion ihren Höchstwert. Wenn φ ein rechter Winkel ist, dann ist der Kosinus Null und der ganze Korrekturterm verschwindet. Das heißt, es gibt keine Kontraktion des Stabes, falls dieser senkrecht zur radialen Richtung steht. Die Größe der Kontraktion in den anderen Lagen variiert zwischen Null und dem Maximum.

Der Wert der Konstanten C ist sehr klein. Wenn alle Größen im CGS (Zentimeter-, Gramm-, Sekunden-System) gemessen werden, hat C den Wert $3,7 \cdot 10^{-29}$. Das ist eine Zahl, bei der hinter dem Komma zunächst 28 Nullen kommen und dann »37«. Es ist klar, daß dies ein sehr kleiner Wert ist. Auch wenn man eine Masse nimmt, die so groß ist wie die Sonnenmasse ($1,98 \cdot 10^{33}$ Gramm), und wenn man r so klein wie möglich macht, indem man ganz nahe an die Sonnenoberfläche herangeht, so daß r gleich dem Sonnenradius AB wird ($6,95 \cdot 10^{10}$ Zentimeter), ist der Effekt immer noch sehr klein. Die relative Längenänderung eines Stabes in der Nähe der Sonnenoberfläche in der radialen Richtung beträgt

$$C \frac{m}{r_0} = 0,0000011 \, .$$

Daraus wird klar, daß die Kurven in Abb. 23 und 24 stark übertrieben gezeichnet sind. Die Struktur einer Ebene durch den Mittelpunkt der Sonne ist praktisch die einer Euklidischen-Ebene, aber es gibt winzige Abweichungen, die man, wie wir noch zeigen werden, experimentell beobachten kann.

Worauf es uns hier ankommt, das hat auch Poincaré betont: das Verhalten von Stäben in Gravitationsfeldern kann in zwei grundsätzlich verschiedenen Weisen beschrieben werden. Man kann die Euklidische Geometrie beibehalten, wenn man neue physikalische Gesetze einführt, oder die Starrheit der Körper kann beibehalten werden, wenn man eine nicht-Euklidische Geometrie einführt. Wir haben die Freiheit, jede beliebige Geometrie für den physikalischen Raum einzuführen, vorausgesetzt, wir sind bereit, die dann nötigen Korrekturen anzubringen. Diese Korrekturen werden nicht nur bei den mechanischen Gesetzen nötig, sondern auch bei den Gesetzen der Optik.

Die Änderung der optischen Gesetze wird am besten verständlich, wenn man die Bahn eines Lichtstrahls betrachtet, der, von einem weit entfernten Stern kommend, nahe an der Sonne vorbeigeht und schließlich zur Erde gelangt. Die Abb. 26 zeigt die Erde auf der linken Seite und die Sonne in der Mitte.

Wenn die Sonne sich nicht in der gezeichneten Lage befindet, erreicht Licht, das vom Stern S kommt (den Stern muß man sich sehr weit rechts außerhalb der Seite vorstellen), die Erde auf einer geraden

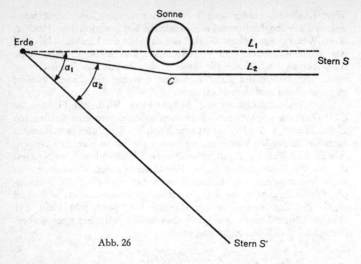

Abb. 26

Linie L_1. Wenn sich jedoch die Sonne in der eingezeichneten Lage befindet, dann wird das Licht des Sterns bei C abgelenkt, so daß es auf der Bahn L_2 läuft. Der Stern S ist so weit entfernt, daß man die Abschnitte der Bahnen L_1 und L_2 rechts des Punktes C als parallel betrachten kann. Aber wenn ein Astronom den Winkel α_2 zwischen dem Stern S und einem anderen Stern S' mißt, findet er, daß er etwas geringer ist, als der Winkel α_1, den er zu anderen Zeiten feststellte, als die Sonne nicht nahe dem Stern S stand. Die Position des Sternes S erscheint also für einen irdischen Beobachter etwas in Richtung des Sternes S' verschoben. Das ist natürlich eine empirische Beobachtung, und sie liefert eine der wichtigsten empirischen Bestätigungen der Einsteinschen Theorie.

Die Sonne ist so hell, daß Sterne in der Nähe ihres Randes nur während einer Sonnenfinsternis gesehen oder fotografiert werden können. Ein Ausschnitt aus so einer Fotografie sieht ungefähr wie Abb. 27 aus.

Der Ort des Sternes S wird durch einen Punkt angedeutet. Andere Sterne, darunter der Stern S', sind auch als Punkte eingezeichnet. Der Winkel zwischen den Lichtstrahlen, die von S und S' kommen, wird durch Messung der Entfernung von S und S' auf der fotografischen Platte gemessen. Diese Entfernung wird verglichen mit der Entfernung zwischen den beiden Sternen auf anderen Fotografien, die zu anderen Zeiten gemacht wurden, als die Sonne eine andere Lage einnahm. Schon historisch gewordene Versuche dieser Art wurden zum ersten Mal 1919 gemacht und bei vielen späteren

Sonnenfinsternissen wiederholt. Sie ergaben eine sehr kleine Verschiebung der Sterne am Sonnenrand. Diese Verschiebung bestätigte Einsteins Voraussage, daß Lichtstrahlen, die nahe an der Sonne vorbeigehen, durch das starke Gravitationsfeld der Sonne »gebogen« würden.

Die ersten Messungen dieser Verschiebungen wurden von Findlay Freundlich im Einstein-Turm in Potsdam bei Berlin gemacht. Zu jener Zeit lebte ich in Wien und ich erinnere mich daran, wie ich Hans Reichenbach in Berlin besuchte und wir zusammen zu Freundlich in den Keller des Turmes stiegen, wo er arbeitete. Er verbrachte viele Tage damit, sorgfältige Messungen der Positionen der Sterne auf einer fotografischen Platte zu machen, die etwa 25 cm im Quadrat maß. Mit einem Mikroskop führte er wiederholte Messungen der Koordinaten jedes Sternes durch und berechnete dann den Mittelwert, um eine möglichst genaue Abschätzung der Position des Sternes zu erhalten. Er gestattete seinen Assistenten nicht, diese Messungen für ihn zu machen; er machte sie selbst, denn er erkannte die große historische Bedeutung dieser Untersuchung. Es stellte sich heraus, daß man eine, wenn auch sehr kleine, Verschiebung feststellen konnte, und so lieferte die Untersuchung eine entscheidende Bestätigung der Theorie Einsteins.

Die Situation bei der Ablenkung von Lichtstrahlen durch ein Schwerefeld ähnelt der Situation bei der scheinbaren Kontraktion von Gegenständen. Auch hier müssen wir bei der Erklärung der empirischen Ergebnisse zwischen zwei Theorien wählen. In der Theorie T_2 behalten wir die Euklidische Geometrie bei; dann müssen wir aber neue optische Gesetze einführen, welche die Ablenkung des Lichts in Gravitationsfeldern beschreiben. In der Theorie T_1 andererseits führen wir eine nicht-Euklidische Geometrie ein, und behalten die klassische Annahme bei, daß Licht im leeren Raum nicht durch

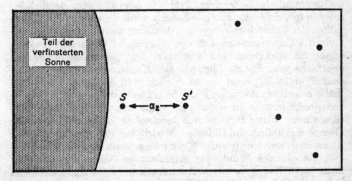

Abb. 27

Schwerefelder abgelenkt wird. Darauf werden wir im nächsten Kapitel eingehen.

Es ist wichtig, klar zu verstehen, worum es bei dieser Wahl geht, bevor man nach der geometrischen Struktur des Raumes fragt. Ich glaube, daß die Mehrdeutigkeit dieser Frage und die elliptische Formulierung verschiedener Antworten von Poincaré und anderen zu Fehlinterpretationen (durch Reichenbach zum Beispiel) ihrer Position geführt hat. Poincaré sagte, der Physiker könne frei zwischen der Euklidischen Geometrie und irgendeiner Form der nicht-Euklidischen Geometrie wählen. Weil Poincaré sagte, daß diese Wahl eine Sache der Konvention sei, wurde seine Ansicht als konventionalistisch abgestempelt. Meiner Meinung nach meinte Poincaré, daß der Physiker die Wahl treffen sollte, *bevor* er sich für eine Methode zur Messung der Länge entscheidet. Nachdem er die Wahl getroffen hat, muß er seine Meßmethode dann so anpassen, daß sie zu der Geometrie führt, die er gewählt hat. Sobald eine Meßmethode festgelegt ist, wird die Frage der Struktur des Raumes eine empirische Frage, die man durch Beobachtungen beantworten kann. Obwohl Poincaré sich darüber nicht immer ganz klar ausgedrückt hat, kann man, wenn man seine Schriften in ihrem gesamten Zusammenhang betrachtet, ihnen entnehmen, daß er dies meinte. Meiner Meinung nach gibt es keinen Unterschied zwischen Reichenbach und Poincaré in bezug auf diese Frage. Es stimmt, daß Reichenbach Poincaré vorwarf, er sei ein Konventionalist, der die empirische Seite der Frage nach der geometrischen Struktur des Raumes nicht sehe; aber Poincaré hatte sich nur elliptisch ausgedrückt. Er meinte nur die Wahl der Geometrie am Anfang der Physik. Beide sahen ganz klar, daß nach der Festlegung einer geeigneten Meßmethode die Frage nach der geometrischen Struktur des Raumes eine empirische Frage ist, die durch Beobachtungen zu entscheiden ist.

Die empirische Seite dieses Problems zeigt sich auch deutlich bei einer Frage, die heute selten behandelt wird, die aber in den frühen Jahren der Relativitätstheorie viel diskutiert wurde. Ist der Gesamtraum des Universums endlich oder unendlich? Wie schon erwähnt, schlug Einstein einmal ein Weltmodell vor, das analog der Kugeloberfläche war. Für zweidimensionale Kugelbewohner ist die Welt endlich und unbegrenzt. Sie ist endlich, weil die ganze Kugeloberfläche erforscht und ihre Größe berechnet werden könnte; sie ist unbegrenzt in dem Sinn, daß man von jedem Punkt in jede Richtung immer weiter fortschreiten kann, ohne jemals auf irgendeine Grenze zu stoßen. In Einsteins Modell hat der dreidimensionale Raum insgesamt eine positive Krümmung, wenn man ihn von einem vierdimensionalen Standpunkt betrachtet, so daß er, wie die Oberfläche einer Kugel, in sich selbst zurückläuft. Ein Raumschiff, das sich in irgendeiner festen Richtung »gerade« fortbewegen würde, käme schließlich wieder zu seinem Ausgangspunkt zurück, genau wie ein Flugzeug, das auf einem Großkreis um die Erde fliegt. Man vermutete sogar, daß man eine Milchstraße sehen würde, wenn man mit einem sehr starken Teleskop in genau die entgegengesetzte Richtung der Milchstraße blicken würde.

Wie konnte Einstein glauben, daß das ganze Universum eine positive Krümmung besitzt, wenn er außerdem behauptete, daß in Gravitationsfeldern immer eine negative Krümmung herrscht? Das ist immer noch eine gute Denksportaufgabe, mit der man Physiker überraschen kann. Die Antwort ist nicht schwierig; aber man wird nicht leicht darauf kommen, wenn man sich die Situation nicht genau überlegt hat. Man denke an die Erdoberfläche. Sie hat insgesamt eine positive Krümmung. Trotzdem ist sie voll von Tälern, die starke negative Krümmung haben. In genau derselben Weise enthält Einsteins Weltmodell »Täler« negativer Krümmung in starken Schwerefeldern. Ihr Einfluß wird aber mehr als ausgeglichen durch stärkere positive Krümmungen *innerhalb* der großen Massen, zum Beispiel der Fixsterne. In unserer Erdoberflächen-Analogie entsprechen die Sterne der stark positiven Krümmung der Gebirge. Man hat ausgerechnet, daß das Universum nur dann eine insgesamt positive Krümmung erhält, wenn die mittlere Massendichte hoch genug ist. Im Lichte der Hypothesen über die Expansion des Universums und neuerer Schätzungen der Massendichte, erscheint heute das endliche, geschlossene Modell Einsteins nicht als sehr wahrscheinlich. Vielleicht ist das auch noch eine offene Frage, da unsere Kenntnis der Massen und Entfernungen nicht sehr genau ist. Es ist möglich, daß im gesamten, bisher für leer gehaltenen Raum Wasserstoff verteilt ist. Das würde die Massendichte im Universum erhöhen. Ebenfalls erscheint heutzutage Einsteins schöner Traum von einem geschlossenen, aber unbegrenzten Universum weniger wahrscheinlich als zu der Zeit, da er entstand. Hier soll betont werden, daß das Beweismaterial für und wider dieses kosmologische Modell empirischer Natur ist. Gegenwärtig wird zwar die nicht-Euklidische Geometrie der Relativitätstheorie allgemein akzeptiert, es gibt aber kein Modell des Kosmos, das die allgemeine Zustimmung der Astronomen und Physiker findet.

Wie wir gesehen haben, hätten die Physiker (im Einklang mit Poincarés Voraussage) die Euklidische Geometrie beibehalten können und hätten die neuen Beobachtungsergebnisse durch neue Korrekturfaktoren in den Gesetzen der Mechanik und Optik erklären können. Stattdessen (und deshalb irrte Poincaré) wandten sie sich von der Euklidischen Geometrie ab und Einstein zu. Was war die Grundlage dieser Entscheidung? Geschah es aus Gründen der Einfachheit? Wenn ja, wegen der Einfachheit wovon? Der Weg Euklids bringt eine viel einfachere Geometrie, aber kompliziertere physikalische Gesetze. Der

nicht-Euklidische Weg bringt eine sehr viel kompliziertere Geometrie
mit sich, aber auch sehr einfache physikalische Gesetze. Wie soll man
sich zwischen den beiden Wegen entscheiden, von denen jeder in gewisser Hinsicht einfacher als der andere ist? Im nächsten Kapitel
werden wir versuchen, diese Frage zu beantworten.

17 Vorteile einer nicht-Euklidischen physikalischen Geometrie

Wenn wir Kriterien suchen für eine Wahl zwischen einer Euklidischen und einer nicht-Euklidischen geometrischen Struktur für den physikalischen Raum, dann taucht zunächst die Versuchung auf, den Weg zu wählen, der für die Längenmessung die einfachste Vorschrift liefert; in anderen Worten, so weit wie möglich die Einführung von Korrekturfaktoren in das Meßverfahren zu vermeiden. Leider führt eine strenge Verfolgung dieses Gesichtspunktes zu geradezu phantastischen Konsequenzen. Die einfachste Methode der Längenmessung besteht darin, einen Maßstab zu wählen und als Längeneinheit die Länge des Stabes zu nehmen, ohne irgendwelche Korrekturfaktoren einzuführen. Der Stab wird als Einheit der Länge betrachtet, ohne Berücksichtigung seiner Temperatur oder ob er magnetisiert oder elastisch verformt ist und ohne Rücksicht darauf, ob er sich in einem starken oder einem schwachen Gravitationsfeld befindet. Wie schon früher gezeigt, führt so eine Wahl weder zu logischen Widersprüchen noch kann sie durch Beobachtungsergebnisse ausgeschlossen werden. Aber man muß einen sehr hohen Preis zahlen. Man erhält ein bizarres, unglaublich kompliziertes Bild der Welt. Es wäre zum Beispiel notwendig zu sagen, daß stets, wenn man eine Flamme auf den Stab lenkt, alle anderen Objekte des Universums einschließlich der entferntesten Milchstraßensysteme sofort schrumpfen. Kein Physiker würde die komplizierten physikalischen Gesetze und seltsamen Konsequenzen in Kauf nehmen wollen, die aus dieser einfachst möglichen Definition der Länge folgen würden.

Nach welchem Kriterium wählten dann Einstein und seine Anhänger die kompliziertere nicht-Euklidische Geometrie? Die Antwort lautet, daß sie ihre Wahl nicht mit Rücksicht auf die Einfachheit dieses oder jenen Aspektes der Situation trafen, sondern mit Rücksicht auf die Einfachheit des gesamten Systems der Physik, das sich aus der Wahl ergeben würde. Von diesem Standpunkt aus müssen wir sicher Einstein darin zustimmen, daß die Einführung der nicht-Euklidischen Geometrie einen Gewinn an Einfachheit mit sich bringt. Um die Euklidische Geometrie beibehalten zu können, hätte die Physik seltsame Gesetze über die Kontraktion und Expansion fester Körper und über die Ablenkung von Lichtstrahlen in Schwerefeldern einführen müssen. Der nicht-Euklidische Weg hingegen bringt eine enorme Vereinfachung der physikalischen Gesetze mit sich. Zunächst ist es nicht mehr nötig, neue Gesetze für die Kontraktion starrer Körper und die Ablenkung von Lichtstrahlen einzuführen. Darüber hinaus werden die alten Gesetze, welche die Bewegungen der physikalischen Körper beherrschen, wie zum Beispiel die Bahnen der Planeten um die Sonne, sehr vereinfacht. Sogar die Gravitationskraft selbst verschwindet in gewissem Sinn aus dem Bild. An Stelle einer »Kraft« gibt es nur eine Bewegung des Gegenstandes entlang seiner natürlichen »Welt-Linie«, in einer Weise, wie dies die nicht-Euklidische Geometrie der Raum-Zeit verlangt.

Der Begriff der Welt-Linie kann folgendermaßen erklärt werden. Nehmen wir an, Sie möchten auf einem Stadtplan die Bewegung Ihres Wagens durch die Straßen von Los Angeles festhalten. Abb. 28 zeigt einen solchen Plan; der Weg des Wagens wird durch die Linie *ABCD* angedeutet. Die Linie zeigt genau, wie Ihr Wagen durch die Straßen fuhr, aber natürlich gibt sie nichts über die Geschwindigkeit des Wagens an. Das zeitliche Element fehlt.

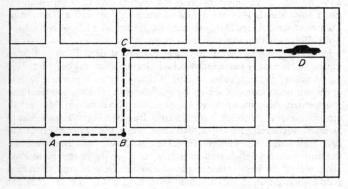

Abb. 28

Wie kann man die Bewegung des Wagens darstellen, so daß Zeit und Geschwindigkeit berücksichtigt werden? Das kann man am besten durch eine Reihe von Plänen, M_1, M_2, ..., erreichen, die alle auf durchsichtige Kunststoff-Folie gezeichnet sind, wie in Abb. 29 angedeutet. Auf M_1 zeichnen Sie den Punkt A_1 ein (der dem Punkt A der ursprünglichen Karte M entspricht), wo Ihr Wagen zum ersten Zeitpunkt t_1 war. Auf M_2 zeichnen Sie den Ort des Wagens B_2 zu einem späteren Zeitpunkt t_2 ein (zum Beispiel 20 Sekunden nach t_1). M_3 und M_4 zeigen die Positionen C_3 und D_4 des Wagens zu den Zeitpunkten t_3 und t_4. Die Karten werden in einen Rahmen gebracht, der sie parallel übereinander hält, sagen wir in Abständen von zehn Zentimetern; das bedeutet einen vertikalen Maßstab von einem Zentimeter für zwei Sekunden. Wenn man die vier Punkte mit einem Draht verbindet, dann stellt dieser Draht die *Welt-Linie* der Bewegung

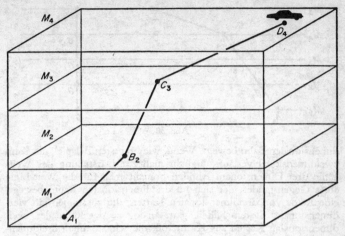

Abb. 29

des Wagens dar. Sie zeigt nicht nur, wo sich der Wagen in jedem Augenblick befand, sondern gibt auch die Geschwindigkeit des Wagens in jedem Punkt an.

Ein noch einfacheres Beispiel einer Welt-Linie erhält man, wenn man die eindimensionale Bahn eines Wagens betrachtet, der immer geradeaus auf dem Wilshire Boulevard fährt. In diesem Fall könnte man die Welt-Linie so zeichnen wie in Abb. 30, wo auf der horizontalen Achse die Entfernung und auf der vertikalen Achse die Zeit in Minuten aufgetragen ist. Der Wagen fährt zur Zeit M_1 bei Ort A_1 los. Die ersten drei Minuten fährt er mit gleichbleibender Geschwindigkeit von A_1 nach D_4. Von D_4 zu E_5 ist die Geschwindigkeit des Wagens wieder konstant, aber größer als vorher, da er pro Minute eine größere Strecke zurücklegt. Rechts auf dieser Darstellung sieht man die Welt-Linie eines Mannes, der während der gleichen vier Minuten an einem Ort G stehen blieb. Weil er sich nicht bewegt hat, geht seine Welt-Linie senkrecht aufwärts. Man sieht, daß bei dieser Darstellung eine Welt-Linie umsomehr von der Senkrechten abweicht, je größer die Geschwindigkeit ist. Wenn die Geschwindigkeit sich ändert, dann ist die Welt-Linie nicht mehr gerade, sondern gekrümmt. Auf diese Weise kann man aus der Linie alles über die wirkliche Bewegung ablesen. Man kann, auch wenn die Geschwindigkeit des Gegenstandes sich ändert, aus der Welt-Linie für jeden Zeitpunkt die momentane Geschwindigkeit ermitteln.

Es ist nur dann möglich, die Welt-Linie eines Gegenstandes in einer Ebene darzustellen, wenn der Gegenstand sich auf einer ein-

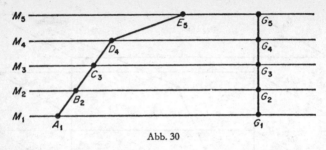

Abb. 30

dimensionalen Bahn bewegt. Wenn, wie im ersten Beispiel, die Bahn zweidimensional verläuft, braucht man zur Darstellung der Welt-Linie drei Dimensionen. Ähnlich braucht man für die Welt-Linie eines Gegenstandes, der sich im dreidimensionalen Raum bewegt, eine Reihe von dreidimensionalen Karten, die zusammen ein vierdimensionales System bilden, ganz analog zu der Reihe der zweidimensionalen Karten aus Kunststoff, die wir zu einem dreidimensionalen System zusammenfaßten. Man kann kein wirkliches Modell einer vierdimensionalen Karte für eine vierdimensionale Welt-Linie konstruieren, aber man kann die Welt-Linie mathematisch beschreiben. Eine spezielle Metrik, die Hermann Minkowski eingeführt hat, ergibt eine besonders einfache Formel. Wenn man diese auf die Gesetze für Lichtstrahlen und bewegte Körper, wie zum Beispiel Planeten, anwendet, stellt sich heraus, daß die Welt-Linien von Planeten und Licht-Strahlen in allen Gravitationsfeldern geodätische Linien sind. Wie schon früher erklärt, ist eine geodätische Kurve die »geradeste« mögliche Kurve in einem gegebenen Raum. Der Raum braucht keine konstante Krümmung zu haben. Auf der Oberfläche der Erde, zum Beispiel, mit ihren unregelmäßigen Bergen und Tälern ist es stets möglich, eine oder mehrere geodätische Linien zu finden, die die kürzesten möglichen Verbindungen zwischen zwei gegebenen Punkten sind. Geodätische Linien sind das Gegenstück zu den Geraden in der Euklidischen Ebene.

In der Relativitätstheorie sind die Welt-Linien von Planeten und Lichtstrahlen geodätische Linien. Nach der klassischen Mechanik bewegt sich ein Körper, auf den keine äußeren Kräfte einwirken, wegen seiner Trägheit auf einer geraden Bahn mit konstanter Geschwindigkeit und daher auf einer geraden Welt-Linie. In ähnlicher Weise bewegt sich nach der Relativitätstheorie ein solcher Körper auch in Gravitationsfeldern auf einer Welt-Linie, die eine geodätische Linie ist. Kein Begriff der »Kraft« ist bei dieser Darstellung im Spiel. Warum kreist ein Planet um die Sonne, anstatt auf einer Tangentenbahn davonzufliegen? Das geschieht nicht, weil die Sonne eine »Kraft« ausübt, die den Planeten zu ihr »hinzieht«, sondern weil die

Masse der Sonne eine negative Krümmung der nicht-Euklidischen Raum-Zeit verursacht. Es stellt sich heraus, daß die geradeste Welt-Linie für den Planeten, seine Geodätische, diejenige ist, die seiner tatsächlichen Bewegung um die Sonne entspricht. Die elliptische Bahn eines Planeten ist keine geodätische Linie im dreidimensionalen Raum, aber seine Welt-Linie im vierdimensionalen, nicht-Euklidischen System der Raum-Zeit ist eine Geodätische. Sie ist die geradeste für den Planeten mögliche Bahn. Genau so bewegt sich auch das Licht auf geodätischen Welt-Linien durch die Raum-Zeit.

Für die nicht-Euklidische Auffassung der Relativitätstheorie gibt es keine Schwerkraft im Sinne der elastischen oder elektromagnetischen Kräfte. Die Gravitation als Kraft verschwindet aus der Physik und wird durch die geometrische Struktur eines vierdimensionalen Raum-Zeit-Systems ersetzt. Das war eine derartig revolutionäre Veränderung, daß es nicht schwierig ist, zu verstehen, warum viele diesen Begriff nicht richtig erfaßt haben. Manchmal wurde gesagt, daß ein Teil der Physik, nämlich die Theorie der Gravitation, durch reine Geometrie ersetzt worden sei oder daß sich ein Teil der Physik in Mathematik verwandelt habe. Einige Autoren stellten auch Spekulationen über die Möglichkeit an, daß eines Tages die ganze Physik zu Mathematik werden könnte. Ich glaube, das ist irreführend. Autoren, die versuchen die Relativitätstheorie für den Laien zu erklären, gebrauchen gerne anregende, paradoxe Wendungen. Solche Wendungen mögen wohl den Stil beleben, aber sie liefern oft eine ungenaue Beschreibung des wahren Sachverhaltes. In diesem Fall führen sie, glaube ich, zu einer Verwechslung zwischen Geometrie im mathematischen Sinn und Geometrie im physikalischen Sinne. Die Physik der Schwerkraft wird in der Relativitätstheorie tatsächlich durch eine physikalische Geometrie des Raumes, genauer gesagt des Raum-Zeit-Systems ersetzt. Aber diese Geometrie ist immer noch ein Teil der Physik, nicht der reinen Mathematik. Es handelt sich um eine *physikalische*, nicht eine mathematische Geometrie.

Die mathematische Geometrie ist etwas rein Logisches, während die physikalische Geometrie eine empirische Theorie ist. In Einsteins Relativitätstheorie erhielt die Theorie der Gravitation einfach eine andere Form. Eine physikalische Theorie der Schwerkraft wurde in eine andere physikalische Theorie umgeformt. Der Begriff der Kraft wird nicht mehr verwendet, aber die Relativitätstheorie der Schwerkraft ist immer noch Physik, nicht Mathematik. Nicht-mathematische Größen (Verteilung der Krümmung der Raum-Zeit) kommen weiterhin in ihr vor. Dies sind physikalische Größen, nicht mathematische Begriffe. Es bestand natürlich eine Versuchung, Einsteins Theorie der Gravitation, die in der Sprache der Geometrie formuliert ist, als reine Mathematik zu betrachten. Aber man muß betonen, daß physikalische Geometrie nicht Mathematik ist. Sie ist eine Theorie des physikalischen Raumes, nicht nur eine leere Abstraktion. Sie ist die physikalische Theorie des Verhaltens von Körpern und Lichtstrahlen und kann deshalb auf keinen Fall als reine Mathematik betrachtet werden. Wir haben schon erwähnt, daß man Galileis berühmten Satz, daß das Buch der Natur in der Sprache der Mathematik geschrieben sei, cum grano salis nehmen muß. Man kann diesen Satz leicht mißverstehen. Galilei wollte sagen, daß die Natur mit Hilfe der mathematischen Begriffe beschrieben werden kann, nicht daß die ganze Sprache der Physik aus mathematischen Symbolen bestünde. Es ist völlig unmöglich, Begriffe wie »Masse« oder »Temperatur« in der reinen Mathematik zu definieren, so wie man etwa den Logarithmus oder irgendeine andere mathematische Funktion definieren kann. Es ist wichtig, zu erkennen, daß ein grundlegender Unterschied besteht zwischen den physikalischen Symbolen, die in einem Naturgesetz vorkommen (zum Beispiel »m« für Masse, »T« für Temperatur), und den mathematischen Symbolen, die in ihm vorkommen (zum Beispiel »2«, »$\sqrt{}$«, »log«, »cos«).

Die großartige Einfachheit von Einsteins Bewegungsgleichungen für Körper und Lichtstrahlen stützt sicher seine Behauptung, daß der nicht-Euklidische Weg dem Euklidischen vorzuziehen sei, weil man sonst die Gleichungen durch neue Korrektur-Faktoren komplizieren müßte. Aber damit sind wir noch weit von der Entdeckung eines allgemeinen Prinzips entfernt, das uns Richtlinien dafür gäbe, wie wir die größte Einfachheit des ganzen Systems erreichen können, wenn wir die Wahl zwischen zwei Wegen zur Physik haben. Was wir suchen, ist eine allgemeine Auswahlregel, die auf alle zukünftigen Situationen anwendbar ist, so daß Einsteins Wahl in seiner Situation ein Spezialfall dieser Regel wäre. Es wird natürlich vorausgesetzt, daß das einfachste Gesamtsystem der Physik auch das wünschenswerteste ist, aber das ist nicht unsere Frage. Die Frage ist, wie man entscheidet, welches von zwei Systemen die größte Gesamteinfachheit hat. Bei zwei konkurrierenden Systemen kann es leicht vorkommen, daß jedes von beiden in gewisser Hinsicht einfacher ist als das andere. Wie kann man in solchen Fällen die Gesamteinfachheit messen?

Es ist Reichenbachs Verdienst, eine allgemeine Regel dieser Art vorgeschlagen zu haben. Vielleicht ist seine Regel nicht ganz allgemein, sie deckt aber immerhin eine sehr umfassende Klasse von Situationen und ist sehr interessant. Ich habe den Eindruck, daß man ihr nicht genügend Beachtung geschenkt hat. Die Regel beruht auf einer Unterscheidung zwischen »differentiellen Kräften« und »universellen Kräften«. Reichenbach sprach von »Kräften«, aber wir ziehen hier vor, allgemeiner von zwei Arten von »Effekten« zu sprechen. (Kräfte können später eingeführt werden, um die Effekte zu erklären.) Die Unterscheidung ist die: Wenn ein Effekt für verschiedene Stoffe verschieden ist, dann ist er ein *differentieller Effekt*. Ist seine Größe unabhängig von der Art des Stoffes, dann handelt es sich um einen *universellen Effekt*.

Man kann dies durch Beispiele verdeutlichen. Wenn man einen Eisenstab erhitzt, dehnt er sich aus. Wenn man die Länge mit Hilfe eines Eisenstabes definiert, wird dieser Effekt der Wärmeausdehnung (wie schon früher gezeigt) durch die Einführung eines Korrekturfaktors berücksichtigt:

$$l = l_0 \left[1 + \beta \left(T - T_0\right)\right].$$

Das β in dieser Form ist der Wärmeausdehnungskoeffizient. Er ist eine Konstante, aber nur für die Gegenstände aus einem gewissen Stoff. Wenn der Stab aus Eisen ist, hat β einen gewissen Wert; wenn er aus Kupfer, Gold oder irgendeinem anderen Stoff besteht, hat er andere Werte. Die Wärmeausdehnung des Stabes ist daher ganz klar ein differentieller Effekt, da sie vom Stoff abhängt.

Betrachten wir nun die Formel für die Länge, in der ein zweiter Korrekturfaktor hinzugefügt wurde, der den Einfluß der Gravitation auf die Länge beschreibt. Die Formel ist, wie erinnerlich:

$$l = l_0 \left[1 + \beta \left(T - T_0\right)\right] \left[1 - C \left(\frac{m}{r} \cos^2 \varphi\right)\right].$$

Das C im zweiten Korrekturfaktor ist eine universelle Konstante, sie ist für jedes Gravitationsfeld und für jeden Körper gleich. In der rechten Klammer gibt es keinen Parameter, der von Stoff zu Stoff variiert, wie der Parameter β in der ersten Klammer. Der Korrekturfaktor enthält die Masse m der Sonne, die Entfernung r des Maßstabes von der Sonne und den Winkel φ zwischen Stab und Verbindungslinie zur Sonne. Der Faktor enthält keine Angaben darüber, ob der Stab aus Eisen, Kupfer oder irgendeinem anderen Stoff ist. Es handelt sich daher um einen universellen Effekt.

Reichenbach fügte manchmal hinzu, daß universelle Effekte solche sind, gegen die man sich nicht abschirmen kann. Ein Metallstab zum Beispiel kann von thermischen Effekten durch eine Wärmeisolierung abgeschirmt werden. Aber man kann ihn nicht gegen die Einflüsse der Schwerkraft abschirmen. Meiner Meinung nach ist es nicht nötig, von Abschirmung zu sprechen, um zwischen differentiellen und universellen Effekten zu unterscheiden, denn diese Formulierung bringt nichts Neues. Wenn eine Eisenwand ein Gerät vor dem Einfluß eines starken Magneten im nächsten Zimmer schützt, dann nur, weil magnetische Felder auf die Eisenwand anders einwirken, als auf die Luft. Wenn dies nicht so wäre, würde die Abschirmung nicht funktionieren. Der Begriff der Abschirmung ist daher nur auf Effekte anwendbar, die verschiedene Wirkung auf verschiedene Stoffe haben. Wenn ein universeller Effekt definiert ist als ein Effekt, der für alle Stoffe gleich ist, so folgt daraus, daß gegen ihn keine Abschirmung möglich ist.

In einer detaillierten Analyse differentieller und universeller Effekte[14] weist Reichenbach auf folgende Tatsache hin. Angenommen jemand behauptet, er hätte gerade einen neuen Effekt entdeckt, der für alle Stoffe gleich ist. Man untersucht das Gesetz, das er für den neuen Effekt angibt und sieht, daß wahr ist, was er sagte; das Gesetz enthält keinen Parameter, der von der Art des Stoffes abhängt. In Fällen dieser Art, so behauptete Reichenbach, kann die Theorie immer so umformuliert werden, daß der universelle Effekt völlig verschwindet.

Es gibt keine vergleichbare Methode, einen differentiellen Effekt zu eliminieren, wie zum Beispiel die Wärmeausdehnung. Die Behauptung, daß es keine Wärmeausdehnungseffekte gibt, kann leicht widerlegt werden. Man braucht nur zwei gleich lange Stäbe aus verschiedenen Stoffen nebeneinander zu legen, sie auf die gleiche höhere Temperatur zu erhitzen und den Längenunterschied zu beobachten. Es ist ganz klar, daß sich irgend etwas geändert hat, und man kann diese beobachtete Änderung nicht erklären, ohne den Begriff der Wärmeausdehnung einzuführen. Andererseits *kann* ein universeller Effekt, wie der Einfluß der Schwerkraft auf die Länge von Stäben durch eine Theorie erklärt werden, in der dieser Effekt ganz verschwindet. Genau das geschieht in Einsteins Relativitätstheorie. Die Annahme eines geeigneten nicht-Euklidischen Raum-Zeit-Systems beseitigt die Notwendigkeit, davon zu sprechen, daß sich Gegenstände in Schwerefeldern ausdehnen und zusammenziehen. Gegenstände, die in solchen Feldern umherbewegt werden, verändern ihre Maße nicht; aber in dieser Theorie hat die Raum-Zeit eine andere Struktur. Im Gegensatz zu unserem obigen Beispiel der Wärmeausdehnung kann man hier nicht zeigen, daß die Elimination dieses Gravitations-Effektes unmöglich ist. Gravitationsfelder haben auf alle Stoffe genau die gleiche Wirkung. Wenn man zwei Stäbe nebeneinander legt, und sie in verschiedene Richtungen dreht, behalten sie im Verhältnis zueinander stets genau die gleiche Länge.

Im Hinblick auf diese Überlegungen schlug Reichenbach folgende Regel für die Vereinfachung der physikalischen Theorie vor: Immer wenn es in einem System der Physik einen universellen Effekt und ein Gesetz gibt, das festlegt, unter welchen Bedingungen und in welcher Größe der Effekt auftritt, dann sollte die Theorie so umgeformt werden, daß die Größe des Effektes Null wird. Genau das erreichte Einstein in bezug auf die Kontraktion und Expansion von Gegenständen in Gravitationsfeldern. Vom Euklidischen Standpunkt gibt es solche Größenänderungen, aber sie sind universelle Effekte. Wenn man hingegen das nicht-Euklidische Raum-Zeit-System annimmt, werden diese Effekte gleich Null. Man mag gewisse andere Effekte finden, so zum Beispiel, daß die Winkelsumme eines Dreiecks nicht mehr 180 Grad ist, aber man braucht nicht mehr davon zu sprechen, daß sich starre Körper ausdehnen oder zusammenziehen.

Immer wenn man universelle Effekte in der Physik findet, so behauptete Reichenbach, ist es möglich, sie durch eine geeignete Umformung der Theorie zu eliminieren; und solch eine Umformung sollte auch durchgeführt werden, weil man insgesamt an Einfachheit gewinnen würde. Das ist ein nützliches, allgemeines Prinzip, das mehr Aufmerksamkeit verdient, als es erhalten hat. Es ist nicht nur auf die Relativitätstheorie anwendbar, sondern auch auf Situationen, die in der Zukunft auftreten können, wenn andere universelle Effekte entdeckt werden. Ohne die Annahme dieser Regel kann man die Frage »Wie ist der Raum strukturiert?« nicht eindeutig beantworten. Wenn man die Regel anwendet, erhält man eine eindeutige Antwort. Als Einstein zum ersten Mal eine nicht-Euklidische Geometrie des Raumes vorschlug, erregte er starken Widerspruch. Die Einwendung von Dingler und anderen – daß die Euklidische Geometrie unentbehrlich sei, weil sie schon beim Bau der Meßinstrumente vorausgesetzt werde – haben wir schon erwähnt und als falsch erwiesen. Ein mehr philosophischer und ziemlich häufiger Einwand war der, daß man die Euklidische Geometrie nicht verwenden sollte, weil man sie sich nicht vorstellen könne. Sie laufe unserem Denken und unserer Intuition zuwider. Der Einwand wurde manchmal in Kantscher, manchmal in phänomenologischer Terminologie vorgebracht, aber im allgemeinen war der Haupteinwand der, daß unser Geist so zu funktionieren scheint, daß wir uns keine nicht-Euklidische Raumstruktur vorstellen können.

Dieser Punkt wird auch von Reichenbach diskutiert[15]. Ich glaube, er nennt es mit Recht ein psychologisches Problem und sagt, daß es keine Gründe dafür gibt, anzunehmen, daß unsere Anschauung Euklidisch vorgeformt ist. Es gibt, ganz im Gegenteil, sehr gute Gründe zu glauben, daß der visuelle Raum, zumindest der visuelle Raum des Kindes, nicht-Euklidisch ist. Die »räumliche Anschauung«, wie sie genannt wird, ist nicht so sehr eine Anschauung einer metrischen Struktur als vielmehr eine Anschauung einer topologischen Struktur. Unsere Wahrnehmungen sagen uns, daß der Raum dreidimensional und kontinuierlich ist und daß jeder Punkt die gleichen topologischen Eigenschaften wie jeder andere Punkt hat. Aber in bezug auf die metrischen Eigenschaften des Raumes geben unsere Anschauungen und Intuitionen uns keine genauen und eindeutigen Antworten.

Der nicht-Euklidische Charakter der Raumwahrnehmung wird durch die überraschende Fähigkeit des Geistes gezeigt, sich an alle möglichen Arten von Bildern anzupassen, die auf der Netzhaut erscheinen. Bei einer Person mit starkem Astigmatismus werden die Bilder auf der Netzhaut stark verzerrt sein. Das Bild eines Metermaßes kann länger sein, wenn es horizontal liegend betrachtet wird, als wenn der Stab senkrecht steht. Aber die Person merkt dies nicht, denn die Längen aller Gegenstände in ihrem Gesichtsfeld ändern sich in ähnlicher Weise. Wenn diese Person zum ersten Mal Brillen zur Korrektur ihres Fehlers trägt, wird das Gesichtsfeld für viele Tage oder Wochen verzerrt scheinen, bis sich das Gehirn an die normalen Bilder auf der Netzhaut angepaßt hat. Umgekehrt kann eine Person mit normalen Augen Spezial-Brillen tragen, welche die Bilder entlang einer Koordinate verzerren, und wird sich nach einiger Zeit an die neuen Netzhautbilder gewöhnen, so daß ihr Gesichtsfeld wieder normal erscheint. Helmholtz beschrieb Experimente dieser Art, die er zum Teil auch durchgeführt hatte und aus denen er schloß, daß der visuelle Raum eine nicht-Euklidische Struktur haben kann. Helmholtz war der Meinung – und ich glaube, man kann dafür gute Gründe haben –, daß ein Kind oder auch ein Erwachsener, der genügend an Erfahrungen mit dem Verhalten von Gegenständen in einer nicht-Euklidischen Welt gewöhnt würde, sich eine nicht-Euklidische Struktur mit der gleichen Leichtigkeit vorstellen könnte, mit der er sich jetzt eine Euklidische Struktur vorstellen kann.

Aber auch wenn Helmholtz nicht recht haben sollte, gibt es noch ein besseres Argument gegen die Auffassung, daß die nicht-Euklidische Geometrie nicht verwendet werden sollte, weil man sie sich nicht vorstellen könne. Die Fähigkeit sich etwas vorzustellen, ist etwas rein Psychologisches und für die Physik ohne jede Bedeutung. Die Konstruktion einer physikalischen Theorie wird nicht durch die Vorstellungskraft des Menschen begrenzt; und tatsächlich hat sich auch die moderne Physik immer weiter von dem entfernt, was man direkt beobachten und sich vorstellen kann. Auch wenn die Relativitätstheorie noch viel größere Abweichungen von der Anschauung enthielte und wenn es sich herausstellte, daß unsere räumliche Anschauung eine starke und unveränderliche Neigung zum Euklidischen Raum besitzt, könnten wir in der Physik jede geometrische Struktur benützen, die uns geeignet erscheint.

Im neunzehnten Jahrhundert gab es in England noch mehr als auf dem europäischen Festland eine starke Ausrichtung der Physik auf die Veranschaulichung hin und auf die Konstruktion von Modellen. Man stellte sich den Äther als einen seltsamen, durchsichtigen, gallertartigen Stoff vor, der schwingen und elektrische Wellen übertragen könne. Mit den Fortschritten der Physik wurde dieses Äthermodell komplizierter und komplizierter und erhielt sogar Eigenschaften, die miteinander unverträglich schienen. Zum Beispiel mußte man sich vorstellen, daß der Äther keine Dichte besitzt, denn er bietet den Bewegungen der Planeten und Monde keinen beobachtbaren Widerstand; die Lichtwellen jedoch sind keine Longitudinal-Wellen, sondern Transversal-Wellen, und das wies auf einen Körper von extrem *hoher* Dichte hin. Obwohl diese Eigenschaften nicht logisch unvereinbar waren, machten sie es sehr schwierig, ein intuitiv befriedigendes Modell des Äthers zu entwickeln. Schließlich wurden die diversen

Äthermodelle so kompliziert, daß sie nicht mehr nützlich waren. Daher fand es Einstein auch am besten, den Äther ganz zu verlassen. Es war einfacher, die Gleichungen anzunehmen – die Maxwell- und Lorentz-Gleichungen – und mit ihnen zu rechnen, als zu versuchen, ein bizarres Modell auszubauen, das einem nicht dabei helfen konnte, sich die Struktur des Raumes vorzustellen.

Man gab nicht nur den Äther auf. Die Neigung aus dem neunzehnten Jahrhundert, anschauliche Modelle zu konstruieren, wurde immer schwächer, je weiter sich die Physik des zwanzigsten Jahrhunderts entwickelte. Die neueren Theorien waren so abstrakt, daß man sie zusammen mit ihren eigenen Begriffen annehmen mußte. Die Psi-Funktionen, welche die Zustände eines physikalischen Systems, etwa eines Atoms repräsentieren, sind viel zu kompliziert, um Modelle zuzulassen, die man sich leicht veranschaulichen kann. Natürlich wird ein geschickter Lehrer oder wissenschaftlicher Schriftsteller oft eine Abbildung mit Nutzen verwenden, um irgendeinen Aspekt einer abstrusen Theorie zu verdeutlichen. Gegen die Verwendung von Abbildungen als Lehrmittel ist nichts einzuwenden. Man muß aber betonen, daß es kein gültiger Einwand gegen eine neue Theorie ist, wenn man sagt, sie sei weniger anschaulich als die alte. Genau diese Art von Einwand wurde aber immer wieder gegen die Relativitätstheorie vorgebracht, als sie zuerst vorgeschlagen wurde. Ich erinnere mich daran, daß ich um 1930 einmal mit einem deutschen Physiker in Prag über die Relativitätstheorie diskutierte. Er war äußerst deprimiert.

»Es ist schrecklich«, sagte er. »Sehen Sie nur, was Einstein unserer wundervollen Physik angetan hat!«

»Furchtbar?« antwortete ich. Ich war begeistert über die neue Physik. Mit Hilfe nur weniger allgemeiner Prinzipien, die eine gewisse Art von Invarianz beschrieben, und der kühnen Annahme einer nicht-Euklidischen Geometrie konnte man so vieles erklären, was vorher unverständlich geblieben war! Aber dieser Physiker hatte eine so starke gefühlsmäßige Abneigung gegen unanschauliche Theorien, daß ihm Einsteins revolutionierende Neuerungen fast die ganze Begeisterung für die Physik geraubt hatten. Ihn hielt nur die Hoffnung aufrecht, daß eines Tages – und er hoffte, noch während er lebte – ein gegenrevolutionärer Führer auftreten und die alte klassische Ordnung wieder herstellen würde, in der er wieder atmen und sich heimisch fühlen könnte.

Eine ähnliche Umwälzung vollzog sich in der Atom-Physik. Viele Jahre lang schien das Bohrsche Atom-Modell eine schöne und befriedigende Lösung zu geben: eine Art Sonnensystem mit einem Kern in der Mitte und den Elektronen, die sich auf ihren Bahnen um diesen herum bewegten. Aber das war zu einfach, wie sich herausstellte. Heutzutage versucht ein Atom-Physiker schon gar nicht mehr, ein

Gesamt-Modell aufzustellen. Wenn er überhaupt ein Modell benützt, ist er sich stets darüber klar, daß es nur gewisse Aspekte der Situation beschreibt und andere dafür ausläßt. Man stellt an das ganze System der Physik nicht mehr die Forderung, daß man sich alle Teile seiner Struktur veranschaulichen kann. Das ist der wahre Grund, warum die psychologische Behauptung, es sei nicht möglich, sich nicht-Euklidische Geometrie vorzustellen, sogar wenn sie wahr wäre (und das ist nach meiner Meinung zweifelhaft), keinen gültigen Einwand gegen die Annahme eines nicht-Euklidischen physikalischen Systems darstellt.

Ein Physiker muß sich stets davor hüten, ein anschauliches Modell als mehr anzusehen als es in Wirklichkeit ist: ein Notbehelf oder eine didaktische Hilfe. Zugleich muß er aber auch die Möglichkeit einkalkulieren, daß das anschauliche Modell wortwörtlich wahr ist. Solche Überraschungen gibt es. Viele Jahre bevor die Physik klare Vorstellungen darüber entwickelte, wie die Atome in den Molekülen verbunden sind, war es schon üblich, schematische Bilder der Molekülstruktur zu zeichnen. Man stellte die Atome durch Großbuchstaben dar und verband sie in geeigneter Weise mit Valenz-Linien. Ich erinnere mich an ein Gespräch mit einem Chemiker, der damals diese Darstellung ablehnte.

»Aber sind sie nicht eine große Hilfe?« fragte ich.

»Gewiß«, sagte er, »aber wir müssen unsere Studenten davor warnen, daß sie glauben, daß diese Bilder die tatsächliche räumliche Anordnung darstellen. Wir wissen in Wirklichkeit noch nichts über die räumliche Struktur von Molekülen. Diese Bilder sind nichts mehr als Diagramme, wie etwa eine Kurve, die die Zunahme der Bevölkerung oder der Rohstahlproduktion darstellt. Wir alle wissen, daß so eine Kurve nur eine Metapher ist. Die Bevölkerung oder die Rohstahlproduktion steigt nicht in irgendeinem räumlichen Sinn. Die Valenzbilder der Moleküle muß man in der gleichen Weise auffassen. Niemand weiß, welche räumliche Struktur die Moleküle wirklich haben«.

Ich stimmte dem Chemiker zu, aber ich meinte, daß zumindest die Möglichkeit bestand, daß die Moleküle genau so verbunden waren, wie es die Bilder anzeigten, besonders im Hinblick auf die Tatsache, daß man Stereo-Isomere entdeckt hatte, die den Gedanken nahelegten, daß ein Molekül das Spiegelbild eines anderen sein könnte. Wenn eine Art von Zucker die Polarisationsrichtung des Lichtes im Uhrzeigersinne und eine andere Art von Zucker die Polarisation im Gegenuhrzeigersinne dreht, dann scheint dies ein Hinweis auf eine räumliche Anordnung der Atome in den Molekülen zu sein, auf Anordnungen, die links-Formen und rechts-Formen haben können.

»Es ist wahr«, sagte er, »daß dies nahegelegt wird. Aber wir wissen nicht sicher, ob es sich auch so verhält.«

Er hatte recht. Zu jener Zeit wußte man so wenig über den Aufbau der Moleküle, daß es voreilig gewesen wäre zu behaupten, daß es auch bei einem weiteren Fortschritt unseres Wissens stets möglich sein würde, die Moleküle durch anschauliche dreidimensionale Modelle zu beschreiben. Es war denkbar, daß spätere Beobachtungen für ihre Darstellung Strukturen von vier, fünf oder sechs Dimensionen benötigen würden. Die Diagramme waren nicht mehr als nützliche Bilder dessen, was man wußte.

Aber es stellte sich bald heraus, besonders als Max von Laue Kristallstrukturen durch Röntgenstrahl-Beugung aufklären konnte, daß die Atome in den Molekülen *tatsächlich* so räumlich angeordnet sind, wie es die Strukturformel angibt. Heute zögert kein Chemiker zu sagen, daß etwa in einem Protein-Molekül sich gewisse Atome an dieser Stelle befinden und andere Atome an jener und daß sie schraubenförmig angeordnet sind. Modelle, die Verbindungen von Atomen im dreidimensionalen Raum darstellen, werden ganz wörtlich genommen. Man hat keine Hinweise gefunden, die einen Zweifel rechtfertigen würden, und man hat sehr gute Gründe zu glauben, daß die dreidimensionalen Modelle von Molekülen die tatsächlichen Konfigurationen im dreidimensionalen Raum wiedergeben. Eine ähnliche Überraschung gab es in jüngster Zeit, als experimentell festgestellt wurde, daß die Parität bei schwachen Wechselwirkungen nicht erhalten bleibt. Es scheint nun, daß Teilchen und Antiteilchen, die man bisher nur in einem metaphorischen Sinn als Spiegelbilder betrachtete, tatsächlich Spiegelbilder in einem räumlichen Sinne sind.

Daher wird sich die Warnung davor, Modelle zu wörtlich zu nehmen, obwohl sie prinzipiell durchaus angebracht ist, später manchmal als unnötig erweisen. Eine Theorie mag sich von anschaulichen Modellen entfernen und dann in einer späteren Phase, wenn mehr bekannt ist, wieder zu anschaulichen Modellen zurückkehren, die man vorher angezweifelt hatte. Im Falle der Molekül-Modelle waren es hauptsächlich die Physiker, die Zweifel hatten. Das Bild der Atome, die räumlich im Molekül angeordnet sind, schien so einleuchtend, daß es die meisten Chemiker im wörtlichen Sinne nahmen, obwohl dies noch nicht genügend gerechtfertigt war; worauf die Physiker mit Recht hinwiesen.

Modelle im Sinne anschaulicher, räumlicher Strukturen sollte man nicht verwechseln mit Modellen im modernen mathematischen Sinne. Heute ist es bei Mathematikern, Logikern und Naturwissenschaftlern üblich, daß sie von Modellen sprechen, wenn sie eine abstrakte begriffliche Struktur meinen und nicht etwas, was man im Labor aufbauen kann, etwa mit Drähten und Kugeln. Ein Modell kann nur aus einer mathematischen Gleichung oder einem Gleichungssystem bestehen. Es ist eine vereinfachte Beschreibung einer (physikalischen, wirtschaftlichen, soziologischen oder sonstigen) Struktur, in der abstrakte Begriffe mathematisch verbunden werden. Es ist eine vereinfachte Beschreibung, weil sie viele Faktoren ausläßt, die das Modell nur komplizieren würden. Der Wirtschaftler zum Beispiel spricht von einem Modell der freien Marktwirtschaft oder der Planwirtschaft und so weiter. Der Psychologe spricht von einem mathematischen Modell des Lernprozesses oder davon, wie ein psychologischer Zustand auf einen anderen folgt mit bestimmten Übergangswahrscheinlichkeiten, die aus der Reihe der Zustände das machen, was die Mathematiker eine Markov-Kette nennen. Das ist etwas ganz anderes als die Modelle der Physik des neunzehnten Jahrhunderts. Ihr Zweck liegt nicht darin, anschaulich zu machen, sondern darin, zu formalisieren. Das Modell ist rein hypothetisch. Gewisse Parameter werden eingeführt und verändert, bis man eine Anpassung an die Daten erreicht hat. Wenn man weitere Beobachtungen macht, kann sich herausstellen, daß man die Parameter nicht nur weiter verändern muß, sondern daß man auch die Grundgleichungen ändern muß. In anderen Worten, das Modell selbst wird geändert. Das alte Modell hat ausgedient; man sucht ein neues Modell.

Im neunzehnten Jahrhundert war ein physikalisches Modell nicht ein Modell in diesem abstrakten Sinne. Es sollte ein räumliches Modell einer räumlichen Struktur sein, in der gleichen Weise, in der ein Schiffsmodell oder Flugzeugmodell ein wirkliches Schiff oder Flugzeug darstellt. Natürlich glaubt ein Chemiker nicht, daß die Moleküle aus kleinen, bunten Kugeln bestehen, die mit Draht zusammengehalten werden. Es gibt viele Eigenschaften dieses Modells, die man nicht übertragen darf. Aber in seiner allgemeinen räumlichen Anordnung betrachtet man es als ein richtiges Bild räumlicher Anordnung der Atome eines wirklichen Moleküls. Wie wir gezeigt haben, gibt es manchmal gute Gründe dafür, so ein Modell wortwörtlich zu nehmen – ein Modell des Sonnensystems zum Beispiel oder eines Kristalles oder eines Moleküls. Und selbst wenn es für eine derartige direkte Interpretation keine Gründe gibt, können anschauliche Modelle äußerst nützlich sein. Der Geist arbeitet intuitiv, und es ist oft für den Wissenschaftler eine große Hilfe, in anschaulichen Bildern zu denken. Zur gleichen Zeit muß man sich aber stets der Grenzen eines Modells bewußt sein. Daß man ein schönes, anschauliches Modell bauen kann, ist keine Garantie für die Korrektheit einer Theorie, das Fehlen eines Modells aber auch kein hinreichender Grund für die Ablehnung einer Theorie.

Ist es möglich, daß Wissen sowohl synthetisch als auch a priori ist? Das ist die berühmte Frage, die Immanuel Kant gestellt und mit Ja beantwortet hat. Es ist wichtig zu verstehen, was genau Kant mit seiner Frage meinte und warum die heutigen Empiristen mit seiner Antwort nicht übereinstimmen.

Zwei wichtige Unterscheidungen sind in Kants Frage enthalten: Eine Unterscheidung zwischen *analytisch* und *synthetisch* und eine Unterscheidung zwischen *a priori* und *a posteriori*. Man hat beide Unterscheidungen in verschiedener Weise interpretiert. Meiner Meinung nach ist die erste eine logische und die zweite eine wissenschaftstheoretische.

Betrachten wir zuerst die logische Unterscheidung. Die Logik befaßt sich nur damit, ob eine Aussage schon auf Grund der Bedeutungen der Ausdrücke, die in ihr vorkommen, wahr oder falsch ist. Definieren wir zum Beispiel den Ausdruck »Hund« folgendermaßen: »X ist ein Hund dann und nur dann, wenn X ein Tier mit gewissen Eigenschaften ist.« Ein Tier zu sein, ist daher ein Teil der Bedeutung des Wortes »Hund«. Wenn wir auf Grund dessen die Behauptung aufstellen: »Alle Hunde sind Tiere«, dann ist das eben im kantischen Sinne ein analytisches Urteil. An ihm sind nur die Bedeutungsrelationen der Ausdrücke beteiligt. Kant drückte dies nicht ganz auf diese Weise aus, aber das war im wesentlichen seine Intention. Andererseits hat eine synthetische Aussage, wie etwa »Der Mond dreht sich um die Erde«, einen Tatsachengehalt. Wie die meisten wissenschaftlichen Aussagen ist sie synthetisch, denn ihr Inhalt geht über die Bedeutungen der Wörter, die in ihr vorkommen, hinaus. Sie sagt uns etwas über den Zustand der Welt.

Die Unterscheidung zwischen a priori und a posteriori ist eine erkenntnistheoretische Unterscheidung zwischen zwei Arten von Wissen. Mit a priori meinte Kant die Art von Wissen, die unabhängig von der Erfahrung ist, aber nicht unabhängig in einem genetischen oder psychologischen Sinne. Er war sich dessen bewußt, daß alles menschliche Wissen in einem genetischen Sinne von Erfahrung abhängt. Ohne Erfahrung gäbe es natürlich kein Wissen irgendeiner Art. Aber gewisse Arten von Wissen werden durch die Erfahrung in anderer Weise gestützt als andere Arten. Betrachten wir zum Beispiel das analytische Urteil »Alle Hunde sind Tiere«. Es ist nicht notwendig, Hunde zu beobachten, um diese Behauptung aufzustellen; es ist nicht einmal nötig, daß Hunde existieren. Es ist nur nötig, daß man so etwas wie einen Hund denken kann, das so definiert worden ist, daß das Tiersein Teil der Definition ist. Gewiß, es mag sein, daß unsere Erfahrung mit Hunden uns zu dem Schluß geführt hat, daß Hunde Tiere sind. In einem sehr weiten Sinne des Wortes Erfahrung hat alles, was wir wissen, seinen Grund in der Erfahrung. Wichtig ist, daß man zur Feststellung der Wahrheit einer analytischen Aussage nicht auf die Erfahrung zurückzugreifen braucht. Es ist nicht nötig, daß man sagt: »Gestern untersuchte ich einige Hunde und nicht-Hunde und dann einige Tiere und einige nicht-Tiere, und auf Grund dieser Untersuchungen schloß ich, daß alle Hunde Tiere sind.« Ganz im Gegenteil, die Aussage »Alle Hunde sind Tiere« wird schon dadurch gerechtfertigt, daß man darauf hinweist, daß in unserer Sprache der Ausdruck »Hund« eine Bedeutung hat, die das »Tiersein« einschließt. Die Aussage wird auf die gleiche Weise gerechtfertigt wie die analytische Wahrheit der Aussage »Ein Einhorn hat ein einzelnes Horn auf seinem Kopf«. Die Wahrheit der Aussage folgt aus den Bedeutungen der in ihr vorkommenden Ausdrücke, ohne daß dazu eine Untersuchung der Welt notwendig wäre.

Im Gegensatz dazu sind a-posteriori-Aussagen solche, die nicht ohne Bezugnahme auf die Erfahrung gerechtfertigt werden können. Betrachten wir zum Beispiel die Aussage, daß der Mond sich um die Erde dreht. Ihre Wahrheit kann man nicht dadurch einsehen, daß man die Bedeutung der Ausdrücke »Mond«, »Erde« und »bewegt sich um« untersucht. Wörtlich bedeuten natürlich »a priori« und »a posteriori« »von vornherein« und »im nachhinein«, aber Kant sagte ganz deutlich, daß er dies nicht in einem zeitlichen Sinne meine. Er wollte nicht sagen, daß beim Wissen a posteriori die Erfahrung *vor* dem Wissen kam. In diesem Sinn geht natürlich Erfahrung *allem* Wissen voran. Er meinte nur, daß die Erfahrung der wesentliche Grund dafür ist, daß man einen a-posteriori-Satz behauptet. Ohne gewisse Erfahrungen (im Fall der Bewegung des Mondes um die Erde sind diese Erfahrungen verschiedene astronomische Beobachtungen) ist es nicht möglich, eine a-posteriori-Aussage zu rechtfertigen. Grob gesprochen würde man heute a-posteriori-Wissen empirisches Wissen nennen; es ist jenes Wissen, das wesentlich von der Erfahrung abhängt. A-priori-Wissen ist unabhängig von der Erfahrung.

Wie schon früher gesagt, sind alle analytischen Aussagen klarer Weise auch a-priori-Aussagen. Aber nun erhebt sich eine wichtige Frage: Fällt die Grenze zwischen a priori und a posteriori zusammen mit der Grenze zwischen analytisch und synthetisch? Wenn die beiden Grenzen zusammenfallen, dann kann man das wie in Abb. 31 zeichnen. Aber vielleicht fallen die Grenzen nicht zusammen. Die Grenzlinie zwischen a priori und a posteriori kann nicht links von der Grenzlinie zwischen analytisch und synthetisch liegen (weil alle analytischen Aussagen auch a priori sind), aber sie kann rechts davon

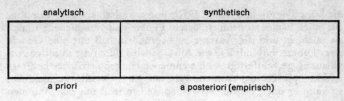

analytisch   synthetisch

a priori   a posteriori (empirisch)

Abb. 31

liegen, wie in Abb. 32 angedeutet. Wenn dem so ist, dann gibt es ein Zwischengebiet, in dem sich das synthetische mit dem a priori überschneidet. Und so verhält es sich nach Kants Ansicht. Es gibt, so behauptete er, einen Bereich des Wissens, der sowohl synthetisch wie auch a priori ist. Er ist synthetisch, weil er etwas über die Welt aussagt, und er ist a priori, weil man ihn mit Sicherheit wissen kann, in einer Weise, für die keine Begründung durch Erfahrung nötig ist. Gibt es ein solches Gebiet? Das ist eine der großen Streitfragen in der Geschichte der Philosophie der Wissenschaften. Wie Moritz Schlick einmal bemerkte, kann man den Empirismus definieren als eine Richtung, die behauptet, daß es kein synthetisches a priori gibt. Das ist *in nuce* der ganze Empirismus.

Die Geometrie war für Kant eines der Hauptbeispiele für synthetisches Wissen a priori. Sein Gedankengang war, daß es unvorstellbar ist, daß die Axiome der Geometrie (damit meinte er die Euklidische Geometrie, da es zu seiner Zeit noch keine andere gab) nicht wahr wären. Zum Beispiel gibt es eine und nur eine Gerade durch zwei Punkte. Die Intuition gibt hier absolute Gewißheit. Man kann sich eine Gerade vorstellen, die zwei Punkte verbindet, aber jede andere Linie, die man sich durch die zwei Punkte gezogen vorstellt, kann nicht gerade sein, sondern ist gekrümmt. Deshalb, so schloß Kant, vertrauen wir mit Recht vollkommen auf unser Wissen auch von allen Axiomen der Geometrie. Da die Lehrsätze alle logisch aus den Axiomen abgeleitet sind, können wir auch zu ihrer Wahrheit volles Vertrauen haben. Die Geometrie ist deshalb völlig gewiß in einer Weise,

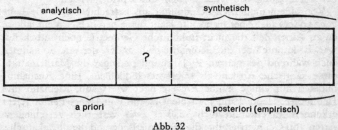

analytisch   synthetisch

?

a priori   a posteriori (empirisch)

Abb. 32

die keine Begründung durch Erfahrung erfordert. Es ist nicht nötig, ein Stück Papier zu nehmen, darauf Punkte und verschiedene Linien zu zeichnen und die Aussage zu begründen, daß nur eine Gerade zwei Punkte verbindet. Diese Aussage wird durch die intuitive Anschauung gerechtfertigt; und wenn auch ein geometrischer Lehrsatz sehr kompliziert sein kann und ganz und gar nicht selbstverständlich, so kann er doch begründet werden, indem man mit den Axiomen beginnend, in einzelnen logischen Schritten, die auch intuitiv sicher sind, vorwärts schreitet. Kurz gesagt, die ganze Geometrie ist a priori.

Andererseits, so sagte Kant weiter, sagen uns die Lehrsätze der Geometrie etwas über unsere Welt. Man betrachte den Lehrsatz, daß die Winkelsumme eines Dreiecks 180° beträgt. Man kann dies logisch aus Euklids Axiomen ableiten. Also ist es eine Wahrheit a priori. Aber es ist auch wahr, daß man, wenn man ein Dreieck zeichnet und seine Winkel mißt, findet, daß sie zusammen 180° ergeben. Wenn die Summe etwas von diesem Betrag abweicht, wird eine genauere Untersuchung der Zeichnung immer ergeben, daß die Linien nicht ganz gerade waren oder vielleicht die Messungen ungenau. Die Lehrsätze der Geometrie sind also mehr als a-priori-Aussagen. Sie beschreiben die tatsächliche Struktur der Welt und sind daher auch synthetisch. Und doch ist es klar, daß sie nicht in gleicher Weise a posteriori sind wie naturwissenschaftliche Gesetze. Ein naturwissenschaftliches Gesetz muß durch Erfahrung gerechtfertigt sein. Man kann sich leicht vorstellen, daß man morgen ein Ereignis beobachten könnte, welches einem Naturgesetz widerspräche. Man kann leicht annehmen, daß die Erde sich um den Mond bewegen würde, anstatt umgekehrt, und man kann nie sicher sein, daß die Wissenschaft nicht morgen Entdeckungen macht, die eine Veränderung dessen erfordert, was man bisher für wahr gehalten hat. Aber mit den geometrischen Gesetzen verhält es sich anders. Man kann sich nicht vorstellen, daß neue Entdeckungen in der Geometrie die Wahrheit des Lehrsatzes des Pythagoras beeinträchtigen könnten. Die Euklidische Geometrie ist intuitiv gewiß und unabhängig von der Erfahrung. In der Geometrie, das war Kants Überzeugung, haben wir ein Musterbeispiel der Vereinigung von synthetischem und a-priori-Wissen.

Von einem modernen Standpunkt aus betrachtet, sieht die Lage ganz anders aus. Aber man sollte Kant für seinen Fehler nicht tadeln, da zu seiner Zeit die nicht-Euklidische Geometrie noch unbekannt war. Er konnte über die Geometrie nicht anders denken. So nahmen auch während des ganzen 19. Jahrhunderts sogar die Mathematiker diese kantische Ansicht als selbstverständlich an. Eine Ausnahme bildeten nur einige kühne Einzelgänger wie Gauß, Riemann und Helmholtz. Heute kann man die Ursache von Kants Fehler leicht erkennen. Er erkannte nicht, daß es zwei wesentlich verschiedene Arten von Geometrie gibt: die mathematische und die physikalische.

Die mathematische Geometrie ist reine Mathematik. In der Kantschen Terminologie ist sie wirklich sowohl analytisch wie a priori. Aber es ist nicht möglich zu sagen, daß sie auch synthetisch ist. Sie ist einfach ein deduktives System, auf gewissen Axiomen begründet, die man nicht durch Hinweis auf irgendeine existierende Welt interpretieren muß. Man kann dies in verschiedener Weise zeigen, zum Beispiel so wie Bertrand Russell in seinem Buch »The Principles of Mathematics« (das man nicht verwechseln sollte mit den späteren »Principia Mathematica«)[16]. Russell zeigt, wie es möglich ist, den Euklidischen Raum vollständig als System von Grundrelationen zu definieren, für die gewisse Struktureigenschaften angenommen werden. Zum Beispiel ist eine Relation symmetrisch und transitiv, die andere asymmetrisch usw. Auf Grund dieser Voraussetzungen ist es dann möglich, eine Menge von Lehrsätzen für den Euklidischen Raum abzuleiten, welche die ganze Euklidische Geometrie in sich schließt. Diese Geometrie sagt nichts über die Welt aus, sie besagt nur, daß ein Relationensystem, das gewisse Eigenschaften hat, auch bestimmte andere Eigenschaften haben wird, die logisch aus der vorausgesetzten Struktur folgen. Die mathematische Geometrie ist eine Theorie der logischen Struktur. Sie ist vollkommen unabhängig von naturwissenschaftlichen Untersuchungen und befaßt sich nur mit den logischen Folgerungen aus einer gegebenen Menge von Axiomen.

Die physikalische Geometrie andererseits befaßt sich mit der Anwendung der reinen Geometrie auf die Welt. Hier haben die Ausdrücke der Euklidischen Geometrie ihre gewöhnliche Bedeutung. Ein Punkt ist wirklich ein Ort im physikalischen Raum. Wir können natürlich einen geometrischen Punkt nicht beobachten, aber wir können ihn annähern, indem wir etwa mit Tinte einen kleinen Punkt auf ein Blatt Papier machen. Ähnlich können wir angenäherte Gerade, Ebenen, Würfel usw. beobachten und mit ihnen arbeiten. Diese Wörter beziehen sich auf die tatsächlichen Strukturen im physikalischen Raum, in dem wir leben, und gehören zu gleicher Zeit zur Sprache der reinen oder mathematischen Geometrie. Hier haben wir die Quelle der geometrischen Verwirrung im neunzehnten Jahrhundert. Weil der Naturwissenschaftler und der Mathematiker die gleichen Worte gebrauchten, nahm man irrtümlich an, daß beide die gleiche Art von Geometrie verwendeten.

Der Unterschied zwischen den beiden Geometrien wurde besonders klar durch David Hilberts berühmte Arbeit über die Grundlagen der Geometrie[17]. »Wir denken drei verschiedene Systeme von Dingen«, schrieb Hilbert. »Die Dinge des ersten Systems nennen wir Punkte ... die Dinge des zweiten Systems Gerade ... und die des dritten Systems Ebenen.« Obwohl er diese Dinge mit den Namen »Punkte«, »Gerade«, und »Ebenen« benannte, setzte er nichts über die Bedeutungen dieser Wörter voraus. Es war nur bequem, sie zu gebrau-

181

chen, weil sie bekannt waren und dem Leser naheleglen, sich eine der möglichen Interpretationen zu veranschaulichen. Auch das System der Geometrie, so wie es Hilbert aufbaute, war von jeder Interpretation frei. »Punkte«, »Gerade« und »Ebenen« konnten drei beliebige Klassen von Dingen sein, welche die durch die Axiome festgelegten Relationen erfüllten. Zum Beispiel konnte man anstatt an physikalische Punkte, Geraden und Ebenen zu denken, »Punkt« als geordnetes Tripel reeller Zahlen interpretieren. Eine »Gerade« wäre dann eine Menge geordneter Tripel von reellen Zahlen, die zwei lineare Gleichungen erfüllen, und eine »Ebene« wäre dann eine Menge von geordneten Tripeln, die eine lineare Gleichung erfüllen. In der reinen oder mathematischen Geometrie werden Ausdrücke wie »Punkte«, »Gerade« und »Ebenen« nicht im gewöhnlichen Sinne gebraucht. Sie besitzen unendlich viele mögliche Interpretationen. Sobald man einmal diese Unterscheidung zwischen reiner und physikalischer Geometrie verstanden hat, wird es klar, wie Kants Ansicht und auch die Ansichten der meisten Philosophen des neunzehnten Jahrhunderts auf einer grundlegenden Verwechslung von zwei völlig verschiedenen Gebieten beruhten. Wenn wir sagen »Die Geometrie ist sicher a priori; man kann über die Wahrheit ihrer Lehrsätze keinen Zweifel haben«, so denken wir an die mathematische Geometrie. Aber nehmen wir an, wir fügen hinzu: »Sie sagt uns auch etwas über die Welt; mit ihrer Hilfe können wir die Ergebnisse von Messungen wirklicher geometrischer Strukturen vorhersagen.« Nun sind wir unbemerkt zur anderen Bedeutung von Geometrie übergegangen. Wir sprechen über die physikalische Geometrie; über die Struktur des wirklichen Raumes. Die mathematische Geometrie ist a priori. Die physikalische Geometrie ist synthetisch. Keine Geometrie ist beides. Wenn man den Empirismus akzeptiert, dann kann es kein Wissen geben, das sowohl a priori wie auch synthetisch wäre.

Diese Unterscheidung zwischen zwei Arten von Geometrie ist grundlegend und heute allgemein anerkannt. Wenn eine Behauptung über das Wesen des geometrischen Wissens aufgestellt wird, sollte man zunächst einmal fragen: »An welche Art von Geometrie denken Sie? Sprechen Sie von der mathematischen oder der physikalischen Geometrie?« Eine klare Unterscheidung ist hier notwendig, wenn man Verwechslungen vermeiden und die umwälzenden Ideen der Relativitätstheorie verstehen will.

Am klarsten und genauesten hat vielleicht Einstein auf diese Unterscheidung hingewiesen am Anfang eines Vortrages mit dem Titel »Geometrie und Erfahrung«[18]. Einstein sprach von »Mathematik«, aber er meinte die Geometrie in ihren beiden Bedeutungen. »Insofern sich die Lehrsätze der Mathematik auf die Wirklichkeit beziehen«, sagte er, »sind sie nicht sicher.« In der Terminologie Kants heißt das: insofern sie synthetisch sind, sind sie nicht a priori. »Und insofern sie sicher sind«, fuhr er fort, »beziehen sie sich nicht auf die Wirklichkeit.« In der kantischen Terminologie: insofern sie a priori sind, sind sie nicht synthetisch.

Kant war der Meinung, daß a priori Wissen sicheres Wissen sei; es kann nicht durch Erfahrung widerlegt werden. Die Relativitätstheorie machte es allen, die es verstanden, klar, daß Geometrie, im a-priori-Sinn genommen, uns nichts über die Realität sagt. Es gibt keine Aussage, die logische Sicherheit mit einer Information über die geometrische Struktur der Welt verbindet.

Teil IV

KAUSALITÄT UND DETERMINISMUS

19 Kausalität

Der Begriff der Kausalität, eines der zentralen Themen der gegenwärtigen Philosophie der Naturwissenschaften, hat seit der Zeit der alten Griechen das Interesse vieler hervorragender Philosophen beansprucht. Früher gehörte dieses Thema zu dem, was man Naturphilosophie nannte. Zu diesem Gebiet gehörte sowohl die empirische Untersuchung der Natur wie auch die philosophische Durchleuchtung dieses Wissens. Heute ist es klar, daß die Untersuchung der Natur Aufgabe des Naturwissenschaftlers ist, nicht Aufgabe des Philosophen als solchem.

Natürlich kann ein Philosoph beides sein, Philosoph und Naturwissenschaftler. Wenn dies der Fall ist, sollte er sich über den grundlegenden Unterschied zwischen zwei Arten von Fragen, die er stellen kann, klar sein. Wenn er Fragen stellt, wie etwa: »Wie entstanden die Krater des Mondes?« oder »Gibt es eine Milchstraße, die aus Antimaterie besteht?«, dann stellt er Fragen für Astronomen und Physiker. Wenn er andererseits seine Fragen nicht auf die Eigenschaften der Welt, sondern auf eine Analyse der Grundbegriffe einer Wissenschaft richtet, dann stellt er Fragen in der Philosophie der Naturwissenschaften.

In früheren Zeiten glaubten die Philosophen, daß es eine Metaphysik der Natur gebe, ein tieferes und grundlegenderes Wissensgebiet als irgendeine empirische Wissenschaft. Die Aufgabe des Philosophen war es, die metaphysischen Wahrheiten zu erklären. Die heutigen Wissenschaftstheoretiker glauben nicht an eine solche Metaphysik. Die alte Naturphilosophie wurde durch die Philosophie der Naturwissenschaften ersetzt. Die neuere Philosophie befaßt sich nicht mit der Entdeckung von Tatsachen und Gesetzen (das ist die Aufgabe des empirischen Wissenschaftlers) und auch nicht mit der Formulierung einer metaphysischen Theorie der Welt. Stattdessen richtet sie ihre Aufmerksamkeit auf die Wissenschaft selbst, indem sie die verwendeten Begriffe und Methoden, die möglichen Resultate, die Aussageformen und die Arten von Logik, die man verwenden kann, untersucht. In anderen Worten: Sie befaßt sich mit der Art von Problemen, die in diesem Buch erörtert werden. Der Wissenschaftstheoretiker studiert die philosophischen (d.h. die logischen und methodologischen) Grundlagen der Psychologie, nicht »das Wesen des Geistes«. Er studiert die philosophischen Grundlagen der Anthropologie, nicht »das Wesen der Kultur«. In jedem Gebiet gilt sein Hauptinteresse den Begriffen und Methoden dieses Gebietes.

Einige Philosophen haben davor gewarnt, eine zu scharfe Grenze zwischen der Arbeit des Wissenschaftlers zu ziehen und der Arbeit des Wissenschaftstheoretikers, der sich mit diesem Gebiet befaßt. In gewissem Sinn ist das eine nützliche Warnung. Wenn auch die Arbeit des empirischen Wissenschaftlers und die Arbeit des Wissenschaftstheoretikers stets klar unterschieden werden müssen, gehen doch in der Praxis die beiden Gebiete ineinander über. Ein Physiker trifft in seiner Arbeit immer wieder auf methodologische Fragen. Welche Arten von Begriffen sollte er gebrauchen, welchen Regeln folgen diese Begriffe? Mit welcher logischen Methode kann er seine Begriffe definieren? Wie kann er seine Begriffe zu Aussagen zusammenfassen und die Aussagen zu einem logisch zusammenhängenden System oder einer Theorie? Alle diese Fragen muß der Wissenschaftstheoretiker beantworten; sie können natürlich nicht empirisch beantwortet werden. Auf der anderen Seite ist es unmöglich, brauchbare Arbeit in der Wissenschaftsphilosophie zu leisten, ohne ziemlich viel über die empirischen Ergebnisse der Wissenschaft zu wissen. In diesem Buch war es z.B. notwendig, ausführlich über bestimmte Eigenschaften der Relativitätstheorie zu sprechen. Andere Einzelheiten dieser Theorie wurden nicht erörtert, weil sie hauptsächlich eingeführt wurde, um die wichtige Unterscheidung zwischen der empirischen Geometrie und der reinen oder mathematischen Geometrie klarzumachen. Solange jemand, der sich um die Wissenschaftstheorie bemüht, die Wissenschaft selbst nicht gründlich versteht, kann er wichtige Fragen über ihre Begriffe und Methoden nicht einmal stellen.

Der Grund, warum ich die Aufgabe des Wissenschaftstheoretikers von der metaphysischen Aufgabe seines Vorgängers, des Naturphilosophen, abhebe, liegt darin, daß diese Unterscheidung für die Analyse der Kausalität, die uns in diesem Kapitel beschäftigen wird, wichtig ist. Die älteren Philosophen befaßten sich mit der Frage nach dem metaphysischen Wesen der Kausalität. Wir wollen hier untersuchen, wie die empirischen Wissenschaftler den Begriff der Kausalität gebrauchen, um genau zu klären, was sie meinen, wenn sie sagen: »Dies ist der Grund von dem«. Was bedeutet eigentlich die Ursache-Wirkungs-Relation? Im täglichen Leben ist der Begriff sicher vage. Sogar in der Naturwissenschaft ist es oft nicht klar, was ein Wissenschaftler meint, wenn er sagt, daß ein Ereignis ein anderes »verursacht« hat. Eine der wichtigsten Aufgaben der Wissenschaftstheorie ist es, den Begriff der Kausalität zu analysieren und seine Bedeutung zu klären.

Sogar der historische Ursprung des Begriffes ist nicht ganz klar. Er entstand anscheinend als eine Art von Projektion des menschlichen Erlebens in die Welt der Natur. Wenn man einen Tisch rückt, fühlt man eine Spannung in den Muskeln. Wenn man etwas Ähnliches in der Natur beobachtet, etwa eine Billardkugel, die auf eine andere trifft, so kann man sich leicht vorstellen, daß die eine Kugel etwas fühlt, was unserem Gefühl beim Tischrücken analog ist. Die auftreffende Kugel ist der Täter. Sie *tut* etwas mit dem andern Ball, das ihn zur Bewegung veranlaßt. Man sieht leicht, wie die Angehörigen primitiver Kulturen annehmen konnten, daß die Elemente in der Natur belebt waren und wie sie selbst auch Seelen hätten, die wollten, daß gewisse Dinge geschähen. Man versteht dies besonders bei Naturereignissen, die großen Schaden anrichten. Ein Berg wurde für einen Erdrutsch verantwortlich gemacht, ein Wirbelsturm für die Zerstörung einer Ortschaft.

Heutzutage hat der zivilisierte Mensch kein derartig anthropomorphes Bild der Natur mehr und erst recht nicht der Naturwissenschaftler. Und trotzdem sind gewisse Elemente animistischen Denkens zurückgeblieben. Ein Stein zerschlägt ein Fenster. Wollte der Stein dies tun? Natürlich nicht, wird der Wissenschaftler sagen. Ein Stein ist ein Stein. Er besitzt keinen Willen. Andererseits werden die meisten Leute, sogar der Wissenschaftler selbst, nicht zögern zu sagen, daß ein Ereignis *b*, das Brechen des Fensters, durch ein Ereignis *a*, das Auftreffen des Steines auf das Glas, *verursacht* war. Was meint der Naturwissenschaftler, wenn er sagt, daß das Ereignis *a* das Ereignis *b* verursachte? Er könnte sagen, daß das Ereignis *a* das Ereignis *b* »mit sich brachte« oder »erzeugte«.

Sie sehen, wenn er versucht, die Bedeutung von »verursachen« zu erklären, dann kommt er zurück auf Redewendungen wie »mit sich bringen«, »hervorbringen« und »erzeugen«. Dies sind metaphorische Redewendungen, die aus menschlichen Tätigkeiten abgeleitet sind. Die Tätigkeit eines Menschen kann in einem wirklichen Sinne andere Ereignisse mit sich bringen, hervorbringen, erzeugen; aber im Falle des Steines kann man das nicht wörtlich nehmen. Es wäre keine sehr befriedigende Antwort auf die Frage: »Was bedeutet es, daß ein Ereignis ein anderes Ereignis verursachte?«

Es ist wichtig, diesen vagen Begriff der Kausalität zu analysieren, um ihn von all den alten, vorwissenschaftlichen Komponenten, die er enthalten mag, zu reinigen. Aber zuerst sollte eines klar ausgesprochen werden: Ich glaube nicht, daß es irgendeinen Grund gibt, den Begriff der Kausalität zu verwerfen. Einige Philosophen behaupten, daß David Hume in seiner berühmten Kritik der Kausalität diesen Begriff *in toto* ablehnte. Ich glaube nicht, daß dies Humes Absicht war. Er wollte nicht den Begriff verwerfen, sondern nur reinigen. Wir werden später diese Frage wieder aufnehmen, aber ich möchte jetzt schon sagen, daß Hume nur die Komponente der Notwendigkeit im Kausalitätsbegriff ablehnte. Seine Analyse verfolgte die richtige Richtung, obwohl sie nach Meinung der heutigen Wissenschaftstheoretiker nicht weit genug ging; sie war auch nicht genügend klar. Meiner Meinung nach ist es nicht notwendig, die Kausalität als einen vorwissenschaftlichen Begriff zu betrachten, der in einem schlechten

Sinne metaphysisch und deshalb aufzugeben wäre. Nach einer Analyse und Explikation des Begriffes werden wir finden, daß etwas übrig bleibt, das Kausalität genannt werden kann; und dies rechtfertigt den jahrhundertelangen Gebrauch des Begriffes in der Wissenschaft und im Alltagsleben.

Wir beginnen die Analyse und fragen: Zwischen welchen Arten von Dingen gilt die Kausalrelation? Streng genommen ist es nicht ein *Ding*, das ein Ereignis verursacht, sondern ein Vorgang. Im Alltagsleben sprechen wir zwar davon, daß gewisse Dinge gewisse Ereignisse verursachen. Wir meinen damit, daß gewisse Vorgänge oder Ereignisse andere Vorgänge oder Ereignisse verursachen. Wir sagen, die Sonne ist die Ursache, daß die Pflanzen wachsen. Was wir wirklich meinen, ist, daß die Sonnenstrahlung, ein Vorgang, die Ursache ist. Aber wenn wir »Vorgänge« oder »Ereignisse« als die Glieder der Ursache-Wirkungs-Relation annehmen wollen, dann müssen wir diese Ausdrücke in einem sehr weiten Sinn nehmen. Wir müssen, was wir normalerweise nicht tun, Vorgänge hinzunehmen, die statisch sind.

Betrachten wir zum Beispiel einen Tisch. Ich kann an ihm nichts beobachten, das sich ändert. Gestern mag er gerückt worden sein, in der Zukunft mag er beschädigt oder zerstört werden, aber im Augenblick beobachte ich keine Veränderung. Wir können annehmen, daß seine Temperatur, Masse, sogar die Lichtreflexion an seiner Oberfläche und anderes mehr während eines gewissen Zeitraumes unverändert bleiben. Dieses Ereignis, der Tisch, der ohne Veränderung existiert, ist auch ein Vorgang. Es ist ein *statischer* Vorgang, ein Vorgang, dessen Parameter in der Zeit konstant bleiben. Wenn man davon spricht, daß Vorgänge oder Ereignisse in Ursache-Wirkungs-Beziehungen stehen, dann muß man wissen, daß auch statische Vorgänge mit diesen Ausdrücken gemeint sein können. Sie stehen für Folgen von Zuständen eines physikalischen Systems, ob sich diese nun ändern oder nicht.

Es gibt auch oft Fälle, in denen man sagt, daß *Umstände* oder *Bedingungen* Ursachen oder Wirkungen sind. Auch das sind zulässige Redeweisen und hier besteht nicht die Gefahr, daß man die Wörter in einem zu engen Sinne auffaßt, denn auch eine statische oder konstante Bedingung ist eine Bedingung. Angenommen, wir untersuchen die Ursache eines Autozusammenstoßes auf der Straße. Dann müssen wir nicht nur die veränderlichen Bedingungen – die Bewegung der Wagen, das Verhalten der Fahrer – untersuchen, sondern auch die Bedingungen, welche im Augenblick des Zusammenstoßes konstant waren. Wir müssen den Zustand der Straßenoberfläche feststellen: war sie naß oder trocken? Schien die Sonne einem der Fahrer direkt ins Gesicht? Auch derartige Fragen können für die Bestimmung der Ursachen des Zusammenstoßes wichtig sein. Um eine volle Analyse der Ursachen vorzunehmen, müssen wir alle relevanten Bedingungen, die konstanten wie die veränderlichen untersuchen. Es kann sich herausstellen, daß viele verschiedene Bedingungen an dem Endresultat wesentlich beteiligt waren.

Wenn ein Mensch stirbt, muß ein Arzt die Todesursache feststellen. Er wird vielleicht »Tuberkulose« eintragen, als wäre dies das einzige, was den Tod verursacht hat. In unserem Alltag suchen wir oft eine einzige Ursache für ein Ereignis – *die* Ursache des Zusammenstoßes, *die* Todesursache. Aber wenn wir die Situation sorgfältiger untersuchen, sehen wir, daß man viele Antworten geben kann, je nachdem, von welchem Standpunkt aus man die Frage stellt. Ein Straßenbauingenieur könnte sagen: »Ich habe immer schon gesagt, daß dies ein schlechter Belag für Straßen ist. Er wird sehr glatt, wenn er naß wird. Hier haben wir wieder einen Unfall, der das beweist!« Nach der Meinung des Ingenieurs wurde der Unfall durch die glatte Straße verursacht. Er interessiert sich an dem Ereignis von *seinem* Standpunkt aus. Für ihn ist dies *die* Ursache. In einer Hinsicht hat er recht. Wenn man seinem Rat gefolgt wäre und der Straße eine andere Oberfläche gegeben hätte, dann wäre sie nicht so glatt gewesen. Unter sonst gleichen Umständen hätte sich der Unfall vielleicht nicht ereignet. Es ist schwierig, dies in einem bestimmten Fall sicher zu wissen. Aber es ist wenigstens wahrscheinlich, daß der Ingenieur recht hat. Wenn er behauptet: »Dies ist die Ursache«, dann meint er: Das ist eine notwendige Bedingung. Wäre sie nicht erfüllt gewesen, so hätte sich der Unfall nicht ereignet.

Andere Leute, die man über die Ursache des Unfalls befragt, werden andere Bedingungen angeben. Die Verkehrspolizei, welche die Ursache von Unfällen untersucht, wird wissen wollen, ob einer der Fahrer die Verkehrsregeln nicht beachtet hat. Ihre Aufgabe besteht darin, auf die Einhaltung der Verkehrsregeln zu achten, und wenn sie feststellt, daß man diese Regeln mißachtet hat, wird sie dies als die Unfallursache anführen. Ein Psychologe, der einen der Fahrer untersucht, wird vielleicht zu dem Schluß kommen, daß dieser sich in einem Angstzustand befand. Er war so stark mit seinen Sorgen beschäftigt, daß er auf den anderen Wagen, der sich der Kreuzung näherte, nicht genügend achtete. Der Psychologe wird sagen, daß der aufgewühlte Gemütszustand des Mannes die Ursache des Unfalles war. Er sucht den Faktor der gesamten Situation heraus, der ihn am meisten interessiert. Für ihn ist das die wichtige, die entscheidende Ursache. Auch er kann recht haben, denn hätte der Mann sich nicht in jenem Angstzustand befunden, dann hätte sich der Unfall vielleicht oder wahrscheinlich nicht ereignet. Ein Autoingenieur wird vielleicht eine andere Ursache finden, z. B. einen Konstruktionsfehler an einem der Wagen. Ein Kraftfahrzeugmechaniker mag darauf hinweisen, daß die Bremsbeläge des einen Wagens abgenützt waren.

Jede Person, die das ganze Ereignis von ihrem Standpunkt aus betrachtet, wird eine bestimmte Bedingung finden, derart, daß sie mit Recht sagen kann: wenn diese Bedingung nicht vorgelegen hätte, dann hätte sich der Unfall vermutlich nicht ereignet.

Keiner dieser Leute aber hat die allgemeinere Frage beantwortet: Was war *die* Ursache des Unfalles? Sie geben nur eine Reihe von partiellen Antworten, die auf spezielle Bedingungen hinweisen, welche zu dem Endresultat beitrugen. Keine einzige Ursache kann als *die* Ursache herausgehoben werden. Es ist auch klar, daß es so etwas wie *die* Ursache nicht geben kann. Es gibt viele wichtige Komponenten in einer komplexen Situation, von denen jede zu dem Unfall beiträgt in dem Sinne, daß der Unfall sich nicht ereignet hätte, wäre die Komponente nicht vorhanden gewesen. Wenn man eine kausale Beziehung zwischen dem Unfall und einem vorhergehenden Ereignis finden will, dann muß man als dieses Ereignis die *ganze vorhergehende Situation* nehmen. Wenn wir sagen, diese frühere Situation »verursachte« den Unfall, meinen wir folgendes: vorausgesetzt, daß die vorhergehende Situation in allen ihren Tausenden von Einzelheiten gegeben ist und ebenso alle einschlägigen Gesetze, dann hätte der Unfall vorausgesagt werden können. Niemand kannte natürlich *all* die Tatsachen und Gesetze oder konnte sie auch nur kennen. Aber *wenn* jemand sie gekannt hätte, dann hätte er den Zusammenstoß voraussagen können. Die »einschlägigen Gesetze« umfassen nicht nur die Gesetze der Physik und Technologie (über die Reibung der Straße, die Bewegung der Wagen, die Wirkung der Bremsen usw.), sondern auch physiologische und psychologische Gesetze. Die Kenntnis aller dieser Gesetze wie auch der hier wichtigen Einzeltatsachen muß vorausgesetzt werden, wenn man sagen will, daß das Ergebnis vorhersagbar ist.

Kurz zusammengefaßt ist das Resultat unserer Analyse: *Kausalbeziehung heißt Voraussagbarkeit.* Das bedeutet nicht tatsächliche Voraussagbarkeit, weil niemand alle relevanten Tatsachen und Gesetze hätte kennen können. Es bedeutet Voraussagbarkeit in dem Sinn, daß man das Ereignis hätte voraussagen können, *wäre* die ganze vorhergehende Situation bekannt gewesen. Wenn ich also das Wort »Voraussagbarkeit« verwende, so meine ich es in einem etwas metaphorischen Sinn. Es behauptet nicht die Möglichkeit, daß irgendwer das Ereignis tatsächlich voraussagt, sondern vielmehr potentielle Voraussagbarkeit. Wären alle die relevanten Tatsachen und Naturgesetze bekannt gewesen, so wäre es möglich gewesen, das Ereignis vorherzusagen, bevor es sich ereignete. Diese Voraussage ist eine logische Folge der Tatsachen und Gesetze. In anderen Worten, es besteht eine logische Beziehung zwischen der vollen Beschreibung der vorhergehenden Bedingung, den relevanten Gesetzen und der Vorhersage des Ereignisses.

Die relevanten Einzeltatsachen, die an der vorhergehenden Situation beteiligt sind, zu wissen, ist prinzipiell möglich. (Wir vernachlässigen hier praktische Schwierigkeiten bei der Ermittlung der Tatsachen wie auch prinzipielle Grenzen, die uns die Quantentheorie in bezug auf unsere Kenntnis der Tatsachen im Bereich der Atome setzt.) In bezug auf das Wissen um die relevanten Gesetze jedoch erhebt sich ein viel größeres Problem. Wenn man eine Kausalbeziehung definiert, indem man sagt, daß ein Ereignis aus einer Menge von Tatsachen und Gesetzen logisch abgeleitet werden kann, was bedeutet hier »Gesetze«? Man könnte versucht sein zu sagen: Das bedeutet alle jene Gesetze, die man in den Lehrbüchern der Wissenschaften finden kann, die für die Situation einschlägig sind; genauer gesagt, alle jene relevanten Gesetze, die zur Zeit des Ereignisses bekannt sind. Etwas formalisiert: Ein Ereignis Y zur Zeit T wird von einem vorhergehenden Ereignis X dann und nur dann verursacht, wenn Y aus X mit Hilfe der Gesetze G_T, die zur Zeit T bekannt sind, ableitbar ist.

Man sieht aber leicht, daß dies keine sehr nützliche Definition einer Kausalbeziehung ist. Betrachten wir das folgende Gegenbeispiel. Es gibt einen historischen Bericht über ein Ereignis B, das in alten Zeiten auf ein Ereignis A folgte. Die Menschen, die zur Zeit T_1 lebten, konnten B nicht erklären. Nun läßt sich B erklären, wenn man gewisse Naturgesetze L kennt, indem man zeigt, daß B logisch aus A und L folgt. Aber zur Zeit T_1 kannte man die Gesetze L noch nicht. Deshalb konnte man das Ereignis B nicht als Auswertung des Ereignisses A erklären. Nehmen wir an, daß zur Zeit T_1 ein Wissenschaftler die Hypothese aufgestellt hatte, daß das Ereignis A Ursache des Ereignisses B war. Wenn wir zurückblicken, werden wir sagen, daß seine Hypothese wahr ist, auch wenn er es nicht beweisen konnte. Er konnte dies nicht beweisen, weil er die Gesetze nicht kannte. L_{T_1} enthielt nicht die Gesetze L, die für die Ableitung unentbehrlich sind. Wenn man hier nun die Definition der Kausalbeziehung, die im letzten Absatz vorgeschlagen wurde, annimmt, dann muß man sagen, daß die Behauptung des Wissenschaftlers falsch ist. Sie ist falsch, weil er nicht imstande war, B aus A und L_{T_1} abzuleiten. Anders ausgedrückt, man muß seine Behauptung falsch nennen, auch wenn man heute weiß, daß sie wahr ist.

Die Inadäquatheit der vorgeschlagenen Definition wird auch deutlich, wenn wir an die Tatsache denken, daß unsere heutige Kenntnis der Naturgesetze weit davon entfernt ist, vollständig zu sein. Die Wissenschaftler heute wissen mehr als die Wissenschaftler irgendeiner früheren Zeit, aber sie wissen auch sicherlich weniger als die Wissenschaftler in hundert Jahren wissen werden (vorausgesetzt, daß die Zivilisation nicht durch eine weltweite Katastrophe zerstört wird). Niemals wird die Wissenschaft alle Naturgesetze kennen. Aber wie schon gezeigt, müssen wir uns, um eine adäquate Definition der

Kausalität zu erhalten, auf das gesamte System der Gesetze beziehen und nicht nur auf die Gesetze, die zu einer bestimmten Zeit bekannt sind.

Was heißt es, wenn gesagt wird, daß ein Ereignis A ein Ereignis B verursacht? Es heißt, daß es gewisse Naturgesetze gibt, aus denen man zusammen mit einer vollständigen Beschreibung des Ereignisses A das Ereignis B logisch ableiten kann. Es ist nicht wichtig, ob man die Gesetze L angeben kann oder nicht. Es wird natürlich wichtig, wenn man beweisen soll, daß die Behauptung *wahr* ist. Aber es ist nicht wichtig oder notwendig, um der Behauptung einen Sinn zu geben. Dieser Sachverhalt macht natürlich die Analyse der Kausalität zu einem unsicheren und schwierigen Unterfangen. Wenn man von einer Kausalbeziehung spricht, dann bezieht man sich immer implizit auf Naturgesetze, die man nicht kennt. Es wäre eine zu hohe Anforderung und zu weit von dem gegenwärtigen Wortgebrauch entfernt, wenn man verlangen wollte, daß jeder, der behauptet »A ist die Ursache von B«, imstande sein muß, alle beteiligten Gesetze anzugeben. Falls er natürlich alle relevanten Gesetze angeben kann, dann hat er seine Behauptung bewiesen. Aber sie ist auch ohne einen solchen Beweis sinnvoll.

Nehmen wir an, wir wetten, daß es in vier Wochen regnen wird. Niemand weiß, ob diese Voraussage richtig ist oder falsch. Es wird vier Wochen dauern, bis die Frage entschieden ist. Trotzdem ist klar, daß die Voraussage sinnvoll ist. Die Empiristen haben natürlich recht, wenn sie behaupten, daß eine Aussage nur dann einen Sinn hat, wenn es wenigstens prinzipiell eine Möglichkeit gibt, die Aussage zu bestätigen oder zu erschüttern. Aber das heißt nicht, daß eine Aussage genau dann sinnvoll ist, wenn es *heute* möglich ist, ihre Wahrheit zu entscheiden. Die Vorhersage des Regens ist sinnvoll, auch wenn ihre Wahrheit oder Falschheit heute noch nicht entschieden werden kann. Die Behauptung, daß A die Ursache von B ist, ist auch dann eine sinnvolle Behauptung, wenn derjenige, der sie ausspricht, vielleicht nicht imstande ist, die Gesetze anzugeben, die für ihren Beweis notwendig wären. Sie bedeutet nur: *falls* man alle für A relevanten Tatsachen zusammen mit allen relevanten Gesetzen kennen würde, dann könnte man das Eintreten von B vorhersagen.

Das bringt uns zu einer schwierigen Frage. Folgt aus dieser Definition der Ursache-Wirkungs-Relation, daß die Wirkung *notwendigerweise* aus der Ursache folgt? Die Definition erwähnt nicht eine Notwendigkeit. Sie sagt nur aus, daß das Ereignis B vorausgesagt werden könnte, wenn alle relevanten Tatsachen und Gesetze bekannt wären. Aber vielleicht geht dies am wahren Sachverhalt vorbei. Der Metaphysiker, der die Notwendigkeit in die Definition der Kausalität hineinbringen möchte, könnte argumentieren: »Es ist wahr, daß das Wort ›Notwendigkeit‹ nicht gebraucht wird. Aber man spricht von

Gesetzen, und Gesetze sind Behauptungen der Notwendigkeit. Deshalb ist die Notwendigkeit doch beteiligt. Sie ist eine unentbehrliche Komponente jeder Behauptung einer Kausalbeziehung.« Im nächsten Kapitel werden wir überlegen, was auf dieses Argument zu antworten ist.

Implizieren Gesetze Notwendigkeit? Empiristen formulieren manchmal ihre Position folgendermaßen: Ein Gesetz ist nur ein universeller Bedingungssatz. Er ist universell, weil er die Form einer Allaussage hat. »Zu jeder Zeit, an jedem Ort gilt, wenn ein physikalischer Gegenstand sich in einem gewissen Zustand befindet, dann wird ein anderer bestimmter Zustand folgen.« Das ist eine wenn-dann-Aussage in All-Form in bezug auf Zeit und Raum. Diese Auffassung nennt man manchmal »Konditionalismus«. Ein Kausalgesetz besagt einfach, daß stets, wenn ein Ereignis der Art P (P ist nicht ein einzelnes Ereignis, sondern eine Klasse von Ereignissen) vorkommt, ein Ereignis der Klasse Q folgen wird. Formalisiert:

(1) $\qquad\qquad\qquad \wedge x\,(Px \to Qx)$

Diese Aussage besagt für jeden Raum-Zeit-Punkt x: wenn die Bedingung P gilt, dann gilt auch die Bedingung Q.

Einige Philosophen widersetzen sich dieser Ansicht ganz energisch. Sie behaupten, daß ein Naturgesetz viel mehr ausdrückt als nur einen universellen Bedingungssatz. Um ihren Einwand zu verstehen, ist es notwendig, genau zu prüfen, was eigentlich ein Bedingungssatz aussagt. Anstelle des Allsatzes (1) betrachten wir einen Einzelfall: Die Spezialisierung für den Raum-Zeit-Punkt a.

(2) $\qquad\qquad\qquad Pa \to Qa$

Die Bedeutung der Aussage: »Wenn P in a sich ereignet, dann ereignet sich Q in a«, wird durch ihre Wahrheitstafel angegeben. Es gibt vier mögliche Kombinationen von Wahrheitswerten für die beiden Komponenten der Aussage:

1. Pa ist wahr, Qa ist wahr.
2. Pa ist wahr, Qa ist falsch.
3. Pa ist falsch, Qa ist wahr.
4. Pa ist falsch, Qa ist falsch.

Der Pfeil für die Implikation »→« ist so zu verstehen, daß (2) nicht mehr aussagt, als daß der Bedingungssatz nur für die zweite Wahrheitswertverteilung falsch wird. Die Formel sagt nichts über eine kausale Beziehung zwischen Pa und Qa. Wenn Pa falsch ist, dann gilt der Bedingungssatz unabhängig davon, ob Qa wahr oder falsch ist. Und wenn Qa wahr ist, dann gilt er unabhängig davon, ob Pa wahr oder falsch ist. Er gilt nur dann nicht, wenn Pa wahr und Qa falsch ist.

Offensichtlich ist das keine sehr starke Interpretation eines Gesetzes. Wenn man zum Beispiel sagt, daß Eisen sich ausdehnt, wenn man es erhitzt meint man dann wirklich nicht mehr, als daß ein Ereignis auf das andere folgt? Man könnte doch auch sagen, wenn Eisen erhitzt wird, dann wird sich die Erde drehen. Auch das ist ein Bedingungssatz. Aber man würde es nicht ein Gesetz nennen, weil kein Grund besteht anzunehmen, daß die Erdrotation irgend etwas damit zu tun hat, daß man ein Eisenstück erhitzt. Wenn man andererseits ein Gesetz in Bedingungsform aufstellt, enthält es dann nicht eine Bedeutungskomponente, die besagt, daß es irgendeine Art von Verbindung zwischen den beiden Ereignissen gibt, eine Verbindung, die darüber hinausgeht, daß auf das eine stets das andere folgen wird?

Es ist wahr, daß manchmal etwas mehr gemeint ist, wenn man ein Gesetz behauptet, aber es ist nicht leicht zu analysieren, was genau dieses »mehr« ist. Hier stoßen wir auf das Problem, zu entscheiden, worin der »Erkenntnisgehalt« einer Aussage in der deutschen Sprache besteht. Der Erkenntnisgehalt ist das, was die Aussage behauptet – und was entweder wahr oder falsch sein kann. Es ist oft äußerst schwierig zu entscheiden, genau was zum Erkenntnisgehalt einer Aussage gehört und was zu nicht-erkenntnismäßigen Bedeutungskomponenten gehört, die zwar vorhanden, aber für den Erkenntnisgehalt einer Aussage unwichtig sind.

Wir können diese Art von Unklarheit an dem Fall eines Zeugen vor Gericht illustrieren, der sagt: »Unglücklicherweise fuhr der Lastwagen Herrn Schmidt an und brach seine linke Hüfte«. Aus der Aussage eines anderen Zeugen wird klar, daß der erste Zeuge den Unfall ganz und gar nicht für »unglücklich« hält. In Wirklichkeit war es ihm ganz recht, Herrn Schmidt verletzt zu sehen. Hat er nun gelogen oder nicht, als er den Ausdruck »unglücklicherweise« benützte? Wenn bewiesen wird, daß der Zeuge den Unfall nicht bedauert, dann war der offensichtlich sein Gebrauch des Wortes »unglücklicherweise« irreführend. Von diesem Standpunkt aus könnte man sagen, daß er log. Aber vom Standpunkt des Gerichtes ist unter der Annahme, daß die Aussage unter Eid gemacht wurde, die Frage des Meineids schwer zu entscheiden. Vielleicht würde der Richter urteilen, daß der Gebrauch des Wortes »unglücklicherweise« keine Bedeutung für den wirklichen Inhalt der Aussage hatte. Der Lastwagen hat Herrn Schmidt angefahren und hat seinen Hüftknochen gebrochen. Der Zeuge nannte dies unglücklich, um den Eindruck zu vermitteln, daß er dies bedauere, obwohl er das in Wirklichkeit nicht tat. Aber für das, was den Hauptinhalt seiner Aussage bildete, hat dies keine Bedeutung.

Hätte der Zeuge gesagt, »Herr Schmidt wurde von dem Lastwagen angefahren und ich bedauere diesen Unfall sehr«, dann hätte er sein Bedauern klarer ausgesprochen und die Frage, ob Meineid oder nicht, wäre angemessener. Jedenfalls sieht man, daß es oft nicht leicht ist, zu entscheiden, was zum Erkenntnisgehalt einer Aussage gehört und was nur ein nichtkognitiver Teil der Bedeutung ist. Die deutsche Sprache hat eine Grammatik, aber sie hat keine Regeln, die festlegen, was man für die Wahrheit einer Aussage als relevant ansehen soll und was nicht. Wenn jemand »unglücklicherweise« sagt, obwohl er kein Bedauern verspürt, ist dann seine Aussage falsch? Kein Wörterbuch und keine Grammatik wird uns helfen, diese Frage zu beantworten. Die Sprachwissenschaftler können nicht mehr tun als festhalten, wie die Mitglieder eines Volkes normalerweise eine gewisse Aussage auffassen; sie können nicht Regeln konstruieren, welche die Angelegenheit in jedem gegebenen Einzelfall entscheiden. Da wir keine solchen Regeln zur Verfügung haben, ist es nicht möglich, eine präzise Analyse des Erkenntnisgehaltes gewisser mehrdeutiger Aussagen vorzunehmen.

Genau die gleiche Schwierigkeit tritt auf, wenn wir versuchen, zu entscheiden, ob ein Satz der Form » $\wedge x \ (Px \rightarrow Qx)$ « eine vollständige Formulierung eines Gesetzes ist oder ob er etwas Wesentliches ausläßt. Seit die Wissenschaftstheoretiker begannen, Gesetze unter Verwendung des Zeichens »→« zu formulieren, des Zeichens für die materiale Implikation, ist gegen diese Formulierung protestiert worden. Wenn man von einem »Naturgesetz« spricht, so behaupteten manche Philosophen, so sagt man mehr, als daß ein Ereignis auf das andere folgt. Ein Gesetz bedeutet, daß das zweite Ereignis folgen *muß*. Es besteht eine Art von *notwendiger* Bedingung zwischen P und Q. Um diesen Einwand richtig erfassen zu können, müssen wir zuerst herausfinden, genau was diese Philosophen mit »notwendig« meinen und zweitens, ob diese Bedeutung zum Erkenntnisgehalt der Behauptung des Gesetzes gehört.

Viele Philosophen haben versucht zu erklären, was sie unter »Notwendigkeit« verstehen, wenn dieser Begriff auf Naturgesetze angewendet wird. Bernhard Bavink ging in seinem Buch »Ergebnisse und Probleme der Naturwissenschaft« so weit, zu behaupten, daß die Notwendigkeit in den Naturgesetzen eine logische Notwendigkeit sei. Die meisten Wissenschaftstheoretiker würden dies verneinen. Ich glaube, es ist völlig falsch. »Logische Notwendigkeit« bedeutet »logische Gültigkeit«. Eine Aussage ist logisch gültig, wenn sie überhaupt nichts über die Welt aussagt. Sie ist wahr nur auf Grund der Bedeutungen der Ausdrücke, die in ihr vorkommen. Die Naturgesetze sind aber kontingent; das heißt, man kann, ohne sich in Widersprüche zu verwickeln, leicht zu jedem Gesetz eine Folge von Vorgängen angeben, die das Gesetz verletzen würden.

Betrachten Sie das Naturgesetz: »Wenn man Eisen erhitzt, dann dehnt es sich aus«. Ein anderes Gesetz sagt: »Wenn man Eisen erhitzt, zieht es sich zusammen«. In diesem zweiten Gesetz tritt keine logische Inkonsistenz auf. Vom Standpunkt der reinen Logik ist es nicht ungültiger als das erste Gesetz. Man nimmt aber das erste Gesetz an und nicht das zweite, weil es eine Regelmäßigkeit beschreibt, *die man in der Natur beobachtet hat*. Die Gesetze der Logik können von einem Logiker entwickelt werden, der an seinem Schreibtisch sitzt und Zeichen auf das Papier schreibt, oder nur mit geschlossenen Augen nachdenkt. Naturgesetze kann man nicht auf diese Weise entdecken. Naturgesetze kann man nur entdecken, wenn man die Welt beobachtet und die gefundenen Regelmäßigkeiten beschreibt. Weil ein Naturgesetz aussagt, daß die Regelmäßigkeit für alle Zeiten gilt, kann man es nicht mit absoluter Sicherheit behaupten. Es kann stets durch eine zukünftige Beobachtung als falsch erwiesen werden. Die Gesetze der Logik hingegen gelten unter allen denkbaren Bedingungen. Wenn den Naturgesetzen eine Notwendigkeit innewohnt, dann ist es sicher keine logische Notwendigkeit.

Was kann ein Philosoph dann meinen, wenn er von der Notwendigkeit in einem Naturgesetz spricht? Vielleicht wird er sagen: »Ich meine, daß es nicht möglich ist, daß Q nicht folgt, wenn P eintritt. Es *muß* sich ereignen. Es kann nicht anders sein«. Aber solche Ausdrücke wie »muß sich ereignen« und »kann nicht anders sein« sind nur andere Redeweisen für »notwendig«, und so ist es immer noch nicht klar, was der Philosoph meint. Es ist sicher nicht seine Absicht, den Bedingungssatz »$\wedge x$ $(Px \to Qx)$« zu verwerfen. Er ist durchaus der Meinung, daß er gilt, aber er findet diese Formulierung zu schwach. Er möchte sie stärken, indem er etwas hinzufügt.

Um die Frage zu klären, stellen wir uns zwei Physiker vor, die beide das gleiche faktische Wissen besitzen und die auch in bezug auf das System der Gesetze übereinstimmen. Der Physiker I stellt eine Liste dieser Gesetze auf und drückt sie dabei in Form von universellen Bedingungssätzen aus: $\wedge x$ $(Px \to Qx)$. Er ist mit dieser Formulierung zufrieden und hat keinen Wunsch, etwas hinzuzufügen. Der Physiker II stellt die gleiche Liste von Gesetzen auf, drückt sie in der gleichen Form eines Bedingungssatzes aus, aber bei jedem Gesetz fügt er hinzu: »und dies gilt mit Notwendigkeit«. Die beiden Listen haben die folgende Form:

Physiker I

Gesetz 1: $\wedge x$ $(Px \to Qx)$
Gesetz 2: $\wedge x$ $(Rx \to Sx)$

Physiker II

Gesetz 1: $\wedge x$ $(Px \to Qx)$, und dies gilt mit Notwendigkeit.
Gesetz 2: $\wedge x$ $(Rx \to Sx)$, und dies gilt mit Notwendigkeit.

Gibt es zwischen den beiden Systemen von Gesetzen irgendeinen Unterschied in bezug auf ihren Erkenntnisgehalt? Um dies zu beantworten, muß man ein Kriterium suchen, durch das die Überlegenheit des einen Systems gegenüber dem anderen festgestellt werden kann. Und das wiederum heißt, daß man fragen muß, ob es einen Unterschied in der Vorhersagekraft der beiden Systeme in bezug auf beobachtbare Ereignisse gibt.

Nehmen wir an, die beiden Physiker haben in bezug auf das augenblickliche Wetter die gleiche Meinung. Ihnen liegen die gleichen Berichte von gleichen Wetterstationen vor. Auf Grund dieser Information, zusammengenommen mit ihren Systemen von Gesetzen, sagen sie das Wetter für morgen für Los Angeles voraus. Da sie die gleichen Tatsachen und die gleichen Gesetze benützen, werden ihre Voraussagen natürlich die gleichen sein. Kann der Physiker II im Hinblick auf die Tatsache, daß er zu jedem Gesetz hinzufügt »und das gilt mit Notwendigkeit« bessere Vorhersagen machen als der Physiker I? Natürlich kann er das nicht. Die Zusätze bei den Gesetzen sagen überhaupt nichts über irgendeinen beobachtbaren Aspekt eines vorhergesagten Ereignisses aus.

Der Physiker I sagt: »Wenn P dann Q. Heute ist P; daher wird morgen Q sein.« Der Physiker II sagt: »Wenn P, dann Q, und das gilt mit Notwendigkeit. Heute ist P; daher wird morgen Q, also etwa ein Gewitter, sein. Aber es wird nicht nur morgen in Los Angeles ein Gewitter sein, sondern es *muß* ein Gewitter sein.«

Der morgige Tag kommt heran. Wenn es ein Gewitter gibt, dann sind beide Physiker mit ihrem Erfolg zufrieden. Wenn es kein Gewitter gibt, werden sie beide sagen: »Sehen wir, ob wir die Fehlerquelle finden können. Vielleicht waren die Berichte unvollständig oder fehlerhaft. Vielleicht stimmt etwas mit unseren Gesetzen nicht.« Aber gibt es irgend etwas, auf Grund dessen der Physiker II eine Vorhersage machen kann, die der Physiker I nicht auch anstellen kann? Offensichtlich nicht. Das, was der zweite Physiker zu seiner Gesetzesliste hinzufügte, ist vollständig ohne Einfluß auf seine Fähigkeit, Vorhersagen zu machen. Er glaubt, daß seine Gesetze *stärker* sind, daß sie mehr sagen als die Gesetze seines Konkurrenten. Aber sie sind stärker nur in bezug auf ihre Fähigkeit, ein Gefühl der Notwendigkeit im Geist des zweiten Physikers zu erwecken. Sie sind sicher nicht stärker in ihrem Erkenntnisgehalt. Denn der Erkenntnisgehalt eines Gesetzes liegt in seiner Verwendbarkeit für Vorhersagen.

Es ist nicht nur wahr, daß man mit Hilfe der Gesetze des Physikers II bei einer tatsächlichen Überprüfung nicht mehr vorhersagen kann, sondern, daß auch *prinzipiell* nicht *mehr* vorhergesagt werden kann. Auch wenn wir hypothetische Wetterbedingungen annehmen, seltsame Bedingungen, die auf der Erde niemals vorkommen, aber gedacht werden können – würden die beiden Physiker immer noch auf Grund gleicher Tatsachenbeobachtungen mit Hilfe ihrer Gesetze die gleichen Voraussagen machen. Aus diesem Grunde ist der moderne Empirist der Auffassung, daß der zweite Physiker nichts zu seinen Gesetzen hinzugefügt hat, das von Bedeutung wäre. Das ist auch im wesentlichen die Position, die David Hume schon im 18. Jahrhundert eingenommen hat. In seiner berühmten Kritik der Kausalität zeigte er, daß es keine Grundlage für die Annahme gibt, daß eine innere »Notwendigkeit« an einer beobachteten Folge von Ursache und Wirkung beteiligt ist. Sie beobachten das Ereignis A und dann beobachten sie das Ereignis B. Was sie beobachtet haben, ist nur eine zeitliche Folge von Ereignissen, sonst nichts. Keine »Notwendigkeit« wurde beobachtet. Wenn Du es nicht beobachtest, sagte Hume dem Sinne nach, dann behaupte es nicht. Es fügt nichts zur Beschreibung Deiner Beobachtungen hinzu, was von Wert wäre. Humes Analyse der Kausalität war vielleicht nicht ganz klar und in allen Einzelheiten korrekt, aber meiner Meinung nach war sie im wesentlichen richtig. Und überdies hatte sie den großen Verdienst, daß sie die Aufmerksamkeit späterer Philosophen auf die inadäquate Weise konzentrierte, in der die Kausalität vorher analysiert worden war.

Die wichtigsten späteren Analysen der Kausalität durch Mach, Poincaré, Russell, Schlick und andere haben der konditionalistischen Ansicht von Hume immer stärkeren Rückhalt verliehen. Eine Aussage über eine Kausalbeziehung ist eine Aussage in der Form eines Bedingungssatzes. Sie beschreibt eine beobachtete Regelmäßigkeit der Natur und nicht mehr.

Wenden wir uns nun einer anderen Seite der Kausalität zu und fassen wir ins Auge, wie die Kausalbeziehung sich von anderen Beziehungen unterscheidet. In den meisten Fällen verhält es sich so: Wenn wir feststellen wollen, ob eine Beziehung R zwischen einem Ereignis oder Gegenstand A und einem Ereignis oder Gegenstand B gilt, dann untersuchen wir einfach A und B sorgfältig, um zu sehen, ob die Relation R erfüllt ist. Ist das Gebäude A größer als das Gebäude B? Wir untersuchen die beiden Gebäude und kommen zu einem Schluß. Hat die Tapete C einen dunkleren Blauton als die Tapete D? Es ist nicht notwendig, andere Tapetenmuster zu untersuchen, um diese Frage zu beantworten. Wir untersuchen C und D unter normalen Lichtbedingungen und kommen auf Grund unseres Verständnisses von »dunklerer Blauton« zu einer Entscheidung. Ist E ein Bruder von F? Vielleicht wissen sie nicht, ob sie Brüder sind. In diesem Fall müssen wir ihre Vorgeschichte studieren. Wir untersuchen ihre Vergangenheit und versuchen zu bestimmen, ob sie die gleichen Eltern haben. Wichtig ist, daß wir hier keine anderen Fälle untersuchen müssen. Wir untersuchen nur die vorliegenden Fälle, um zu bestimmen, ob eine gewisse Beziehung gilt. Manchmal ist dies leicht zu bestimmen und manchmal sehr schwierig. Aber es ist nicht notwendig, andere Fälle in die Untersuchung einzubeziehen, um festzustellen, ob die Beziehung für den fraglichen Fall gilt. In bezug auf die Kausalbeziehung verhält es sich anders. Um zu bestimmen, ob eine gewisse Kausalbeziehung zwischen A und B gilt, genügt es nicht, nur eine Relation zu definieren und dann das Paar dieser Ereignisse zu überprüfen. Das heißt, theoretisch genügt es nicht. Praktisch wird es nicht immer nötig sein, andere Ereignisse zu prüfen, bevor wir feststellen, daß eine Kausalbeziehung zwischen A und B besteht, denn wir besitzen bereits einen großen Vorrat an Wissen über andere Ereignisse. Die einschlägigen Gesetze können offensichtlich so vertraut sein, daß man sie stillschweigend voraussetzt. Man vergißt, daß diese Gesetze nur angenommen werden, weil es viele vorhergehende Beobachtungen von Fällen gab, in denen die Kausalbeziehung galt.

Nehmen wir an, ich sehe einen Stein auf ein Fenster zufliegen, die Fensterscheibe treffen und dann das Glas in tausend Stücke zersplittern. War es das Auftreffen des Steins, das die Zerstörung der Fensterscheibe verursachte? Ich sage, daß es so war. Sie fragen: Wie wissen Sie das? Ich antworte: es war offensichtlich. Ich sah, wie der Stein das Fenster traf. Was hätte denn sonst das Glas veranlaßt haben können, zu brechen? Beachten Sie aber, daß gerade mein Ausspruch »was denn sonst?« eine Wissensfrage stellt. Eine Frage nach anderen Ereignissen in der Natur, die jenem Ereignis ähnlich sind. Von früher Kindheit an haben wir in Hunderten von Fällen beobachtet, wie Glas durch einen starken Stoß irgendeiner Art zerbrochen und zersplittert wurde. Wir sind so an diese Folge von Ereignissen gewöhnt, daß wir das Brechen des Glases sogar erwarten, bevor es sich ereignet, wenn wir einen Stein auf ein Fenster zufliegen sehen. Der Stein trifft die Scheibe. Die Scheibe zersplittert. Wir nehmen es als sicher an, daß das Auftreffen des Steines das Splittern verursachte.

Aber denken Sie daran, wie leicht man durch den Anschein getäuscht werden kann. Sie schauen sich im Fernsehen einen Wildwestfilm an und sehen, wie der Schurke seine Pistole auf einen Mann richtet und abdrückt. Man hört den Ton des Schusses und der Mann fällt tot um. Warum fiel er? Weil er von einer Kugel getroffen wurde. Aber es gab keine Kugel. Sogar das Geräusch des Schusses wurde vielleicht erst später hinzukopiert. Die kausale Folge, die Sie zu beobachten glaubten, war nichts als eine Illusion. Es gab sie gar nicht.

Im Fall des Steines und des Fensters traf der Stein vielleicht auf eine harte unsichtbare Kunststoffoberfläche vor dem Fenster. Diese Oberfläche brach nicht. Aber gerade in dem Moment, als der Stein sie traf, zerschmetterte jemand im Haus, nur um Sie zu täuschen, das Fenster auf irgendeine andere Weise. Es ist also möglich, getäuscht zu werden, zu glauben, daß eine Kausalbeziehung gilt, obwohl sie in Wirklichkeit nicht gilt. Im vorliegenden Fall werden aber solche Täuschungen als unwahrscheinlich ausgeschlossen. Die Erfahrung bei ähnlichen Ereignissen in der Vergangenheit läßt es als wahrscheinlich erscheinen, daß dies ein neues Beispiel dafür ist, daß Glas durch einen bewegten Gegenstand zerschmettert werden kann. Wenn der Verdacht einer Täuschung auftritt, wird man den Fall genauer untersuchen.

Wesentlich ist hier folgendes: Ob wir nun den Fall oberflächlich betrachten und schließen, daß es wirklich der Stein war, der das Glas zerbrach, oder ob wir eine Täuschung vermuten und den Fall genauer untersuchen, wir haben es stets mit mehr als diesem einen Fall zu tun. Wir bringen ihn in Verbindung mit vielen Hunderten anderer ähnlicher Fälle, die in der Vergangenheit beobachtet wurden. Es ist niemals möglich, eine Kausalbeziehung nur auf Grund der Beobachtung eines einzelnen Falles zu behaupten. Als Kinder sehen wir, wie sich alles in zeitlichen Abfolgen ereignet. Allmählich setzt sich im Lauf der Jahre in uns der Eindruck gewisser Regelmäßigkeiten unserer Erfahrung fest. Ein Trinkglas wird fallengelassen. Es bricht. Ein Ball trifft das Fenster eines Wagens. Das Fenster bricht. Zusätzlich gibt es Hunderte von ähnlichen Erfahrungen, in denen zerbrechliches Material, das dem Glas ähnlich ist, zum Beispiel eine Porzellan-Untertasse, durch einen Schlag zerbrochen wird. Ohne derartige Erfahrungen würde die Beobachtung von Stein und Fenster nicht als Beobachtung einer Kausalbeziehung interpretiert werden.

Nehmen wir an, daß irgendwann in der Zukunft alles Fensterglas so beschaffen ist, daß es nur durch Ultraschall zerbrochen werden kann. Wenn dieses Wissen den Hintergrund unserer Erfahrung bildete und wir ein Fenster in dem Moment zerbrechen sähen, als es von einem Stein getroffen wird, würden wir sagen: »Was für ein seltsamer Zufall! Genau in dem Augenblick, als der Stein das Glas traf, erzeugte irgend jemand im Gebäude Ultraschall, der das Glas zerbrach!« Wir sehen also, daß es eine charakteristische Eigenschaft der Kausalbeziehung ist, daß sie nicht durch Untersuchung nur eines konkreten Falles begründet werden kann. Sie kann nur mit Hilfe eines allgemeinen Gesetzes begründet werden, das selbst wiederum auf vielen Beobachtungen beruht.

Wenn jemand behauptet, daß A B verursachte, dann sagt er in Wirklichkeit, daß dies ein Spezialfall eines allgemeinen Gesetzes ist, das in bezug auf Raum und Zeit universell ist. Man hat beobachtet, daß es für ähnliche Paare von Ereignissen zu anderen Zeiten und an anderen Orten galt, und so nimmt man an, daß es für jede Zeit und jeden Ort gilt. Das ist eine außerordentlich starke Aussage, ein kühner Sprung von einer Reihe von Einzelbeispielen zum universellen Bedingungssatz: für jedes x, wenn Px dann Qx. Wenn Pa beobachtet wird, dann folgt zusammen mit dem Gesetz logisch Qa. Dieses Gesetz könnte man nicht behaupten, hätte es nicht viele vorhergehende Beobachtungen gegeben; in dieser Beziehung unterscheidet sich die Kausalrelation grundsätzlich von anderen Relationen. Im Fall der Relation »der Gegenstand x ist in der Schachtel y« genügt die Untersuchung der bestimmten Schachtel b, um festzustellen, ob der bestimmte Gegenstand a darin ist. Aber um zu bestimmen, ob die Ursache-Wirkungs-Beziehung für einen bestimmten Fall gilt, genügt es nicht, diesen einen Fall zu prüfen. Man muß zuerst ein einschlägiges Gesetz begründen, und dies erfordert wiederholte Beobachtungen ähnlicher Fälle.

Meiner Ansicht nach ist es fruchtbarer, die ganze Diskussion über die Bedeutung der Kausalität durch eine Untersuchung der verschiedenen Arten von Gesetzen zu ersetzen, die in der Wissenschaft vorkommen. Wenn man diese Gesetze untersucht, dann ist dies zugleich eine Untersuchung der Arten kausaler Verbindungen, die beobachtet worden sind. Die logische Analyse von Gesetzen ist sicher ein klareres, präziseres Problem als das Problem der Bedeutung der Kausalität.

Für ein Verständnis der Kausalität von diesem modernen Standpunkt aus ist eine Betrachtung des historischen Ursprunges dieses Begriffes recht instruktiv. Ich habe keine eigenen Untersuchungen in dieser Richtung unternommen, aber ich habe mit Interesse das gelesen, was Hans Kelsen darüber geschrieben hat[19]. Kelsen ist nun in den USA, aber seinerzeit war er Professor des Verfassungs- und Internationalen Rechts an der Universität Wien. Als die Revolution 1918 ausbrach und die österreichische Republik im folgenden Jahr gegründet wurde, war er einer der Hauptautoren der neuen Verfassung der Republik. Bei der Analyse juristisch-philosophischer Probleme erwachte anscheinend sein Interesse an den historischen Ursprüngen des Kausalitätsbegriffes.

Man sagt oft, daß die Menschen die Tendenz haben, ihre Gefühle in die Natur zu projizieren und anzunehmen, daß Naturereignisse, wie Regen, Wind und Blitz, beseelt sind und mit ihren Handlungen ähnliche Ziele verfolgen wie die Menschen. Ist dies vielleicht der Ursprung des Glaubens, daß es »Kräfte« und »Ursachen« in der Natur gibt? Kelsen kam zu der Überzeugung, daß diese Deutung des Ursprunges des Kausalitätsbegriffes, obwohl sie plausibel erscheint, zu individualistisch ist. In seinen Untersuchungen über das erste Auftauchen dieses Begriffes im alten Griechenland fand er, daß die soziale Ordnung und nicht das Individuum als Modell diente. Darauf wies die Tatsache hin, daß von Anfang an und sogar heute noch die Regelmäßigkeiten in der Natur »Gesetze der Natur« genannt werden, als wären sie den Gesetzen im politischen Sinn ähnlich.

Kelsen erklärte dies folgendermaßen. Als die Griechen begannen, systematische Beobachtungen der Natur anzustellen, und verschiedene kausale Regelmäßigkeiten beobachteten, da hatten sie das Gefühl, daß eine gewisse Notwendigkeit hinter den Ereignissen stand. Sie betrachteten dies als eine moralische Notwendigkeit, analog der moralischen Notwendigkeit bei Beziehungen zwischen Personen. Genauso wie eine böse Tat Strafe verlangt und eine gute Tat Belohnung, so verlangt ein gewisses Ereignis A in der Natur eine Folge B, um den harmonischen Zustand der Dinge, um die Gerechtigkeit wieder herzustellen. Wenn es im Herbst kälter und kälter wird, und die Kälte im Winter extrem groß wird, dann gerät das Wetter sozusagen aus dem Gleichgewicht. Um nun das Gleichgewicht, die Richtigkeit der Dinge, wieder herzustellen, muß das Wetter dann wieder wärmer und wärmer werden. Leider geht es zu dem anderen Extrem und wird zu heiß, so daß der Zyklus wiederholt werden muß. Wenn die Natur sich zu weit von dem ausgeglichenen harmonischen Zustand entfernt, analog der harmonischen Gesellschaft, dann muß das Gleichgewicht wieder durch eine entgegengesetzte Tendenz hergestellt werden. Dieser Begriff einer natürlichen Ordnung und Harmonie spiegelte die Liebe der Griechen für soziale Ordnung und Harmonie wider, ihre Neigung zur Mäßigung in allen Dingen, die Vermeidung von Extremen.

Betrachten wir das Prinzip, daß Ursache und Wirkung in irgendeiner Weise gleich sein müssen. Das Prinzip ist in vielen physikalischen Gesetzen verwirklicht, wie etwa Newtons Gesetz, daß die Aktion von einer gleich großen Reaktion begleitet ist. Viele Philosophen haben auf dieses Prinzip großen Wert gelegt. Kelsen glaubte, daß es ursprünglich ein Ausdruck des sozialen Glaubens war, daß die Strafe dem Verbrechen gleich sein muß. Je abscheulicher das Verbrechen, um so strenger die Strafe. Je größer die gute Tat, um so größer die Belohnung. Ein derartiges Gefühl, das in einer sozialen Struktur begründet war, wurde auf die Natur projiziert und trat als Grundprinzip der Naturphilosophie auf. »Causa aequat effectum.« So drückten es die mittelalterlichen Philosophen aus. Bei den Metaphysikern spielt es heute noch eine wichtige Rolle.

Ich erinnere mich an eine Diskussion, die ich einmal mit einem Mann hatte, der behauptete, Darwins Theorie der Entwicklung könne aus metaphysischen Gründen vollständig abgewiesen werden. Es gäbe keine Möglichkeit, sagte er, für niedere Organismen, die nur eine sehr primitive Organisation besitzen, sich zu höheren Organismen mit höherer Organisation zu entwickeln. So eine Entwicklung würde das Prinzip der Gleichheit von Ursache und Wirkung verletzen. Man könne den Übergang nur durch einen göttlichen Eingriff erklären. Für diesen Mann war der Glaube an das *causa-aequat-effectum*-Prinzip so stark, daß er eine wissenschaftliche Theorie verwarf, weil er glaubte, daß sie dieses Prinzip verletze. Er griff die Entwicklungstheorie nicht an, indem er ihre Beweismittel überprüfte. Er verwarf sie einfach aus metaphysischen Gründen. Ordnung kann nicht aus Unordnung entstehen, weil die Wirkungen den Ursachen gleich sein müssen; man muß an ein höheres Wesen appellieren, um die Entwicklung zu erklären.

Kelsen stützt seine Ansicht mit einigen interessanten Zitaten griechischer Philosophen. Heraklit zum Beispiel spricht davon, daß die Sonne sich »Maßen« gehorchend durch den Himmel bewegt, womit der Philosoph die vorgeschriebenen Grenzen ihrer Bahn meint. »Der Sonnengott wird seine Maße nicht überschreiten«, schreibt Heraklit, »aber wenn er es tut, werden ihn die Erinnyen, die Mägde der Dike, verfolgen«. Die Erinnyen waren die drei Dämoninnen der Rache, und Dike war die Göttin der menschlichen Gerechtigkeit. Die Regelmäßigkeit der Sonnenbahn wurde also erklärt durch den Gehorsam der Sonne einem göttlichen Gesetz gegenüber. Wenn die Sonne nicht gehorcht und ihre Bahn verläßt, fällt sie der Vergeltung anheim.

Auf der anderen Seite gab es griechische Philosophen, die sich dieser Ansicht stark widersetzten. Demokrit zum Beispiel betrachtete die Regelmäßigkeiten der Natur als vollkommen unpersönlich und nicht in irgendeiner Weise mit göttlichen Anordnungen verbunden. Er glaubte vermutlich, daß diese Gesetze eine innere metaphysische Notwendigkeit besitzen; aber man muß diesen Schritt von der persönlichen Notwendigkeit wirklicher Befehle zu einer unpersönlichen, objektiven Notwendigkeit als einen großen Schritt vorwärts bezeichnen. Heute hat die Naturwissenschaft den Begriff einer metaphysischen Notwendigkeit aus dem Gesetzesbegriff eliminiert. Aber zur Zeit von Demokrit war seine Anschauung ein wichtiger Fortschritt gegenüber der Ansicht von Heraklit. Philipp Frank weist in seinem Buch »Das Kausalgesetz und seine Grenzen« (Wien 1932) darauf hin, daß es oft instruktiv ist, die Vorwörter wissenschaftlicher Lehrbücher zu lesen. Im Hauptteil eines solchen Buches wird der Autor ganz wissenschaftlich vorgehen und sorgfältig alle Metaphysik vermeiden. Aber Vorwörter sind persönlicher. Wenn der Autor eine Neigung zur älteren metaphysischen Betrachtungsweise hat, wird er vielleicht glauben, daß das Vorwort der richtige Platz ist, um seinen Lesern zu sagen, wovon die Wissenschaft *wirklich* handelt. Hier kann man herausfinden, welche philosophischen Gedanken den Hintergrund bildeten, als der Autor sein Buch schrieb. Frank zitiert aus dem Vorwort eines Physikbuches von damals: »Die Natur verletzt nie ihre Gesetze.« Das scheint zunächst ganz unschuldig, aber wenn man diese Aussage sorgfältig analysiert, merkt man, daß sie höchst seltsam ist. Seltsam ist nicht so sehr der Glaube an die Kausalität, als vielmehr die Art und Weise, in der er ausgedrückt wird. Es wird nicht gesagt, daß es manchmal Wunder gibt, Ausnahmen des Kausalgesetzes. Im Gegenteil, das wird explizit verneint. Aber der Autor verneint es, indem er sagt, daß die Natur niemals die Gesetze *verletzt*. Seine Worte legen die Vermutung nahe, daß die Natur irgendeine Wahl hat. Der Natur sind gewisse Gesetze gegeben. Sie könnte sie von Zeit zu Zeit verletzen; aber wie ein guter gesetzestreuer Bürger tut sie das nie. Wenn sie es täte, kämen vermutlich die Erinnyen und würden sie wieder auf den rechten Weg zurücktreiben. Sie sehen, hier lebt die Auffassung von Gesetzen als Befehlen noch fort. Der Autor wäre natürlich beleidigt, wenn man ihm die alte metaphysische Ansicht zuschriebe, daß die Gesetze der Natur in einer Weise gegeben sind, daß sie gehorchen oder nicht gehorchen kann. Aber daraus, wie er seine Worte wählte, muß man schließen, daß die alte Ansicht immer noch in ihm fortlebt.

Nehmen wir an, Sie besuchen eine Stadt zum erstenmal und Sie brauchen einen Stadtplan, um Ihren Weg zu finden. Plötzlich entdecken Sie eine klare Diskrepanz zwischen dem Plan und den Straßen der Stadt. Sie werden in diesem Fall nicht sagen: »Die Straßen gehorchen den Gesetzen des Planes nicht.« Stattdessen werden Sie sagen: »Der Plan ist falsch.« Das ist genau die Situation, in der sich der Naturwissenschaftler in bezug auf die sogenannten Gesetze der Natur befindet. Die Gesetze sind ein Plan der Natur, den die Physiker gezeichnet haben. Wenn eine Diskrepanz entdeckt wird, dann ist die Frage nie, ob die *Natur* nicht gehorchte; die einzige Frage ist, ob die *Physiker* einen Fehler gemacht haben.

Vielleicht wäre es weniger verwirrend, wenn das Wort »Gesetz« überhaupt nicht in der Physik gebraucht würde. Aber es wird leider gebraucht, weil es kein allgemein akzeptiertes Wort für die Art von universeller Aussage gibt, die der Wissenschaftler als Grundlage der Vorhersage und Erklärung nimmt. Jedenfalls sollte man sich klar darüber sein, daß ein Wissenschaftler, der von einem Gesetz spricht, sich nur auf eine Beschreibung einer beobachteten Regelmäßigkeit bezieht. Sie mag korrekt sein, sie mag fehlerhaft sein. Wenn sie nicht korrekt ist, muß man den Wissenschaftler, nicht die Natur dafür verantwortlich machen.

21 Die Logik der kausalen Modalitäten

Bevor ich mich eingehender mit der Natur der wissenschaftlichen Gesetze befasse, möchte ich einige frühere Bemerkungen über Hume erläutern. Ich glaube, daß Hume recht hatte, als er sagte, daß es keine innere Notwendigkeit bei einer Kausalrelation gebe. Aber ich leugne nicht die Möglichkeit, einen Notwendigkeitsbegriff einzuführen, vorausgesetzt, es handelt sich nicht um einen metaphysischen Begriff, sondern um einen Begriff in der Logik der Modalitäten. Die Modallogik ist eine Erweiterung der Logik der Wahrheitswerte, die man erhält, wenn man Begriffe wie notwendig, möglich und unmöglich einführt. Man muß sorgfältig darauf achten, zwischen den logischen Modalitäten (logisch notwendig, logisch möglich usw.) und den kausalen Modalitäten (kausal notwendig, kausal möglich usw.) zu unterscheiden wie auch zwischen vielen anderen Arten von Modalitäten. Nur die logischen Modalitäten sind ausführlich studiert worden. Die bestbekannte Arbeit auf diesem Gebiet ist das System der »Strict Implication«, das von C.I. Lewis entwickelt wurde. Ich selbst habe einmal eine Arbeit auf diesem Gebiet veröffentlicht. In bezug auf die Kausalbeziehung jedoch ist es nicht die logische Modalität, sondern die kausale Modalität, mit der wir uns befassen müssen. Meiner Meinung nach ist eine Logik der kausalen Modalitäten möglich. Bis jetzt ist auf diesem Gebiet sehr wenig gearbeitet worden. Der erste Versuch, ein System dieser Art zu entwickeln, scheint der von Arthur W. Burks zu sein[20]. Er schlägt ein Axiomensystem vor, aber es ist sehr schwach. Er legt nicht fest, unter welchen Bedingungen ein Allsatz als kausal notwendig zu betrachten ist. Andere haben im wesentlichen das gleiche Problem aufgegriffen, aber mit einer anderen Terminologie, so z.B. Hans Reichenbach in seinem kleinen Buch »Nomological Statements and Admisible Operations«[21]. Viele Artikel haben das Problem der irrealen Konditionalsätze behandelt, ein Problem, das mit diesem eng verbunden ist.

Ein irrealer Konditionalsatz ist eine Behauptung der folgenden Form: Wäre ein gewisses Ereignis eingetreten, dann wäre ihm ein gewisses anderes Ereignis gefolgt. Offensichtlich kann die Bedeutung dieser Behauptung nicht mit Hilfe des durch Wahrheitswerte bestimmten »wenn ... dann ...« (durch »→« symbolisiert) ausgedrückt werden. Beim Versuch, die neue Bedeutung von irrealen Konditionalsätzen zu analysieren, erhebt sich eine Vielfalt schwieriger Probleme. Roderick M. Chisholm (1946) und Nelson Goodman (1947) waren die ersten, die darüber geschrieben haben[22]. Seitdem folgten viele andere Arbeiten von anderen Autoren.

Worin besteht nun die Verbindung zwischen dem Problem der irrealen Konditionalsätze und dem Problem, eine modale Logik zu formulieren, die den Begriff der kausalen Notwendigkeit enthält? Die Verbindung liegt darin, daß man einen Unterschied zwischen zwei Arten von Allaussagen machen muß. Einerseits gibt es das, was man echte Gesetze nennen kann, wie etwa die Gesetze der Physik, die Regelmäßigkeiten beschreiben, welche Allaussagen sind und für alle Raum- und Zeitpunkte gelten. Auf der anderen Seite gibt es jene universellen Aussagen, die nicht echte Gesetze sind. Man hat verschiedene Namen für sie vorgeschlagen; manchmal nennt man sie »akzidentelle« universelle Aussagen. Ein Beispiel ist: »Alle Münzen in meiner Tasche am 1. Januar 1958 waren aus Silber.« Der wesentliche Unterschied zwischen diesen beiden Arten von Allaussagen wird am besten klar, wenn man die entsprechenden irrealen Konditionalsätze betrachtet.

Nehmen wir zuerst ein echtes Gesetz, das Gravitationsgesetz. Es gestattet mir zu behaupten, daß ein Stein, den ich loslasse, mit einer gewissen Beschleunigung zur Erde fallen wird. Ich kann eine ähnliche Aussage in Form eines irrealen Konditionalsatzes machen, indem ich sage: »Gestern hielt ich einen Stein in meiner Hand. Aber hätte ich ihn nicht festgehalten, d. h. hätte ich meine Hand geöffnet, dann wäre er zur Erde gefallen.« Diese Aussage beschreibt nicht, was sich tatsächlich ereignete, sondern was sich ereignet hätte, wenn ich den Stein nicht festgehalten hätte. Ich mache diese Behauptung auf der Grundlage des Gravitationsgesetzes. Das Gesetz wird vielleicht nicht explizit erwähnt, aber stillschweigend angenommen. Wenn ich das Gesetz angebe, dann gebe ich den Grund für meinen Glauben an den irrealen Konditionalsatz an. Es ist klar, daß ich ihn nicht glaube, weil ich es geschehen sah. Es geschah nichts, aber es ist vernünftig, den irrealen Konditionalsatz zu behaupten, denn er beruht auf einem echten physikalischen Gesetz. Das betrachtete Gesetz ist eine ausreichende Rechtfertigung für den irrealen Konditionalsatz.

Kann man das gleiche mit der zweiten Art universeller Aussagen machen, mit dem akzidentellen Allsatz? Es wird sofort klar, daß dies absurd wäre. Angenommen, ich sage: »Wenn dieser Pfennig am 1. Januar 1958 in meiner Tasche gewesen wäre, dann bestünde er aus Silber.« Natürlich hängt das Material dieses Pfennigs nicht davon ab, ob ich ihn zu gewissen Daten in meiner Tasche hatte. Die Allaussage, »Alle Münzen, die am 1. Januar 1958 in meiner Tasche waren, bestanden aus Silber«, ist keine adäquate Grundlage für die Behauptung eines irrealen Konditionalsatzes. So sieht man, daß manche Allsätze eine vernünftige Grundlage für einen irrealen Konditionalsatz sind, während andere Allsätze es nicht sind. Wir können überzeugt sein, daß ein Allsatz der akzidentellen Art wahr ist; trotzdem würden wir ihn nicht als Gesetz betrachten. Es ist wichtig, diesen

Unterschied im Kopf zu behalten, wenn man die Bedeutung von irrealen Konditionalsätzen analysiert. Er tritt auch beim Problem der nichtlogischen oder kausalen Modalitäten auf.

Ich gehe mit der folgenden Leitidee an das Problem heran. Nehmen wir an, daß jemand eine Aussage als ein neues physikalisches Gesetz vorschlägt. Man weiß nicht, ob die Aussage wahr ist oder falsch, weil die bisher gemachten Beobachtungen für eine Entscheidung nicht genügen; aber sie ist universell, weil sie besagt, daß ein gewisses Ereignis, das zu irgendeiner Zeit an irgendeinem Ort auftritt, von einem gewissen anderen Ereignis gefolgt sein wird. Wenn wir die *Form* der Aussage untersuchen, können wir entscheiden, ob wir sie ein echtes Gesetz nennen würden, *wenn* sie wahr wäre. Die Frage, ob das Gesetz wahr ist oder nicht, ist unwichtig; wichtig ist nur, ob es die Form eines echten Gesetzes hat. Zum Beispiel schlägt jemand ein Gravitationsgesetz vor, nach dem die Gravitationskraft mit der dritten Potenz der Entfernung abnimmt. Das ist offensichtlich falsch; d. h. es gilt nicht in unserem Universum. Aber man kann sich leicht eine Welt vorstellen, in der es gelten würde. Daher ziehe ich vor, die Aussagen nicht in nomologische Aussagen oder echte Gesetze (was bedeutet, daß sie wahr sind) und nicht-nomologische Aussagen einzuteilen, sondern ich teile sie lieber ohne Rücksicht auf ihre Wahrheit in die folgenden zwei Klassen ein: 1. Aussagen, die eine gesetzesartige Form haben (manchmal »nomische Form« genannt) und 2. Aussagen, die nicht diese Form haben. Jede Klasse enthält wahre und falsche Aussagen. Die Aussage »Die Gravitationskraft nimmt mit der dritten Potenz der Entfernung ab« ist von der ersten Art. Sie ist gesetzesartig, wenn auch nicht wahr, und deshalb kein Gesetz. Die Aussage »Zum 1. Januar 1958 trugen alle Männer in Los Angeles purpurrote Krawatten« ist von der zweiten Art. Auch wenn sie zufällig wahr gewesen wäre, würde sie doch kein Gesetz ausdrücken, sondern einen zufälligen Zustand zu einer bestimmten Zeit.

Ich bin überzeugt, daß der Unterschied zwischen diesen zwei Arten von Aussagen genau definiert werden kann. Das ist noch nicht geschehen, aber wäre es geschehen, dann wäre es – so glaube ich – eine rein semantische Unterscheidung. Das heißt, wenn mir jemand einen Allsatz *S* vorlegte und ich mir den Unterschied zwischen den zwei Arten von Aussagen genügend klar gemacht hätte, würde ich keine Experimente benötigen, um zu entscheiden, zu welcher Art die Aussage gehört. Ich würde mich nur fragen: Wenn die Welt so beschaffen wäre, daß *S* wahr wäre, würde ich es dann als Gesetz betrachten? Genauer gesagt: Würde ich es als *Grundgesetz* betrachten? Ich werde noch erklären, warum ich diese Unterscheidung einführe. Hier will ich nur deutlich machen, was ich darunter verstehe, daß etwas »die Form eines möglichen Grundgesetzes« oder kürzer »*nomische Form*« hat.

Die erste Bedingung dafür, daß eine Aussage nomische Form hat, wurde von James Clerk Maxwell angegeben, der vor etwa hundert Jahren die klassische Theorie des Elektromagnetismus entwickelte. Er wies darauf hin, daß die Grundgesetze der Physik nicht von irgendeinem bestimmten Ort in Raum oder Zeit sprechen; sie gelten überall, zu allen Zeiten. Das ist nur für *Grundgesetze* charakteristisch. Offensichtlich gibt es viele wichtige technische und praktische Gesetze, die nicht von dieser Art sind. Sie stehen zwischen den Grundgesetzen und den akzidentellen Aussagen, aber sie sind nicht ganz akzidentell. Zum Beispiel: »Alle Bären im Gebiete des Nordpols sind weiß.« Das ist kein Grundgesetz, denn die Tatsachen könnten anders sein. Dagegen ist es auch nicht ganz akzidentell, sicher ist es nicht so akzidentell wie die Tatsache, daß zu einem gewissen Datum alle Münzen in meiner Tasche Silbermünzen waren. Die Aussage über die Eisbären hängt von einer Vielzahl von Grundgesetzen ab, die das Klima in der Nachbarschaft des Nordpols, die Evolution der Bären und andere Faktoren bestimmen. Die Farbe der Bären ist nicht zufällig. Es ist aber möglich, daß das Klima am Nordpol sich in der nächsten Jahrmillion ändert. Andere Bärenarten mit anders gefärbtem Fell können sich dort entwickeln oder dorthin ziehen. Die Aussage über die Bären kann daher nicht als Grundgesetz angesehen werden.

Manchmal glaubt man, daß ein Gesetz ein Grundgesetz ist, aber später stellt sich heraus, daß es nur eine Gültigkeit besitzt, die zeitlich, räumlich oder durch gewisse Bedingungen begrenzt ist. Die Volkswirtschaftler des 19. Jahrhunderts hielten die Gesetze von Angebot und Nachfrage für allgemeine ökonomische Gesetze. Dann kamen die Marxisten mit ihrer Kritik und wiesen darauf hin, daß diese Gesetze nur für eine gewisse Art von Marktwirtschaft gelten und keineswegs Naturgesetze sind. In vielen Gebieten – in der Biologie, Soziologie, Anthropologie, Wirtschaftswissenschaft – gibt es Gesetze, die zunächst ganz allgemein zu gelten scheinen, aber nur deshalb, weil ihr Autor nicht über die Grenzen seines Landes, seines Erdteils oder seiner Geschichtsperiode hinausblickte. Gesetze, von denen man glaubte, daß sie ein universelles moralisches Verhalten oder eine universelle Form der religiösen Verehrung ausdrückten, stellten sich als begrenzte Gesetze heraus, als man entdeckte, daß sich andere Kulturen anders verhalten. Heute vermutet man, daß es auf anderen Planeten Leben geben könnte. Wenn das so ist, dann werden viele Gesetze der Biologie, die in bezug auf die Lebewesen auf der Erde universell sind, nicht für die Erscheinungen des Lebens an anderen Orten der Milchstraße gelten. So sehen wir, daß es viele Gesetze gibt, die zwar nicht akzidentell sind, aber auch nicht universell, sondern nur in gewissen begrenzten Raum-Zeit-Gebieten gelten. Man muß zwischen diesen Gesetzen und den universellen Gesetzen unterscheiden. Man glaubt, daß die Gesetze, die man die Gesetze der Physik nennt, überall gelten. Als Maxwell seine berühmten Gleichungen formulierte, da war er überzeugt, daß sie nicht nur in seinem Laboratorium, sondern in jedem Laboratorium und nicht nur auf der Erde, sondern auch im Weltraum, auf dem Mond und auf dem Mars gelten. Er glaubte, daß er Gesetze aufstellte, die für das ganze Universum gelten. Und obwohl seine Gesetze durch die Quantenmechanik etwas modifiziert wurden, so wurden sie doch nur modifiziert. In gewisser Hinsicht betrachtet man sie immer noch als universell und stets, wenn ein moderner Physiker ein Grundgesetz aufstellt, dann soll es auch universell sein. Solche Grundgesetze müssen von raum-zeitlich begrenzten Gesetzen unterschieden werden und von abgeleiteten Gesetzen, die nur für gewisse Arten physikalischer Systeme, nur für gewisse Stoffe usw. gelten.

Das Problem, genau zu definieren, was unter nomischer Form zu verstehen ist, d. h. welche Form ein mögliches Grundgesetz haben kann, ist noch nicht gelöst. Sicher muß Maxwells Bedingung, daß das Gesetz für alle Zeiten und Orte gilt, ein Teil der Definition sein. Aber man braucht noch andere Bedingungen. Es sind schon verschiedene vorgeschlagen worden, aber die Wissenschaftstheoretiker haben sich darüber noch nicht geeinigt, welche Bedingungen hinzugenommen werden sollten. Setzen wir uns über dieses ungelöste Problem hinweg und nehmen wir an, daß eine exakte Definition von »nomischer Form« vorliegt. Dann kann ich andeuten, wie meiner Meinung nach auf Grundlage des Begriffes der nomischen Form andere wichtige Begriffe definiert werden können.

Zunächst definiere ich als *Grundgesetz* der Natur eine Aussage, die nomische Form hat und wahr ist. Manchem Leser mag es bei dieser Definition nicht behaglich sein. Einige meiner Freunde behaupteten, daß ein Empirist nie darüber sprechen sollte, daß ein Gesetz wahr sei; ein Gesetz bezieht sich auf unendlich viele Anwendungsfälle überall in Raum und Zeit, und kein menschliches Wesen wird jemals mit Sicherheit wissen, ob es allgemein gilt oder nicht. Dem stimme ich zu. Aber man muß eine klare Unterscheidung zwischen Gewißheit und Wahrheit machen. Es gibt natürlich niemals irgendeine Sicherheit oder Gewißheit. Und ein Grundgesetz wird nicht so sicher sein wie eine Einzeltatsache. Ich weiß mit größerer Sicherheit, daß dieser bestimmte Bleistift gerade aus meiner Hand auf den Schreibtisch gefallen ist, als daß die Gravitationsgesetze allgemein gültig sind. Das hindert mich jedoch nicht daran, sinnvoll davon zu sprechen, ob ein Gesetz wahr ist oder nicht wahr. Es gibt keinen Grund, warum der Wahrheitsbegriff nicht in der Definition der *Bedeutung* eines Grundgesetzes verwendet werden sollte.

Meine Freunde argumentierten, daß sie vorziehen würden, statt »wahr« zu sagen »in hohem Grade bestätigt«. Zu diesem Schluß kommt auch Reichenbach in seinem Buch »Nomological Statements and Admissible Operations«, wenn auch in einer anderen Terminologie. Unter »wahr« versteht er »gut bewährt« oder »sehr gut bestätigt auf Grund von Beobachtungen in der Vergangenheit, der Gegenwart oder der Zukunft«. Aber ich vermute, daß die Wissenschaftler etwas anderes *meinen*, wenn sie von einem Grundgesetz der Natur sprechen. Unter einem »Grundgesetz« verstehen sie irgend etwas, das in der Natur gilt, ganz unabhängig davon, ob ein menschliches Wesen davon weiß. Ich bin überzeugt, daß die meisten Autoren der Vergangenheit wie auch die meisten Wissenschaftler von heute das Wort in diesem Sinne gebrauchen. Das Problem der Definition von »Grundgesetz« hat nichts damit zu tun, in welchem Grade ein Gesetz bestätigt ist. So eine Bestätigung kann natürlich nie vollständig genug sein, um absolute Sicherheit zu liefern. Es hat nur zu tun mit der Bedeutung, die die Wissenschaftler intendieren, wenn sie dieses Wort gebrauchen.

Vielen Empiristen ist nicht ganz wohl, wenn sie sich dieser Frage nähern. Sie haben das Gefühl, daß ein Empirist niemals so ein furchtbar gefährliches Wort wie »wahr« gebrauchen sollte. Otto Neurath zum Beispiel sagte, daß es eine Sünde wider den Empirismus sei, von der Wahrheit von Gesetzen zu sprechen. Die amerikanischen Pragmatisten, einschließlich William James und John Dewey, vertraten ähnliche Ansichten. Meiner Meinung nach ist dieses Vorurteil dadurch zu erklären, daß man nicht klar zwischen zwei verschiedenen Begriffen unterschieden hat: 1. dem Grad, zu dem ein Gesetz zu einer gewissen Zeit bestätigt ist und 2. dem semantischen Begriff der Wahrheit eines Gesetzes. Sobald man diese Unterscheidung macht und erkennt, daß man in der Semantik eine präzise Definition der Wahrheit geben kann, gibt es keinen Grund mehr, vor einer Verwendung des Wortes »wahr« bei der Definition von »Grundgesetz der Natur« zurückzuschrecken.

Ich würde folgende Definition vorschlagen: eine Aussage ist *kausal wahr* oder K-wahr genau dann, wenn sie eine logische Folge der Klasse aller Grundgesetze ist. Die Grundgesetze sind definiert als Aussagen, welche nomische Form haben und wahr sind. K-wahre Aussagen, die universelle Form haben, sind Gesetze in weiterem Sinn, entweder Grundgesetze oder abgeleitete Gesetze. Zu den abgeleiteten Gesetzen gehören die räumlich und zeitlich beschränkten, wie etwa die Gesetze der Meteorologie auf der Erde.

Betrachten Sie die folgenden zwei Aussagen. »In der Stadt Brookfield war im März 1950 an jedem Tag, an dem die Temperatur zwischen Mitternacht und fünf Uhr morgens unter den Gefrierpunkt sank, der Stadtweiher um fünf Uhr morgens mit Eis bedeckt.« Das ist ein abgeleitetes Gesetz. Vergleichen wir es mit der zweiten Aussage, die so lautet wie die erste, nur daß es am Ende noch heißt:

»... und dann fand am Nachmittag im Stadion ein Fußballspiel statt.«
Auch diese Aussage ist wahr. Es gab jeden Samstag ein Fußballspiel,
und die angegebene Temperaturbedingung war im März 1950 nur
zweimal erfüllt, und zwar jedesmal am Morgen des Samstags. Die
zweite Aussage ist, obwohl sie wahr ist und die gleiche logische
Form hat wie die erste, kein Gesetz. Sie ist nur eine akzidentelle
universelle Aussage. Dieses Beispiel zeigt, daß bei beschränkten
Aussagen mit universeller Form, auch wenn man annimmt, daß sie
wahr sind, die Unterscheidung zwischen Gesetzen (in diesem Falle
abgeleiteten Gesetzen) und akzidentellen Universalsätzen nicht nur
auf Grund einer semantischen Analyse der Aussagen gemacht werden kann. Meiner Meinung nach kann diese Unterscheidung nur
indirekt mit Hilfe des Begriffes des Grundgesetzes gemacht werden.
Ein abgeleitetes Gesetz ist eine logische Konsequenz der Klasse der
Grundgesetze; die akzidentelle Aussage nicht. Aber die Unterscheidung zwischen der Form von Grundgesetzen und akzidentellen
Universalsätzen kann – so glaube ich – durch rein semantische Analyse vorgenommen werden ohne den Gebrauch von Tatsachen-
wissen.

In meinem Buch »Meaning and Necessity«[23] vertrete ich die Ansicht, daß man die logischen Modalitäten am besten als Eigenschaften
von Propositionen* interpretiert, analog zu gewissen semantischen
Eigenschaften von Aussagen, die jene Propositionen ausdrücken.
Nehmen wir an, daß eine Aussage S_1 in einer Sprache L die Proposition p_1 ausdrückt; dann ist p_1 eine logisch notwendige Proposition,
dann und nur dann, wenn S_1 L-wahr in einer Sprache L ist (ich benütze den Ausdruck »L-wahr« für »logisch wahr«).

Die folgenden zwei Aussagen sind daher äquivalent:

(1) S_1 ist L-wahr (in L).

(2) p_1 ist logisch notwendig.

Eine Proposition ist logisch notwendig heißt genau dasselbe wie:
jede Aussage, welche diese Proposition ausdrückt, ist L-wahr. Die
semantischen L-Begriffe (L-Wahrheit, L-Falschheit, L-Implikation,
L-Äquivalenz) können für Sprachen definiert werden, die so stark
sind, daß sie die ganze Physik und Mathematik enthalten. Daher ist
das Problem der Interpretation der *logischen* Notwendigkeit gelöst.
Der beste Zugang zu den anderen Modalitäten, insbesondere den
kausalen Modalitäten, verläuft meiner Meinung nach analog dazu.

Um zu sehen, was ich meine, betrachten Sie den Unterschied zwischen den obigen Aussagen (1) und (2). S_1 ist der Name eines Satzes,
und deshalb ist (1) eine Aussage in der Metasprache. Anderseits ist
(2) eine Aussage der Objektsprache, wenn es auch keine extensionale
Objektsprache ist. Es handelt sich um eine Objektsprache, in der die

* Eine »Proposition« ist die Bedeutung eines Satzes im Sinne des Urteilsinhaltes.

Funktoren keine Wahrheitswertfunktionen sind. Um den Satz (2) zu symbolisieren, schreiben wir:

$$(3) \quad N(p_1)$$

Das heißt »p_1 ist eine logisch notwendige Proposition«.

In analoger Weise werde ich zuerst »nomische Form«, dann »Grundgesetz« und schließlich »K-wahr« (kausal wahr) definieren. Das sind alles semantische Begriffe. Wenn wir also die Aussage haben:

$$(4) \quad S_1 \text{ ist K-wahr,}$$

dann würde ich sagen, daß die Proposition, die durch S_1 ausgedrückt wird, notwendig im kausalen Sinne ist. Das kann man schreiben als:

$$(5) \quad p_1 \text{ ist kausal notwendig.}$$

Oder in symbolischer Form:

$$(6) \quad N_K(p_1).$$

Ich definiere die Klasse der kausal notwendigen Propositionen derart, daß sie die Klasse der logisch notwendigen Propositionen umfaßt. Meiner Meinung nach ist diese Festlegung bequemer als andere, aber natürlich ist dies nur eine Frage der Bequemlichkeit. Das Gebiet der kausalen Modalitäten ist nicht sehr viel untersucht worden. Es ist ein sehr großes, kompliziertes Gebiet, und wir werden uns nicht mit weiteren technischen Einzelheiten befassen.

»Kausalität« und »kausale Struktur der Welt« sind Ausdrücke, die ich in einem sehr weiten Sinne gebrauche. Kausalgesetze sind jene Gesetze, mit deren Hilfe man Ereignisse vorhersagen und erklären kann. Die Gesamtheit aller dieser Gesetze beschreibt die kausale Struktur der Welt.

Natürlich spricht man im Alltag nicht davon, daß A B verursacht, wenn nicht B zeitlich später auftritt als A und wenn es nicht eine direkte Kausalkette von A zu B gibt. Wenn man menschliche Fußspuren im Sand sieht, kann man schließen, daß jemand über den Sand gegangen ist. Man würde aber nicht sagen, daß die Fußspuren die *Ursache* davon sind, daß jemand durch den Sand ging, auch wenn man mit Hilfe von Kausalgesetzen schließen kann, daß jemand dort ging. Ebenso sagen wir nicht, daß A B verursacht hat, wenn A und B die Endresultate längerer Kausalketten sind, die auf eine gemeinsame Ursache zurückgehen. Wenn es Tag ist, kann man das Hereinbrechen der Nacht vorhersagen, weil Tag und Nacht eine gemeinsame Ursache haben. Aber man sagt nicht, daß der Tag die Nacht verursacht oder umgekehrt. Wenn man auf einen Fahrplan geschaut hat, kann man vorhersagen, daß ein Zug zu gewisser Zeit ankommen wird; aber man faßt die Eintragung im Fahrplan nicht als Ursache der Ankunft des Zuges auf. Auch hier wieder sind die beiden Ereignisse auf eine gemeinsame Ursache zurückzuführen. Eine Entscheidung der Bahndirektion stand am Anfang zweier getrennter Kausalketten, die in A und B endeten. Wenn wir den Fahrplan lesen, machen wir einen kausalen Schluß, der die eine Kette rückwärts und die andere vorwärts verfolgt, aber das ist ein so indirekter Prozeß, daß wir nicht sagen, daß B von A verursacht wird. Aber trotzdem ist der Vorgang ein kausaler Schluß. Es gibt keinen Grund, warum der Ausdruck »Kausalgesetz« nicht in einer umfassenden Weise benützt werden sollte, derart, daß er auf alle Gesetze angewendet wird, mit deren Hilfe auf Grund anderer Ereignisse gewisse Ereignisse vorhergesagt und erklärt werden, unabhängig davon, ob die Schlüsse in der Zeit vorwärts oder rückwärts gehen.

Was kann man in diesem Zusammenhang über die Bedeutung des Wortes »Determinismus« sagen? Meiner Meinung nach ist der Determinismus eine spezielle These über die Kausalstruktur der Welt. Er ist eine These, die behauptet, daß diese Kausalstruktur so stark ist, daß man aus einer vollständigen Beschreibung des gesamten Zustandes der Welt zu *einem* Zeitpunkt mit Hilfe der Naturgesetze jedes Ereignis in der Vergangenheit oder Zukunft ausrechnen kann. Das war die mechanistische Anschauung, die Newton vertrat und die Laplace im einzelnen analysierte. Zur Beschreibung eines Augenblickszustandes der Welt gehört natürlich nicht nur eine Beschreibung des Ortes eines jeden Teilchens in der Welt, sondern auch seiner Geschwindigkeit. *Wenn* die kausale Struktur der Welt so stark ist, daß diese These gilt – ich habe sie so formuliert wie Laplace –, dann kann man sagen, daß die Welt nicht nur eine kausale Struktur besitzt, sondern genauer eine *deterministische Struktur.*

In der heutigen Physik hat die Quantenmechanik eine Kausalstruktur, welche die meisten Physiker und Wissenschaftstheoretiker als nicht deterministisch beschreiben würden. Sie ist sozusagen schwächer als die Struktur der klassischen Physik, weil sie statistische Gesetze als Grundgesetze enthält. Man kann ihnen keine deterministische Form geben wie: »Wenn gewisse Größen gewisse Werte haben, dann haben andere Größen genau festgelegte andere Werte.« Ein statistisches oder Wahrscheinlichkeitsgesetz sagt aus: Wenn gewisse Größen gewisse Werte haben, dann gibt es eine bestimmte Wahrscheinlichkeitsverteilung der Werte der anderen Größen. Wenn einige Grundgesetze der Welt statistisch sind, dann gilt die These des Determinismus nicht. Die meisten Physiker heutzutage sind keine Anhänger des Determinismus im strengen Sinne, so wie er eben erklärt wurde. Nur eine kleine Minderheit glaubt, daß die Physik eines Tages zu ihm zurückfinden könnte. Einstein selbst hat diese Hoffnung nie aufgegeben. Er war sein ganzes Leben lang überzeugt, daß die gegenwärtige Abwendung vom Determinismus in der Physik nur eine Übergangsphase darstellt. Im Augenblick können wir nicht sagen, ob Einstein recht hat oder nicht.

Das Problem des Determinismus ist natürlich in der Philosophiegeschichte eng mit dem Problem des freien Willens verbunden. Kann der Mensch zwischen verschiedenen möglichen Handlungen wählen, oder ist sein Gefühl, daß er die Freiheit der Wahl besitzt, eine Täuschung? Wir werden diese Frage hier nicht im einzelnen diskutieren, weil sie meiner Meinung nach nicht durch irgendeinen der Grundbegriffe oder die Theorien der Naturwissenschaft berührt wird. Ich teile nicht Reichenbachs Meinung, daß wir in dem Falle, daß die Physik den klassischen strengen Determinismus beibehalten hätte, nicht sinnvoll davon sprechen könnten, daß wir eine Wahl oder eine rationale Entscheidung treffen, daß wir etwas vorziehen oder daß wir für unsere Taten verantwortlich sind usw. Ich glaube, daß all diese Dinge durchaus sinnvoll sind, auch in einer Welt, die im strengen Sinne deterministisch ist[24].

Die Ansicht, die ich ablehne – die Ansicht von Reichenbach und anderen –, kann folgendermaßen zusammengefaßt werden. Wenn Laplace recht hat – d.h. wenn die ganze Vergangenheit und Zukunft der Welt durch jeden gegebenen zeitlichen Querschnitt der Welt bestimmt ist –, dann hat das Wort »Wahl« keinen Sinn. Der freie Wille ist eine Illusion. Wir glauben, daß wir die Wahl haben, daß wir eine Entscheidung treffen; in Wirklichkeit ist jedes Ereignis durch das vorherbestimmt, was früher geschah, sogar durch das, was geschah, bevor wir überhaupt geboren wurden. Wenn wir dem Wort »Wahl« wieder einen Sinn geben wollen, müssen wir daher den Indeterminismus der neuen Physik betrachten.

Ich lehne diesen Gedankengang ab, weil ich glaube, daß hier die Determiniertheit im theoretischen Sinne, nach der ein Ereignis durch vorhergehende Ereignisse gemäß Gesetzen bestimmt ist (was nichts weiter bedeutet, als Vorhersagbarkeit auf Grund beobachteter Regelmäßigkeiten), verwechselt wird mit Zwang. Vergessen wir für den Augenblick, daß in der heutigen Physik der Determinismus im strengen Sinne nicht gilt. Denken wir nur an die Ansicht des 19. Jahrhunderts. Die allgemein akzeptierte Anschauung der Physik wurde von Laplace formuliert. Jemand, der den augenblicklichen Zustand des Universums genau kennen würde, der eine vollständige Beschreibung dieses Zustandes hätte und auch alle Gesetze zur Verfügung hätte (natürlich gibt es keinen solchen Menschen, aber seine Existenz wird angenommen), könnte jedes Ereignis in der Vergangenheit oder Zukunft ausrechnen. Sogar wenn diese strenge Fassung des Determinismus gilt, folgt nicht, daß die Gesetze irgend jemanden *zwingen*, so zu handeln, wie er handelt. Vorhersagbarkeit und Zwang sind zwei ganz verschiedene Dinge.

Betrachten wir, um dies zu erklären, einen Gefangenen in seiner Zelle. Er würde gern entkommen, aber er ist von dicken Wänden umgeben, und die Tür ist verschlossen. Das ist wirklicher Zwang. Man könnte es negativen Zwang nennen, denn der Gefangene wird davon abgehalten, etwas zu tun, was er tun möchte. Es gibt auch positiven Zwang. Ich bin stärker als Sie, und Sie haben eine Pistole in Ihrer Hand. Sie wollen sie vielleicht gar nicht benützen, aber wenn ich Ihre Hand packe, die Pistole auf jemanden richte und Ihren Finger mit Gewalt gegen den Abzug drücke, bis sich ein Schuß löst, dann habe ich Sie gezwungen zu schießen, etwas zu tun, was Sie gar nicht tun wollten. Die Justiz wird anerkennen, daß ich für den Schuß verantwortlich bin und nicht Sie. Das ist positiver Zwang in einem engen körperlichen Sinn. In einem weiteren Sinn kann eine Person eine andere mit allerlei nicht-körperlichen Mitteln zwingen, z. B. mit furchtbaren Drohungen.

Vergleichen wir nun den Zwang in diesen verschiedenen Formen mit der Determination im Sinne von Regelmäßigkeiten, die in der Natur vorkommen. Es ist bekannt, daß die Menschen gewisse Charakterzüge besitzen, die ihrem Verhalten eine gewisse Regelmäßigkeit verleihen. Ich habe einen Freund, der gewisse, selten aufgeführte Kompositionen von Bach sehr schätzt. Ich erfahre, daß eine Gruppe ausgezeichneter Musiker ein kleines privates Bachkonzert im Hause eines Freundes veranstaltet und daß einige dieser Kompositionen auf dem Programm stehen. Ich werde eingeladen und darf auch einen Gast mitbringen. Ich rufe meinen Freund an, aber schon bevor ich das tue, bin ich fast sicher, daß er mitgehen wird. Worauf gründet sich meine Vorhersage? Natürlich auf meine Kenntnis seines Charakters und gewisser psychologischer Gesetze. Angenommen, er kommt tatsächlich, wie erwartet, mit mir. War er gezwungen zu kommen? Nein, er ging mit seinem eigenen freien Willen. Er ist in Wirklichkeit niemals freier, als wenn er vor einer Wahl dieser Art steht.

Jemand fragt ihn: »Waren Sie gezwungen, zu diesem Konzert zu gehen? Hat jemand irgendeine Art von moralischem Druck auf Sie angewandt, Ihnen also etwa gesagt, daß der Gastgeber oder die Musiker beleidigt wären, wenn Sie nicht kommen würden?«

»Nein, nichts dergleichen«, antwortet er. »Niemand übte auch nur den geringsten Druck aus. Ich liebe Bach. Ich hatte den sehr starken Wunsch zu kommen. Aus diesem Grunde kam ich.«

Die freie Wahl dieses Mannes ist sicher verträglich mit dem Standpunkt von Laplace. Sogar wenn eine vollständige Kenntnis des Zustandes des Universums vor dieser Entscheidung es möglich gemacht hätte, vorherzusagen, daß er zu dem Konzert gehen würde, könnte man immer noch nicht sagen, daß er gezwungenermaßen ging. Zwang läge nur dann vor, wenn er durch andere Personen oder äußere Umstände gezwungen würde, etwas gegen seinen Willen zu tun. Aber wenn die Handlung im Einklang mit den Gesetzen der Psychologie aus seinem eigenen Charakter kommt, dann sagen wir, daß er frei handelte. Natürlich wird sein Charakter durch seine Erziehung geformt, durch alle Erfahrungen, die er hatte, seit er auf die Welt kam. Aber das hindert uns nicht daran, von freier Wahl zu sprechen, wenn sie seinem Charakter entspringt. Vielleicht machte der Mann, der Bach liebte, auch gerne Spaziergänge am Abend. An jenem bestimmten Abend hatte er den noch größeren Wunsch, Bach zu hören, als seinen Spaziergang zu machen. Er handelte gemäß seinem eigenen Wertsystem. Er traf frei eine Wahl.

Das ist die negative Seite der Frage. Eine Ablehnung der Ansicht, daß der klassische Determinismus es unmöglich machen würde, sinnvoll von einer freien Wahl des Menschen zu sprechen.

Die positive Seite der Frage ist genauso wichtig. Wenn es keine kausale Regelmäßigkeit gäbe, die nicht deterministisch im strengen Sinne sein müßte, sondern auch schwächer sein könnte, wenn es nicht irgendeine kausale Regelmäßigkeit gäbe, dann wäre es nicht möglich, überhaupt eine freie Wahl zu treffen. Bei einer Wahl gibt man überlegt einer Handlungsweise den Vorzug gegenüber einer anderen. Wie könnte man überhaupt wählen, wenn man die Folgen der zur Wahl stehenden Handlungen nicht übersehen könnte? Auch die einfachsten Wahlen hängen davon ab, daß man die möglichen Konsequenzen vorhersieht. Man trinkt Wasser, weil man weiß, daß es nach gewissen Gesetzen der Physiologie den Durst löschen wird. Die Konsequenzen sind natürlich nur mit verschiedenen Graden von Wahrscheinlichkeit bekannt. Das ist wahr, auch wenn die Welt im klassischen Sinne deterministisch ist. Man hat nie genügend Information, um Vorhersagen mit Sicherheit zu treffen. Der imaginäre Mensch des Beispiels von Laplace kann vollkommene Vorhersagen machen, aber es gibt keinen solchen Menschen. Die praktische Situation ist die, daß wir die Zukunft nur mit einer gewissen Wahrscheinlichkeit kennen können, ganz unabhängig davon, ob der Determinismus im strengen Sinne gilt oder nicht. Aber um irgendeine Art von freier Wahl zu treffen, muß es möglich sein, die wahrscheinlichen Ergebnisse verschiedener Handlungen gegeneinander abzuwägen; das könnte man nicht tun, wenn es nicht genügend Regelmäßigkeit in der Kausalstruktur der Welt gäbe. Ohne solche Regelmäßigkeiten gäbe es keine moralische oder juristische Verantwortlichkeit. Eine Person, die nicht fähig ist, die Folgen einer Handlung vorauszusehen, kann man für diese Handlung nicht verantwortlich machen. Eltern, Lehrer und Richter betrachten ein Kind als verantwortlich nur in jenen Situationen, in denen es die Folgen seiner Handlungen vorhersehen kann. Ohne Kausalität in der Welt hätten Erziehung und auch politische oder moralische Appelle keinen Sinn. Derartige Dinge sind nur vernünftig, wenn man ein gewisses Mindestmaß an kausaler Regelmäßigkeit in der Welt voraussetzt.

Wir können dies folgendermaßen zusammenfassen. Die Welt besitzt eine Kausalstruktur. Es ist nicht bekannt, ob diese Struktur im klassischen Sinne oder in einer schwächeren Weise deterministisch ist. Auf jeden Fall sind in hohem Maße Regelmäßigkeiten vorhanden. Diese Regelmäßigkeit ist für das, was man Wahl nennt, wesentlich. Wenn eine Person eine Wahl trifft, dann ist diese Wahl ein Teil einer kausalen Kette in der Welt. Wenn kein Zwang im Spiel ist, was bedeutet, daß die Wahl dem eigenen Wunsch entspringt, der natürlich im Einklang mit dem Charakter sein wird, dann gibt es keinen Grund, nicht von einer freien Wahl zu sprechen. Es ist wahr, daß der Charakter einer Person ihre Wahl bestimmt und der Charakter wiederum durch frühere Ursachen beeinflußt ist, aber es gibt keinen Grund zu sagen, daß ihr Charakter die Person zwang, so zu handeln, wie sie es tat, denn das Wort »zwingen« wird mit Hilfe von äußeren kausalen Faktoren definiert. Natürlich kann ein Psychopath sich in einem stark abnormen Geisteszustand befinden; man könnte dann sagen, daß er ein Verbrechen beging, weil seine Natur ihn dazu zwang. Aber das Wort »zwingen« wird hier gebraucht, weil man das Gefühl hat, daß sein gestörter Geisteszustand ihn daran hinderte, die Folgen verschiedener Handlungsweisen klar zu sehen. Er machte ihn zu einer klaren Überlegung und Entscheidung unfähig. Es tritt hier das ernste Problem auf, wo man die Grenzlinie zwischen geplantem absichtlichen Verhalten und Handlungen unter dem Zwang abnormer Geisteszustände ziehen soll. Im allgemeinen aber ist eine freie Wahl eine Entscheidung, die von jemandem getroffen wird, der fähig ist, die Folgen verschiedener Handlungsweisen zu übersehen und jene zu wählen, die er vorzieht. Meiner Meinung nach gibt es keinen Widerspruch zwischen der so verstandenen freien Wahl und dem Determinismus, sogar dem Determinismus der starken klassischen Art.

In den letzten Jahren hat eine Anzahl von Autoren die Meinung vertreten, daß nicht-vorherbestimmte Quantensprünge, die, wie die meisten Physiker glauben, in einem fundamentalen Sinne statistisch sind, eine Rolle beim Treffen von Entscheidungen spielen könnten[25]. Nun ist es durchaus wahr, daß unter gewissen Bedingungen eine Mikroursache, wie etwa ein Quantensprung, zu einem beobachtbaren Makroeffekt führen kann. Bei der Atombome z. B. tritt eine Kettenreaktion nur auf, wenn eine genügend große Zahl von Neutronen freigesetzt wird. Es ist also möglich, daß es im menschlichen Organismus viel eher als in den meisten toten physikalischen Systemen gewisse Punkte gibt, wo ein einziger Quantensprung zu einem beobachtbaren Makroeffekt führen kann. Aber es ist nicht wahrscheinlich, daß dies die Punkte sind, an denen die menschlichen Entscheidungen getroffen werden.

Stellen Sie sich für einen Augenblick einen Menschen in der Sekunde vor, in der er eine Entscheidung trifft. Wenn es an diesem Punkt die Art von Unbestimmtheit gibt, die ein Quantensprung zeigt, dann würde die Entscheidung genauso statistisch sein, wie die Quantensprünge. So ein statistisches Verhalten hilft uns nicht, den Ausdruck »freie Wahl« mit Bedeutung zu erfüllen. Eine Wahl wie diese wäre keine Wahl. Sie wäre eine rein zufällige Entscheidung, so als entschiede man zwischen zwei möglichen Handlungsweisen, indem man eine Münze wirft. Glücklicherweise ist der Bereich der Indeterminiertheit in der Quantentheorie äußerst klein. Wäre er viel größer, dann würde es vorkommen, daß ein Tisch plötzlich explodieren würde oder ein fallender Stein von selbst zurück in die Luft flöge oder sich horizontal weiterbewegte. Es könnte möglich sein, in so einer Welt zu überleben, aber es würde sicher nicht die Möglichkeiten zu einer freien Wahl erhöhen. Ganz im Gegenteil, es würde viel schwieriger sein zu wählen, denn es wäre auch schwieriger, die Konsequenzen der Handlungen vorauszusehen.

Wenn man einen Stein fallen läßt, dann erwartet man, daß er zu Boden fällt. Stattdessen fliegt er in Spiralen davon und trifft jemanden am Kopf. Dann würde man für schuldig gehalten werden, wenn man wirklich keine schlechte Absicht hatte. Wenn es schwieriger als jetzt wäre, die Folgen von Handlungen vorherzusehen, dann wären die

Wahrscheinlichkeiten für das Eintreten der erwünschten Effekte geringer. Das würde überlegtes moralisches Verhalten um vieles schwieriger machen. Dasselbe gilt für statistische Prozesse, die vielleicht im menschlichen Organismus stattfinden. In dem Maße, in dem sie unser Wahlverhalten beeinflussen, würden sie es einfach noch zufälliger gestalten. Es gäbe *weniger* Möglichkeit zu einer Wahl als sonst, und man könnte sogar in noch destruktiverer Weise gegen die Möglichkeit eines freien Willens argumentieren. Meiner Meinung nach gibt es auf dem Niveau unseres praktischen täglichen Lebens keinen Unterschied zwischen der klassischen Physik mit ihrem starken Determinismus und der modernen Quantenmechanik mit ihren zufälligen Mikroeffekten. Die Unsicherheit in der Quantentheorie ist um so vieles kleiner als die Unsicherheit im täglichen Leben, die von der Begrenztheit unseres Wissens herkommt. Hier ist ein Mann in einer Welt, die durch die klassische Physik beschrieben wird. Dort ist ein Mann in einer Welt, die durch die moderne Physik beschrieben wird. Es gibt keinen Unterschied zwischen den beiden Beschreibungen, der irgendeine bedeutsame Auswirkung auf die Frage des freien Willens und des moralischen Verhaltens hätte. In beiden Fällen kann der Mensch die Ergebnisse seiner Handlungen nicht mit Gewißheit, sondern nur mit einer gewissen Wahrscheinlichkeit vorhersagen. Die Unbestimmtheit in der Quantenmechanik hat keinen beobachtbaren Effekt darauf, was mit einem Stein geschieht, wenn einer der oben betrachteten beiden Männer ihn wirft, weil der Stein ein sehr komplexer Gegenstand ist, der aus Milliarden von Partikeln besteht. In der Makrowelt, mit der wir Menschen zu tun haben, spielt die Unbestimmtheit der Quantenmechanik keine Rolle. Deshalb betrachte ich es als ein Mißverständnis, anzunehmen, daß die Unbestimmtheit im atomaren Bereich irgendeine Bedeutung für die Frage der freien Entscheidung hat. Eine Anzahl hervorragender Wissenschaftler und Wissenschaftsphilosophen hingegen vertritt eine andere Ansicht. Dies ist nur meine Meinung.

Teil V

THEORETISCHE GESETZE UND THEORETISCHE BEGRIFFE

23 Theorien und nichtbeobachtbare Größen

Eine der wichtigsten Einteilungen der Naturgesetze ist ihre Einteilung in das, was man empirische und theoretische Gesetze nennen könnte. (Es gibt keine allgemein akzeptierte Terminologie dafür.) Empirische Gesetze sind solche, die man direkt durch empirische Beobachtung bestätigen kann. Der Ausdruck »Observable« (beobachtbare Größe) wird oft für ein Phänomen gebraucht, das man direkt beobachten kann, und so kann man sagen, daß die empirischen Gesetze Gesetze über Observable sind.

Ich möchte aber an dieser Stelle eine Warnung aussprechen. Die Philosophen und die Naturwissenschaftler gebrauchen die Ausdrücke »Observable« und »Nichtobservable« in ganz verschiedener Weise. Für einen Philosophen hat der Ausdruck »Observable« eine sehr enge Bedeutung. Er ist auf Eigenschaften wie »blau«, »hart« und »heiß« anwendbar. Diese Eigenschaften können direkt sinnlich wahrgenommen werden. Für einen Physiker hat das Wort eine umfassendere Bedeutung. Sie umschließt alle quantitativen Größen, die in einer relativ einfachen, direkten Weise gemessen werden können. Ein Philosoph würde eine Temperatur von 80 Grad Celsius oder ein Gewicht von $93\frac{1}{2}$ Pfund nicht als Observable bezeichnen, weil wir diese Größen nicht direkt sinnlich wahrnehmen können. Für einen Physiker sind es Observable, weil man sie auf äußerst einfache Weise messen kann. Man muß nur den Gegenstand, den man wiegen will, auf die Balkenwaage legen und für die Temperatur ein Thermometer benützen. Ein Physiker würde die Masse eines Moleküls oder die Masse eines Elektrons nicht als beobachtbare Größe bezeichnen, weil in diesem Fall die Meßverfahren viel komplizierter und indirekter sind. Aber Größen, die man mit relativ einfachen Verfahren bestimmen kann – die Länge mit einem Maßstab, die Zeit mit einer Uhr, die Lichtfrequenz mit einem Spektrometer –, nennt man beobachtbare Größen oder Observable.

Ein Philosoph könnte einwenden, daß eine elektrische Stromstärke nicht wirklich beobachtet wird. Nur eine Zeigerstellung wurde beobachtet. Ein Amperemeter wurde in den Stromkreis eingebaut, es wurde festgestellt, daß der Zeiger auf den Teilstrich 5,3 zeigte. Es wurde sicher nicht die Stromstärke beobachtet. Sie wurde *erschlossen* aus dem, was man beobachtete. Der Physiker würde antworten, dies sei schon wahr, aber der Schluß wäre nicht sehr kompliziert. Das Meßverfahren sei so einfach, so gut erprobt, daß man nicht daran zweifeln könne, daß das Amperemeter die Stromstärke korrekt messe. Deshalb zählt man sie zu den Observablen.

Man kann hier nicht fragen, wer den Ausdruck »Observable« richtig benützt. Es gibt ein Kontinuum von Bedeutungen, das bei den direkten sinnlichen Wahrnehmungen beginnt und bis zu ganz außerordentlich komplizierten indirekten Beobachtungsmethoden fortschreitet. Man kann offensichtlich dieses Kontinuum nicht durch eine scharfe Linie unterteilen. Es ist eine Frage des mehr oder weniger. Ein Philosoph ist sicher, daß die Stimme seiner Frau, die ihm gegenübersitzt, eine Observable ist. Aber nehmen wir an, er hört sie am Telephon. Ist ihre Stimme eine Observable oder nicht? Ein Physiker würde sicher sagen, daß er etwas direkt beobachtet, wenn er es durch ein Mikroskop beobachtet. Ist das auch noch der Fall, wenn er ein Elektronenmikroskop benützt? Beobachtet er die Bahn eines Teilchens, wenn er die Spur, die es in einer Blasenkammer hinterläßt, ansieht? Im allgemeinen spricht der Physiker von Observablen in einem sehr weiten Sinn, verglichen mit dem engen Sinn, in dem der Philosoph das Wort benützt. Aber in beiden Fällen ist die Trennungslinie zwischen Observablen und Nicht-Observablen sehr willkürlich. Es ist gut, daran zu denken, wenn man diese Ausdrücke im Buch eines Philosophen oder eines Wissenschaftlers antrifft. Einzelne Autoren werden diese Trennungslinie in verschiedener Weise ziehen, je nach dem, wie es ihnen von ihrem Standpunkt aus passend erscheint, und es gibt keinen Grund, ihnen diese Freiheit nicht zuzugestehen.

In meiner Terminologie sind empirische Gesetze solche Gesetze, die Größen und Begriffe enthalten, die man entweder direkt sinnlich wahrnehmen oder mit relativ einfachen Verfahren messen kann. Manchmal nennt man solche Gesetze empirische Verallgemeinerungen, um daran zu erinnern, daß man sie durch Verallgemeinerung von Beobachtungs- und Meßergebnissen erhalten hat. Sie umfassen nicht nur einfache qualitative Gesetze (so wie »alle Raben sind schwarz«), sondern auch quantitative Gesetze, die aus einfachen Messungen entspringen. Die Gesetze, die Druck, Volumen und Temperatur von Gasen in Beziehung setzen, sind von dieser Art. Das Ohmsche Gesetz, das elektrischen Potentialunterschied, Widerstand und Stromstärke verbindet, ist ein weiteres bekanntes Beispiel. Der Naturwissenschaftler macht wiederholte Messungen, findet gewisse Regelmäßigkeiten und drückt sie als Gesetz aus. Das sind empirische Gesetze. Wie schon in früheren Kapiteln erwähnt, dienen sie dazu, beobachtete Tatsachen erklären und zukünftige beobachtbare Ereignisse vorherzusagen.

nzEs gibt keinen allgemein akzeptierten Ausdruck für die zweite Art von Gesetzen, die ich *theoretische Gesetze* nenne. Manchmal nennt man sie abstrakte oder hypothetische Gesetze. »Hypothetisch« ist vielleicht nicht geeignet, weil es nahelegt, daß die Unterscheidung zwischen den zwei Arten von Gesetzen darauf beruht, wie gut sie bestätigt sind. Aber ein empirisches Gesetz, das man zunächst versuchsweise als Hypothese annimmt und das erst zu einem geringen Grade bestätigt ist, wäre immer noch ein empirisches Gesetz, obwohl man es als ziemlich hypothetisch bezeichnen könnte. Ein theoretisches Gesetz unterscheidet sich von einem empirischen nicht dadurch, daß es nicht so gut begründet ist, sondern dadurch, daß es Ausdrücke einer anderen Art enthält. Die Ausdrücke von theoretischen Gesetzen beziehen sich nicht auf Observable, auch wenn man dieses Wort in dem weiten Sinne des Physikers versteht. Es sind Gesetze über solche Dinge wie Moleküle, Atome, Elektronen, Protonen, elektromagnetische Felder und so weiter, die man nicht direkt und einfach messen kann.

Ein statisches Feld von großen Ausmaßen, das sich von Punkt zu Punkt nicht stark ändert, werden Physiker ein beobachtbares Feld nennen, weil man es mit einfachen Apparaten messen kann. Aber wenn sich das Feld räumlich oder zeitlich sehr rasch ändert, vielleicht eine Milliarde Mal jede Sekunde, dann kann man es nicht mit einfachen Verfahren direkt messen. Ein solches Feld würden die Physiker eine Nicht-Observable nennen. Manchmal wird ein Physiker zwischen Observablen und Nicht-Observablen genau in dieser Weise unterscheiden. Wenn die Größe über genügend ausgedehnte Gebiete oder während genügend langer Zeit konstant bleibt, so daß man an einem Apparat die Größe direkt messen kann, dann spricht man von einem *Makroereignis*. Wenn die Größe sich in so kleinen Raum- und Zeitintervallen stark ändert, daß man sie mit einfachen Apparaten nicht direkt messen kann, dann spricht man von einem *Mikroereignis*. (Früher benutzte man die Ausdrücke »mikroskopisch« und »makroskopisch«, aber heute haben viele Autoren dies auf »Mikro« und »Makro« gekürzt.)

Ein Mikrovorgang ist einfach ein Vorgang in äußerst kleinen Raum- und Zeitintervallen. Die Schwingung der elektromagnetischen Wellen des sichtbaren Lichtes zum Beispiel ist ein Mikrovorgang. Kein Instrument kann direkt messen, wie sich ihre Intensität verändert. Man nimmt manchmal die Unterscheidung zwischen Makro- und Mikrobegriffen als Parallele zu der Unterscheidung von Observablen und Nicht-Observablen an. Es ist nicht genau das gleiche, aber ungefähr. Theoretische Gesetze haben mit Nicht-Observablen zu tun, und dies sind sehr oft Mikrovorgänge. Wenn das so ist, nennt man die Gesetze manchmal Mikrogesetze. Ich benütze den Ausdruck »theoretische Gesetze« in einem weiteren Sinn, der alle jene Gesetze umfaßt, die Nicht-Observable enthalten, unabhängig davon, ob es sich um Mikro- oder Makrobegriffe handelt.

Es trifft zwar zu, daß man, wie schon erwähnt, die Begriffe »Observable« und »Nicht-Observable« nicht scharf definieren kann, weil sie kontinuierlich ineinander übergehen. In der Praxis ist aber der Unterschied gewöhnlich so groß, daß man sich darüber nicht zu streiten braucht. Alle Physiker würden zum Beispiel darin übereinstimmen, daß die Gesetze, die Druck, Volumen und Temperatur eines Gases in

Beziehung setzen, empirische Gesetze sind. Hier ist die Gasmenge groß genug, daß die Größen, die man messen will, über ein genügend großes Volumen und genügend lange Zeit konstant bleiben, so daß direkte einfache Messungen möglich sind, die man dann zu Gesetzen verallgemeinern kann. Alle Physiker würden darin übereinstimmen, daß Gesetze über das Verhalten einzelner Moleküle theoretisch sind. Solche Gesetze betreffen Mikrovorgänge. Verallgemeinerungen über diese können nicht auf einzelnen, direkten Messungen beruhen.

Theoretische Gesetze sind natürlich allgemeiner als empirische Gesetze. Es ist aber wichtig zu verstehen, daß man zu theoretischen Gesetzen nicht einfach dadurch gelangen kann, daß man die empirischen Gesetze nimmt und dann einige Schritte weiter verallgemeinert. Wie kommt ein Physiker zu einem empirischen Gesetz? Er beobachtet gewisse Ereignisse in der Natur. Er stellt eine gewisse Regelmäßigkeit fest. Er beschreibt die Regelmäßigkeit, indem er eine induktive Verallgemeinerung vornimmt. Man könnte annehmen, daß er nun eine Gruppe empirischer Gesetze zusammennimmt, an ihnen ein Muster irgendeiner Art feststellt und dann eine weitere induktive Verallgemeinerung anstellen und so zu einem theoretischen Gesetz kommen könnte. Das ist nicht der Fall.

Um das klar zu machen, wollen wir annehmen, daß man beobachtet hat, daß ein gewisser Eisenstab sich ausdehnte, als man ihn erhitzte. Nachdem man das Experiment viele Male wiederholt hat, immer mit dem gleichen Ergebnis, verallgemeinert man und sagt, dieser Stab dehnt sich aus, wenn man ihn erhitzt. Ein empirisches Gesetz wurde formuliert, auch wenn es einen sehr engen Bereich hat und nur für einen bestimmten Eisenstab gilt. Nun macht man weitere Versuche mit anderen Eisengegenständen und entdeckt, daß sie sich jedesmal ausdehnen, wenn man sie erhitzt. Das gestattet die Formulierung eines allgemeineren Gesetzes, nämlich, daß alle Eisengegenstände sich ausdehnen, wenn man sie erhitzt. Auf ähnliche Weise erhält man die allgemeineren Gesetze »Alle Metalle ...«, dann »Alle festen Körper ...«. Das sind alles einfache Verallgemeinerungen, jede etwas allgemeiner als die vorhergehende, aber alle sind empirische Gesetze. Warum? Weil in jedem Falle die Gegenstände, um die es sich handelt, Observable sind (Eisen, Kupfer, Metall, feste Körper); in jedem Falle kann man die Temperatur und Längenzunahme mit einfachen, direkten Verfahren messen.

Im Gegensatz dazu würde ein theoretisches Gesetz für die Wärmeausdehnung sich auf das Verhalten der Moleküle im Eisenstab beziehen. Wie ist das Verhalten der Moleküle mit der Wärmeausdehnung des Stabes verbunden? Sie sehen sofort, daß wir von Nicht-Observablen sprechen. Wir müssen eine Theorie einführen – die Atomtheorie der Materie –, und wir sind schnell inmitten von Gesetzen über Atome, die Begriffe enthalten, welche von den vorher verwendeten radikal verschieden sind. Es ist wahr, daß sich diese theoretischen Begriffe von den Begriffen der Länge und Temperatur nur durch den Grad unterscheiden, indem sie direkt oder indirekt beobachtbar sind. Aber der Unterschied ist so groß, daß es ganz klar ist, daß die Gesetze, die man formulieren muß, von ganz anderer Natur sind.

Theoretische Gesetze verhalten sich zu empirischen Gesetzen ungefähr so, wie die empirischen Gesetze sich zu den Einzeltatsachen verhalten. Mit einem empirischen Gesetz kann man eine beobachtete Tatsache erklären und eine noch nicht beobachtete Tatsache voraussagen. Ähnlich kann man mit einem theoretischen Gesetz schon formulierte empirische Gesetze erklären und neue empirische Gesetze ableiten. So wie die einzelnen empirischen Tatsachen sich zu einem überschaubaren Muster ordnen, wenn man sie in einem empirischen Gesetz verallgemeinert, so wird die Ordnung der einzelnen, getrennten empirischen Gesetze durch ein theoretisches Gesetz dargestellt. Daran knüpft sich eines der Hauptprobleme der Methodologie der Wissenschaft. Wie kann man jene Art von Wissen erhalten, welche die Behauptung eines theoretischen Gesetzes rechtfertigt? Ein empirisches Gesetz kann man rechtfertigen, indem man Beobachtungen von Einzeltatsachen macht. Aber um ein theoretisches Gesetz zu rechtfertigen, kann man keine vergleichbaren Beobachtungen anstellen, weil die Entitäten, auf die sich ein theoretisches Gesetz bezieht, Nicht-Observable sind.

Bevor wir dieses Problem erörtern, wollen wir einige schon in einem früheren Kapitel gemachte Bemerkungen über den Gebrauch des Wortes »Tatsache« wiederholen. Im augenblicklichen Zusammenhang ist es wichtig, im Gebrauch dieses Wortes äußerst vorsichtig zu sein, weil manche Autoren, besonders Naturwissenschaftler, das Wort »Tatsache« oder »empirische Tatsache« für Sätze benützen, die ich empirische Gesetze nennen würde. Zum Beispiel würden viele Physiker von der »Tatsache« sprechen, daß die spezifische Wärme des Kupfers 0,090 ist. Ich würde das ein Gesetz nennen, denn wenn man es vollständig formuliert, sieht man, daß es sich um einen universellen Bedingungssatz handelt: »Für jedes x und jede Zeit t gilt, wenn x ein Stück festes Kupfer ist, dann ist die spezifische Wärme von x zur Zeit t 0,090.« Manche Physiker werden sogar von dem Gesetz der Wärmeausdehnung oder dem Ohmschen Gesetz und anderen als Tatsachen sprechen. Natürlich können sie dann sagen, daß man mit theoretischen Gesetzen diese Tatsachen erklären kann. Das klingt genau wie meine Aussage, daß empirische Gesetze Tatsachen erklären, aber das Wort »Tatsache« wird hier in einer ganz anderen Weise verwendet. Ich beschränke das Wort auf einzelne, konkrete Tatsachen, die man raumzeitlich festlegen kann. Nicht die Wärmeausdehnung im allgemeinen, sondern *die* Ausdehnung dieses Eisenstabes wurde heute morgen um zehn Uhr beobachtet, als man ihn erhitzte. Es ist wichtig, nicht zu vergessen, daß ich von Tatsachen in diesem engeren Sinn spreche. Wenn man das Wort »Tatsache« in einer mehrdeutigen Weise verwendet, dann wird der wichtige Unterschied zwischen der Rolle der empirischen Gesetze und der Rolle der theoretischen Gesetze bei der Erklärung vollständig verwischt.

Wie kann man theoretische Gesetze entdecken? Wir können nicht sagen: »Wir wollen einfach immer mehr Ergebnisse sammeln und dann noch über die empirischen Gesetze hinaus verallgemeinern, bis wir theoretische Gesetze erreichen.« Nie wurde ein theoretisches Gesetz auf diese Weise gefunden. Wir beobachten Steine, Bäume und Blumen, bemerken verschiedene Regelmäßigkeiten und beschreiben sie durch empirische Gesetze. Aber ganz gleichgültig, wie lang und wie sorgfältig wir diese Gegenstände beobachten, kommen wir nie zu dem Punkt, an dem wir ein Molekül beobachten. Der Begriff »Molekül« tritt nie als Resultat von Beobachtungen auf. Deshalb werden Verallgemeinerungen aus Beobachtungen niemals eine Theorie der molekularen Vorgänge liefern. So eine Theorie muß auf eine andere Weise entstehen. Sie wird nicht als Verallgemeinerung von Tatsachen, sondern als Hypothese aufgestellt. Die Hypothese wird dann geprüft in einer Weise, die in gewisser Hinsicht der Prüfung von empirischen Gesetzen analog ist. Aus der Hypothese leitet man empirische Gesetze ab, und diese empirischen Gesetze wiederum werden durch Beobachtungen von Tatsachen geprüft. Vielleicht sind die empirischen Gesetze, die man aus der Theorie ableitet, schon bekannt und gut bestätigt. (Diese Gesetze können sogar die Aufstellung des theoretischen Gesetzes motiviert haben.) Gleichgültig, ob die abgeleiteten empirischen Gesetze bekannt und bestätigt sind oder ob sie neue Gesetze sind, die durch neue Beobachtungen bestätigt werden; die Bestätigung solcher abgeleiteter Gesetze liefert eine indirekte Bestätigung für das theoretische Gesetz.

Wir wollen folgendes klar machen. Ein Wissenschaftler beginnt nicht mit einem empirischen Gesetz, vielleicht Boyles Gasgesetz, und sucht dann eine Theorie über Moleküle, aus der dieses Gesetz abgeleitet werden kann. Der Wissenschaftler versucht eine allgemeinere Theorie zu formulieren, aus der eine Vielfalt empirischer Gesetze abgeleitet werden kann. Je mehr solcher Gesetze es gibt, je verschiedener sie sind, je geringer ihre scheinbare Verbindung untereinander ist, um so stärker ist die Theorie, die sie erklärt. Einige dieser abgeleiteten Gesetze waren vielleicht schon vorher bekannt, aber die Theorie ermöglicht es auch, neue empirische Gesetze abzuleiten, die durch neue Versuche bestätigt werden können. Wenn das der Fall ist, kann man sagen, daß die Theorie es ermöglicht hat, neue empirische Gesetze vorherzusagen. Die Vorhersage muß man hypothetisch verstehen. Wenn die Theorie gilt, dann werden gewisse empirische Gesetze auch gelten. Das vorhergesagte empirische Gesetz handelt von Beziehungen zwischen Observablen und daher ist es nun möglich, Versuche anzustellen, um zu sehen, ob das empirische Gesetz gilt. Wenn das empirische Gesetz bestätigt wird, liefert es eine indirekte Bestätigung der Theorie. Jede Bestätigung eines Gesetzes, eines empirischen oder theoretischen, ist natürlich nur partiell, niemals vollständig und absolut. Aber im Falle der empirischen Gesetze haben wir eine direktere Bestätigung. Die Bestätigung eines theoretischen Gesetzes ist indirekt, denn sie findet nur durch die Bestätigung der empirischen Gesetze statt, die man aus der Theorie abgeleitet hat.

Der große Wert einer neuen Theorie liegt in ihrer Fähigkeit, neue empirische Gesetze vorherzusagen. Es ist wahr, daß ihr Wert auch darin liegt, daß sie bekannte empirische Gesetze erklären kann, aber das ist nicht die Hauptsache. Wenn ein Wissenschaftler ein neues theoretisches System vorschlägt, aus dem keine neuen Gesetze abgeleitet werden können, dann ist es logisch äquivalent der Menge aller bekannten empirischen Gesetze. Die Theorie mag eine gewisse Eleganz besitzen, sie mag in gewissem Grade das System der bekannten Gesetze vereinfachen, wenn es auch nicht wahrscheinlich ist, daß es sich um eine wesentliche Vereinfachung handeln würde. Andererseits war jede neue Theorie in der Physik, die mit einem Schlag zu einem großen Fortschritt geführt hat, eine Theorie, aus der man neue empirische Gesetze ableiten konnte. Wenn Einstein nicht mehr getan hätte, als seine Relativitätstheorie als elegante neue Theorie vorzuschlagen, die gewisse bekannte Gesetze umfaßt, sie vielleicht auch in gewissem Grade vereinfacht, dann wäre von seiner Theorie nicht eine derartig revolutionäre Wirkung ausgegangen.

Natürlich war es ganz anders. Die Relativitätstheorie führte zu neuen empirischen Gesetzen, die zum erstenmal Erscheinungen wie die Perihelbewegung des Merkur und die Krümmung der Lichtstrahlen in der Nachbarschaft der Sonne erklärten. Diese Voraussagen zeigten, daß die Relativitätstheorie mehr war als eine neue Art, die alten Gesetze auszudrücken, mehr als alter Wein in neuen Schläuchen. Tatsächlich ist sie eine Theorie mit großer Vorhersagekraft. Wir sind weit davon entfernt, die Konsequenzen, die man aus Einsteins Theorie ableiten kann, schon erschöpft zu haben. Es handelt sich um Konsequenzen, die man aus früheren Theorien nicht hätte ableiten können. Eine Theorie solcher Stärke ist meist elegant und hat eine vereinheitlichende Wirkung auf die bekannten Gesetze. Sie ist einfacher als die ganze Sammlung der bekannten Gesetze. Aber der große Wert der Theorie liegt in ihrer Fähigkeit, neue Gesetze anzugeben, die man empirisch bestätigen kann.

Zu unserer Diskussion der theoretischen Gesetze und Terme* im letzten Kapitel müssen wir nun eine wichtige Ergänzung anfügen. Die Behauptung, daß empirische Gesetze aus theoretischen Gesetzen abgeleitet werden, ist eine zu große Vereinfachung. Es ist nicht möglich, sie direkt abzuleiten, weil die theoretischen Gesetze theoretische Terme enthalten, während die empirischen Gesetze nur Beobachtungs-Terme enthalten. Das verhindert eine direkte Ableitung von empirischen Gesetzen aus theoretischen.

Um das zu verstehen, stellen wir uns vor, daß wir uns im neunzehnten Jahrhundert befinden und dabei sind, einige erste theoretische Gesetze über die Moleküle in einem Gas zu formulieren. Diese Gesetze sollen die Zahl der Moleküle in der Volumeneinheit, die Geschwindigkeiten der Moleküle und so weiter angeben. Zur Vereinfachung nehmen wir an, daß alle Moleküle die gleiche Geschwindigkeit haben. (Das war tatsächlich die ursprüngliche Annahme; später wurde sie zugunsten einer gewissen Geschwindigkeitsverteilung fallengelassen.) Weitere Annahmen müssen darüber gemacht werden, was passiert, wenn zwei Moleküle zusammenstoßen. Wir kennen nicht die genaue Form der Moleküle, also nehmen wir an, daß sie kleine Kugeln sind. Wie stoßen Kugeln zusammen? Es gibt Gesetze über den Zusammenstoß von Kugeln, aber diese gelten für große Körper. Weil wir die Moleküle nicht direkt beobachten können, nehmen wir an, daß bei ihnen die Zusammenstöße analog zu denen von großen Körpern verlaufen; vielleicht verhalten sie sich wie vollkommene Billardkugeln auf einem Tisch ohne Reibung. Das sind natürlich nur Annahmen, Annahmen, die durch Analogien mit bekannten Makrogesetzen nahegelegt werden.

Aber nun treffen wir auf ein schwieriges Problem. Unsere theoretischen Gesetze handeln nur von dem Verhalten von Molekülen, welche man nicht sehen kann. Wie kann man dann aus derartigen Gesetzen Gesetze über beobachtbare Eigenschaften, wie den Druck oder die Temperatur des Gases ableiten oder Gesetze der Schallausbreitung in dem Gas? Die theoretischen Gesetze enthalten nur theoretische Terme. Was wir suchen, sind empirische Gesetze, die Beobachtungsterme enthalten. Natürlich können solche Gesetze nicht abgeleitet werden, wenn man nicht zusätzlich zu den theoretischen Gesetzen noch etwas zur Verfügung hat.

* Unter einem »Term« (Beobachtungsterm) verstehen wir wie im Englischen einen Begriff (Beobachtungsbegriff) oder einen Ausdruck hierfür in einer [formalen] Sprache.

Dies ist das benötigte »noch etwas«: eine Menge von Regeln, welche die theoretischen Terme mit den Beobachtungs-Termen verbinden. Wissenschaftler und Wissenschaftstheoretiker haben schon seit langem die Notwendigkeit derartiger Regeln erkannt, und man hat ihre Rolle oft diskutiert. Ein Beispiel einer solchen Regel ist: »Wenn eine elektromagnetische Schwingung festgelegter Frequenz vorhanden ist, dann ist ein gewisses Grünblau sichtbar.« Hier wird etwas Beobachtbares mit einem nichtbeobachtbaren Mikroprozeß verbunden.

Ein anderes Beispiel ist: »Die Temperatur (die man mit einem Thermometer messen kann und die daher eine Observable in dem früher erklärten weiteren Sinne ist) eines Gases ist proportional der mittleren kinetischen Energie seiner Moleküle. »Diese Regel verbindet eine nicht-beobachtbare Größe der Theorie der Moleküle, die kinetische Energie der Moleküle mit einer beobachtbaren Größe, der Temperatur des Gases. Gäbe es nicht Aussagen dieser Art, dann könnte man keine empirischen Gesetze über beobachtbare Größen aus theoretischen Gesetzen über nichtbeobachtbare Größen ableiten.

Verschiedene Autoren haben verschiedene Namen für diese Regeln. Ich nenne sie »Zuordnungsregeln«. P. W. Bridgman nennt sie »operationale Regeln«. Norman R. Campbell nennt sie »Wörterbuch«[26]. Solange die Regeln einen Ausdruck in einer Terminologie mit einem anderen Ausdruck in einer anderen Terminologie verbinden, kann man den Gebrauch dieser Regeln vergleichen mit dem Gebrauch eines englisch-deutschen Wörterbuches. Was bedeutet das englische Wort »horse«? Wir schauen im Wörterbuch nach und finden, daß es »Pferd« heißt. Es ist nicht wirklich ganz so einfach, wenn man ein System von Regeln dazu benutzt, eine Verbindung zwischen den Nicht-Observablen und den Observablen herzustellen; trotzdem gilt eine Analogie, welche die Bezeichnung »Wörterbuch« von Campbell als gute Kennzeichnung für die Menge der Regeln erscheinen läßt.

Es besteht eine gewisse Versuchung anzunehmen, daß diese Menge von Regeln eine Möglichkeit bietet, die theoretischen Terme zu definieren, während genau das Gegenteil wahr ist. Ein theoretischer Term kann niemals explizit auf der Grundlage der Beobachtungs-Terme definiert werden, obwohl manchmal ein Beobachtungs-Term mit Hilfe von theoretischen Termen definiert werden kann. Zum Beispiel kann man »Eisen« als einen Stoff definieren, der aus kleinen, kristallinen Teilen besteht, von denen jeder eine gewisse Anordnung von Atomen besitzt, wobei jedes Atom eine Anordnung von Teilchen gewisser Art ist. Mit Hilfe von theoretischen Termen kann man also ausdrücken, was man mit dem Beobachtungs-Term »Eisen« meint, aber nicht umgekehrt.

Es gibt keine Antwort auf die Frage: »Was ist eigentlich ein Elektron?« Später werden wir auf diese Frage zurückkommen, denn das ist genau die Art von Frage, welche die Philosophen immer an die Naturwissenschaftler richten. Sie wollen, daß der Physiker ihnen sagt, was er eigentlich mit »Elektrizität«, »Magnetismus«, »Schwerkraft«, »Molekül« meint. Wenn der Physiker diese Ausdrücke mit Hilfe von theoretischen Termen erklärt, mag es sein, daß der Philosoph enttäuscht ist. »Das ist es ja gar nicht, was ich wissen will«, wird er sagen, »ich möchte, daß Sie mir in ganz gewöhnlicher Sprache sagen, was diese Ausdrücke bedeuten.« Und dann schreibt der Philosoph ein Buch, in dem er die großen Mysterien der Natur behandelt. »Niemand«, schreibt er, »war bisher fähig und vielleicht wird niemals jemand fähig sein, uns eine schlichte, einfache Antwort auf die Frage zu geben: ›Was ist Elektrizität?‹ Und so bleibt die Elektrizität für immer eines der großen, unauslotbaren Mysterien des Universums.«

Es gibt kein besonderes Geheimnis hier; höchstens eine schlecht gestellte Frage. Es liegt in der Natur der Sache, daß Definitionen nicht gegeben werden können und auch nicht verlangt werden sollten. Wenn ein Kind nicht weiß, was ein Elefant ist, können wir ihm sagen, daß er ein ungeheuer großes Tier mit großen Ohren und einem langen Rüssel ist. Wir können ihm ein Bild von einem Elefanten zeigen. So kann man sehr gut einen Elefanten definieren mit Hilfe von Beobachtungs-Termen, die ein Kind verstehen kann. Es ist verlockend, in Analogie dazu zu glauben, daß ein Wissenschaftler, der theoretische Terme einführt, fähig sein sollte, diese mit Hilfe von vertrauten Ausdrücken zu definieren. Das ist nicht möglich. Ein Physiker kann uns nicht ein Bild der Elektrizität zeigen so wie er seinem Kind das Bild von einem Elefanten zeigt. Die Zelle eines Organismus kann durch ein Bild dargestellt werden, obwohl man sie mit dem unbewaffneten Auge nicht sehen kann. Aber wir haben kein Bild des Elektrons. Wir können nicht sagen, wie es aussieht, wie es sich anfühlt, weil es nicht gesehen oder befühlt werden kann. Wir können höchstens sagen, daß es ein äußerst kleines Teilchen ist, das sich in einer gewissen Weise bewegt. Das scheint analog zu unserer Beschreibung eines Elefanten zu sein. Wir können einen Elefanten beschreiben als ein großes Tier, das sich in gewisser Weise verhält. Warum machen wir nicht das gleiche mit dem Elektron?

Die Antwort ist, daß ein Physiker das Verhalten eines Elektrons nur mit theoretischen Gesetzen beschreiben kann und daß diese Gesetze nur theoretische Terme enthalten. Sie beschreiben das Feld, das ein Elektron erzeugt, und die Reaktion eines Elektrons auf ein Feld und so weiter. Wenn sich ein Elektron in einem elektrostatischen Feld befindet, wird seine Geschwindigkeit in gewisser Weise zunehmen. Leider ist die Beschleunigung eines Elektrons eine Nicht-Observable. Sie kann nicht, wie die Beschleunigung einer Billardkugel, in direkter Beobachtung verfolgt werden. Es gibt keine Möglichkeit, einen theoretischen Begriff mit Hilfe von Observablen zu definieren. Wir müssen uns deshalb mit der Tatsache abfinden, daß Definitionen der Art, wie sie für Beobachtungs-Terme angegeben werden können, für theoretische Terme nicht zu formulieren sind.

Es ist wahr, daß manche Autoren, darunter Bridgman, von den Zuordnungsregeln als »operationalen Definitionen« gesprochen haben. Bridgman hatte dafür eine gewisse Berechtigung, denn er benützte seine Regel etwas anders, glaube ich, als die meisten Physiker. Er war ein großer Physiker und war sich sicher seiner Abweichung von dem normalen Gebrauch der Regeln bewußt, aber er war bereit, gewisse ungewöhnliche Redeweisen zu akzeptieren, und das erklärt seine Abweichung. Es wurde in einem früheren Kapitel darauf hingewiesen, daß Bridgman bevorzugte zu sagen, daß es nicht genau einen Begriff der Stromstärke gebe, sondern ein Dutzend. Jedes Meßverfahren für eine Größe liefert eine operationale Definition für sie. Da es viele verschiedene Verfahren zur Messung von Strom gibt, gibt es verschiedene Begriffe. Aus Bequemlichkeit spricht der Physiker nur von einem Strom-Begriff. Streng genommen sollte er, nach Bridgmans Meinung, viele verschiedene Begriffe unterscheiden, von denen jeder durch ein eigenes Meßverfahren definiert ist.

Wir stehen hier vor einer Wahl zwischen zwei verschiedenen physikalischen Sprachen. Wenn man dem herkömmlichen Verfahren in der Physik folgt, kann man die verschiedenen Begriffe von Strom durch einen Begriff ersetzen. Das heißt aber, daß der Begriff in den theoretischen Gesetzen seinen Platz findet. Denn die operationalen Regeln sind gerade die Zuordnungsregeln, wie ich sie nenne, welche die theoretischen mit den empirischen Termen verbinden. Dann muß aber jeder Anspruch des theoretischen Begriffs, eine Definition – d.h. eine operationale Definition – zu besitzen, aufgegeben werden. Bridgman konnte nur deshalb davon sprechen, daß seine theoretischen Terme eine operationale Definition besäßen, weil er nicht von einem allgemeinen Begriff sprach. Er sprach von partiellen Begriffen, von denen jeder durch ein anderes empirisches Verfahren definiert ist.

Sogar in Bridgmans Terminologie ist es problematisch, ob seine partiellen Begriffe adäquat durch operationale Regeln definiert werden können. Reichenbach spricht oft von »Zuordnungsdefinitionen«. Vielleicht ist Zuordnung ein besserer Ausdruck als Definition für das, was die Regeln von Bridgman in Wirklichkeit leisten. Reichenbach weist darauf hin, daß zum Beispiel die Geometrie, wie sie von David Hilbert entwickelt wird, ein uninterpretiertes Axiomensystem ist. Die Grundbegriffe Punkt, Gerade und Ebene könnten genauso gut »Klasse Alpha«, »Beta« und »Klasse Gamma« genannt werden. Wir dürfen uns nicht durch den Klang vertrauter Worte wie »Punkt« und »Gerade« dazu verführen lassen zu glauben, daß man sie in ihrer normalen Bedeutung auffassen muß. Im Axiomensystem sind sie uninterpretierte Ausdrücke. Aber wenn die Geometrie auf die Physik angewendet wird, dann müssen diese Ausdrücke mit irgend etwas in der physikalischen Welt verbunden werden. Wir können zum Beispiel sagen, daß die Geraden der Geometrie durch Lichtstrahlen im Vakuum oder durch gespannte Schnüre dargestellt werden. Um die uninterpretierten Terme mit beobachtbaren physikalischen Erscheinungen verbinden zu können, müssen wir Regeln dafür haben, wie die Verbindung herzustellen ist.

Wie wir diese Regeln nennen, ist natürlich nur eine terminologische Frage; wir sollten vorsichtig sein und von ihnen nicht als von Definitionen sprechen. Sie sind keine Definitionen in irgendeinem strengen Sinn. Wir können keine wirklich adäquate Definition des geometrischen Begriffes »Gerade« geben, indem wir auf irgend etwas in der Natur hinweisen. Lichtstrahlen, gespannte Schnüre und so weiter sind nur annähernd gerade; überdies sind sie nicht Gerade, sondern nur Strecken, Segmente von Geraden. In der Geometrie aber ist eine Gerade unendlich lang und absolut gerade. Keine dieser Eigenschaften findet man an irgendeiner Erscheinung in der Natur. Deshalb ist es nicht möglich, für die Begriffe der theoretischen Geometrie eine operationale Definition im strengen Sinne des Wortes zu geben. Dasselbe gilt für all die anderen theoretischen Begriffe der Physik. Streng genommen gibt es keine »Definitionen« solcher Begriffe. Ich ziehe vor, nicht von »operationalen Definitionen« oder gar mit Reichenbach von »Zuordnungsdefinitionen« zu sprechen. In meinen Veröffentlichungen (ich habe erst in den letzten Jahren über diese Frage geschrieben) habe ich sie »Zuordnungsregeln« (*correspondence rules*) genannt.

Campbell und die anderen Autoren sprechen oft von den Begriffen der theoretischen Physik als von mathematischen Begriffen. Damit wollen sie sagen, daß die Begriffe zueinander in Beziehungen stehen, die als mathematische Funktionen ausgedrückt werden können. Aber sie sind nicht mathematische Begriffe derart, daß sie in der reinen Mathematik definiert werden können. In der reinen Mathematik kann man verschiedene Arten von Zahlen, die Logarithmusfunktion, die Exponentialfunktion und so weiter definieren. Es ist aber nicht möglich, Ausdrücke wie »Elektron« und »Temperatur« mit reiner Mathematik zu definieren. Physikalische Ausdrücke können nur mit Hilfe nicht-logischer Konstanten eingeführt werden, die auf Beobachtungen der wirklichen Welt beruhen. Hier finden wir einen wesentlichen Unterschied zwischen den axiomatischen Systemen der Mathematik und den axiomatischen Systemen der Physik.

Wenn wir einem Begriff in einem mathematischen Axiomensystem eine Deutung geben wollen, können wir das tun, indem wir ihm eine Definition in der Logik geben. Betrachten wir zum Beispiel den Begriff »Zahl«, wie er in Peanos Axiomensystem benützt wird. Wir können ihn zum Beispiel logisch durch die Frege-Russell-Methode definieren. Auf diese Weise erhält der Begriff »Zahl« eine vollständige explizite Definition auf der Basis der reinen Logik. Es ist nicht nötig, eine Verbindung zwischen der Zahl Fünf und Beobachtungen wie »Blau« und »Heiß« herzustellen. Die Begriffe haben nur eine logische Interpretation; es wird keine Verbindung mit der wirklichen Welt benötigt. Manchmal wird ein Axiomen-System in der Mathematik eine Theorie genannt. Die Mathematiker sprechen von Gruppen-Theorie, Matrizen-Theorie, Wahrscheinlichkeits-Theorie und so weiter. Hier wird das Wort »Theorie« in einem rein analytischen Sinne verwendet. Es bezeichnet ein deduktives System, das sich nicht auf die reale Welt bezieht. Wir dürfen nicht vergessen, daß dieser Gebrauch des Wortes »Theorie« ganz verschieden ist von seinem Gebrauch zur Bezeichnung empirischer Theorien wie Relativitäts-Theorie, Quanten-Theorie, psychoanalytische Theorie und Keynes-sche Wirtschafts-Theorie.

Ein Axiomen-System in der Physik kann nicht wie mathematische Theorien völlig von der Welt isoliert sein. Die Begriffe seiner Axiome – »Elektron«, »Feld« und so weiter – müssen durch Zuordnungsregeln interpretiert werden, welche diese Begriffe mit den beobachtbaren Erscheinungen verbinden. Diese Interpretation ist notwendigerweise unvollständig. Weil sie stets unvollständig ist, läßt man das System offen, um die Hinzufügung neuer Zuordnungsregeln zu ermöglichen. Und das geschieht auch dauernd in der Entwicklung der Physik. Ich denke im Augenblick nicht an eine Revolution in der Physik, bei der eine völlig neue Theorie entwickelt wird, sondern an weniger radikale Veränderungen existierender Theorien. Die Physik des neunzehnten Jahrhunderts ist ein gutes Beispiel. Die klassische Mechanik und die klassische Theorie des Elektromagnetismus waren schon eingeführt und die Grundgesetze änderten sich viele Jahrzehnte lang nicht. Die Grundtheorien der Physik blieben unverändert. Es gab aber einen stetigen Strom neu hinzukommender Zuordnungsregeln, weil man dauernd neue Verfahren für die Messung dieser oder jener Größe entwickelte.

Natürlich leben die Physiker immer in der Gefahr, daß sie Zuordnungsregeln entwickeln könnten, die untereinander oder mit den theoretischen Gesetzen unverträglich sind. Aber solang so etwas nicht vorkommt, haben sie das Recht, neue Zuordnungsregeln hinzuzufügen. Das ist ein endloser Vorgang. Es wird stets die Möglichkeit geben, neue Regeln hinzuzufügen und auf diese Weise den Grad der Interpretation der theoretischen Begriffe zu erhöhen; aber ganz gleichgültig, wie man ihn auch erhöht, die Interpretation ist niemals endgültig. Bei einem mathematischen System verhält es sich anders. Dort *ist* eine logische Interpretation eines axiomatischen Begriffes vollständig. Hier finden wir noch einen Grund gegen die Auffassung, die theoretischen Terme als durch die Zuordnungsregeln »definiert« zu betrachten. Das würde die richtige Unterscheidung zwischen den Eigenschaften der Axiomen-Systeme in der reinen Mathematik und in der theoretischen Physik verwischen.

Ist es nicht möglich, einen theoretischen Begriff durch Korrespondenzregeln so vollständig zu interpretieren, daß keine weitere Interpretation möglich wäre? Vielleicht ist die wirkliche Welt in ihrer Struktur und ihren Gesetzen begrenzt. Man wird vielleicht schließlich einen Punkt erreichen, an dem es keinen Platz mehr gibt für eine weitere Verstärkung der Interpretation eines Begriffes durch neue Zuordnungsregeln. Würden dann nicht die Regeln eine endgültige explizite Definition des Begriffes liefern? Ja, aber dann wäre der Begriff nicht mehr theoretisch. Er würde zu einem Teil der Beobachtungssprache. Die Entwicklung der Physik läßt noch nicht erkennen, daß sie sich der Vollständigkeit nähert; man bemerkt nur ein dauerndes Hinzufügen neuer Zuordnungsregeln und eine fortlaufende Veränderung der Interpretationen der theoretischen Begriffe. Wir können nicht wissen, ob dies ein unendlicher Prozeß ist, oder ob er schließlich zu irgendeinem Ende gelangt.

Wir können dies folgendermaßen betrachten. Es gibt kein Verbot in der Physik dagegen, die Zuordnungsregeln für einen Begriff so stark zu machen, daß der Begriff explizit definiert wird und daher aufhört, theoretisch zu sein. Es gibt auch keinen Grund dafür, anzunehmen, daß es immer möglich sein wird, neue Zuordnungsregeln hinzuzufügen. Weil es in der Geschichte der Physik eine dauernde Modifizierung der theoretischen Begriffe ohne Ende gegeben hat, würden die meisten Physiker dagegen sein, die Zuordnungsregeln so stark zu machen, daß die theoretischen Begriffe explizit definiert werden. Außerdem ist dies ganz unnötig. Man gewinnt nichts dadurch. Es mag sogar die unangenehme Auswirkung haben, daß der Fortschritt blockiert wird.

Natürlich müssen wir hier wieder daran denken, daß die Unterscheidung zwischen Observablen und Nicht-Observablen fließend ist. Wir könnten einem Begriff wie »Länge« eine explizite Definition durch ein empirisches Verfahren geben, weil man ihn so leicht und direkt messen kann und es unwahrscheinlich ist, daß er durch neue Beobachtungen modifiziert wird. Aber es wäre voreilig, nach sehr starken Zuordnungsregeln zu suchen, derart, daß man »Elektron« explizit definieren könnte. Der Begriff »Elektron« ist so weit von einfachen direkten Beobachtungen entfernt, daß es am besten ist, ihn theoretisch und offen für Veränderungen durch neue Beobachtungen zu halten.

25 Wie man neue empirische Gesetze aus theoretischen Gesetzen ableitet

Im Kapitel 24 ging es darum, wie man die Zuordnungsregeln dazu benützt, die nicht-beobachtbaren oder theoretischen Begriffe einer Theorie mit den Beobachtungsbegriffen der empirischen Gesetze zu verbinden. Das kann durch einige Beispiele noch klarer gemacht werden, Beispiele der Ableitung empirischer Gesetze aus den Gesetzen einer Theorie.

Unser erstes Beispiel ist die kinetische Gas-Theorie. Das Modell oder das schematische Bild, das ihr zugrunde liegt, ist das einer Menge von kleinen Teilchen, Moleküle genannt, die alle sich in dauernder, heftiger Bewegung befinden. In ihrer ursprünglichen Form betrachtete die Theorie diese Teilchen als kleine Kugeln, die alle dieselbe Masse und bei konstanter Temperatur des Gases dieselbe konstante Geschwindigkeit hatten. Später entdeckte man, daß der Zustand des Gases nicht stabil wäre, wenn jedes Teilchen die gleiche Geschwindigkeit hätte; es war notwendig, eine Wahrscheinlichkeitsverteilung der Geschwindigkeiten zu finden, die stabil bleiben würde. Man nannte dies die Boltzmann-Maxwell-Verteilung. Gemäß dieser Verteilung gibt es eine gewisse Wahrscheinlichkeit dafür, daß die Geschwindigkeit eines Moleküls in einem gewissen Intervall liegt.

Am Anfang der Entwicklung der kinetischen Theorie waren viele der Größen, die in den Gesetzen der Theorie vorkommen, unbekannt. Niemand kannte die Masse eines Moleküls oder die Zahl der Moleküle in einem Kubikzentimeter Gas bei einer bestimmten Temperatur und einem bestimmten Druck. Diese Größen wurden durch bestimmte Parameter ausgedrückt, die in den Gesetzen vorkommen. Nach der Aufstellung der Gleichungen wurde ein Wörterbuch von Zuordnungsregeln vorbereitet. Diese Zuordnungsregeln verbanden die theoretischen Begriffe mit den beobachtbaren Erscheinungen in einer Weise, die es ermöglichte, indirekt die Werte der Parameter in den Gleichungen zu bestimmen. Das wiederum ermöglichte es, empirische Gesetze abzuleiten. Eine Zuordnungsregel besagt, daß die Temperatur des Gases der mittleren kinetischen Energie der Moleküle entspricht. Eine andere Zuordnungsregel verbindet den Druck des Gases mit dem Stoß der Moleküle auf die Wände des Gefäßes, die das Gas einschließen. Obwohl dies für die einzelnen Moleküle ein diskontinuierlicher Vorgang ist, kann man seine gesamte Auswirkung als konstante Kraft betrachten, die gegen die Wand drückt. So kann man mit Hilfe der Zuordnungsregeln den Druck, den man makroskopisch mit einem Manometer messen kann, auf die statistischen Eigenschaften der Moleküle zurückgeführt werden.

Was ist die Dichte eines Gases? Die Dichte ist Masse pro Volumen-Einheit. Aber wie messen wir die Masse eines Moleküls? Wieder liefert unser Wörterbuch – ein sehr einfaches Wörterbuch – die Zuordnungsregel. Die Gesamtmasse M des Gases ist die Summe der Massen m der Moleküle. M ist beobachtbar (wir wiegen einfach das Gas), aber m ist theoretisch. Das Wörterbuch der Zuordnungsregeln gibt uns die Verbindung zwischen den beiden Begriffen. Mit Hilfe dieses Wörterbuches ist eine Prüfung verschiedener aus unserer Theorie abgeleiteter Gesetze möglich. Auf Grund der Theorie ist es möglich auszurechnen, was mit dem Druck des Gases geschehen wird, wenn man sein Volumen konstant hält und die Temperatur erhöht. Wir können ausrechnen, was mit einer Schallwelle geschehen wird, die wir erzeugen, indem wir auf den Rand des Gefäßes schlagen, und was geschehen wird, wenn man nur einen Teil des Gases erhitzt. Aus den theoretischen Gesetzen kann man die Parameter der Theorie ausrechnen. Das Wörterbuch der Zuordnungsregeln gestattet uns, diese Gleichungen als empirische Gesetze auszudrücken, deren Begriffe meßbar sind, so daß man die Werte der Parameter empirisch bestimmen kann. Wenn sich die empirischen Gesetze bestätigen lassen, liefert das eine indirekte Bestätigung der Theorie. Viele der empirischen Gasgesetze waren natürlich schon bekannt, bevor die kinetische Theorie entwickelt wurde. Für diese Gesetze lieferte die Theorie eine Erklärung. Zusätzlich führte die Theorie zu vorher unbekannten empirischen Gesetzen.

Die Fähigkeit einer Theorie, neue empirische Gesetze vorher-zusagen, zeigt sich in überzeugender Weise am Beispiel der Theorie des Elektromagnetismus, die etwa um 1860 von den beiden großen englischen Physikern Michael Faraday und James Clark Maxwell entwickelt wurde. (Faraday leistete den größten Teil der experimentellen Arbeit, Maxwell den größten Teil der mathematischen Arbeit.) Die Theorie handelte von elektrischen Ladungen und davon, wie sie sich in elektrischen und magnetischen Feldern verhalten. Der Begriff des Elektrons – ein winziges Teilchen mit Elementarladung – wurde erst zu Ende des Jahrhunderts formuliert. Maxwells berühmtes System von Differential-Gleichungen zur Beschreibung der elektromagnetischen Felder setzt nur voraus, daß es Ladungsträger und magnetische Pole nicht weiter festgelegter Natur gibt. Was geschieht, wenn ein elektrischer Strom durch einen Draht fließt? Nach dem Wörterbuch der Theorie entspricht dieses beobachtbare Phänomen einer wirklichen Bewegung kleiner geladener Körper im Draht. Es gelang aus Maxwells theoretischem Modell (aber auch natürlich mit Hilfe von Zuordnungsregeln) viele der bekannten Gesetze der Elektrizität und des Magnetismus abzuleiten.

Aber das Modell leistete noch viel mehr. Es gab einen gewissen Parameter c in Maxwells Gleichungen. Nach seinem Modell würde

eine Störung in einem elektromagnetischen Feld in Wellen fort-
gepflanzt, welche die Geschwindigkeit c haben. Elektrische Experimente zeigten, daß der Wert von c ungefähr $3 \cdot 10^{10}$ Zentimeter pro
Sekunde war. Das war gleich dem bekannten Wert für die Lichtgeschwindigkeit, und es schien unwahrscheinlich, daß es sich nur um
einen Zufall handelte. Ist es möglich, so fragten sich die Physiker,
daß die Fortpflanzung des Lichts einfach ein Spezialfall der Fortpflanzung einer elektromagnetischen Schwingung ist? Es dauerte nicht
lang, und man benützte Maxwells Gleichungen für die Erklärung
von optischen Gesetzen aller Art, wie etwa das Brechungsgesetz,
die Änderung der Lichtgeschwindigkeit in verschiedenen Medien
und viele andere.

Die Physiker wären schon zufrieden gewesen, wenn sie nichts
weiter gefunden hätten, als daß Maxwells Modell alle bekannten
elektrischen und magnetischen Gesetze erklärte; aber sie machten
einen doppelten Fang. Die Theorie erklärte auch die optischen Gesetze! Und schließlich zeigte sich die große Stärke des neuen Modells
in seiner Fähigkeit, empirische Gesetze, die noch nicht bekannt
waren, vorherzusagen.

Der deutsche Physiker Heinrich Hertz lieferte das erste Beispiel.
Um 1890 begann er seine berühmten Versuche, mit denen er feststellen
wollte, ob man elektromagnetische Wellen niederer Frequenz im
Laboratorium herstellen und entdecken konnte. Licht ist eine elektromagnetische Schwingung sehr hoher Frequenz, die sich fortpflanzt.
Aber Maxwells Gleichungen ließen *jede beliebige* Frequenz zu. Und
tatsächlich führten die Versuche von Hertz zur Entdeckung dessen,
was man zunächst einmal Hertzsche Wellen nannte. Heute nennt man
sie Radio-Wellen. Am Anfang konnte Hertz diese Wellen nur über
eine kleine Entfernung von einem Oszillator auf einen anderen übertragen – zuerst ein paar Zentimeter, dann einen Meter oder mehr.
Heute senden Rundfunkstationen ihre Wellen über Tausende von
Kilometern.

Die Entdeckung der Radiowellen war nur der Anfang der Ableitung neuer Gesetze aus Maxwells theoretischem Modell. Die Röntgenstrahlen wurden entdeckt, und man hielt sie zunächst für Teilchen
von ungeheurer Geschwindigkeit und Durchdringungskraft. Dann
kam den Physikern der Gedanke, daß auch diese Strahlung wie die
Licht- und die Radiowellen eine elektromagnetische Schwingung
sein könnte, aber eine Schwingung äußerst hoher Frequenz, viel
höher als die Frequenz des sichtbaren Lichtes. Auch das wurde
später bestätigt und man leitete Gesetze für Röntgenstrahlen aus den
Maxwell-Gleichungen ab. Es erwies sich, daß der Frequenzbereich
der Röntgenstrahlen ein Teil des Frequenzbereiches der Gammastrahlen ist. Die Röntgenstrahlen, die man heute in der Medizin
benützt, sind einfach Gammastrahlen gewisser Frequenz. All dies

konnte man hauptsächlich auf Grund von Maxwells Modell voraussagen. Seine theoretischen Gesetze zusammen mit den Zuordnungsregeln führten zu einer ungeheuren Vielfalt neuer empirischer Gesetze.

Die große Vielfalt der Gebiete, in denen man experimentelle Bestätigung für sie fand, trug ganz besonders zu der starken Gesamtbestätigung der Maxwellschen Theorie bei. Die verschiedenen Zweige der Physik hatten sich ursprünglich aus praktischen Gründen entwickelt; in den meisten Fällen beruhten die Unterteilungen auf unseren Sinnesorganen. Weil unsere Augen Licht und Farbe wahrnehmen, haben wir die Optik, weil unsere Ohren Töne hören, haben wir die Akustik und weil unsere Körper Hitze fühlen, haben wir die Wärmelehre als Zweige der Physik. Wir finden es nützlich, einfache Maschinen mit beweglichen Teilen zu konstruieren und nennen die Lehre davon Mechanik. Andere Erscheinungen, wie Elektrizität und Magnetismus, können nicht direkt beobachtet werden, dafür aber gewisse ihrer Auswirkungen.

In der Geschichte der Physik ist es stets ein großer Schritt vorwärts, wenn ein Zweig der Physik durch einen anderen erklärt werden kann. Die Akustik zum Beispiel wurde zu einem Teil der Mechanik, weil die Schallwellen einfach elastische Wellen in festen Körpern, Flüssigkeiten und Gasen sind. Wir haben schon davon gesprochen, wie die Gasgesetze durch die Mechanik der bewegten Moleküle erklärt wurden. Die Theorie Maxwells war ein weiterer großer Sprung vorwärts in Richtung auf eine Vereinheitlichung der Physik. Im Augenblick klafft eine ungeheure Lücke zwischen dem Elektromagnetismus einerseits und der Gravitation andererseits. Einstein machte mehrere Versuche, eine einheitliche Feldtheorie zu entwickeln, die diese Lücke schließen sollte; es gibt neuere Versuche in dieser Richtung von Heisenberg und anderen. Bis jetzt wurde keine Theorie entwickelt, die völlig befriedigend wäre oder neue empirische Gesetze, die sich bestätigen ließen, liefert.

Die Physik begann ursprünglich als beschreibende Makro-Physik und enthielt eine enorme Anzahl empirischer Gesetze, die scheinbar keine Verbindung miteinander hatten. In den Anfangsstadien einer Wissenschaft sind die Wissenschaftler vielleicht sehr stolz, wenn sie Hunderte von Gesetzen entdeckt haben. Aber wenn es zuviel des Guten wird, beginnen sie nach zugrundeliegenden, vereinheitlichenden Prinzipien zu suchen. Im neunzehnten Jahrhundert gab es viele Diskussionen über die Frage der zugrundeliegenden Prinzipien. Einige waren der Meinung, daß die Wissenschaft solche Prinzipien finden müsse, weil sie sonst nicht mehr liefern würde als eine Beschreibung der Natur und keine wirkliche Erklärung. Andere dachten, daß dies der falsche Weg sei, daß die zugrundeliegenden Prinzipien nur zur Metaphysik gehörten. Sie waren der Meinung, daß die Aufgabe des Wissenschaftlers nur in der Beschreibung liege, darin, herauszufinden, *wie* die Phänomene in der Natur sich ereignen, und nicht *warum*.

Heute lächeln wir ein bißchen über den großen Streit *Beschreibung gegen Erklärung*. Wir sehen, daß beide Seiten in gewisser Weise recht hatten, daß aber ihre Art, die Frage zu erörtern, zu keinen Ergebnissen führen konnte. Es gibt keinen wirklichen Gegensatz zwischen Erklärung und Beschreibung. Natürlich, wenn man Beschreibung im engsten Sinne nimmt, als bloßes Beschreiben dessen, was ein gewisser Wissenschaftler an einem bestimmten Tag mit bestimmten Stoffen gemacht hat, dann bestand die Forderung der Gegner der reinen Beschreibung nach mehr, nach einer wirklichen Erklärung durchaus zu Recht. Aber heute sehen wir, daß Beschreibung im weiteren Sinne, welche darin besteht, daß man die Phänomene in Zusammenhang mit allgemeineren Gesetzen bringt, die einzige Art von Erklärung liefert, die man für die Phänomene geben kann. Wenn andererseits die Vorkämpfer der Erklärung eine metaphysische Erklärung meinten, die nicht auf empirischen Verfahren begründet war, dann hatten ihre Gegner durchaus recht, wenn sie darauf bestanden, daß sich die Wissenschaft nur mit Beschreibung befassen sollte. Jede Seite hatte auf ihre Weise recht. Beschreibung wie Erklärung sind, richtig verstanden, wesentliche Teile der Wissenschaft.

Die ersten Versuche der Erklärung, nämlich jene der Ionischen Naturphilosophen, waren sicher teilweise metaphysisch: die Welt besteht aus Feuer oder Wasser oder Veränderung. Diese frühzeitigen Bemühungen um eine wissenschaftliche Erklärung kann man in zweierlei Weise sehen. Man kann sagen: »Das ist keine Wissenschaft, sondern reine Metaphysik. Es gibt keine Möglichkeit der Bestätigung, keine Zuordnungsregeln für die Verbindung der Theorie mit den beobachtbaren Erscheinungen.« Auf der anderen Seite können wir sagen: »Diese Theorien sind sicherlich nicht wissenschaftlich, aber sie sind zumindest anschauliche Versionen von Theorien. Sie sind die ersten primitiven Anfänge der Naturwissenschaft.«

Man darf nicht vergessen, daß sowohl in der Geschichte der Wissenschaft wie auch in der psychologischen Vorgeschichte eines schöpferischen Wissenschaftlers eine Theorie oft zuerst als seine Art von Veranschaulichung auftritt, eine Vision, die als Eingebung zu einem Wissenschaftler kommt, lang bevor er die Zuordnungsregeln entdeckt hat, die ihm helfen können, seine Theorie zu bestätigen. Als Demokrit sagte, daß alles aus Atomen bestehe, hatte er sicher nicht die geringste Bestätigung für seine Theorie. Trotzdem war es ein genialer Einfall, eine tiefe Einsicht, denn zweitausend Jahre später wurde seine Vision bestätigt. Wir sollten daher eine Vorahnung, eine Vision einer Theorie nicht voreilig verwerfen, vorausgesetzt es besteht die Chance, daß man sie irgendwann in der Zukunft überprüfen können wird. Wir sind jedoch auf sicherem Grund, wenn wir die Warnung aussprechen, daß keine Hypothese einen Anspruch auf Wissenschaftlichkeit hat, für die nicht die *Möglichkeit* einer Prüfung besteht. Eine Hypothese braucht nicht bestätigt zu sein, aber es muß Zuordnungsregeln geben, die im Prinzip eine Bestätigung oder Widerlegung der Theorie gestatten. Es mag ungeheuer schwierig sein, Experimente zur Prüfung der Theorie zu erfinden; das ist heute der Fall bei den verschiedenen vereinheitlichten Feldtheorien, die vorgeschlagen wurden. Aber wenn solche Prüfungen prinzipiell möglich sind, dann kann man die Theorie wissenschaftlich nennen. Wenn eine Theorie zum erstenmal vorgeschlagen wird, dann sollten wir nicht mehr verlangen.

Die Entwicklung der Wissenschaft aus der frühen Philosophie war ein allmählicher Prozeß, der sich schrittweise vollzog. Die Ionischen Philosophen hatten nur die allereinfachsten Theorien. Im Gegensatz dazu war das Denken des Aristoteles viel klarer und er befand sich schon eher auf dem festen Grund der Wissenschaft. Er machte Experimente, er wußte um die Bedeutung der Experimente, obwohl er in anderer Hinsicht wiederum ein Apriorist war. Das war der Anfang der Wissenschaft. Aber erst zur Zeit von Galileo Galilei, um 1600, wandte man sich in stärkerem Maße der experimentellen Methode zu und gab ihr den Vorzug gegenüber aprioristischen Denkweisen. Obwohl viele von Galileis Begriffen vorher nur als theoretische Begriffe formuliert worden waren, war er der erste, der die theoretische Physik auf eine feste empirische Grundlage stellte. Gewiß ist Newtons Physik (um 1670) die erste umfassende systematische Theorie, die Nicht-Observable als theoretische Begriffe enthält: die universelle Kraft der Massenanziehung, ein allgemeiner Massenbegriff, theoretische Eigenschaften von Lichtstrahlen und so weiter. Seine Theorie der Schwerkraft zeichnet sich dadurch aus, daß sie ganz allgemein gilt. Zwischen zwei beliebigen Teilchen, groß oder klein, tritt eine Kraft auf, die umgekehrt proportional dem Quadrat ihrer Entfernung voneinander ist. Vor Newtons Theorie gab es keine gemeinsame wissenschaftliche Erklärung für das Herabfallen eines Steines und die Bewegungen der Planeten um die Sonne.

Wir können heutzutage leicht sagen, es sei seltsam, daß es vor Newton noch niemand eingefallen war, daß die gleiche Kraft den Apfel herunterfallen und den Mond um die Erde kreisen läßt. Aber es war wirklich höchst unwahrscheinlich, daß jemand auf so einen Gedanken kommen würde. Die Schwierigkeit liegt nicht bei der *Antwort*, sondern bei der *Frage*. Niemand hatte die richtige Frage gestellt. Das ist der entscheidende Punkt. Niemand hatte gefragt: »Welche Beziehung besteht zwischen den Kräften, die die Himmelskörper aufeinander ausüben, und den irdischen Kräften, welche die Gegenstände zu Boden fallen lassen?« Die bloße Verwendung von

Ausdrücken wie »Himmelskörper« und »irdischer Körper« bedeutet eine Zweiteilung, eine Zerschneidung der Natur in zwei grundsätzlich verschiedene Regionen. Newtons große Idee bestand darin, sich von dieser Zweiteilung freizumachen, zu behaupten, daß es keinen grundsätzlichen Unterschied gibt. Es gibt *eine* Natur, *eine* Welt. Newtons allgemeines Gravitationsgesetz war ein theoretisches Gesetz, das zum erstenmal beides erklärte: den Fall des Apfels und Keplers Gesetze der Planetenbewegung. Zu Newtons Zeit war es psychologisch sehr schwierig, ein sehr kühnes Unterfangen, in derartig weitreichenden Begriffen zu denken.

Später natürlich, mit Hilfe von Zuordnungsregeln, fanden die Wissenschaftler heraus, wie man die Massen der astronomischen Körper bestimmen kann. Aber Newtons Theorie behauptete auch, daß zwei Äpfel, die nebeneinander auf dem Tisch liegen, sich anziehen. Sie bewegen sich nicht aufeinander zu, weil die Anziehungskraft äußerst klein ist und die Reibung auf dem Tisch sehr groß. Den Physikern gelang es schließlich wirklich, die Gravitationskräfte zwischen zwei Körpern im Laboratorium zu messen. Sie benützten eine Torsionswaage, die aus einem Stab bestand, an dessen Enden sich zwei Metallkugeln befanden und der in der Mitte mit einem langen Draht an einer hohen Decke befestigt war. (Je länger und dünner der Draht war, um so leichter konnte sich der Stab drehen.) In Wirklichkeit kam der Stab niemals völlig zur Ruhe, sondern führte immer kleine Schwingungen aus. Aber man konnte den Mittelwert der Richtung des Stabes bestimmen. Nachdem dies geschehen war, baute man einen großen Stapel von Bleibarren in der Nähe des Stabes auf (man benutzte Blei wegen seines großen spezifischen Gewichtes. Gold hat ein noch größeres spezifisches Gewicht, aber Goldbarren sind teuer). Es wurde festgestellt, daß sich der Mittelwert der Schwingungen des Stabes ein klein wenig verschoben hatte und zwar so, daß sich die eine Kugel etwas näher am Bleistapel befand. Die Verschiebung betrug nur einen Bruchteil eines Millimeters, aber sie lieferte die erste Beobachtung der Wirkung der Massenanziehung zwischen zwei Körpern in einem Laboratorium – ein Effekt, der von Newtons Gravitationstheorie vorausgesagt worden war.

Schon vor Newton wußte man, daß Äpfel zu Boden fallen und der Mond sich um die Erde bewegt. Aber niemand vor Newton hätte das Ergebnis des Experimentes mit der Drehwaage vorhersagen können. Dies ist ein klassisches Beispiel der Fähigkeit einer Theorie, eine neue, noch nie beobachtete Erscheinung vorherzusagen.

Der Begriff der wissenschaftlichen Theorie in dem Sinn, in dem wir ihn gebrauchen – theoretische Postulate zusammen mit Zuordnungsregeln, welche die theoretischen und die Beobachtungsbegriffe verbinden –, wurde in den letzten Jahren von den Wissenschaftstheoretikern intensiv analysiert und diskutiert. Viele dieser Diskussionsbeiträge sind so neu, daß sie noch gar nicht veröffentlicht sind. In diesem Kapitel sollen sie mit einem wichtigen Beitrag zu diesem Thema bekanntgemacht werden, der auf eine wenig bekannte Arbeit des Cambridger Logikers und Wirtschaftlers Frank Plumpton Ramsey zurückgeht.

Ramsey starb 1930 im Alter von 26 Jahren. Er lebte nicht lang genug, um ein Buch zu vollenden; aber nach seinem Tod wurde eine Sammlung seiner Arbeiten von Richard Bevan Braithwaite herausgegeben und 1931 unter dem Titel »The Foundations of Mathematics«[27] veröffentlicht. In diesem Buch findet sich eine kurze Arbeit, betitelt »Theories«. Meiner Meinung nach verdient diese Arbeit mehr Anerkennung als sie erhielt. Vielleicht zog der Titel des Buches nur Leser an, die an den logischen Grundlagen der Mathematik interessiert waren, so daß andere wichtige Arbeiten in dem Buch, wie etwa diese Arbeit über Theorien, übersehen wurden.

Die Tatsache, daß die theoretischen Terme – Ausdrücke für Objekte, Eigenschaften, Kräfte und Ereignisse, die eine Theorie beschreibt – nicht in der gleichen Weise sinnvoll sind, wie die Beobachtungsterme – »Eisenstab«, »heiß« und »rot« – erweckte Ramseys Interesse. Wie erhält dann ein theoretischer Begriff Bedeutung? Aus dem Kontext der Theorie – das ist die allgemeine Meinung. »Gen« erhält seine Bedeutung aus der genetischen Theorie. »Elektron« wird durch die Postulate der Teilchen-Physik interpretiert. Aber wir finden viele verwirrende, beunruhigende Fragen. Wie kann man die *empirische* Bedeutung eines theoretischen Begriffes ermitteln? Was sagt uns eine gegebene Theorie über die wirkliche Welt? Beschreibt sie die Struktur der realen Welt, oder ist sie nur ein abstraktes, künstliches Hilfsmittel, um eine Ordnung in die große Menge der Erfahrungen zu bringen, so etwa wie ein System der Buchführung uns ermöglicht, die Finanztransaktionen einer Firma zu überblicken? Kann man sagen, daß ein Elektron im gleichen Sinne »existiert«, in dem ein Eisenstab existiert?

Es gibt Verfahren, mit denen man die Eigenschaften des Stabes in einfacher, direkter Weise messen kann. Sein Volumen und sein Gewicht können mit großer Genauigkeit bestimmt werden. Wir können die Wellenlänge des Lichts messen, das von der Oberfläche eines erhitzten Eisenstabes ausgesandt wird, und genau definieren, unter welchen Umständen wir sagen, daß der Eisenstab »rot« ist. Aber wenn wir es mit den Eigenschaften theoretischer Terme wie etwa dem »Spin« eines Elementarteilchens zu tun haben, dann gibt es nur komplizierte, indirekte Verfahren, um dem Begriff eine empirische Bedeutung zu geben. Wir müssen zunächst »Spin« im Kontext einer ausführlichen quantenmechanischen Theorie einführen, und dann muß die Theorie durch ein zweites, kompliziertes System von Postulaten – die Zuordnungsregeln – mit den Laboratoriums-Observablen verbunden werden. Offensichtlich ist *Spin* nicht so einfach und direkt empirisch begründet wie die Röte eines erhitzten Eisens. Wie *ist* er eigentlich erkenntnistheoretisch einzuordnen? Wie kann man die theoretischen Begriffe, die man irgendwie mit der realen Welt verbinden und empirisch prüfen können muß, von jenen metaphysischen Begriffen unterscheiden, die man so oft in der traditionellen Philosophie antrifft – Begriffen, die keine empirische Bedeutung haben? Wie kann man das Recht des Wissenschaftlers auf die Benützung theoretischer Begriffe begründen, ohne zur gleichen Zeit ein Recht des Philosophen auf die Benützung metaphysischer Begriffe zu rechtfertigen?

Ramsey suchte eine Antwort auf diese verwirrenden Fragen und machte einen neuen, verblüffenden Vorschlag. Er schlug vor, das kombinierte System der theoretischen und Zuordnungspostulate einer Theorie durch das zu ersetzen, was man heute den »Ramsey-Satz der Theorie« nennt. Der Ramsey-Satz ist äquivalent den Postulaten der Theorie. In ihm kommen überhaupt keine theoretischen Begriffe vor. In anderen Worten, man umgeht die verwirrenden Fragen einfach, indem man genau die Terme eliminiert, die Anlaß zu diesen Fragen geben.

Nehmen wir an, wir haben mit einer Theorie zu tun, die *n* theoretische Terme enthält: T_1, T_2, T_3, ..., T_n. Diese Terme werden durch die Postulate der Theorie eingeführt. Mit den direkt beobachtbaren Termen sind sie durch die Zuordnungsregeln der Theorie verbunden. In diesen Zuordnungsregeln kommen *m* Beobachtungs-Terme vor: O_1, O_2, O_3, ..., O_m. Die Theorie selbst ist die Konjunktion aller theoretischen Postulate zusammen mit allen Zuordnungs-Postulaten. Eine vollständige Formulierung der Theorie wird deshalb die Vereinigung der Mengen der *T*- und *O*-Terme enthalten: T_1, T_2, ..., T_n; O_1, O_2, ..., O_m. Ramsey schlug vor, in dem Satz, der eine vollständige Formulierung der Theorie darstellt (der Konjunktion aus allen theoretischen und Zuordnungs-Postulaten), alle theoretischen Terme durch entsprechende Variable zu ersetzen: U_1, U_2, ..., U_u und vor die Formel das zu schreiben, was die Logiker »Existenz-Quantoren« nennen: $\vee U_1$, $\vee U_2$, ..., $\vee U_u$. Dieser neue Satz, mit seinen

U-Variablen und den auf sie bezogenen Existenz-Quantoren, ist der »Ramsey-Satz«.

Um zu sehen, wie das genau vor sich geht, betrachten wir das folgende Beispiel. Nehmen wir das Symbol *Mol* für die Klasse der Moleküle. Anstatt etwas ein »Molekül« zu nennen, sagen wir, es ist »ein Element von *Mol*«. In ähnlicher Weise steht H_2-*Mol* für »die Klasse der Wasserstoff-Moleküle« und »ist ein Element von H_2-*Mol*« für »ist ein Wasserstoff-Molekül«. Wir nehmen an, daß ein Raum-Zeit-Koordinatensystem festgelegt ist, so daß man Raum-Zeit-Punkte durch ihre vier Koordinaten x, y, z, t repräsentieren kann. Wir nehmen das Symbol *Temp* für den Begriff der Temperatur. Dann kann man für »die (absolute) Temperatur des Körpers k zur Zeit t ist 500« schreiben: »*Temp* $(k, t) = 500$«. Die Temperatur wird also ausgedrückt als eine Relation zwischen einem Körper, einem Zeitpunkt und einer Zahl. »Der Druck des Körpers k zur Zeit t« kann man schreiben »*Druck* (k, t)«. Den Begriff der Masse stellen wir durch das Zeichen *Masse* dar. Für »die Masse des Körpers k (in Gramm) ist 150« schreiben wir »*Masse* $(k) = 150$«. Die Masse wird ausgedrückt durch eine Relation zwischen einem Körper und einer Zahl. *Geschw* steht für die Geschwindigkeit eines Körpers (es kann sich um einen Makro- oder einen Mikro-Körper handeln). Zum Beispiel »*Geschw* $(b, t) = (r_1, r_2, r_3)$«, wo die rechte Seite der Gleichung ein Tripel reeller Zahlen bedeutet, nämlich die Komponenten der Geschwindigkeit in der x-, y- und z-Richtung. Der Geschwindigkeit entspricht also eine Relation zwischen einem Körper, einer Zeit-Koordinate und einem Tripel reeller Zahlen.

Ganz allgemein enthält also die theoretische Sprache »Klassen-Terme« (etwa Terme für Makro-Körper, Mikro-Körper und Ereignisse) und »Relations-Terme« (wie etwa Terme für verschiedene physikalische Größen). Betrachten wir die Theorie *TZ*. (Das *T* steht für die theoretischen Postulate der Theorie und *Z* steht für die Postulate, welche die Zuordnungsregeln angeben.) Die Postulate dieser Theorie enthalten einige Gesetze aus der kinetischen Theorie der Gase, Gesetze über die Bewegung der Moleküle, ihre Geschwindigkeiten, Zusammenstöße und so weiter. Es gibt allgemeine Gesetze über beliebige Gase und spezielle Gesetze über Wasserstoff. Zusätzlich gibt es Gesetze der Makro-Gas-Theorie über Temperatur, Druck und Gesamtmasse einer (Makro-)Gasmenge. Nehmen wir an, daß die theoretischen Postulate der Theorie *TZ* alle die oben erwähnten Terme enthalten. Um Platz zu sparen, schreiben wir nicht die *T*-Postulate im einzelnen hin, sondern nur die theoretischen Terme und deuten den übrigen Symbolismus durch Punkte an:

(*T*)   ... *Mol* ... H_2-*Mol* ... *Temp* ... *Druck* ... *Masse* ... *Geschw* ...

Um die Formalisierung der Theorie *TZ* zu vervollständigen, müssen auch die Zuordnungspostulate für einige, aber nicht notwendigerweise für alle theoretischen Terme berücksichtigt werden. Diese Z-Postulate können operationale Regeln für die Messung von Temperatur und Druck sein (das heißt eine Beschreibung des Aufbaus eines Thermometers und eines Manometers und Regeln für die Bestimmung der Werte von Temperatur und Druck aus den Ablesungen aus den Skalen der Instrumente). Die Z-Postulate werden die theoretischen Terme »Temp« und »Druck«, wie auch eine Anzahl von Beobachtungs-Termen: $O_1, O_2, ..., O_m$ enthalten. Wir können also die Z-Postulate abgekürzt folgendermaßen andeuten:

(Z) $... Temp ... O_1 ... O_2 ... O_3 ... Druck ... O_4 ... O_m$

Die ganze Theorie kann nun folgendermaßen angedeutet werden:

(TZ) $... Mol ... H_2\text{-}Mol ... Temp ... Druck ... Masse ... Geschw ...;$
          $... Temp ... O_1 ... O_2 ... O_3 ... Druck ... O_4 ... O_m ...$

Für eine Umformung dieser Theorie *TZ* in ihren Ramsey-Satz sind zwei Schritte erforderlich. Im ersten ersetzen wir alle theoretischen Terme (Klassen-Terme und Relations-Terme) durch willkürlich gewählte Klassen- und Relations-Variable. Überall, wo *Mol* in der Theorie vorkommt, ersetzen wir es zum Beispiel durch die Variable C_1. Überall, wo $H_2\text{-}Mol$ vorkommt, ersetzen wir es durch eine andere Klassen-Variable, wie etwa C_2. Der Relationsausdruck *Temp* wird überall (im *T*- und *Z*-Teil der Theorie) durch eine Relations-Variable, etwa durch R_1 ersetzt. Auf die gleiche Weise werden *Druck*, *Masse* und *Geschw* durch drei andere Relations-Variable, R_2, R_3 und R_4 ersetzt.

Das Resultat dieser Ersetzung können wir folgendermaßen andeuten:

$... C_1 ... C_2 ... R_1 ... R_2 ... R_3 ... R_4 ...; ... R_1 ... O_1 ... O_2$
$... O_3 ... R_2 ... O_4 ... O_m ...$

Dieses Resultat (das man sich vollständig ausgeschrieben vorstellen sollte) ist kein Satz mehr (wie etwa *T*, *Z* und *TZ*). Es handelt sich um eine offene Formel oder, wie man es manchmal nennt, eine Satzform.

Der zweite Schritt, der die Satzform in den Ramsey-Satz ^RTZ überführt, besteht darin, daß man vor die Satzform sechs Existenz-Quantoren schreibt, und zwar einen für jede der sechs Variablen:

(^RTZ) $\vee C_1 \vee C_2 \vee R_1 \vee R_2 \vee R_3 \vee R_4 [... C_1 ... C_2 ... R_1 ... R_2 ...$
   $R_3 ... R_4 ...; ... R_1 ... O_1 ... O_2 ... O_3 ... R_2 ... O_4 ... O_m ...]$

Eine Formel, vor der ein Existenz-Quantor steht, besagt, daß es wenigstens ein Ding (der Art, auf die er sich bezieht) gibt, das die durch die Formel ausgedrückte Bedingung erfüllt. Also besagt der oben angedeutete Ramsey-Satz ungefähr folgendes: Es gibt (wenigstens) eine Klasse C_1, eine Klasse C_2, eine Relation R_1, ein R_2, ein R_3 und ein R_4, so daß:

(1) diese sechs Klassen und Relationen miteinander in einer vorgeschriebenen Weise verbunden sind (nämlich so, wie das durch den ersten oder T-Teil der Formel festgelegt ist),

(2) die beiden Relationen R_1 und R_2 mit den m Beobachtungs-Termen, $O_1, \ldots, O_m$, in gewisser Weise verbunden sind (nämlich so, wie dies im zweiten oder Z-Teil der Formel festgelegt ist).

Man beachte, daß im Ramsey-Satz die theoretischen Terme verschwunden sind. An ihre Stelle treten Variable. Die Variable C_1 bezieht sich nicht auf eine bestimmte Klasse. Es wird nur behauptet, daß mindestens eine Klasse existiert, die gewisse Bedingungen erfüllt. Die Bedeutung des Ramsey-Satzes wird nicht verändert, wenn man die Variablen irgendwie umbenennt. Zum Beispiel können die Symbole C_1 und C_2 vertauscht oder durch andere Variable ersetzt werden, wie zum Beispiel X_1 und X_2. Die Bedeutung des Satzes bleibt die gleiche.

Man mag den Eindruck haben, daß der Ramsey-Satz nichts anderes ist als ein etwas umständlicherer Ausdruck für die ursprüngliche Theorie. In gewissem Sinn stimmt dies auch. Es läßt sich leicht zeigen, daß jede Aussage über die reale Welt, die keine theoretischen Terme enthält (d. h. jede Aussage, die einer empirischen Bestätigung fähig ist) die aus der Theorie folgt, auch aus dem Ramsey-Satz folgt. In anderen Worten: Der Ramsey-Satz hat genau die gleiche *Erklärungs-und Vorhersagekraft* wie das ursprüngliche System von Postulaten. Ramsey war der erste, der dies bemerkte. Es war eine wichtige Erkenntnis, wenn sie auch von seinen Kollegen wenig beachtet wurde. Aber es gab auch Ausnahmen; zum Beispiel Braithwaite, Ramseys Freund, der auch seine Arbeiten herausgab. Braithwaite erörtert in seinem Buch »Scientific Explanation« (1953) Ramseys Erkenntnis und betont ihre Bedeutung.

Wir können nun, und das ist das Wichtige daran, alle lästigen metaphysischen Fragen, die bei der ursprünglichen Formulierung der Theorien auftreten können, vermeiden und auch die Formulierung der Theorien vereinfachen. Vorher hatten wir theoretische Terme, wie »Elektron«, von zweifelhafter »Realität«, weil sie so weit von der beobachtbaren Welt entfernt waren. Wenn man diesen Termen eine teilweise empirische Bedeutung geben konnte, so nur durch das indirekte Verfahren der Formulierung eines Systems von theoretischen Postulaten und Zuordnungsregeln, die wiederum diese Postulate mit den empirischen Beobachtungen in Verbindung brachten. Wenn wir in Ramseys Weise über die reale Welt sprechen, verschwinden solche Begriffe wie »Elektron«. Das heißt nicht, daß die Elektronen verschwinden oder genauer, daß das in der Außenwelt, was wir mit dem Wort »Elektron« bezeichnen, verschwindet. Auch der Ramsey-Satz sagt vermittels seiner Existenz-Quantoren aus, daß es etwas in der Außenwelt gibt, das alle die Eigenschaften hat, die die Physiker einem Elektron zuordnen. Es stellt die Existenz – die »Realität« – dieses Etwas nicht in Frage. Es stellt nur eine andere Weise dar, über dieses Etwas zu reden. Die lästige Frage, die er umgeht, ist nicht »Existieren Elektronen?«, sondern »Was ist die genaue Bedeutung des Ausdruckes ›Elektron‹?« In Ramseys Redeweise tritt diese Frage nicht auf. Es ist nicht mehr nötig, nach der Bedeutung von »Elektron« zu fragen, denn dieser Ausdruck tritt in Ramseys Sprache nicht auf.

Es ist wichtig, daß man sieht – und das wurde von Ramsey nicht genügend betont – daß man nicht sagen kann, daß Ramseys Methode, die Theorien in die Beobachtungssprache herunterholt, wenn man mit »Beobachtungssprache« (wie meistens) eine Sprache meint, die nur Beobachtungsausdrücke und die Ausdrücke der elementaren Logik und Mathematik enthält. Die moderne Physik benötigt eine sehr schwierige Mathematik hohen Niveaus. Für die Relativitätstheorie zum Beispiel braucht man nicht-Euklidische Geometrie und den Tensor-Kalkül. Und die Quanten-Mechanik verlangt ähnlich hoch entwickelte mathematische Begriffe. Man kann daher nicht sagen, daß eine physikalische Theorie, als Ramsey-Satz ausgedrückt, ein Satz in einer *einfachen* Beobachtungssprache ist. Man benötigt statt dessen eine *erweiterte* Beobachtungssprache, die zwar eine Beobachtungssprache ist, weil sie keine theoretischen Terme enthält, die aber durch Hinzunahme einer komplizierten Logik höherer Ordnung so stark erweitert ist, daß sie praktisch die ganze Mathematik enthält.

Nehmen wir an, daß der logische Teil dieser erweiterten Beobachtungssprache eine Reihe $D_0, D_1, D_2, \ldots$ von Bereichen mathematischer Entitäten mit den folgenden Eigenschaften enthält:

(1) Der Bereich D_0 enthält die natürlichen Zahlen $(0, 1, 2, \ldots)$.

(2) Für jeden Bereich D_n enthält D_{n+1} alle Klassen von Elementen von D_n.

Die erweiterte Sprache enthält Variable für all diese Arten von Entitäten, zusammen mit logischen Regeln für ihren Gebrauch. Meiner Meinung nach ist diese Sprache ausreichend, nicht nur für die Formulierung aller gegenwärtigen physikalischen Theorien, sondern auch für alle zukünftigen Theorien, zumindest für eine lange Zeit. Natürlich ist es nicht möglich, all die Arten von Teilchen, Feldern, Wechselwirkungen und anderen Begriffen vorherzusehen, welche die Physiker in zukünftigen Jahrhunderten einführen werden. Aber ich glaube, daß derartige theoretische Begriffe, gleichgültig wie bizarr und kompliziert sie auch sein mögen, mit Hilfe von Ramseys Verfahren in der im wesentlichen gleichen Beobachtungssprache formuliert werden können, die schon jetzt zur Verfügung steht und welche die Beobachtungs-Terme zusammen mit der höheren Logik und Mathematik enthält[28].

Andererseits hat Ramsey sicher nicht gemeint – und auch sonst hat das niemand vorgeschlagen –, daß die Physiker die theoretischen Terme aufgeben sollten, beim Sprechen wie beim Schreiben. Das würde die Ausdrucksweise sehr stark komplizieren. Zum Beispiel ist es in der herkömmlichen Sprache leicht auszudrücken, daß ein gewisser Gegenstand eine Masse von fünf Gramm besitzt. In der symbolischen Schreibweise einer Theorie, vor dem Übergang zum Ramsey-Satz, kann man sagen, daß ein gewisser Gegenstand Nr. 17 eine Masse von fünf Gramm hat, indem man schreibt »*Masse* (17) = 5«. In Ramseys Sprache tritt aber der theoretische Term »*Masse*« nicht auf. Es gibt nur eine Variable – in unserem vorigen Beispiel »R_3«. Wie kann man den Satz »*Masse* (17) = 5« in Ramseys Sprache übersetzen? »R_3 (17) = 5« genügt offensichtlich nicht. Das ist nicht einmal ein Satz. Die Formel muß durch die Annahmen über die Relation R_3 ergänzt werden, die im Ramsey-Satz aufgeführt sind. Außerdem würde es nicht genügen, nur die Formeln der Postulate herauszusuchen, welche R_3 enthalten. Wir brauchen *alle* Postulate. Deshalb ist die Übersetzung auch dieses nur kurzen Satzes in die Ramsey-Sprache ein ungeheuer langer Satz, der die Formeln für alle theoretischen Postulate enthält, alle Zuordnungspostulate und die nötigen Existenzquantoren. Sogar in unserer sehr abgekürzten Form von vorhin wird die Übersetzung ziemlich lang:

$$\lor C_1 \lor C_2 \ldots \lor R_3 \lor R_4 \,[\ldots C_1 \ldots C_2 \ldots R_1 \ldots R_2 \ldots R_3 \ldots R_4 \ldots; \ldots$$
$$R_1 \ldots O_1 \ldots O_2 \ldots O_3 \ldots R_2 \ldots O_4 \ldots O_m \ldots$$
$$\text{und } R_3 \ (17) = 5].$$

Es ist offensichtlich, daß es unbequem wäre, die Ramseysche Redeweise in die normale Sprache der Physik anstelle der theoretischen Terme einzuführen. Ramsey wollte nur darauf hinweisen, daß es *möglich* ist, eine beliebige Theorie in einer Sprache ohne theoretische Termen zu formulieren, die das gleiche aussagt.

»Die das gleiche aussagt« bezieht sich nur auf die beobachtbaren Konsequenzen der Theorie. Es wird natürlich nicht *genau* das gleiche ausgesagt. Die erste Sprache setzt voraus, daß die theoretischen Terme, wie »Elektron« und »Masse«, auf irgend etwas hinweisen, das irgendwie *mehr* ist als der Kontext der Theorie angibt. Manche Autoren nannten dies die »Überschußbedeutung« (surplus meaning) eines Terms. Wenn man diese Überschußbedeutung in Betracht zieht, sind die zwei Sprachen sicher nicht äquivalent. Der Ramsey-Satz stellt den vollen *Beobachtungsinhalt* einer Theorie dar. Ramseys große Erkenntnis bestand darin, daß er sah, daß dieser Beobachtungsinhalt alles ist, was für die Funktion einer Theorie nötig ist, das heißt was nötig ist, um bekannte Tatsachen zu erklären und neue vorherzusagen.

Es ist wahr, daß es die Physiker viel bequemer finden, die abgekürzte Sprache zu benützen, die theoretische Terme enthält, wie

»Proton«, »Elektron« und »Neutron«. Aber wenn man sie fragt, ob Elektronen »wirklich« existieren, können sie auf verschiedene Weise antworten. Einige Physiker begnügen sich damit, über Begriffe wie »Elektron« in der Art von Ramsey zu denken. Sie vermeiden die Frage nach der Existenz, indem sie sagen, es gibt gewisse beobachtbare Ereignisse in Blasenkammern, und so weiter, die man durch gewisse mathematische Funktionen im Rahmen eines gewissen theoretischen Systems beschreiben kann. Darüber hinaus werden sie nichts behaupten. Zu fragen, ob es wirklich »Elektronen« gibt, läuft – nach Ramseys Standpunkt – darauf hinaus, zu fragen, ob die Quanten-Physik wahr ist. Die Antwort darauf ist, daß man in dem Maße berechtigt ist, davon zu sprechen, daß es Fälle gewisser Arten von Ereignissen gibt, die man in der Sprache der Theorie »Elektronen« nennt, in denen die Quanten-Physik durch Versuche bestätigt ist.

Diese Auffassung nennt man manchmal die »instrumentalistische« Auffassung der Theorien. Sie steht der von Charles Peirce, John Dewey und anderen Pragmatisten, wie auch der von manchen Wissenschaftstheoretikern vertretenen Position nahe. Nach diesem Standpunkt befassen sich Theorien nicht mit »Realität«. Sie sind einfach Sprach-Werkzeuge, die man benützt, die beobachteten Erscheinungen zu einer Art Muster zusammenzufügen, das die Vorhersage neuer Erscheinungen gewährleistet. Die theoretischen Terme sind bequeme Symbole. Man nimmt die Postulate, welche sie enthalten, an, weil sie nützlich sind, nicht weil sie »wahr« wären. Sie haben keine Überschuß-Bedeutung über ihre Funktion im System hinaus. Es ist sinnlos, über das »wirkliche« Elektron oder das »wirkliche« elektromagnetische Feld zu sprechen.

Dieser Ansicht entgegengesetzt ist die »deskriptive« oder »realistische« Auffassung der Theorien. (Manchmal wird zwischen den beiden unterschieden, aber wir brauchen uns hier nicht mit diesen feinen Unterschieden zu befassen.) Die Vertreter dieser Auffassung finden es bequem und psychologisch angenehm, von Elektronen, magnetischen Feldern und Gravitations-Wellen als wirklichen Entitäten zu sprechen, über die die Wissenschaft dauernd mehr erfährt. Wir weisen darauf hin, daß es keine scharfe Grenze gibt, die eine Observable, wie etwa einen Apfel, von einer Nicht-Observablen, wie etwa einem Neutron, trennt. Eine Amöbe ist für das unbewaffnete Auge nicht beobachtbar, aber beobachtbar durch ein Licht-Mikroskop. Ein Virus ist nicht einmal durch ein Licht-Mikroskop beobachtbar, aber seine Struktur kann man durch ein Elektronen-Mikroskop ganz deutlich sehen. Ein Proton kann man nicht in so einer direkten Weise beobachten, aber seine Spur durch eine Blasen-Kammer kann man beobachten. Wenn es erlaubt ist zu sagen, daß die Amöbe »wirklich« ist, dann gibt es keinen Grund, warum es nicht erlaubt sein sollte zu sagen, daß das Proton genauso wirklich ist. Die sich verändernden Ansichten über die Struktur der Elektronen, der Gɘen und anderer Dinge bedeuten nicht, daß hinter keinem beobachtbaren Phänomen etwas »da wäre«; all das weist nur darauf hin, daß man immer mehr über die Struktur dieser Entitäten erfährt.

Die Vorkämpfer der deskriptiven Auffassung erinnern uns daran, daß nichtbeobachtbare Entitäten die Gewohnheit haben, in die Welt des Beobachtbaren überzutreten, wenn stärkere Beobachtungsinstrumente entwickelt werden. Es gab eine Zeit, da war »Virus« ein theoretischer Term. Dasselbe gilt für »Molekül«. Ernst Mach war so stark dagegen, das Molekül als existierendes »Ding« aufzufassen, daß er es einmal ein »wertloses Bild« nannte. Heute kann man sogar Atome in einem Kristallgitter fotografieren, indem man sie mit Elementar-Teilchen beschießt; in diesem Sinn ist das Atom selbst eine Observable geworden. Die Vertreter dieser Ansicht argumentieren, daß es genauso vernünftig ist zu sagen, daß ein Atom »existiert«, wie es vernünftig ist zu sagen, daß ein entfernter Stern existiert, den man nur als schwachen Lichtfleck auf einer lang belichteten fotografischen Platte beobachten kann. Man kann natürlich nicht auf vergleichbare Weise ein Elektron beobachten. Aber das ist kein Grund dafür, sich zu weigern zu sagen, daß es existiert. Wir wissen heute wenig über seine Struktur; morgen können wir sehr viel darüber wissen. Es ist genau so richtig, sagen die Vertreter der deskriptiven Ansicht, davon zu sprechen, daß ein Elektron existiert, wie davon, daß Äpfel, Tische und Milchstraßen existieren.

Offensichtlich gibt es einen Bedeutungsunterschied zwischen der instrumentalistischen und der realistischen Redeweise. Meine eigene Ansicht, die ich hier nicht näher erläutern werde, ist die, daß der Unterschied zwischen den beiden Auffassungen im wesentlichen ein sprachlicher ist. Es ist eine Frage, die die Redeweise betrifft, die man unter gegebenen Umständen vorzieht. Um zu behaupten, daß eine Theorie ein verläßliches Instrument ist – das heißt, daß die Vorhersagen beobachtbarer Ereignisse, die sie liefert, bestätigt werden –, ist im wesentlichen das gleiche, als zu sagen, daß die Theorie wahr ist und daß die theoretischen nichtbeobachtbaren Entitäten, von denen sie spricht, existieren. Das heißt, die Thesen der Instrumentalisten und der Realisten sind nicht unverträglich. Zumindest gibt es keine Unverträglichkeit, solange die ersteren keine negativen Behauptungen wie die folgende machen: »... aber die Theorie besteht nicht aus Sätzen, die wahr oder falsch sind, und die Atome, Elektronen und ähnliches existieren in Wirklichkeit nicht[29].«

Eine der ältesten und am hartnäckigsten sich behauptenden Dichotomien in der Geschichte der Philosophie ist die zwischen analytischen und Tatsachenwahrheiten. Man hat sie auf viele verschiedene Arten ausgedrückt. Kant führte die Unterscheidung, wie wir im Kapitel 18 gesehen haben, mit Hilfe seiner »analytischen« und »synthetischen« Urteile ein. Frühere Autoren sprachen von »notwendiger« und »kontingenter« Wahrheit.

Meiner Meinung nach ist eine scharfe Unterscheidung zwischen analytisch und synthetisch von größter Bedeutung für die Philosophie der Wissenschaft. Die Relativitätstheorie z. B. wäre nicht entstanden, wenn Einstein nicht erkannt hätte, daß die Struktur des physikalischen Raumes und der Zeit nicht ohne physikalische Versuche bestimmt werden kann. Er sah klar die scharfe Trennungslinie zwischen der reinen Mathematik mit ihren vielen Arten logisch konsistenter Geometrien und der Physik, in der man nur durch Experiment und Beobachtung bestimmen kann, welche Geometrien man am günstigsten auf die physikalische Welt anwenden kann, eine Trennungslinie, die man nie außer acht lassen darf. Diese Unterscheidung zwischen analytischer Wahrheit (welche logische und mathematische Wahrheit umfaßt) und Tatsachenwahrheit ist von gleicher Bedeutung für die heutige Quantentheorie, für die Erforschung der Natur der Elementarteilchen und für das Suchen nach einer Feldtheorie, welche Quanten- und Relativitätstheorie vereinigen soll. In diesem und dem nächsten Kapitel werden wir uns mit der Frage befassen, wie man diese althergebrachte Unterscheidung für die ganze Sprache der modernen Wissenschaft präzisieren kann.

Schon seit vielen Jahren hat sich eine Einteilung der Ausdrücke einer Wissenschaftssprache in drei Hauptgruppen als nützlich erwiesen:

1. Logische Terme, einschließlich aller Ausdrücke der reinen Mathematik.
2. Beobachtungsterme oder O-Terme.
3. Theoretische Terme oder T-Terme (manchmal »constructs« genannt).

Es stimmt natürlich, daß es, wie wir auch in früheren Kapiteln betont haben, keine scharfe Trennungslinie zwischen den O-Termen und den T-Termen gibt. Die Wahl einer solchen Trennungslinie ist etwas willkürlich. Von einem praktischen Gesichtspunkt aus ist aber der Unterschied meist offensichtlich. Jedermann würde wohl zugeben, daß die Worte für Eigenschaften wie »blau«, »hart«, »kalt« und Worte für Beziehungen wie »wärmer«, »schwerer«, »heller« O-Terme sind, während »elektrische Ladung«, »Proton«, »elektromagnetisches Feld« T-Terme sind, die sich auf Entitäten beziehen, die man nicht auf relativ einfache direkte Weise beobachten kann.

In bezug auf die Sätze, die in der Sprache der Wissenschaft formuliert sind, gibt es eine ähnliche dreifache Unterteilung:

1. Logische Sätze, die keine deskriptiven Terme enthalten.
2. Beobachtungssätze oder O-Sätze, die zwar O-Terme, aber keine T-Terme enthalten.
3. Theoretische Sätze oder T-Sätze, die T-Terme enthalten. Die T-Sätze zerfallen aber in zwei Klassen:
   a. Gemischte Sätze, die sowohl O- als auch T-Terme enthalten.
   b. Rein theoretische Sätze, die T-Terme, aber keine O-Terme enthalten.

Die ganze Sprache S der Wissenschaft teilt man am besten in zwei Teile. Jeder enthält die ganze Logik (einschließlich der Mathematik). Sie unterscheiden sich nur in ihren deskriptiven, nicht-logischen Elementen:

1. Die Beobachtungssprachen oder O-Sprachen (S_O), die logische Sätze und O-Sätze, aber keine T-Terme enthalten.
2. Die theoretische Sprache oder T-Sprache (S_T), die logische Sätze und T-Sätze (mit oder ohne O-Termen zusätzlich zu den T-Termen) enthält.

Die T-Terme werden in die Sprache der Wissenschaft durch eine Theorie T eingeführt, die auf zwei Arten von Postulaten beruht – den theoretischen oder T-Postulaten und den Zuordnungs- oder Z-Postulaten. Die T-Postulate sind die Gesetze der Theorie. Sie sind reine T-Sätze. Die Z-Postulate, die Zuordnungsregeln, sind gemischte Sätze, welche die T-Terme mit den O-Termen verbinden. Wie schon früher erwähnt, stellen sie das dar, was Campbell das Wörterbuch für die Verbindung der Beobachtungs- und theoretischen Sprache nannte, was bei Reichenbach Zuordnungsdefinitionen genannt wird und was in Bridgmans Terminologie operationale Postulate oder operationale Regeln genannt werden könnte. Das ist der Hintergrund unserer Diskussion der Unterscheidung zwischen analytischer und Tatsachenwahrheit in der Beobachtungssprache.

Die erste Art von analytischer Wahrheit ist die logische Wahrheit oder »L-Wahrheit« in unserer Terminologie. Ein Satz ist L-wahr, wenn er wahr ist auf Grund seiner Form und der Bedeutungen der logischen Terme, die in ihm vorkommen. Zum Beispiel ist der Satz: »Wenn kein Junggeselle ein glücklicher Mensch ist, dann ist kein glücklicher Mensch ein Junggeselle« L-wahr, denn man kann seine Wahrheit erkennen, wenn man die Bedeutungen, die Art des Gebrauches der logischen Wörter »wenn«, »dann«, »kein« und »ist« kennt, auch wenn man die Bedeutungen der deskriptiven Ausdrücke

»Junggeselle«, »glücklich« und »Mensch« nicht kennt. Alle Aussagen (Axiome und Lehrsätze) der Logik und Mathematik sind von dieser Art. (Daß reine Mathematik auf Logik zurückführbar ist, wurde von Frege und Russell gezeigt. Einige Punkte ihrer Reduktion sind allerdings noch umstritten. Diese Frage werden wir hier nicht erörtern.)

Auf der anderen Seite ist, wie Willard O. Quine gezeigt hat, die Beobachtungssprache reich an Sätzen, die in einem viel weiteren Sinne analytisch sind als L-wahr. Die Wahrheit oder Falschheit dieser Sätze kann man erst feststellen, wenn man nicht nur die Bedeutungen ihrer logischen Terme, sondern auch die Bedeutungen ihrer deskriptiven Terme kennt. Quines bekanntes Beispiel ist: »Kein Junggeselle ist verheiratet.« Die Wahrheit dieses Satzes ist offensichtlich nicht von kontingenten Tatsachen in der Welt abhängig und kann doch nicht nur wegen seiner logischen Form als wahr bezeichnet werden. Zusätzlich zur Kenntnis der Bedeutungen von »kein« und »ist« braucht man eine Kenntnis der Bedeutungen von »Junggeselle« und »verheiratet«. Jeder, der deutsch spricht, wird in diesem Fall sagen, daß »Junggeselle« dieselbe Bedeutung hat wie »nicht verheirateter Mann«. Sobald man diese Bedeutungen annimmt, wird sofort klar, daß der Satz wahr ist, und zwar nicht wegen irgendwelcher Eigenschaften der Welt, sondern wegen der Bedeutungen, die unsere Sprache den deskriptiven Wörtern zuordnet. Es ist nicht einmal nötig, diese Bedeutungen ganz zu verstehen. Es ist nur nötig zu wissen, daß die Bedeutungen von zwei Wörtern unverträglich sind, daß man von einem Mann nicht gleichzeitig sagen kann, er sei Junggeselle und er sei ein verheirateter Mann.

Quine schlug vor, und ich schließe mich diesem Vorschlag an, den Ausdruck »analytisch« für »logisch wahr« in diesem weiteren Sinne zu verwenden, in dem Sinne, der L-wahre Sätze wie auch Sätze von der gerade diskutierten Art umfaßt. »A-Wahrheit« ist der Ausdruck, den ich für analytische Wahrheit in diesem weiten Sinne verwende. Also sind alle L-wahren Sätze auch A-wahr, jedoch sind nicht alle A-wahren Sätze L-wahr. Ein L-wahrer Satz ist wahr allein auf Grund seiner logischen Form. Ein A-wahrer Satz, der nicht L-wahr ist, ist wahr auf Grund der Bedeutungen seiner deskriptiven Terme wie auch auf Grund der Bedeutungen seiner logischen Terme. Im Gegensatz dazu wird die Wahrheit oder Falschheit eines synthetischen Satzes nicht schon durch die Bedeutungen der in ihm vorkommenden Ausdrücke bestimmt, sondern durch Information über Sachverhalte in der physikalischen Welt. »Gegenstände fallen auf die Erde mit einer Beschleunigung von 9,81 m pro Sekunde^2.« Man kann die Wahrheit dieser Aussage nicht durch bloße Untersuchung ihrer Bedeutung entscheiden. Eine empirische Überprüfung ist notwendig. So eine Aussage hat »Tatsachengehalt«. Sie teilt uns etwas über die wirkliche Welt mit.

Selbstverständlich ist keine natürliche Sprache, wie etwa Deutsch, so präzise, daß jeder jedes Wort genau in der gleichen Weise versteht. Aus diesem Grunde ist es leicht, Sätze zu formulieren, die in bezug auf ihre Analytizität nicht eindeutig sind, Sätze also, bei denen man sich darüber streiten kann, ob sie analytisch oder synthetisch sind.

Betrachten Sie z. B. die Behauptung: »Alle Buntspechte sind bunt.« Ist sie analytisch oder synthetisch? Zunächst werden Sie antworten, daß sie natürlich analytisch ist. »Buntspecht« *bedeutet* »Specht, der bunt ist«. Also ist der Satz der Aussage äquivalent, daß alle bunten Spechte bunt sind. So ein Satz ist nicht nur A-wahr, sondern sogar auch L-wahr.

Sie haben recht, *wenn* die Bedeutung von »Buntspecht« derart ist, daß »bunt sein« wirklich eine wesentliche Komponente der Bedeutung ist. Aber ist es eine wesentliche Komponente? Ein Ornithologe versteht vielleicht »Buntspecht« anders. Für ihn bezieht sich das Wort vielleicht auf eine Vogelart, die durch einen gewissen Körperbau, eine gewisse Schnabelform und bestimmte Verhaltensweisen definiert ist. Er kann es für durchaus möglich halten, daß diese Vogelart in irgendeinem isolierten Gebiet eine Mutation erfahren und die Farbe geändert hat, etwa zu schwarz. Aus durchaus vernünftigen taxonomischen Gründen würde er solche Vögel weiterhin Buntspechte nennen, obwohl sie gar nicht bunt wären. Sie würden eine Variante der Art darstellen. Er könnte sie sogar als »schwarze Buntspechte« bezeichnen. Wenn man also »Buntspecht« so versteht, daß die Buntheit *nicht* eine wesentliche Bedeutungskomponente ist, dann wird der betrachtete Satz synthetisch. Es wird nötig, eine empirische Überprüfung aller Buntspechte vorzunehmen, um zu bestimmen, ob wirklich alle bunt sind.

Sogar die Aussage: »Wenn Herr Schmidt ein Junggeselle ist, dann hat er keine Gattin« könnte man als synthetisch auffassen, wenn man gewisse Wörter in unorthodoxer Weise interpretiert. Für einen Rechtsanwalt z. B. kann das Wort »Gattin« eine sehr weite Bedeutung haben, die auch »Frau, mit der ein Mann lebt« einschließt. Wenn ein Rechtsanwalt unter einem »Junggesellen« einen Mann versteht, der nicht gesetzlich verheiratet ist, aber »Gattin« in dem weiteren Sinne nimmt, dann ist unser Satz natürlich synthetisch. Man muß einen Blick auf das Privatleben von Herrn Schmidt werfen, um herauszufinden, ob der Satz wahr oder falsch ist.

Wir können das Problem der Analytizität in bezug auf eine künstliche Beobachtungssprache diskutieren, die durch Angabe präziser Regeln festgelegt werden kann. Es ist nicht nötig, daß diese Regeln die ganzen Bedeutungen aller deskriptiven Wörter der Sprache angeben, es ist nur erforderlich, daß die Bedeutungsrelationen zwischen gewissen Wörtern durch Regeln festgelegt sind, die ich einmal »Bedeutungspostulate« genannt habe, die ich aber jetzt einfacher »A-Postulate« (Analytizitätspostulate) nennen möchte. Man kann sich leicht vorstellen, wie man vollständige Definitionen für alle deskriptiven Wörter der Sprache geben *könnte*. Zum Beispiel wäre es möglich, die Bedeutungen von »Tier«, »Vogel« und »Buntspecht« durch die folgenden Bezeichnungsregeln festzulegen:

(D1) Der Ausdruck »Tier« bezeichnet die Konjunktion der folgenden Eigenschaften (1) ..., (2) ..., (2) ..., (3) ..., (4) ..., (5) ... (hier würde man eine vollständige Liste der definierenden Eigenschaften angeben).

(D2) Der Ausdruck »Vogel« bezeichnet die Konjunktion der folgenden Eigenschaften (1) ..., (3) ..., (4) ..., (5) ... (wie in D1 oben), und zusätzlich noch die Eigenschaften: (6) ..., (7) ..., (8) ..., (9) ..., (10) ... (alle Eigenschaften, die man zur Festlegung der Bedeutung von »Vogel« benötigt).

(D3) Der Ausdruck »Buntspecht« bezeichnet die Konjunktion der folgenden Eigenschaften (1) ..., (2) ..., ..., (5) ... (wie in D1), plus (6) ..., (7) ..., ..., (10) ... (wie in D2), und die zusätzlichen Eigenschaften: (11) ..., (12) ..., (13) ..., (14) ..., (15) ... (alle Eigenschaften, die man zur Festlegung der Bedeutung von »Buntspecht« benötigt).

Wenn man sich all die geforderten Eigenschaften, die hier durch Punkte angedeutet sind, ausgeschrieben vorstellt, dann sieht man, daß die Regeln sehr lang und umständlich werden würden. Etwas dieser Art wäre aber nötig, wenn man auf einer vollständigen Festlegung der Bedeutungen aller deskriptiven Terme unserer Kunstsprache bestehen würde. Glücklicherweise geht es auch einfacher. Man kann die A-Postulate darauf beschränken, daß sie die *Bedeutungsrelationen* festlegen, die zwischen den deskriptiven Termen der Sprache gelten. Zum Beispiel braucht man für die gerade diskutierten drei Ausdrücke nur zwei A-Postulate.

(A1) Alle Vögel sind Tiere.

(A2) Alle Buntspechte sind Vögel.

Wenn die drei D-Regeln gegeben sind, kann man natürlich die beiden A-Postulate aus ihnen ableiten. Aber da die D-Regeln so umständlich sind, wird man es vermeiden, sie zu formulieren, wenn man nur die analytische Struktur einer Sprache angeben will. Es ist nur nötig, die A-Postulate anzugeben. Sie sind viel einfacher und bieten eine ausreichende Grundlage für die Unterscheidung zwischen analytischen und synthetischen Aussagen der Sprache.

Nehmen wir an, daß die Grundlage der Kunstsprache die natürliche Sprache Deutsch ist und wir A-Postulate angeben wollen, damit man in allen Fällen entscheiden kann, ob ein vorgelegter Satz der Sprache analytisch ist. In manchen Fällen kann man die A-Postulate erhalten, indem man ein gewöhnliches deutsches Wörterbuch konsultiert. Betrachten wir den Satz: »Wenn jemandem die Mandeln herausgeschnitten werden, dann wird an ihm eine Tonsillektomie durchgeführt.« Ist er analytisch oder synthetisch? Das A-Postulat, das man aus der Definition im Wörterbuch ableiten kann, besagt: »An X wird eine Tonsillektomie durchgeführt dann und nur dann, wenn ihm die Mandeln herausgeschnitten werden«. Man sieht sofort, daß der Satz A-wahr ist. Es ist nicht nötig, jemandem die Mandeln herauszuschneiden, um zu sehen, ob dann an ihm eine Tonsillektomie durchgeführt wird. Die Wahrheit des Satzes folgt aus den Bedeutungsrelationen seiner deskriptiven Wörter, wie sie durch das A-Postulat festgelegt sind.

Ein gewöhnliches Wörterbuch mag präzise genug sein, um uns in bezug auf manche Sätze zu helfen, aber bei anderen wird es das nicht können. Betrachten wir z. B. die traditional unscharfen Behauptungen »Alle Menschen sind vernünftige Tiere« und »Alle Menschen sind federlose Zweibeiner«. Die Hauptschwierigkeit liegt hier darin, daß nicht klar ist, was »Mensch« bedeuten soll. In unserer Kunstsprache gibt es keine Schwierigkeit, denn die Liste unserer A-Postulate erledigt die Angelegenheit durch Festsetzung. Wenn wir »Mensch« so verstehen wollen, daß »Vernunft« und »Tiersein« wesentliche Bedeutungskomponenten des Wortes sind, dann muß man »Alle Menschen sind vernünftig« und »Alle Menschen sind Tiere« in die Liste der A-Postulate aufnehmen. Auf Grund dieser A-Postulate ist die Aussage »Alle Menschen sind rationale Tiere« A-wahr. Wenn anderseits die A-Postulate für »Menschen« sich nur auf den menschlichen Körperbau beziehen, dann wird die Aussage »Alle Menschen sind rationale Tiere« synthetisch. Wenn man jedoch für die Ausdrücke »federlos« und »Zweibeiner« nicht analoge A-Postulate festlegt, dann zeigt dies, daß in unserer Sprache »Federlosigkeit« und »die Eigenschaft, Zweibeiner zu sein« nicht als wesentliche Bedeutungskomponenten von »Mensch« betrachtet werden. Die Behauptung »Alle Menschen sind federlose Zweibeiner« wird also synthetisch. In unserer Sprache würde ein einbeiniger Mensch immer noch Mensch genannt. Ein Mensch, auf dessen Kopf Federn wüchsen, wäre noch ein Mensch.

Was an dieser Stelle klar werden soll, ist, daß wir um so genauer zwischen analytischen und synthetischen Sätzen unserer Sprache unterscheiden können, je genauer wir unsere Liste der A-Postulate machen. In dem Maße, in dem die Regeln unscharf sind, wird die konstruierte Sprache Sätze enthalten, die unscharf in bezug auf ihre Analytizität sind. Jede Unschärfe, die noch bleibt – und das ist der wesentliche Punkt –, ist nicht eine Folge davon, daß wir die Unterscheidung zwischen analytisch und synthetisch nicht klar verstünden; es ist eine Folge unseres unscharfen Verständnisses der Bedeutungen der deskriptiven Wörter der Sprache.

Man muß immer daran denken, daß die A-Postulate uns nichts

über die wirkliche Welt mitteilen, selbst wenn es anders erscheinen mag. Betrachten wir z.B. das Wort »wärmer«. Wir wollen vielleicht ein A-Postulat aufstellen derart, daß die durch diesen Ausdruck bezeichnete Relation asymmetrisch ist. »Für jedes *x* und jedes *y* gilt: wenn *x* wärmer ist als *y*, dann ist *y* nicht wärmer als *x*.« Wenn jemand behauptet, er hätte zwei Gegenstände *A* und *B* entdeckt, die so beschaffen sind, daß *A* wärmer ist als *B* und *B* wärmer als *A*, dann würden wir nicht antworten: »Wie überraschend! Was für eine wunderbare Entdeckung!« Wir würden antworten: »Sie müssen das Wort »wärmer« anders verstehen als ich. Für mich bedeutet es eine asymmetrische Beziehung; deshalb kann die Situation, die Sie vorgefunden haben, nicht so beschrieben werden, wie Sie das getan haben.« Das A-Postulat, das die Asymmetrie der Relation wärmer festlegt, behandelt nur die Bedeutung des Wortes gemäß unserem Sprachgebrauch. Es sagt nichts über die Eigenschaften der Welt aus.

In den letzten Jahren ist die Ansicht, daß man zwischen analytischen und synthetischen Aussagen eine scharfe Unterscheidung treffen kann, stark von Quine, Morton White und anderen angegriffen worden[30]. Meine eigenen Ansichten darüber kann man in zwei Arbeiten nachlesen, die im Anhang der zweiten Auflage (1956) meines schon zitierten Buches »Meaning and Necessity« abgedruckt sind. Die erste dieser Arbeiten mit dem Titel »Meaning Postulates« gibt Quine eine Antwort, in der auf formale Weise gezeigt wird (wie es hier nicht-formal geschah), wie man die Unterscheidung für eine konstruierte Beobachtungssprache einfach dadurch präzisieren kann, daß man A-Postulate zu den Regeln der Sprache hinzufügt. In der zweiten Arbeit »Meaning and Synonymy in Natural Languages« zeige ich, wie man die Unterscheidung nicht für eine Kunstsprache, sondern für eine allgemein benützte Sprache wie Alltagsenglisch festlegen kann. In diesem Fall muß die Unterscheidung durch eine empirische Untersuchung der Sprechgewohnheiten begründet werden. Das bringt neue Probleme mit sich, die in der Arbeit erörtert werden, aber hier außer Betracht bleiben sollen.

Bis jetzt wurde Analytizität nur in bezug auf Beobachtungssprachen diskutiert: die Beobachtungssprache des täglichen Lebens, der Wissenschaft, und die konstruierte Beobachtungssprache eines Wissenschaftstheoretikers. Es ist meine Überzeugung, daß das Problem der Unterscheidung zwischen analytischen und synthetischen Aussagen für solche Sprachen prinzipiell gelöst ist. Außerdem bin ich überzeugt, daß die meisten wissenschaftlich Arbeitenden mir zustimmen würden, daß die Unterscheidung in der Beobachtungssprache der Wissenschaft nützlich ist. Wenn wir aber versuchen, diese Zweiteilung auf die *theoretische* Sprache anzuwenden, dann treffen wir auf große Schwierigkeiten. In Kapitel 28 werden einige dieser Schwierigkeiten erörtert und ein möglicher Weg zu ihrer Überwindung aufgezeigt.

Bevor ich erkläre, wie meiner Meinung nach die Unterscheidung analytisch-synthetisch in bezug auf die theoretische Sprache der Wissenschaft erklärt werden kann, ist es zunächst wichtig, die ungeheuren Schwierigkeiten zu verstehen, die sich einem solchen Vorhaben in den Weg stellen. Sie entspringen aus der Tatsache, daß man für T-Terme (theoretische Terme) keine vollständigen Interpretationen geben kann. In der Beobachtungssprache tritt dieses Problem nicht auf. Es wird angenommen, daß alle Bedeutungsrelationen zwischen den deskriptiven Termen der Beobachtungssprache durch geeignete A-Postulate, wie im letzten Kapitel erklärt, ausgedrückt worden sind. In bezug auf die T-Terme ist jedoch die Lage völlig anders. Es gibt keine vollständige empirische Interpretation für solche Begriffe wie »Elektron«, »Masse« und »elektromagnetisches Feld«. Es trifft schon zu, daß man eine Spur in einer Blasenkammer beobachten und dann als Spur eines Elektrons erklären kann, das sich durch die Kammer bewegte. Aber solche Interpretationen liefern nur teilweise indirekte empirische Interpretationen der T-Terme, mit denen sie verbunden sind.

Betrachten wir zum Beispiel den theoretischen Begriff »Temperatur«, wie er in der kinetischen Gas-Theorie auftritt. Es gibt Z-Postulate, die diesen Term zum Beispiel mit dem Aufbau und Gebrauch eines Thermometers verbinden. Man bringt ein Thermometer in eine Flüssigkeit und liest nach einer gewissen Zeit ab, was es anzeigt. Z-Postulate verbinden dieses Verfahren mit dem T-Term »Temperatur« in solcher Weise, daß die Ablesungen eine partielle Interpretation von »Temperatur« liefern. Sie ist partiell, weil diese bestimmte Interpretation von »Temperatur« nicht für alle Sätze der Theorie, in denen der Begriff vorkommt, verwendet werden kann. Ein gewöhnliches Thermometer funktioniert nur in einem engen Intervall der Temperaturskala. Es gibt Temperaturen, unterhalb derer jede Thermometer-Flüssigkeit gefrieren würde, und Temperaturen, oberhalb derer jede Thermometer-Flüssigkeit verdampfen würde. Für diese Temperaturen muß man ganz andere Meßmethoden anwenden. Jede Methode wird durch Z-Postulate mit dem theoretischen Begriff »Temperatur« verbunden, ersetzt aber nicht die empirische Bedeutung von »Temperatur«. Aus neuen Beobachtungen können sich in der Zukunft neue Z-Postulate ergeben, die weitere empirische Interpretationen des Begriffes liefern.

Hempel hat in Teil 7 seines Buches »Methods of Concept Formation in Science« (»Encyclopedia of Unified Science«, 1953) ein eindrucksvolles Bild der Struktur einer Theorie gezeichnet.

»Man könnte eine wissenschaftliche Theorie mit einem komplizierten räumlichen Netz vergleichen: Ihre Begriffe entsprechen den Knoten, während die Fäden, welche diese verbinden, zum Teil den Definitionen und zum Teil den Grund- und abgeleiteten Hypothesen der Theorie entsprechen. Das ganze System schwebt sozusagen über der Ebene der Beobachtung und ist in ihr durch seine Interpretationsregeln verankert. Diese kann man als Fäden ansehen, die nicht zum Netz gehören, sondern gewisse Teile von ihm mit bestimmten Punkten in der Ebene der Beobachtung verbinden. Dank dieser interpretativen Verbindungen kann das Netz als wissenschaftliche Theorie funktionieren: Von gewissen Beobachtungsdaten können wir auf einem interpretativen Faden zu einem Punkt im theoretischen Netz aufsteigen und von da über Definitionen und Hypothesen zu anderen Punkten, von denen wir auf einem anderen Interpretations-Faden wieder auf die Ebene der Beobachtung absteigen können[31].«

Das Problem besteht darin, eine Methode zu finden, um in der Sprache, die über dieses komplizierte Netz spricht, zwischen analytischen Sätzen und synthetischen Sätzen zu unterscheiden. Man kann leicht die L-wahren Sätze kennzeichnen, das heißt die Sätze, die dank ihrer logischen Form wahr sind. »Wenn alle Elektronen ein magnetisches Moment besitzen und das Teilchen x kein magnetisches Moment hat, dann ist das Teilchen x kein Elektron.« Dieser Satz ist offensichtlich L-wahr. Es ist nicht nötig, irgend etwas über die Bedeutungen der deskriptiven Wörter in dem Satz zu wissen, um einzusehen, daß er wahr ist. Aber wie soll man eine Unterscheidung treffen zwischen den analytischen Sätzen (die infolge der Bedeutungen ihrer Terme einschließlich der deskriptiven Terme wahr sind) und synthetischen Sätzen (deren Wahrheit man nicht entscheiden kann, ohne die wirkliche Welt zu beobachten)?

Um die analytischen Aussagen in einer theoretischen Sprache zu kennzeichnen, braucht man A-Postulate, welche die Bedeutungsrelationen zwischen den theoretischen Termen festlegen. Eine Aussage ist analytisch, wenn sie eine logische Konsequenz der A-Postulate ist. Sie muß wahr sein auf eine Weise, die nicht eine Beobachtung der wirklichen Welt verlangt; sie darf keinen Tatsachengehalt besitzen. Sie muß wahr sein allein auf Grund der Bedeutungen ihrer Terme, genau so wie die Beobachtungsaussage »Kein Junggeselle ist verheiratet« wahr ist auf Grund der Bedeutungen von »Junggeselle« und »verheiratet«. Diese Bedeutungen können durch die Regeln der Beobachtungssprache präzisiert werden. Wie kann man vergleichbare A-Postulate formulieren, um die analytischen Aussagen einer theoretischen Sprache zu kennzeichnen, welche theoretische Terme enthalten, für die es keine vollständige Interpretation gibt?

Der erste Gedanke, auf den man vielleicht kommen wird, mag der sein, nur die T-Postulate als A-Postulate zu nehmen. Man kann natürlich eine deduktive Theorie aufbauen, indem man die T-Postulate mit der Logik und der Mathematik vereinigt, aber man erhält dann ein abstraktes deduktives System, in dem die theoretischen Terme nicht einmal eine partielle Interpretation erhalten. Ein bekanntes Beispiel ist die Euklidische Geometrie. Sie ist eine uninterpretierte Struktur der reinen Mathematik. Damit sie eine wissenschaftliche Theorie wird, müssen ihre deskriptiven Begriffe zumindest teilweise interpretiert werden. Das heißt, man muß den Ausdrücken der Theorie empirische Bedeutungen geben, was natürlich mit Zuordnungsregeln geschieht, welche die primitiven Terme mit Aspekten der physikalischen Welt verbinden. Auf diese Weise wird die Euklidische Geometrie in die physikalische Geometrie umgewandelt. Wir sagen, daß Licht sich auf »Geraden« bewegt, daß das Fadenkreuz eines Teleskops ein »Punkt« ist und daß die Planeten sich in »Ellipsen« um die Sonne bewegen. Solange man die abstrakte mathematische Struktur nicht wenigstens teilweise durch Z-Postulate interpretiert hat, tritt das Problem der Unterscheidung zwischen analytischen und synthetischen Sätzen überhaupt nicht auf. Man kann die T-Postulate einer Theorie nicht als A-Postulate verwenden, denn sie geben den T-Termen keine empirische Bedeutung.

Können die Z-Postulate A-Postulate liefern? Man kann natürlich nicht die Z-Postulate alleine nehmen. Um eine möglichst vollständige (wenn auch immer noch teilweise) Interpretation für die T-Terme zu erhalten, ist es nötig, die ganze Theorie zu nehmen, die Vereinigung von T- und Z-Postulaten. Nehmen wir also an, daß wir die ganze Theorie voraussetzen. Werden die vereinigten T- und Z-Postulate die A-Postulate liefern, die wir suchen? Nein, denn nun haben wir *zuviel* vorausgesetzt. Wir haben wirklich die ganze empirische Bedeutung bekommen, die wir für unsere theoretischen Terme erhalten können, aber wir haben auch Tatsachen-Wissen bekommen. Die Konjunktion der T- und Z-Postulate gibt uns also synthetische Aussagen, und wie Sie gesehen haben, können solche Aussagen keine A-Postulate liefern.

Ein Beispiel wird dies klar machen. Nehmen wir an, wir sagen, daß die T- und Z-Postulate der allgemeinen Relativitätstheorie als A-Postulate für die Festlegung der analytischen Sätze der Theorie dienen soll. Auf Grund gewisser T- und Z-Postulate leiten wir mit Hilfe von Logik und Mathematik ab, daß Licht, das von den Sternen kommt, im Schwerefeld der Sonne abgelenkt wird. Können wir nicht sagen, daß diese Schlußfolgerung analytisch ist, wahr nur auf Grund der empirischen Bedeutungen, die wir den deskriptiven Termen zugeordnet haben? Das können wir nicht, denn die allgemeine Relativitätstheorie liefert Voraussagen in Form von Bedingungssätzen, die durch empirische Überprüfung bestätigt oder widerlegt werden können.

Betrachten wir zum Beispiel die Aussage: »Dies sind zwei fotografische Aufnahmen der gleichen Sterne. Die erste wurde während einer totalen Sonnenfinsternis gemacht, als Sonne und Mond einen Teil der Sterne verdeckten. Die zweite entstand, als die Sonne nicht in der Nähe dieser Sterne stand.« Dies nennen wir Aussage A. Aussage B ist: »Die Bilder der Sterne, die sich auf der ersten Aufnahme sehr nahe am Rande der verdunkelten Sonne befinden, erscheinen auf dieser Aufnahme im Verhältnis zur zweiten Aufnahme etwas von der Sonne weg verschoben.« Der Bedingungssatz »wenn A, dann B« ist eine Aussage, die aus der allgemeinen Relativitätstheorie abgeleitet werden kann. Aber es ist auch eine Aussage, die durch Beobachtung überprüft werden kann. Wie in Kapitel 16 erwähnt, unternahm Findlay Freundlich 1919 eine Überprüfung dieser Behauptung, die Geschichte machte. Er wußte, daß A wahr war. Nach sorgfältiger Vermessung der Bilder der Sterne auf den beiden Platten stellte er fest, daß auch B zutraf. Hätte er B als falsch festgestellt, dann wäre der Bedingungssatz »wenn A, dann B« falsifiziert gewesen. Und das wiederum hätte die Relativitätstheorie widerlegt, aus der »wenn A, dann B« abgeleitet worden war. Die Behauptung der Theorie, daß das Licht durch Schwerefelder abgelenkt wird, besitzt daher Tatsachengehalt.

Man kann diesen Gedankengang auch allgemein formulieren. Wir legen dabei die T- und Z-Postulate der Relativitätstheorie zugrunde. Dann gibt es Aussagen A und B der Beobachtungssprache, daß B unter Voraussetzung von TZ aus A abgeleitet werden kann, ohne diese Voraussetzung jedoch nicht. Die Aussage »wenn A, dann B« ist daher eine logische Folge der Konjunktion von T und Z. Nähme man T und Z als A-Postulate, dann müßte man die Aussage »wenn A, dann B« als analytisch betrachten. Aber offensichtlich ist diese Aussage nicht analytisch. Sie ist eine synthetische Aussage der Beobachtungssprache, die falsifiziert wäre, wenn eine Beobachtung ergäbe, daß A wahr und B falsch ist.

Quine und andere Wissenschaftstheoretiker vertraten die Meinung, daß hier so große Schwierigkeiten auftreten, daß man die »analytisch-synthetisch«-Unterscheidung nicht in ihrer intendierten Bedeutung auf die theoretische Sprache der Wissenschaft anwenden kann. In letzter Zeit wurde dieser Standpunkt sehr klar von Hempel dargestellt[32]. Hempel war (vielleicht zögernd) bereit, die Unterscheidung für die Beobachtungssprache anzunehmen. In bezug auf ihre Nützlichkeit für die theoretische Sprache drückte er starke Zweifel im Stile Quines aus. Die Doppelrolle der T- und Z-Postulate, so behauptete er, führt dazu, daß der Begriff der analytischen Wahrheit in bezug auf eine theoretische Sprache völlig unfaßbar wird. Man könne sich sehr schwer vorstellen, daß es eine Aufspaltung der zwei Rollen der T- und Z-Postulate gibt, derart, daß man sagen kann, daß der eine Teil von ihnen zur Bedeutung beiträgt und daß daher die Sätze, die aus ihm folgen, wenn sie wahr sind, wahr allein schon auf Grund ihrer Bedeutung sind, während die anderen Sätze Tatsachen-Behauptungen sind.

Eine extreme Methode, all die lästigen Probleme, die mit den theoretischen Termen zusammenhängen, zu lösen oder besser gesagt zu vermeiden, ist Ramseys Methode. Wie im Kapitel 26 gezeigt, ist es möglich, den ganzen Tatsachengehalt einer Theorie in einem Satz zusammenzufassen, dem Ramsey-Satz, ^RTZ, in dem nur Beobachtungs- und logische Terme vorkommen. Die theoretischen Terme wurden sozusagen »hinweg-quantifiziert«. Da es keine theoretischen Terme gibt, gibt es auch keine theoretische Sprache. Das Problem der Analytizitäts-Definition für eine theoretische Sprache verschwindet. Das ist jedoch zu radikal. Wie schon gezeigt, führt es zu sehr komplizierten Ausdrücken und zu großen Unbequemlichkeiten, wenn man die theoretischen Begriffe der Wissenschaft aufgibt. Theoretische Begriffe erleichtern die Aufgabe der Formulierung von Gesetzen ungeheuer und können aus diesem Grunde allein schon nicht aus der Sprache der Wissenschaft ausgeschlossen werden.

Ich glaube, es gibt eine Möglichkeit, das Problem mit Hilfe des Ramsey-Satzes zu lösen, aber in einer Weise, die uns nicht dazu zwingt, Ramseys letzten, extremen Schritt zu vollziehen. Wenn man gewisse Unterscheidungen trifft, kann man die gesuchte Dichotomie zwischen analytischer und synthetischer Wahrheit in der theoretischen Sprache erhalten, ohne zugleich die theoretischen Terme und Sätze der Theorie aufzugeben.

Bis jetzt haben wir eine Theorie als Konjunktion aufgefaßt, die sich aus den folgenden beiden »Sätzen« zusammensetzt: dem Satz T, der Konjunktion aller T-Postulate und dem Satz Z, der Konjunktion aller Z-Postulate. Die Theorie TZ ist die Konjunktion dieser beiden Sätze.

Ich schlage nun eine andere Aufspaltung der Theorie TZ in zwei Sätze vor, deren Konjunktion wiederum der Theorie äquivalent ist. Wir teilen sie in einen Satz A_T und einen Satz F_T ein. Der Satz A_T soll als A-Postulat für die theoretischen Terme der Theorie dienen. Er muß natürlich frei von jedem Tatsachengehalt sein. Der Satz F_T soll der Satz sein, der den ganzen Beobachtungs- oder Tatsachengehalt der Theorie enthält. Wie gezeigt wurde, hat der Ramsey-Satz ^RTZ selbst genau diese Eigenschaft. Er drückt in einer um die gesamte Mathematik erweiterte Beobachtungssprache alles aus, was die Theorie über die wirkliche Welt aussagt. Er liefert keine Interpretation der theoretischen Terme, weil in ihm keine solchen Terme vorkommen. Wir nehmen also den Ramsey-Satz ^RTZ als das Tatsachenpostulat F_T.

Die beiden Sätze F_T und A_T würden zusammengenommen die ganze Theorie TZ logisch implizieren. Wie kann man einen Satz A_T finden, der diese Forderung erfüllt? Für zwei beliebige Sätze S_1 und S_2 ist der schwächste Satz, der zusammen mit S_1 logisch S_2 impliziert, der Bedingungssatz »wenn S_1 dann S_2«. Symbolisch drückt man das mit dem bekannten Zeichen für die materiale Implikation aus: »$S_1 \rightarrow S_2$«. Also erhalten wir als die einfachste Formulierung eines A-Postulates A_T für eine Theorie TZ:

(A_T) $\qquad\qquad\qquad\qquad\qquad {}^R TZ \rightarrow TZ$

Man sieht leicht, daß dieser Satz keinen Tatsachengehalt besitzt, uns also keine Information über die Welt vermittelt. Der ganze Tatsachengehalt ist im Satz F_T enthalten, der nichts anderes ist, als der Ramsey-Satz ${}^R TZ$. Der Satz A_T sagt einfach aus: *Wenn* der Ramsey-Satz wahr ist, dann müssen wir die theoretischen Terme in solcher Weise verstehen, daß die ganze Theorie wahr wird. Sie ist ein rein analytischer Satz, denn seine semantische Wahrheit beruht auf den intendierten Bedeutungen der theoretischen Terme. Dieser Satz, zusammengenommen mit dem Ramsey-Satz L-impliziert dann die ganze Theorie.

Betrachten wir nun, wie dieses A-Postulat ${}^R TZ \rightarrow TZ$ eine Möglichkeit bietet, in der theoretischen Sprache zwischen analytischen und synthetischen Aussagen zu unterscheiden. Der Ramsey-Satz ${}^R TZ$ ist synthetisch. Seine Wahrheit kann nur durch tatsächliche Beobachtung der Welt festgestellt werden. Aber jede Aussage, welche durch das gegebene A-Postulat L-impliziert wird, ergibt sich als analytisch.

Genau wie in dem Fall der analytischen Sätze der Beobachtungssprache gibt es einen vagen Sinn, in dem das A-Postulat etwas über die Welt aussagt. Aber in einem strengen Sinn nicht. Das A-Postulat sagt aus: *wenn* es Entitäten gibt (auf diese beziehen sich die Existenz-Quantoren des Ramsey-Satzes), die so beschaffen sind, daß sie alle Beziehungen erfüllen, die in den theoretischen Postulaten der Theorie ausgedrückt sind, und wenn diese Entitäten zu beobachtbaren Entitäten sich so verhalten, wie es die Zuordnungspostulate der Theorie angeben, dann ist die Theorie selbst wahr. Das A-Postulat der Theorie *scheint* uns etwas über die Welt mitzuteilen, aber in Wirklichkeit tut es das nicht. Es sagt uns nicht, ob die Theorie wahr ist. Es sagt nicht, daß die Welt so ist. Es sagt nur: *wenn* die Welt so ist, dann müssen die theoretischen Terme die Theorie erfüllen.

In Kapitel 26 wurde ein Beispiel einer Theorie mit sechs theoretischen Begriffen, nämlich zwei Klassen und vier Relationen, betrachtet. Wir haben eine schematische Formulierung (in der der Kontext einfach durch Punkte angedeutet war) der Theorie TZ und ihres Ramsey-Satzes ${}^R TZ$ gegeben. Für das Beispiel dieser Theorie kann das A-Postulat folgendermaßen formuliert werden:

(A_T) $\lor C_1 \lor C_2 \lor R_1 \lor R_2 \lor R_3 \lor R_4$ [... C_1 ... C_2 ... R_1 ... R_2 ... R_3 ...
R_4 ...; ... R_1 ... O_1 ... O_2 ... O_3 ... R_2 ... O_4 ... O_m ...] →
[... *Mol* ... H_2-*Mol* ... *Temp* ... *Druck* ... *Masse* ... *Geschw* ...;
Temp ... O_1 ... O_2 ... O_3 ... *Druck* ... O_4 ... O_m ...].

Dies besagt: wenn die Welt so beschaffen ist, daß es zumindest ein
Sechs-Tupel von Entitäten (zwei Klassen und vier Relationen)gibt,
die untereinander und zu den Beobachtungs-Entitäten $O_1, O_2, ..., O_m$,
in jenen Beziehungen stehen, die durch die Theorie festgelegt sind,
dann bilden die theoretischen Entitäten *Mol*, H_2-*Mol*, *Temp*, *Druck*,
Masse und *Geschw* ein Sechs-Tupel, das die Theorie erfüllt. Es ist
wichtig, daß man versteht, daß dies keine Tatsachen-Aussage ist,
welche besagt, daß unter den angeführten Bedingungen sechs bestimmte Entitäten wirklich die Theorie erfüllen. Die sechs theoretischen Terme bezeichnen keine bestimmten Entitäten. Vor der Festlegung der A-Postulate A_T besitzen diese Terme keine Interpretation,
nicht einmal eine teilweise. Die einzige Interpretation, die sie in dieser
Form der Theorie erhalten, ist die teilweise Interpretation, welche
sie *durch dieses* A-*Postulat* erhalten. Also sagt das Postulat im wesentlichen: wenn es ein oder mehrere Sechs-Tupel von Entitäten gibt,
welche die Theorie erfüllen, dann muß man die sechs theoretischen
Terme derart interpretieren, daß sie sechs Entitäten bezeichnen, die
ein Sechs-Tupel jener Art bilden. Wenn es wirklich Sechs-Tupel jener
Art gibt, dann liefert uns das Postulat eine partielle Interpretation
der theoretischen Terme, indem es die für die Interpretation zuge-
lassenen Sechs-Tupel auf Sechs-Tupel jener Art beschränkt. Wenn
es aber keine Sechs-Tupel jener Art gibt – in anderen Worten, wenn
der Ramsey-Satz falsch ist – dann ist das Postulat unabhängig von
seiner Interpretation wahr (denn wenn A falsch ist, dann ist $A \to B$
wahr). In diesem Fall erhalten wir nicht einmal eine partielle Interpretation der theoretischen Terme.

Wenn man dies einmal klar verstanden hat, dann gibt es keinen
Grund, den Bedingungssatz $^R TZ \to TZ$ nicht in gleicher Weise als
A-Postulat für *TZ* zu nehmen, wie man *A*-Postulate in der Beobachtungssprache hat. Genau wie uns ein A-Postulat in der Beobachtungssprache etwas über die Bedeutung des Ausdruckes »wärmer« sagt,
so liefert uns ein A-Postulat für die theoretische Sprache Information
über die Bedeutung von theoretischen Termen, wie »Elektron« und
»elektromagnetisches Feld«. Diese Information wiederum gestattet
uns, festzustellen, daß gewisse theoretische Sätze analytisch sind,
nämlich jene, die aus dem A-Postulat A_T folgen.

Wir können nun genau sagen, was wir unter A-Wahrheit in der
gesamten Wissenschafts-Sprache verstehen. Ein Satz ist A-wahr, wenn
er von den vereinigten A-Postulaten, das heißt von der Konjunktion der A-Postulate der Beobachtungs-Sprache mit den A-Postulaten einer gegebenen theoretischen Sprache L-impliziert wird. Ein

Satz ist A-falsch, wenn seine Negation A-wahr ist. Wenn er weder A-wahr noch A-falsch ist, dann ist er synthetisch.

Ich verwende den Term P-Wahrheit – Wahrheit gemäß den Postulaten – für die Gesetze, welche durch die Postulate L-impliziert werden, nämlich durch das F-Postulat (den Ramsey-Satz) zusammen mit den Beobachtungs- und theoretischen A-Postulaten. In anderen Worten: P-Wahrheit basiert auf den drei Postulaten F_T, A_0 und A_T. Da aber F_T und A_T zusammen TZ, der ursprünglichen Form der Theorie äquivalent sind, kann man diese Postulate zusammen als TZ und A_0 darstellen.

Auf Grund der verschiedenen Arten von Wahrheit, die definiert wurden, und der entsprechenden Arten der Falschheit erhält man eine allgemeine Einteilung der Sätze einer Wissenschaftssprache. Man kann diese so wie in Abb. 33 darstellen. Diese Einteilung überkreuzt sich mit unserer früheren Einteilung der Sprache in logische, Beobachtungs-, theoretische und gemischte Sätze, die auf den verschiedenen Arten von Termen beruhen, welche in den Sätzen vorkommen können. Wie Sie bemerken werden, wurde der traditionelle Ausdruck synthetisch als Alternative zu »A-indeterminiert« angegeben; das erscheint natürlich, weil der Begriff »A-wahr« die Explikation des herkömmlichen Begriffes »analytisch« (oder »analytisch wahr«) sein sollte. Der Begriff »P-indeterminiert« bestimmt eine engere Klasse, nämlich jene A-indeterminierten (oder synthetischen) Sätze, deren Wahrheit oder Falschheit noch nicht einmal durch die

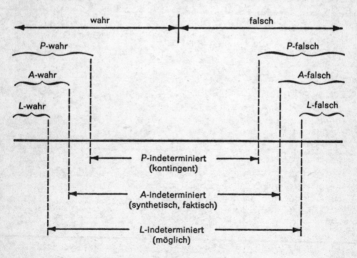

Abb. 33

Postulate der Theorie *TZ* bestimmt wird (zum Beispiel durch die Grundgesetze der Physik oder einer anderen Wissenschaft). Hier liegt es nahe, auch den Ausdruck kontingent zu verwenden.

Ich möchte dieses Klassifizierungs-Programm und insbesondere die Definition der A-Wahrheit mittels des vorgeschlagenen A-Postulates nicht dogmatisch vortragen. Ich möchte es eher als einen Lösungsversuch für das Problem der Definition der Analytizität für eine theoretische Sprache betrachten. Obwohl ich den Pessimismus von Quine und Hempel nicht teilte, habe ich stets zugegeben, daß es sich hier um ein ernstes Problem handle, für das ich keine Lösung sehe. Eine Zeitlang dachte ich, daß wir uns damit begnügen müßten, rein theoretische Sätze nur unter der engsten und trivialen Bedingung analytisch zu nennen, daß sie L-wahr sind. Zum Beispiel: »Entweder ist ein Teilchen ein Elektron, oder es ist kein Elektron.« Schließlich fand ich nach vielen Jahren des Suchens diese neue Lösung mit dem neuen A-Postulat[33]. Bei dieser Lösung haben sich bis jetzt keine Schwierigkeiten ergeben. Ich glaube fest, daß es eine Lösung gibt und daß es möglich sein wird, Schwierigkeiten, falls sie auftreten, zu überwinden.

Teil VI

JENSEITS DES DETERMINISMUS

29 Statistische Gesetze

Die Wissenschaftstheoretiker der Vergangenheit haben sich sehr stark mit der Frage befaßt: »Was ist das Wesen der Kausalität?« Ich habe in den vorangehenden Kapiteln klar zu machen versucht, warum dies nicht die beste Formulierung des Problems ist. Jede Art von Kausalität, die es in der Welt gibt, wird durch die Gesetze der Wissenschaft ausgedrückt. Wenn wir die Gesetze der Kausalität studieren wollen, dann können wir dies tun, indem wir jene Gesetze studieren und untersuchen, auf welche Weise man sie ausdrückt und wie man sie mit Hilfe von Experimenten bestätigen oder als falsch erkennen kann.

Bei der Untersuchung der naturwissenschaftlichen Gesetze fanden wir es günstig, zwischen empirischen Gesetzen, welche mit Observablen (das heißt beobachtbaren Größen) zu tun haben, und theoretischen Gesetzen zu unterscheiden, welche Nicht-Observable betreffen. Wir sahen, daß diese Unterscheidung nützlich ist, auch wenn es keine scharfe Trennungslinie zwischen Observablen und Nicht-Observablen gibt und daher auch keine scharfe Grenze zwischen empirischen Gesetzen und theoretischen Gesetzen. Eine andere wesentliche Unterscheidung, die sowohl die empirischen wie auch die theoretischen Gesetze nochmals unterteilt, ist die Unterscheidung zwischen deterministischen und statistischen Gesetzen. Diese Unterscheidung ist für uns nicht neu, wir werden sie aber in diesem Kapitel etwas ausführlicher erläutern.

Ein deterministisches Gesetz ist eines, das aussagt, daß unter bestimmten Bedingungen etwas bestimmtes der Fall sein wird. Wie bereits gezeigt, kann ein Gesetz dieser Art qualitative oder quantitative Begriffe benützen. Die Behauptung, daß die Länge eines Eisenstabes zunimmt, wenn man diesen erhitzt, ist eine qualitative Aussage. Die Behauptung, daß sich die Länge des Stabes um einen bestimmten Betrag erhöht, wenn man ihn auf eine bestimmte Temperatur erhitzt, ist eine quantitative Aussage. Ein quantitatives deterministisches Gesetz sagt stets aus, daß, wenn gewisse Größen bestimmte Werte haben, eine andere Größe (oder eine der ersteren Größen zu einer anderen Zeit) einen gewissen Wert haben wird. Kurz gesagt, das Gesetz drückt eine funktionale Beziehung zwischen den Werten zweier oder mehrerer Größen aus.

Im Gegensatz dazu liefert ein statistisches Gesetz in bestimmten Fällen nur eine Wahrscheinlichkeitsverteilung für eine Größe. Es gibt in vielen Fällen nur den Durchschnittswert einer Größe an. Zum Beispiel behauptet ein statistisches Gesetz, daß man erwarten kann, daß eine gegebene Seitenfläche ungefähr zehnmal auftritt, wenn man mit einem kubischen Würfel sechzigmal würfelt. Das Gesetz sagt uns nicht, was sich bei irgendeinem der Würfelvorgänge ereignen wird, und es gibt auch nicht an, was sich mit Sicherheit bei sechzigmaligem Würfeln ereignen wird. Es sagt aus, daß man erwarten kann, daß jede Seite ungefähr gleich oft auftritt, wenn man sehr oft würfelt. Da es sechs gleich wahrscheinliche Seiten gibt, ist die Wahrscheinlichkeit dafür, eine zu erhalten, ein Sechstel. Wir verwenden Wahrscheinlichkeit hier in einem statistischen Sinne, in der Bedeutung der relativen Häufigkeit bei einer langen Versuchsreihe, und nicht im logischen oder induktiven Sinn, den ich Bestätigungsgrad nenne.

Statistische Gesetze waren im neunzehnten Jahrhundert durchaus geläufig, aber kein Physiker dachte damals daran, daß solche Gesetze darauf hinweisen könnten, daß die Grundgesetze der Natur nicht deterministisch sind. Man nahm an, daß statistische Gesetze entweder aus Bequemlichkeit angegeben würden oder weil man nicht genügend wußte, um eine Situation deterministisch zu beschreiben.

Die offiziellen Statistiken, die sich aus Volkszählungen ergeben, sind bekannte Beispiele von Aussagen, die der Bequemlichkeit wegen in statistischer Form ausgedrückt sind und nicht, weil man nicht mehr wußte. Bei der Volkszählung versucht die Regierung von jedem einzelnen Angaben über sein Alter, Geschlecht, Rasse, Geburtsort, Zahl der Kinder, Gesundheitszustand und so weiter zu erhalten. Durch eine sorgfältige Zählung all dieser Daten erhält die Regierung wertvolle statistische Informationen (in früheren Zeiten erfolgten Zählen und Rechnen von Hand. Es gab gewöhnlich einen Zwischenraum von zehn Jahren zwischen zwei Volkszählungen, und wenn eine neue Volkszählung begann, waren oft die Berechnungen für die alte noch nicht abgeschlossen. Heutzutage werden die Daten auf Lochkarten übertragen und von datenverarbeitenden Maschinen schnell ausgewertet). Aus den Daten kann man den Prozentsatz der Personen ersehen, die über sechzig Jahre alt sind, den Prozentsatz der Ärzte, den Prozentsatz der Tuberkulose-Kranken und so weiter. Statistische Aussagen dieser Art sind nötig, um eine ungeheuere Anzahl von Tatsachen in eine brauchbare Form zu bringen. Das bedeutet nicht, daß die Einzeltatsachen nicht verfügbar wären; es bedeutet nur, daß es außerordentlich unbequem wäre, sie als Einzeltatsachen auszudrücken. Anstatt Millionen einzelner Aussagen zu machen, wie »... und dann gibt es auch Mrs. Smith in San Francisco, die in Seattle, Washington, geboren wurde, siebenundfünfzig Jahre alt ist und vier Kinder und zehn Enkelkinder hat«, wird die Information in kurze statistische Aussagen zusammengefaßt. Man tut dies aus Bequemlichkeitsgründen, auch wenn die zugrundeliegenden Tatsachen festgehalten sind.

Manchmal sind die Einzeltatsachen zwar nicht verfügbar, aber man kann sie in Erfahrung bringen. Zum Beispiel kann man, anstatt eine vollständige Befragung jeder Person in einer großen Population vorzunehmen, nur eine Stichprobe untersuchen. Wenn sich aus der Stichprobe ergibt, daß ein gewisser Prozentsatz der Bevölkerung eigene Häuser besitzt, dann kann man ungefähr schließen, daß der gleiche Prozentsatz der Gesamtbevölkerung Häuser besitzt. Es wäre möglich, diese Personen zu befragen, aber statt dafür Zeit und Geld aufzuwenden, macht man eine Stichprobe. Wenn man sie sorgfältig durchführt, so daß man sie mit gutem Grund als repräsentativ betrachten kann, wird man gute Schätzungen für die Gesamtwerte erhalten.

Sogar in den physikalischen und biologischen Wissenschaften ist es oft günstig, statistische Aussagen zu machen, obwohl die Einzeltatsachen bekannt sind oder nicht schwer festzustellen wären. Ein Pflanzenzüchter wird etwa mitteilen, daß tausend Pflanzen mit roten Blüten einer bestimmten Behandlung unterworfen wurden; in der nächsten Generation waren ungefähr 75 % der Blüten weiß statt rot. Der Botaniker kennt vielleicht die genaue Zahl der roten und weißen Blüten, oder wenn er sie nicht kennt, könnte er sie feststellen, indem er genau zählt. Aber es bedarf keiner solchen Genauigkeit. Es ist für ihn bequemer, die Ergebnisse als ungefähre Prozentzahlen anzugeben.

Manchmal ist es außerordentlich schwierig, wenn nicht unmöglich, exakte Angaben über Einzelfälle zu erhalten, obwohl es leicht ist, zu sehen, wie man sie erhalten *könnte*. Wenn wir zum Beispiel alle für das Fallen eines Würfels relevanten Größen messen könnten – den genauen Ort zu der Zeit, zu der er die Hand verläßt, die genauen Geschwindigkeiten, die er erhält, sein Gewicht und seine Elastizität, die Beschaffenheit der Oberfläche, auf die er fällt und so weiter –, dann könnte man genau vorhersagen, in welcher Stellung der Würfel zur Ruhe kommen wird. Weil aber Maschinen für derartige Messungen zur Zeit nicht verfügbar sind, müssen wir uns mit einem statistischen Gesetz zufriedengeben, das die relative Häufigkeit einer langen Versuchsreihe angibt.

Im neunzehnten Jahrhundert führte die kinetische Gastheorie zur Aufstellung vieler Wahrscheinlichkeitsgesetze in der statistischen Mechanik. Wenn eine gewisse Menge von, sagen wir, Wasserstoff überall einen bestimmten Druck und eine bestimmte Temperatur hat, dann wird sich eine gewisse Verteilung der Geschwindigkeiten seiner Moleküle einstellen. Diese Verteilung wird durch das Maxwell-Boltzmann-Verteilungsgesetz angegeben. Es besagt, daß die Wahrscheinlichkeitsverteilung für jede der drei Komponenten der Geschwindigkeit, eine sogenannte Normal- (oder Gauß-)Verteilung ist, die durch die bekannte Glockenkurve dargestellt wird. Das ist ein statistisches Gesetz über eine Situation, bei der es technisch unmöglich wäre, die notwendigen Informationen über jedes einzelne Molekül zu erhalten. Die Unwissenheit hier – und das ist der wichtige Punkt – ist tiefergreifend als die Unwissenheit in den vorhergehenden Beispielen. Sogar im Falle des Würfels kann man sich vorstellen, daß man eines Tages Instrumente bauen könnte, die imstande sind, all die relevanten Angaben zu analysieren. Man könnte diese einer elektronischen Rechenmaschine zuführen, die schon anzeigen würde: »Es wird eine Sechs sein«, noch bevor der Würfel zu rollen aufgehört hat. Aber in bezug auf die Gas-Moleküle gibt es kein bekanntes Verfahren, mit dem man Richtung und Geschwindigkeit jedes einzelnen Moleküls messen und dann die Milliarden von Resultaten analysieren könnte, um zu prüfen, ob die Maxwell-Boltzmann-Verteilung zutrifft. Die Physiker formulierten dieses Gesetz als Mikro-Gesetz in der Theorie der Gase und bestätigten es, indem sie verschiedene Konsequenzen des Gesetzes überprüften. Solche statistischen Gesetze waren in Gebieten, in denen man keine Einzeltatsachen erhalten konnte, im neunzehnten Jahrhundert nichts Ungewöhnliches. Heute werden Gesetze dieser Art in jedem Gebiet der Wissenschaft benützt, besonders in den biologischen und den Sozialwissenschaften.

Die Physiker des neunzehnten Jahrhunderts waren sich durchaus der Tatsache bewußt, daß sich hinter den Wahrscheinlichkeitsgesetzen für Gase oder den Gesetzen für menschliches Verhalten eine Unwissenheit verbarg, die viel tiefliegender war als die Unwissenheit über das Würfeln. Trotzdem waren sie überzeugt, daß es *prinzipiell* möglich wäre, die fehlende Information zu erhalten. Natürlich waren keine technischen Mittel vorhanden, um einzelne Moleküle zu messen; aber das war eben nur eine unglückliche Begrenzung der Fähigkeiten der augenblicklich verfügbaren Hilfsmittel. Unter einem Mikroskop konnte der Physiker sehen, wie kleine in Flüssigkeit schwimmende Teilchen durch Zusammenstöße mit unsichtbaren Molekülen völlig unregelmäßig hin und her gestoßen wurden. Mit besseren Instrumenten würde man kleinere und immer kleinere Teilchen beobachten können. In Zukunft würde man vielleicht Meßinstrumente bauen können, welche Ort und Geschwindigkeit einzelner Moleküle zu messen gestatteten.

Es gibt da natürlich ernst zu nehmende optische Grenzen. Man wußte auch, daß man Teilchen, die kleiner als die Wellenlänge des sichtbaren Lichtes sind, nicht mehr mit einem Lichtmikroskop feststellen kann, aber das schloß ja nicht die Möglichkeit einer Messung mit anderen Instrumenten aus. Mit den heutigen Elektronen-Mikroskopen können wir tatsächlich Gegenstände »sehen«, deren Größe weit unter dem Auflösungsvermögen der Lichtmikroskope liegt. Die Naturwissenschaftler des neunzehnten Jahrhunderts waren überzeugt, daß es im Prinzip keine Grenze für die Genauigkeit der Beobachtung immer kleinerer Gegenstände gibt.

Sie erkannten auch, daß keine Beobachtung jemals *völlig* genau ist. Es gibt immer eine gewisse Unsicherheit. *Alle* Gesetze der Naturwissenschaft sind in diesem Sinne statistisch; aber das ist ein trivialer Sinn. Wichtig ist, daß man die Genauigkeit stets vergrößern kann. Heute, so mochte ein Physiker des neunzehnten Jahrhunderts sagen, kann man mit einer Genauigkeit von zwei Dezimalstellen messen. Morgen wird man eine Genauigkeit von drei Dezimalstellen erreichen können, und in Jahrzehnten werden wir vielleicht eine Genauigkeit von zwanzig oder hundert Stellen erreichen. Es schien für keine Art von Messung irgendwelche Grenzen der Genauigkeit zu geben. Die Physiker des neunzehnten Jahrhunderts und viele Philosophen nahmen als selbstverständlich an, daß es hinter all den Makrogesetzen mit ihren unvermeidlichen Meßfehlern Mikrogesetze gibt, die exakt und deterministisch sind. Natürlich kann man wirkliche Moleküle nicht sehen. Aber wenn zwei Moleküle zusammenstoßen, dann sind ihre sich ergebenden Bewegungen sicher vollständig bestimmt durch die Bedingungen vor dem Zusammenstoß. Wenn man all diese Bedingungen wissen könnte, wäre es möglich, genau vorherzusagen, wie die zusammenstoßenden Moleküle sich verhalten werden. Wie könnte es anders sein? Das Verhalten der Moleküle muß von *etwas* abhängen. Es kann nicht willkürlich und zufällig sein. Die Grundgesetze der Physik müssen deterministisch sein.

Die Physiker des neunzehnten Jahrhunderts erkannten auch, daß die Grundgesetze Idealisierungen sind, die man wegen des Einflusses äußerer Störfaktoren selten in reiner Form verwirklicht findet. Sie drückten das aus, indem sie zwischen Grundgesetzen und »eingeschränkten« Gesetzen unterschieden, welche sich aus den Grundgesetzen ableiten lassen. Ein eingeschränktes Gesetz ist einfach ein Gesetz, das eine einschränkende Bedingung enthält; es sagt zum Beispiel aus, daß dieses oder jenes sich unter »normalen Bedingungen« ereignen wird. Betrachten wir die Aussage: »Ein Eisenstab, den man vom Gefrierpunkt auf die Temperatur des kochenden Wassers bringt, wird länger werden.« Das ist nicht wahr, wenn man den Stab in einen starken Schraubstock einklemmt, der auf die Enden einen Druck ausübt. Wenn der Druck genügend groß ist, wird die Ausdehnung des Stabes verhindert. Das Gesetz ist daher in dem Sinne eingeschränkt, daß man nur sagen kann, daß es unter normalen Bedingungen gilt, das heißt, wenn keine anderen Kräfte, die auf den Stab einwirken, den Versuch stören.

Hinter all den eingeschränkten Gesetzen gibt es Grundgesetze, die bedingungslose Behauptungen aufstellen. »Zwei Körper ziehen einander mit einer Gravitationskraft an, die ihren beiden Massen proportional ist und umgekehrt proportional dem Quadrat der Entfernung zwischen ihnen.« Das ist eine Behauptung ohne Bedingung. Es könnte natürlich andere Kräfte geben, wie etwa die magnetische

Anziehung, welche die Bewegung eines der beiden Körper ändert. Aber das würde nicht den Betrag oder die Richtung der Gravitationskraft ändern. Zu der Formulierung des Gesetzes brauchen keine einschränkenden Bedingungen hinzugefügt werden. Ein anderes Beispiel sind Maxwells Gleichungen für das elektromagnetische Feld. Man glaubte, daß sie ohne einschränkende Bedingung mit absoluter Genauigkeit gelten. Das großartige Bild, das die Newtonsche Physik bot, war das einer Welt, in der alle Ereignisse im Prinzip aus Grundgesetzen erklärt werden konnten, die völlig frei von Unbestimmtheit waren. Wie schon in einem früheren Kapitel erwähnt, gab Laplace diesem Gedanken eine klassische Formulierung: Ein Geist, der alle Fundamentalgesetze und alle Tatsachen der Welt in einem Augenblick ihrer Geschichte kennt, würde auch fähig sein, alle zukünftigen und vergangenen Ereignisse in der Welt zu berechnen. Dieses utopische Bild wurde durch die Quanten-Physik zerstört, wie wir im nächsten und abschließenden Kapitel sehen werden.

Der wesentlich nicht-deterministische Charakter der Quantenmechanik beruht auf dem Unbestimmtheitsprinzip, manchmal auch Unschärfeprinzip oder Unschärferelation genannt, das 1927 von Werner Heisenberg aufgestellt wurde. Es besagt etwa, daß es für gewisse Paare von Größen, die man »konjugierte« Größen nennt, prinzipiell unmöglich ist, beide zugleich mit großer Genauigkeit zu messen.

Ein Beispiel eines solchen Paares ist:

(1) Die x-Koordinate (q_x) des Ortes eines gegebenen Teilchens zu gegebener Zeit (in bezug auf ein gegebenes Koordinatensystem).

(2) Die x-Komponente (p_x) des Impulses des gleichen Teilchens zur gleichen Zeit. (Diese Komponente ist das Produkt der Masse des Teilchens und der x-Komponente seiner Geschwindigkeit.)

Ebenfalls konjugiert ist das Paar q_y, p_y und das Paar q_z, p_z.

Nehmen wir an, daß wir von den beiden konjugierten Größen p und q Messungen machen und finden, daß p in einem Intervall der Länge Δp und q in einem Intervall der Länge Δq liegt. Heisenbergs Unschärfeprinzip besagt: Wenn wir versuchen, p genau zu messen, d.h. Δp sehr klein zu machen, dann können wir nicht im gleichen Augenblick q genau messen, d.h. Δq sehr klein machen. Genauer ausgedrückt: das Produkt von Δp und Δq kann nicht kleiner als ein bestimmter Wert werden, der mit Hilfe von Plancks Konstante h ausgedrückt wird. Das Unschärfeprinzip bedeutet also für die konjugierten Komponenten von Impuls und Ort, daß man prinzipiell nicht beide zugleich mit großer Genauigkeit messen kann. Wenn wir genau wissen, wo ein Teilchen ist, dann werden seine Impulskomponenten undeutlich und verwaschen. Und wenn wir den Impuls genau kennen, dann können wir nicht genau festlegen, wo das Teilchen ist. In der Praxis ist die Meßungenauigkeit dieser Art gewöhnlich viel größer als das nach dem Unschärfeprinzip mögliche Minimum. Es ist sehr wichtig und äußerst folgenschwer, daß diese Unschärfe ein Bestandteil der Grundgesetze der Quantentheorie ist. Die Begrenzung, die das Unschärfeprinzip ausdrückt, ist keine Folge von Unvollkommenheiten unserer Meßinstrumente und kann daher nicht durch eine Verbesserung der Meßmethoden verringert werden. Es handelt sich um ein grundlegendes Gesetz, das unlösbar mit den Gesetzen der Quantentheorie in ihrer gegenwärtigen Form verbunden ist.

Das heißt nicht, daß die anerkannten Gesetze der Physik nicht geändert werden könnten oder Heisenbergs Unschärfeprinzip niemals aufgegeben werden wird. Aber ich glaube, man kann sagen, daß seine Aufgabe eine revolutionäre Veränderung der Grundstruktur der heutigen Physik voraussetzen würde. Einige Physiker halten heute (wie seinerzeit Einstein) diesen Teil der modernen Quantenmechanik für fragwürdig und glauben, daß man ihn eines Tages aufgeben könnte. Das ist eine Möglichkeit. Aber es müßte eine radikale Veränderung sein. Im Augenblick weiß niemand, wie man das Unschärfeprinzip eliminieren sollte.

Damit hängt ein ebenfalls sehr wichtiger Unterschied zwischen der Quantentheorie und der klassischen Physik zusammen; er betrifft den Begriff des augenblicklichen Zustandes eines physikalischen Systems. In der klassischen Physik wird der Zustand dieses Systems zur Zeit t_1 vollständig dadurch beschrieben, daß man für jedes Teilchen die Werte der folgenden Größen angibt (manchmal »Zustandsvariable« genannt; ich werde sie »Zustandsgrößen« nennen):

(a) Die drei Ortskoordinaten zur Zeit t_1.

(b) Die drei Impulskoordinaten zur Zeit t_1.

Nehmen wir an, daß dieses System im Zeitintervall von t_1 bis t_2 isoliert bleibt, das heißt, daß es während dieser Zeit nicht durch äußere Störungen beeinflußt wird. Dann bestimmen die Gesetze der klassischen Mechanik aus dem Zustand des Systems zum Zeitpunkt t_1 seinen Zustand (die Werte aller seiner Zustandsgrößen) zum Zeitpunkt t_2.

In der Quantenmechanik haben wir ein ganz anderes Bild. (Wir werden nicht berücksichtigen, welche Teilchen man hier als letzte unteilbare Bausteine betrachtet; nämlich nicht die Atome, sondern kleinere Teilchen wie Elektronen und Protonen. Obwohl dies einen großen Fortschritt in der Entwicklung der Physik bedeutet, ist es nicht wichtig für unsere augenblickliche Erörterung der formalen Methoden zur Festlegung des Zustandes eines Systems.) In der Quantenmechanik nennt man eine Menge von Größen eines gegebenen Systems eine »vollständige« Menge, wenn es erstens prinzipiell möglich ist, alle Größen der Menge gleichzeitig zu messen und wenn zweitens der Wert jeder anderen Zustandsgröße, die man gleichzeitig mit den Größen in der Menge messen könnte, durch die Werte der Größen in der Menge bestimmt ist. In unserem Beispiel eines Systems von Teilchen könnte eine vollständige Menge die folgenden Größen enthalten: für einige der Teilchen die Koordinaten q_x, q_y und q_z; für andere Teilchen die Impulskomponenten p_x, p_y, p_z; für wieder andere p_x, q_y, p_z oder q_x, q_y, p_z; und für wieder andere Teilchen andere geeignete drei Größen, die mit Hilfe der q's und p's ausgedrückt sind. Nach der Quantenmechanik kann man den Zustand eines Systems zu einer bestimmten Zeit vollständig beschreiben, wenn man die Werte irgendeiner vollständigen Menge von Zustandsgrößen festlegt.

Offensichtlich würde man vom klassischen Standpunkt aus so eine Beschreibung als unvollständig ansehen, denn wenn die Menge q_x enthält, dann ist p_x weder gegeben noch durch die anderen Größen in der Menge bestimmt. Aber diese Beschränkung der Zustandsbeschreibung stimmt mit dem Unschärfeprinzip überein: wenn q_x bekannt ist, dann kann man über p_x prinzipiell nichts wissen. Man sieht leicht, daß es unendlich viele verschiedene mögliche Wahlen von vollständigen Mengen von Zustandsgrößen für ein gegebenes System gibt. Wir haben die Freiheit, Messungen der Größen irgend*einer* der vollständigen Mengen des Systems vorzunehmen. Und wenn wir die genauen Werte der Größen der ausgewählten Menge gemessen haben, dann besitzen wir mit der Festlegung dieser Werte eine Zustandsbeschreibung unseres Systems.

In der Quantenmechanik kann jeder Zustand eines Systems durch eine besondere Art von Funktion, »Wellenfunktion« oder »Ψ-Funktion« (Psi-Funktion) genannt, beschrieben werden. Das ist eine Funktion, die Punkten im Raum numerische Werte zuordnet. Es handelt sich aber im allgemeinen nicht um unseren bekannten dreidimensionalen Raum, sondern um einen abstrakten Raum von höherer Dimensionszahl. Wenn die Werte einer vollständigen Menge von Zustandsgrößen zu einer bestimmten Zeit t_1 gegeben sind, dann ist die Wellenfunktion des Systems für t_1 eindeutig bestimmt. Diese Ψ-Funktionen spielen in der Quantenmechanik eine Rolle, welche der der Zustandsbeschreibungen in der klassischen Mechanik analog ist. Wie vorher ist es unter der Bedingung der Isolierung möglich, die Ψ-Funktion für t_2 auf Grund der vorgegebenen Ψ-Funktion für t_1 zu berechnen. Dies geschieht mittels einer berühmten Differentialgleichung, der sogenannten »Schrödinger-Gleichung«, die von Erwin Schrödinger, dem großen österreichischen Physiker, aufgestellt wurde. Diese Gleichung hat die mathematische Form eines deterministischen Gesetzes; sie liefert die vollständige Wellenfunktion für t_2. Wenn wir also die Ψ-Funktionen als vollständige Zustandsbeschreibungen annehmen, dann können wir sagen, daß zumindest auf der Ebene der Theorie der Determinismus in der Quantenmechanik erhalten bleibt.

Wenn auch diese Behauptung manchmal von Physikern ausgesprochen wird, so erscheint sie mir doch irreführend zu sein, weil sie einen dazu verführen kann, folgende Tatsache zu übersehen. Die Zustandsfunktion, die wir für einen zukünftigen Zeitpunkt t_2 berechnet haben, liefert uns im allgemeinen Fall nicht die Zustandsgrößen selbst, sondern nur Wahrscheinlichkeitsverteilungen für diese. Wenn wir zum Zeitpunkt t_2 eine bestimmte Zustandsgröße messen wollen – z. B. die y-Koordinate des Ortes des Teilchens Nr. 5 –, dann sagt die Wellenfunktion uns nicht den Wert voraus, den wir in unserer Messung finden werden; sie liefert nur eine Wahrscheinlichkeitsverteilung für die möglichen Werte dieser Größe. Im allgemeinen wird die Wellenfunktion verschiedenen Werten der Größe (oder verschiedenen Intervallen der Werte der Größe) positive Wahrscheinlichkeiten zuordnen. Nur in gewissen Spezialfällen wird ein Wert theoretisch die Wahrscheinlichkeit Eins (Gewißheit) haben. Dann können wir sagen, daß der Wert bestimmt vorausgesagt wurde. Man beachte, daß die für t_2 berechnete Ψ-Funktion Wahrscheinlichkeitsverteilungen für *jede* Zustandsgröße des betrachteten physikalischen Systems liefert. Das heißt für unser früheres Beispiel, daß sie Wahrscheinlichkeitsverteilungen für alle Größen, die unter (a) und (b) aufgeführt wurden, ergibt. Die Quantentheorie ist grundsätzlich indeterministisch, insofern als sie keine bestimmten Vorhersagen für die Ergebnisse von Messungen macht. Sie liefert nur Wahrscheinlichkeitsvoraussagen.

Weil die für den Zeitpunkt t_2 berechnete Ψ-Funktion Wahrscheinlichkeitsverteilungen für die ursprünglichen Zustandsgrößen der einzelnen Teilchen liefert, ist es auch möglich, Wahrscheinlichkeitsverteilungen für andere Größen abzuleiten, die mit Hilfe der ursprünglichen definiert sind. Unter diesen Größen befinden sich solche, die statistische Größen in bezug auf die Menge der Teilchen eines physikalischen Systems sind oder in bezug auf eine Teilmenge dieser Teilchen. Viele dieser statistischen Größen entsprechen makroskopisch beobachtbaren Eigenschaften, wie z.B. der Temperatur oder dem Ort des Schwerpunkts (etwa eines kleinen sichtbaren Körpers). Wenn der Körper aus Milliarden von Teilchen besteht, wenn es sich etwa um einen künstlichen Satelliten handelt, der um die Erde kreist, dann kann man für ihn Ort, Geschwindigkeit, Temperatur und andere meßbare Größen mit großer Genauigkeit berechnen. In derartigen Fällen hat die Kurve der Wahrscheinlichkeitsdichte für eine statistische Größe die Form eines äußerst schmalen, äußerst steilen Hügels. Wir können daher ein kleines Intervall angeben, das praktisch den ganzen Hügel enthält; deshalb ist die Wahrscheinlichkeit dafür, daß der Wert der Größe in diesem Intervall liegt, sehr nahe an Eins. Sie ist mit so großer Näherung Eins, daß wir für alle praktischen Zwecke den Wahrscheinlichkeitscharakter der Vorhersage vernachlässigen und sie als sicher ansehen können. Aber vom Standpunkt der Quantentheorie besteht das System des Satelliten aus Milliarden von Teilchen und für jedes einzelne Teilchen gibt es eine unvermeidliche Unschärfe der Vorhersagen. Die Unsicherheit, die durch die Quantengesetze ausgedrückt wird, gilt also auch für den Satelliten. Sie wird aber durch die statistischen Gesetze im Falle einer sehr großen Teilchenzahl fast auf Null herabgedrückt.

Andererseits gibt es Situationen ganz anderer Art, in denen das Auftreten eines Ereignisses im stärksten Sinne direkt beobachtbar ist, obwohl es von dem Verhalten einer sehr kleinen Zahl von Teilchen abhängt; manchmal sogar von einem einzigen Teilchen. In Fällen dieser Art überträgt sich die beachtliche Ungewißheit für das Verhalten des Teilchens auf das Makroereignis. Das ist der Fall in Situationen, in denen etwa ein radioaktives Mikroereignis ein Makroereignis »auslöst«; zum Beispiel wenn ein bei einem β-Zerfall emittiertes Elektron ein deutlich hörbares Klicken in einem Geigerzähler hervorruft. Auch wenn wir die idealisierte Annahme machen, daß wir die Werte einer vollständigen Menge primärer Zustandsgrößen für die subatomaren Teilchen in einer kleinen Menge radioaktiver Atome zur Zeit t_1 kennen, welche den Körper B bilden, könnten wir nur Wahrscheinlichkeiten für das Auftreten der Ereignisse ableiten: während der ersten Sekunde nach t_1 wird kein Teilchen emittiert, ein Teilchen emittiert, werden zwei Teilchen emittiert usw. Wenn der radioaktive Prozeß so beschaffen ist, daß die Wahrscheinlichkeit dafür, daß während des betrachteten Intervalles keine Emission stattfindet, nahe Eins ist, dann können wir nicht einmal mit einer groben Annäherung den Zeitpunkt voraussagen, an dem die erste Emission eines Teilchens stattfinden und den Geigerzähler zum Klicken bringen wird. Wir können nur Wahrscheinlichkeiten und damit zusammenhängende Werte bestimmen; zum Beispiel den Erwartungswert für den Zeitpunkt des ersten Klickens. Im Hinblick auf diese Situation würde ich sagen, daß die deterministische Auffassung des neunzehnten Jahrhunderts in der modernen Physik fallengelassen worden ist. Ich glaube, daß die meisten Physiker die radikale Veränderung, welche die Quantenmechanik in das klassische Newtonsche Bild gebracht hat, auf diese Weise ausdrücken würden.

Wenn aber manche Philosophen wie Ernest Nagel und manche Physiker wie Henry Margenau sagen, daß in bezug auf die Gesetze, welche die Zustände der Systeme regieren, immer noch Determinismus vorliegt, und daß sich nur die Definition des »Zustands« geändert hat, so will ich ihnen nicht widersprechen. Was sie sagen, stimmt. Aber meiner Meinung nach kann das Wort »nur« irreführend sein. Es vermittelt den Eindruck, daß die Veränderung nur in einer veränderten Antwort auf die folgende Frage besteht: Welche Größen charakterisieren den Zustand eines Systems? In Wirklichkeit ist die Veränderung aber viel grundlegender. Die klassischen Physiker waren überzeugt, daß die Gesetze mit dem Fortschritt der Forschungen exakter und immer exakter werden würden und daß es für die Genauigkeit der Vorhersage beobachtbarer Ereignisse keine Grenze gebe. Im Gegensatz dazu setzt die Quantentheorie eine unübersteigbare Grenze. Aus diesem Grunde glaube ich, daß das Risiko eines Mißverständnisses geringer ist, wenn wir sagen, daß die Kausalstruktur – die Struktur der Gesetze – in der modernen Physik sich grundlegend von der Struktur der Gesetze unterscheidet, die von der Zeit Newtons bis zum Ende des neunzehnten Jahrhunderts bekannt war. Der Determinismus im klassischen Sinne ist aufgegeben.

Man versteht leicht, warum dieses radikal neue Bild des physikalischen Gesetzes am Anfang für die Physiker psychologisch gar nicht so leicht zu akzeptieren war[33]. Planck selbst, von Natur aus ein konservativer Denker, war unglücklich darüber, daß er feststellen mußte, daß die Emission und Absorption von Strahlung kein kontinuierlicher Prozeß ist, sondern in unteilbaren Einheiten vor sich geht. Diese Diskretheit war so völlig gegen den ganzen Geist der traditionellen Physik, daß es für viele Physiker, Planck nicht ausgenommen, äußerst schwierig war, sich an die neuen Denkweisen zu gewöhnen.

Die Revolution, die Heisenbergs Unschärfeprinzip mit sich brachte, hat einige Philosophen und Physiker dazu geführt, vorzuschlagen, daß man an der Sprache der Physik gewisse grundlegende Änderungen vornehmen sollte. Die Physiker selbst sprechen nicht viel über die Sprache, die sie benützen. Solche Vorschläge kommen gewöhnlich nur von den wenigen Physikern, die auch an den logischen Grundlagen der Physik interessiert sind oder von Logikern, die Physik studiert haben. Diese Leute fragen sich: »Sollte man die Sprache der Physik verändern, um sie an die Unschärferelationen anzupassen? Wenn ja, wie?«

Die extremsten Vorschläge für so eine Modifizierung verlangen eine Änderung der Logik, die in der Physik verwendet wird. Philipp Frank und Moritz Schlick (Schlick war damals Philosoph in Wien und Frank Physiker in Prag) sprachen gemeinsam als erste die Ansicht aus, daß unter gewissen Bedingungen die Konjunktion zweier sinnvoller Aussagen in der Physik als sinnlos betrachtet werden sollte; zum Beispiel die Konjunktion von zwei Voraussagen über die Werte konjugierter Größen desselben Systems zur gleichen Zeit. A sei eine Aussage, die die genauen Ortskoordinaten eines Teilchens für einen gewissen Zeitpunkt vorhersagt. B sei eine Aussage, welche die drei Impulskomponenten für das selbe Teilchen und den gleichen Zeitpunkt angibt. Wir wissen aus Heisenbergs Unschärfeprinzip, daß wir die Wahl zwischen zwei Möglichkeiten haben:

1. Wir können ein Experiment machen, das uns (vorausgesetzt natürlich, wir haben ausreichend gute Instrumente) den Ort des Teilchens mit hoher, wenn auch nicht vollkommener Genauigkeit liefert. In diesem Fall wird unsere Bestimmung des Impulses des Teilchens sehr ungenau sein.

2. Wir können stattdessen ein anderes Experiment durchführen, in dem wir die Impulskomponenten des Teilchens mit großer Genauigkeit messen. In diesem Fall müssen wir uns mit einer sehr ungenauen Bestimmung des Ortes des Teilchens zufriedengeben.

Kurz gesagt, wir können entweder das Vorliegen von A oder das Vorliegen von B prüfen. Wir können nicht prüfen, ob die Konjunktion »A und B« gilt. Martin Strauss, ein Schüler von Frank, schrieb seine Dissertation über dieses und verwandte Probleme. Später arbeitete er mit Niels Bohr in Kopenhagen zusammen. Strauss vertrat die Ansicht, daß die Konjunktion von A und B als sinnlos angenommen werden sollte, weil man sie nicht bestätigen kann. Wenn wir wollen, können wir A mit jedem gewünschten Genauigkeitsgrad bestätigen. Das selbe können wir mit B machen. Wir können es nicht für »A und B« machen. Man sollte die Konjunktion daher nicht als sinnvolle Aussage betrachten. Aus diesem Grunde sollten, nach der Meinung von Strauss, die Formregeln (die Regeln, welche die Form der zulässigen Sätze angeben) der Sprache der Physik geändert werden. Meiner Meinung nach ist eine derartig radikale Veränderung nicht ratsam.

Ein anderer, ähnlicher Vorschlag stammt von den Mathematikern Garrett Birkhoff und John von Neumann[34]. Sie schlugen vor, nicht die Formregeln, sondern die Ableitungsregeln zu ändern (die Regeln, die es gestatten, einen Satz aus einem anderen Satz oder aus einer Menge von Sätzen abzuleiten). Sie meinten, daß die Physiker eines der Distributivitätsgesetze der Aussagenlogik aufgeben sollten.

Ein dritter Vorschlag wurde von Hans Reichenbach gemacht. Er wollte die traditionelle zweiwertige Logik durch eine dreiwertige Logik ersetzen[35]. In so einer Logik hätte jede Aussage drei mögliche Wahrwerte: W (wahr), F (falsch) und U (unbestimmt). Das klassische Gesetz des ausgeschlossenen Dritten (eine Aussage muß entweder wahr oder falsch sein, es gibt keine dritte Möglichkeit) wird hier durch das Gesetz des ausgeschlossenen Vierten ersetzt. Jede Aussage muß wahr, falsch oder unbestimmt sein – es gibt keine vierte Möglichkeit. Zum Beispiel kann es sein, daß man in einem geeigneten Experiment feststellt, daß die Aussage B über den Impuls des Teilchens wahr ist. In diesem Fall ist die andere Aussage A, die den Ort des Teilchens betrifft, unbestimmt. Sie ist unbestimmt, weil es prinzipiell unmöglich ist, ihre Wahrheit oder Falschheit zur gleichen Zeit zu bestimmen, zu der B bestimmt wird. Natürlich hätten wir auch A bestimmen können. Aber dann wäre B unbestimmt gewesen. In anderen Worten, es gibt Situationen in der modernen Physik, in denen die Wahrheit bestimmter Aussagen dazu führt, daß andere Aussagen unbestimmt sind.

In seiner dreiwertigen Logik fand Reichenbach es für nötig, neue Definitionen für die üblichen logischen Aussageverbindungen (Implikation, Disjunktion, Konjunktion und so weiter) durch Wahrheitstafeln zu geben, die viel komplizierter sind als jene, mit denen man in der bekannten zweiwertigen Logik die Aussageverbindungen definiert. Außerdem führte er neue Aussageverbindungen ein. Auch hier habe ich das Gefühl, daß man es wohl akzeptieren müßte, wenn es notwendig wäre, die Logik der Sprache der Physik auf diese Weise zu komplizieren. Aber im Augenblick glaube ich nicht, daß so ein radikaler Schritt unvermeidlich ist.

Wir müssen natürlich die weitere Entwicklung der Physik abwarten. Leider stellen die Physiker ihre Theorien selten so dar, wie es die Logiker gerne sehen würden. Sie sagen nicht: »Das ist meine Sprache, das sind meine Grundterme, das sind meine Formregeln und das sind meine logischen Axiome.« (Wenn sie wenigstens ihre logischen Axiome angäben, dann könnte man sehen, ob sie mit von Neumann oder mit Reichenbach übereinstimmen oder ob sie vorziehen, die klassische zweiwertige Logik beizubehalten.) Es wäre auch gut, wenn die Postulate des ganzen Gebietes der Physik in einer systematischen Weise formuliert wären, welche die Logik einschließt. Wäre dies geschehen, so könnte man leichter bestimmen, ob sich eine Änderung der zugrundegelegten Logik rechtfertigen läßt.

Hier berühren wir tiefliegende, noch ungelöste Probleme der Sprache der Physik. Diese Sprache ist immer noch mit Ausnahme ihres mathematischen Teils weitgehend eine natürliche Sprache; das heißt, man lernt ihre Regeln implizit in der Praxis und formuliert sie selten explizit. Natürlich wurden Tausende von neuen Ausdrücken und, für die Sprache der Physik, eigentümlichen Ausdrucksweisen angenommen; und in einigen wenigen Fällen hat man Regeln für die Behandlung von solchen technischen Ausdrücken und Symbolen entwickelt. Wie die Sprachen anderer Wissenschaften hat auch die Sprache der Physik dauernd an Genauigkeit zugenommen und ihren gesamten Wirkungsgrad gesteigert. Diese Tendenz wird sich sicherlich fortsetzen. Im Augenblick aber hat sich die Entwicklung der Quantenmechanik noch nicht in vollem Ausmaße in einer Verschärfung der Sprache der Physik ausgewirkt.

Es ist schwierig, vorherzusagen, wie die Sprache der Physik sich ändern wird. Aber ich bin überzeugt, daß zwei Tendenzen, die im Verlaufe des letzten halben Jahrhunderts zu großen Verbesserungen in der Sprache der Mathematik geführt haben, in gleicher Weise die Sprache der Physik schärfen und klären werden: die Anwendung der modernen Logik und Mengenlehre und die Verwendung der axiomatischen Methode in ihrer modernen Form, die eine formalisierte Sprache voraussetzt. In der Physik von heute, in der nicht nur der Inhalt der Theorien, sondern die ganze Begriffsstruktur der Physik diskutiert wird, könnten beide Methoden sich als äußerst nützlich erweisen.

Hier ist eine große Aufgabe, eine Herausforderung, die eine enge Zusammenarbeit zwischen Physikern und Logikern erfordert oder besser noch die Arbeit junger Wissenschaftler, die sowohl Physik als auch Logik studiert haben. Die Anwendung der modernen Logik und der axiomatischen Methode auf die Physik wird, so glaube ich, mehr leisten als nur eine Verbesserung der Kommunikation zwischen Physikern und zwischen Physikern und anderen Wissenschaftlern. Sie wird etwas erreichen, was von viel größerer Bedeutung ist: sie wird es leichter machen, neue Begriffe zu schaffen, neue kühne Annahmen zu formulieren. In den letzten Jahren wurde eine ungeheure Menge neuer experimenteller Resultate gesammelt, viele davon als Folge der großen Verbesserungen auf instrumentellem Gebiet. Ein Beispiel ist die Entwicklung der großen Atomzertrümmerungsanlagen. Auf der Grundlage dieser Resultate hat man in der Entwicklung der Quantenmechanik große Fortschritte gemacht. Unglücklicherweise waren die Bemühungen, die Theorie in solcher Weise umzubauen, daß alle neuen Ergebnisse sich in sie einordnen lassen, noch nicht von Erfolg begleitet. Es haben sich überraschende Fragen und verwirrende, verzwickte Probleme ergeben. Ihre Lösung ist eine dringende, aber äußerst schwierige Aufgabe. Es scheint gerechtfertigt anzunehmen, daß die Verwendung neuer begrifflicher Hilfsmittel hier eine wesentliche Hilfe bringen könnte.

Einige Physiker glauben, daß ein entscheidender Durchbruch in der nahen Zukunft zu erwarten ist. Ob dies nun früher oder später sein wird, wir können darauf bauen, daß die Wissenschaft auch weiterhin große Fortschritte machen und uns immer tiefere Einsichten in die Struktur der Welt ermöglichen wird – vorausgesetzt, die führenden Staatsmänner der Welt schrecken vor der äußersten Narrheit, dem Atomkrieg, zurück und gestatten der Menschheit, weiter zu leben.

Anmerkungen

GESETZE, ERKLÄRUNG UND WAHRSCHEINLICHKEIT

1 Vgl. Mises, R. v., *Wahrscheinlichkeit, Statistik, Wahrheit*, Wien 1936 (*Probability Statistics and Truth*, New York 1939) und Reichenbach, H., *Wahrscheinlichkeitslehre*, Leiden 1935 (*The Theory of Probability*, Berkeley 1949).

2 Keynes, J. M., *Treatise on Probability*, London 1921.

3 Eine technische Diskussion der Arbeit von Keynes und Jeffreys und anderer, welche die logische Auffassung der Wahrscheinlichkeit verteidigten, findet man in Abschnitt 62 meiner *Logical Foundations of Probability*, Chicago 1950. Sechs nichttechnische Abschnitte dieses Buches wurden abgedruckt in dem Büchlein: *The Nature and Application of Inductive Logic*, Chicago 1951; vgl. auch Carnap und Stegmüller, *Induktive Logik und Wahrscheinlichkeit*, Wien 1959.

4 Meine allgemeine Ansicht, daß beide, die statistische wie auch die logische Wahrscheinlichkeit, legitime und gute wissenschaftliche Begriffe sind, welche verschiedene Rollen spielen, wird in Kapitel II der *Logical Foundations of Probability* dargestellt (vgl. vorhergehende Anm.) und in meiner Arbeit »*The Two Concepts of Probability*« aus dem Jahre 1945, die abgedruckt ist in Feigl, H. und Sellars, W., (Hsg.), *Readings in Philosophical Analysis*, New York 1949, S. 330–48 und Feigl, H. und Brodbeck, M., (Hsg.) *Readings in the Philosophy of Science*, New York 1953, S. 438–55. Eine etwas populärer geschriebene Verteidigung desselben Standpunktes findet man in meinem Artikel »What is Probability?«, *Scientific American*, September 1953.

5 Diese Frage wird nicht in meinen *Logical Foundations of Probability* diskutiert, aber in dem kleinen Buch *The Continuum of Inductive Methods*, Chicago 1952, habe ich einige Methoden zur Abschätzung der relativen Häufigkeit auf Grund der beobachteten Stichproben entwickelt. Vgl. auch Carnap und Stegmüller, *Induktive Logik und Wahrscheinlichkeit*, Wien 1959.

MESSUNG UND QUANTITATIVE SPRACHE

6 *International Encyclopedia of Unified Science*, Chicago 1952, Ed. 2, No. 7.

7 *Der Raum. Ein Beitrag zur Wissenschaftslehre*, Jena 1921; Berlin 1922.

8 *Die Farbenlehre* Goethes ist ein großes dreiteiliges Werk, das 1810 herauskam und 1928 in Jena wieder aufgelegt wurde, herausgegeben und eingeleitet von H. Wohlbold. Helmholtz's Vorlesung »Über Goethes wissenschaftliche Untersuchungen« wurde auf Englisch abgedruckt in Helmholtz, *Popular Scientific Lectures*, New York 1962. Eine ähnliche Kritik Goethes findet sich in »Goethes Farbenlehre«, einer Ansprache von John Tyndall in seinen *New Fragments*, New York 1892, und in dem Vortrag von 1941 von Werner Heisenberg »The Teachings of Goethe and Newton on Colour in the Light of Modern Physics« in *Philosophic Problems of Nuclear Science*, London 1952.

9 Ogden, C. K. und Richards, I. A., *The Meaning of Meaning*, London 1923; überarbeitete Neuauflage New York 1960.

10 Kurt Riezlers Buch wurde 1940 von der Yale University Press, New Haven veröffentlicht, welche die Erlaubnis zu Zitaten aus dem Buch gab.

11 *Journal of Philosophy*, 37, 1940, S. 438–39.

DIE STRUKTUR DES RAUMES

12 Poincarés Ansichten zu diesem Thema sind am deutlichsten dargestellt in seinem Buch *Wissenschaft und Hypothese*, 3. Aufl. Leipzig 1914 (*Science and Hypothesis*, Dover 1952).

13 Für Einzelheiten dieser Konstruktion vgl. Flamm, L., *Physikalische Zeitschrift*, 17, 1916, S. 448–54. Diese Arbeit beruht auf folgender Arbeit von K. Schwarzschild: *Sitzungsberichte der Preußischen Akademie der Wissenschaften*, Berlin 1916, S. 189–96, 424–34.

14 Vgl. Kapitel 6 in Reichenbach, H., *Die Philosophie der Raum-Zeitlehre*, Berlin 1928 (*The Philosophy of Space and Time*, New York 1958).

15 ebenda, Kapitel 9–11.

16 Vgl. Teil VI des Buches von B. Russell, *The Principals of Mathematics*, Cambridge 1903.

17 Hilbert, D., *Grundlagen der Geometrie*, 9. Aufl. 1962.

18 Einsteins Vorlesung wurde veröffentlicht als Einstein, A., *Geometrie und Erfahrung*, Berlin 1921. Eine englische Übersetzung findet sich in Einstein, *Sidelights on Relativity*, New York 1923.

KAUSALITÄT UND DETERMINISMUS

19 Kelsens Ansichten findet man in seiner Arbeit »Causality and Retribution«, in *Philosophy of Science*, 8, 1941, und ausführlicher entwickelt in Kelsen, H., *Society and Nature*, Chicago 1943.

20 Vgl. die Arbeit von Burk »The Logic of Causal Propositions«, *Mind*, 60, 1961, S. 363–82.

21 Reichenbach, H., *Nomological Statements and Admissible Operations*, Amsterdam 1954; besprochen von Carl G. Hempel, *Journal of Symbolic Logic*, 20, 1956 S. 50–54.

22 Bezüglich irrealer Konditionalsätze vgl. die Arbeit von Chisholm »The Contrary-to-Fact Conditional«, *Mind*, 55, 1946, S. 289–307, abgedruckt in Feigl und Sellars, (Hsg.), *Readings in Philosophical Analysis*, New York 1953, und Goodman, N., »The Problem of Counterfactual Conditionals«, *Journal of Philosophy*, 44, 1947, S. 113–128, abgedruckt in Goodman, N., *Fact, Fiction and Forecast*, Cambridge 1955. Ernest Nagel behandelt dieses Thema in *The Structure of Science*, New York 1961, S. 68–73, und gibt neuere Literatur an; vgl. auch Stegmüller, W., *Wissenschaftliche Erklärung und Begründung*, Heidelberg 1969.

23 Rudolf Carnap, *Meaning and Necessity*, Chicago [1]1947, [2]1956.

24 Eine ins einzelne gehende Erörterung der Frage von einem Standpunkt aus, mit dem ich übereinstimme, kann man in dem Artikel »Freedom of the Will« finden, der in dem Band *Knowledge and Society* erschien, herausgegeben von den University of California Associates, New York 1938. Die Autoren des Artikels sind identisch mit den anonymen Herausgebern des Buches; aber nach meinen Informationen war der verstorbene Paul Marhenke der führende Mitverfasser. Weil die Hauptpunkte der Arbeit gut mit den Ansichten von Moritz Schlick übereinstimmen, der vor der Veröffentlichung der Arbeit Gastprofessor in Berkeley war, glaube ich, daß man in ihr seinen Einfluß erkennen kann.

25 Henry Margenau macht diese Bemerkung in seinem Buch *Open Vistas: Philosophical Perspectives of Modern Science*, New Haven 1961. Philipp Frank, *Philosophy of Science*, Englewood, N. J. 1957, Kapitel 10 Abschnitt 4 zitiert viele Autoren auf beiden Seiten der Kontroverse.

26 Vgl. Percy W. Bridgman, *The Logic of Modern Physics*, New York 1927, und Norman R. Campbell, *Physics: The Elements*, Cambridge 1920. Die Zuordnungs- regeln werden diskutiert in Ernest Nagel, *The Structure of Science*, New York 1961, S. 97–105.

27 Ramsey, *The Foundations of Mathematics*, London 1931, Neuauflage: Littlefield 1960.

28 Diese Ansicht habe ich in ausführlicherer und technisch detaillierter Weise ver- treten in: »Beobachtungssprache und theoretische Sprache«, *Dialectica*, 12, 1958, S. 236–248; abgedruckt in W. Ackermann et al. (Hsg.), *Logica: Studia Paul Bernays dedicata*, Neuchâtel 1959, S. 32–44.

29 Eine erhellende Diskussion von zwei oder drei Standpunkten in dieser Kon- troverse gibt Ernest Nagel, *The Structure of Science*, New York 1961, Kapitel 6: »The Cognitive Status of Theories«.

30 Der Angriff Quines ist folgende Arbeit: »Two Dogmas of Empiricism«, *Philosophical Review*, 60, 1951, S. 20–43, abgedruckt in Quine, *From a Logical Point of View*, Cambridge, Mass. 1953, New York 1963. Man vergleiche auch seinen Aufsatz »Carnap and Logical Truth« in Paul Arthur Schilpp (Hsg.), *The Philosophy of Rudolf Carnap*, La Salle, Ill. 1963, S. 385–406, und meine Ant- wort S. 915–22. Die Bemerkungen von Morton White hierzu befinden sich in seiner Arbeit »The Analytic and Synthetic: An Untenable Dualism« in Sidney Hook (Hsg.), *John Dewey*, New York 1950, und Teil 2 des Buches von White, *Toward Reunion in Philosophy*, Cambridge 1956, New York 1963. Eine Aufzäh- lung wichtiger Arbeiten, die eine Antwort auf Quine bringen, kann man finden in Paul Edwards und Arthur Pap, (Hsg.), *A Modern Introduction to Philosophy*, Glencoe, Ill. 1962, S. 89.

31 Das ist ein Zitat aus Carl G. Hempel, *International Encyclopedia of Unified Science*, Bd. 2, Nr. 7: *Fundamentals of Concept Formation in Empirical Science*, Chicago 1952, S. 23–38.

32 Vgl. Hempels zwei Arbeiten »The Theoretician's Dilemma« in Herbert Feigl, Michael Scriven und Grover Maxwell, (Hsg.), *Minnesota Studies in the Philosophy of Science*, Minneapolis, 1956 Bd. II, und »Implications of Carnap's Work for the Philosophy of Science« in Paul Arthur Schilpp (Hsg.), *The Philosophy of Rudolf Carnap*, La Salle, Ill. 1963.

JENSEITS DES DETERMINISMUS

33 Dazu möchte ich ein Büchlein von Werner Heisenberg empfehlen: *Physik und Philosophie*, Stuttgart 1959 (*Physics and Philosophy*, New York 1958). Es enthält eine klare Darstellung der historischen Entwicklung der Quantentheorie – die ersten zögernden Schritte von Planck, dann die Beiträge von Einstein, Heisen- berg und anderen. F.S.C. Northrop weist in seiner Einleitung ganz richtig darauf hin, daß Heisenberg seine eigene Rolle in dieser Entwicklung viel zu bescheiden darstellt.

34 Vgl. Garrett Birkhoff und John von Neumann, »The Logic of Quantum Mechanics«, *Annals of Mathematics*, 37, 1936, S. 823–43.

35 Vgl. Hans Reichenbach, *Philosophische Grundlagen der Quantenmechanik*, Basel 1949 (*Philosophic Foundations of Quantum Mechanics*, Berkeley 1944).

Literaturverzeichnis

Das Literaturverzeichnis wurde vom Übersetzer ergänzt. Zusätzliche Literatur zu den einzelnen Teilen des Buches wird man auch in den Anmerkungen finden, dort aber eher historisch interessante Werke, hier hingegen hauptsächlich Übersichtswerke und Artikel, die den augenblicklichen Stand der Entwicklung zeigen.

ALLGEMEINE DARSTELLUNGEN

Braithwaite, Richard B., *Scientific Explanation*, Cambridge 1953.
Bridgman, Percy W., *The Logic of Modern Physics*, New York 1927.
Campbell, Norman R., *Physics: The Elements*, Cambridge 1920.
Campbell, Norman R., *What is Science?*, London 1921.
Frank, Philipp, *Philosophy of Science*, Englewood Cliffs, N. J. 1957.
Goodman, Nelson, *Fact, Fiction and Forecast*, Cambridge, Mass. ¹1955, Indianapolis ²1965.
Heisenberg, Werner, *Physik und Philosophie*, Stuttgart 1959.
Heisenberg, Werner, *Physics and Philosophy: The Revolution in Modern Science*, New York 1958.
Hempel, Carl G., *Aspects of Scientific Explanation and Other Essays in the Philosophy of Science*, Glencoe, Ill. 1965.
Hempel, Carl G., *International Encyclopedia of Unified Science*, Bd. 2, Nr. 7: *Fundamentals of Concept Formation in Physical Science*, Chicago 1952.
Holton, Gerald und Roller, Duane, *Foundations of Modern Physical Science*, Reading, Mass. 1958.
Kemeny, John, *A Philosopher Looks at Science*, Princeton, N. J. 1959.
Nagel, Ernest, *The Structure of Science*, New York 1961.
Popper, Karl, *The Logic of Scientific Discovery*, New York 1959.
Russell, Bertrand, *Human Knowledge: Its Scope and Limits*, New York 1948.
Scheffler, Israel, *The Anatomy of Inquiry*, Cambridge, Mass. 1963.
Stegmüller, Wolfgang, *Wissenschaftliche Erklärung und Begründung*, Berlin 1969.
Toulmin, Stephen, *The Philosophy of Science*, London 1953.

SAMMELBÄNDE

Baumrin, Herbert (Hsg.), *Philosophy of Science, The Delaware Seminar*, Bd. 1 u. 2, New York 1963.
Bunge, Mario (Hsg.), *Delaware Seminar in the Foundations of Physics*, Berlin 1967.
Danto, Arthur und Morgenbesser, Sidney, (Hsg.), *Philosophy of Science*, Cleveland, Ohio 1960.
Feigl, Herbert und Brodbeck, May, (Hsg.), *Readings in the Philosophy of Science*, New York 1953.
Feigl, Herbert und Sellars, Wilfried, (Hsg.), *Readings in Philosophical Analysis*, New York 1949.
Feigl, Herbert, Scriven, Michael und Maxwell, Grover, (Hsg.), *Minnesota Studies in the Philosophy of Science*, Minneapolis, Minn. Bd. I, 1956; Bd. II, 1958; Bd. III, 1962.
Madden, Edward H. (Hsg.), *The Structure of Scientific Thought*, Boston, Mass. 1960.

Schilpp, Paul Arthur (Hsg.), *The Philosophy of Rudolf Carnap*, La Salle, Ill. 1963.
Schilpp, Paul Arthur (Hsg.), *Albert Einstein: Philosopher-Scientist*, Evanston, Ill. 1949.
Wiener, Philip (Hsg.), *Readings in the Philosophy of Science*, New York 1953.

GESETZE, ERKLÄRUNG UND WAHRSCHEINLICHKEIT

Carnap, Rudolf, *Logical Foundations of Probability*, Chicago [1]1950, [2]1962.
Carnap, Rudolf und Stegmüller, Wolfgang, *Induktive Logik und Wahrscheinlichkeit*, Wien 1959.

MESSUNG

Campbell, Norman R., *Physics: The Elements, op. cit.*, Teil II: Measurement.
Hempel, Carl G., *Fundamentals of Concept Formation in Empirical Science, op. cit.*, Kapitel 3.
Lenzen, Victor F., *International Encyclopedia of Unified Science*, Bd. I, Nr. 5: *Procedures of Empirical Science*, Chicago, Ill. 1938.
Suppes, Patrick und Zinnes, Joseph, »Basic Measurement Theory« in: Luce, Duncan et. al. (Hsg.), *Handbook of mathematical Psychology*, New York 1963, S. 1–76.

RAUM UND ZEIT

Baldus, Richard, *Nichteuklidische Geometrie, Hyperbolische Geometrie der Ebene*, Berlin [3]1953.
Einstein, Albert, *Sidelights on Relativity*, New York 1923.
Frank, Philipp, *Philosophy of Science, op. cit.*, Kapitel 3 und 6.
Grünbaum, Adolf, *Philosophical Problems of Space and Time*, New York 1963.
Grünbaum, Adolf, *Chronometry in Philosophical Perspective*, London 1969.
Grünbaum, Adolf, »The Special Theory of Relativity as a Case Study of the Importance of the Philosophy of Science for the History of Science«, in: Baumrin, B., *Philosophy of Science, op. cit.*, Bd. 2, S. 171–204.
Jammer, Max, *Concepts of Space*, Cambridge, Mass. 1954.
Nagel, Ernest, *The Structure of Science, op. cit.*, Kapitel 8 und 9.
Poincaré, Henri, *Wissenschaft und Hypothese*, Leipzig [3]1914.
Putnam, Adolf, »An Examination of Grünbaums Philosophy of Geometry«, in: Baumrin, B., *Philosophy of Science, op. cit.*, Bd. 2, S. 205–255.
Reichenbach, Hans, *Die Philosophie der Raum-Zeitlehre*, Berlin 1928.
Reichenbach, Hans, *The Philosophy of Space and Time*, New York 1958.

KAUSALITÄT

Føllesdal, D., »Quantification into Causal Contexts«, in: *Boston Studies in the Philosophy of Science*, Bd. 22, 1965, S. 263–74.
Føllesdal, D., »A Model Theoretic Approach to Causal Logic«, in: *Det Klg. Norske Videnskabers Selskab Skrifter*, Nr. 2, 1966, S. 1–13.
Rescher, Nicolas, »Discrete State Systems, Markov Chains, and Problems in the Theory of Scientific Explanation and Prediction«, in: *Philosophy of Science*, 30, 1963, S. 325–45.
Russell, Bertrand, *Mysticism and Logic*, Kapitel 9, New York 1918; abgedruckt in: Feigl und Brodbeck, *Readings in the Philosophy of Science, op. cit.*
Russell, Bertrand, *Our Knowledge of the External World*, Kapitel 8, London 1914, abgedruckt in: Feigl und Brodbeck, *Readings in the Philosophy of Science, op. cit.*

Schlick, Moritz, »Causality in Everyday Life and in Recent Science«, abgedruckt in: Feigl und Sellars, *Readings in Philosophical Analysis, op. cit.*, S. 515–33.

THEORETISCHE GESETZE UND BEGRIFFE

Craig, William, »Replacement of Auxiliary Expressions«, in: *Philosophical Review*, Bd. 65, 1956, S. 38–55.

Hempel, Carl G., »The Theorician's Dilemma«, in: Feigl, Herbert (Hsg.), *Minnesota Studies in the Philosophy of Science*, Bd. 2, *op. cit.*

Bergmann, Gustav, »Outline of an Empiricist Philosophy of Physics«, in: Feigl und Brodbeck, (Hsg.), *Readings in the Philosophy of Science, op. cit.*

DETERMINISMUS UND FREIER WILLE

Feigl, Herbert, »The Mental and the Physical« in: Feigl et al. (Hsg.), *Minnesota Studies in the Philosophy of Science, op. cit.*, S. 370–497.

MacKay, D. M., »On the Logical Indeterminacy of a free choice«, *Mind* 69, 1960, S. 31–40.

Russell, Bertrand, *Our Knowledge of the External World, op. cit.*, Kapitel 8.

Schlick, Moritz, *Fragen der Ethik*, Kapitel 7, Wien 1930.

Schlick, Moritz, *Problems of Ethics*, Englewood Cliffs, N.J. 1939.

Stevenson, Charles, *Ethics and Language*, New Haven 1944, Kapitel 11.

JENSEITS DES DETERMINISMUS

Reichenbach, Hans, *Philosophische Grundlagen der Quantenmechanik*, Basel 1949.

Reichenbach, Hans, *Philosophic Foundations of Quantum Mechanics*, Berkeley 1944.

Suppes, Patrick, »The Role of Probability in Quantum Mechanics«, in: Baumrin, B. (Hsg.), *Philosophy of Science, op. cit.*, Bd. 2, S. 319–37.

Namensregister